中国地方志“一体两翼”工程
The “One Body Two Wings” Project of China's Local Chronicles

中国地情报告

2018

主　编　冀祥德　邱新立
副主编　王习加　宋丽亚

方志出版社
Publishing House of Local Records

图书在版编目（CIP）数据

中国地情报告. 2018 / 冀祥德，邱新立主编. -- 北京：方志出版社，2018. 12
ISBN 978-7-5144-3462-0

Ⅰ. ①中… Ⅱ. ①冀…②邱… Ⅲ. ①中国—概况—2018 Ⅳ. ①K92

中国版本图书馆 CIP 数据核字（2018）第 286908 号

中国地情报告（2018）

主　　编：冀祥德　邱新立
副 主 编：王习加　宋丽亚
责任编辑：陈　效

出 版 人：冀祥德
出 版 者：方志出版社
地址　北京市朝阳区潘家园东里 9 号（国家方志馆 4 层）
邮编　100021
网址　http://www.fzph.org
发　　行：方志出版社图书经销中心
电话　（010）67110500
经　　销：各地新华书店
排　　版：北京纺印图文设计制作有限公司
印　　刷：北京盛旺世纪彩色印刷有限公司

开　　本：700×1000　1/16
印　　张：23.25
字　　数：326 千字
版　　次：2018 年 12 月第 1 版　2018 年 12 月第 1 次印刷

ISBN 978-7-5144-3462-0　**定价**：88.00 元

《中国地情报告（2018）》编委会名单

编辑说明

一、指导思想　以马克思列宁主义、毛泽东思想、邓小平理论、“三个代表”重要思想、科学发展观、习近平新时代中国特色社会主义思想为指导，坚持辩证唯物主义和历史唯物主义立场、观点和方法，继承和发扬我国优秀文化传统，以专业的角度、专家的视野和实证的研究方法，重点反映党的十八大以来美丽中国建设、美好生活创造的实践，总结四十年改革开放取得的伟大成就，展望新时代中国特色社会主义的发展前景。

二、断限范围　上限为党的十八大召开之时，下限为2017年年底，个别地方适当上溯下延。

三、内容要求　全书各报告立足全国，放眼各地，从不同侧面反映各地秉持创新发展、协调发展、绿色发展、开放发展、共享发展新理念所做的工作、取得的成绩和经验，剖析仍存在的问题、面临的困难，提出对策建议。

四、总体结构　全书总体划分为7个部分：第一部分为总报告；第二部分为乡村振兴；第三部分为区域发展战略；第四部分为改革开放；第五部分为精准扶贫；第六部分为生态文明；第七部分为社会治理。

五、体例要求　全书每篇报告除了对所研究领域的现状进行描述外，还指出该领域存在的问题或困难，并展望未来发展趋势。全书各报告均设置提要和关键词。

六、注释方式　本书所引参考文献，除采取随文标注方式逐项注明外，还集中在书后列出。

七、数字标点　数字书写、标点符号的使用以国家通行的GB/T 15835—2011《出版物上数字用法》和GB/T 15834—2011《标点符号用法》为准。

摘　要

《中国地情报告（2018）》是全国地方志“一体两翼”用志工程中的“一体”，由总报告和分报告组成，重点反映2017年度全国各地在经济、文化、社会、生态等领域取得的进展，突出区域发展亮点和特色，展示新时代中国特色社会主义伟大实践取得的发展成就。

总报告《建设美丽中国　创造美好生活　中国新时代发展道路越走越宽广》指出，2017年，全国各地在加快构建生态文明体系方面取得四大成效，在加强民生建设、提高人民生活水平方面获得五大进展。但是，目前的发展还存在主观认识不足、资源分配不均衡、监管机制不到位、法律法规不完善等问题，建议在未来的发展中坚持以问题为导向，寻求解题良方，持续发力，决胜全面建成小康社会，夺取新时代中国特色社会主义伟大胜利。

分报告由乡村振兴、区域发展战略、改革开放、精准扶贫、生态文明、社会治理六大版块组成，收集了江苏、湖南、北京、山西、四川、新疆、云南、河南、广西、贵州、陕西、甘肃、河北、吉林、福建、宁夏、江西、广东18个省（自治区、直辖市）的20个课题组和个人撰写的研究报告。报告依托地方志资源，拓展地方志资政功能，回应人民诉求，响应时代呼声，从不同侧面反映了各地秉持以人民为中心，在创新发展、协调发展、绿色发展、开放发展、共享发展方面所做的工作、取得的成绩和经验，并指出各地在经济、文化、社会、生态方面存在的发展问题，提出合理建议和科学预测。

围绕党和国家根本利益、服务经济社会发展、以人民为中心开拓创新，让地方志“用起来”“立起来”“活起来”“热起来”，既是党和人民对地方志提出的时代要求，又是关乎地方志事业转型升级的重大问题。本卷报告以专业的角度、专家的视野和实证的研究方法，利用地方志海量资源优势，采取分专题、多区域比较研究的方式，突破以往只有纵向梳理、缺乏横向对比的局限，以全新的视角捕捉各地年度发展亮点，回答时代课题，是地方志记录新时代、书写新时代、讴歌新时代、服务新时代的一部重要文献。

Abstract

Report on China's Regional Information in 2018 is the "One Body" in the "One Body Two Wings" Project of China's Local Chronicles, including general report and sub-reports, which mainly reflect the progresses in economic, culture, society, ecology and other fields in all areas of the country in 2017, to exhibit the development achievements of great practice of Socialism with Chinese Characteristics in New Era.

The general report, *Build a Beautiful China, Create a Great Life, China's Development Path in New Era Becomes More Broader* points out that, in 2017, all areas of the country obtained four main effects in accelerating the construction of ecology-based civilization, and five main progresses in strengthening the construction of people's livelihoods and improving people's live level. However, current development still has several problems, like insufficient subjective cognizance, unbalanced resources allocation, unfulfilled supervision system, unperfected legal legislation and so on. In the following development, the general report suggests to insist on taking the problem as guiding direction, to seek effective countermeasures, to continually work hard and to secure a decisive victory in building a moderately prosperous society in all respects and to capture the Great Victory of Socialism with Chinese Characteristics in the New Era.

Sub-reports include six parts, rural revitalization, regional development, reform and openness, precise poverty alleviation, ecological civilization and social management, which collect 20 reports written by research teams and persons from 18 provinces(autonomous regions and municipality directly under the Central Government) , Jiangsu, Hunan, Beijing, Shanxi, Sichuan, Xinjiang, Yunnan, Henan, Guangxi, Guizhou, Shanxi, Gansu, Hebei, Jilin,

Fujian, Ningxia and Guangdong. These reports, based on resources of local chronicles, expand the function of political consultation of local chronicles, respond people's appeal and respond to the Voice of the Times, reflecting the work, progress and experience in innovative development, cooperative development, green development, open development and sharing development in various aspects in all areas taking people as center, pointing out the problems in the development of economic, culture, society and ecology, and presenting reasonable suggestions and scientific prediction.

Centering on the fundamental interest of the Party and the State, serving the development of economic and society, opening up and innovating in the center of people and making local chronicles "using up", "get up", "live up" and "hot up", are the demand of the times by the Party and people to local chronicles, and major issue on local chronicles' transition and upgrading. This volume of the Report, with professional and expert's visual angle and empirical research method, using the massive resources of local chronicles with comparative research pattern on several special topics and between several areas, breaking through the past restriction of longitudinal carding and horizontal comparison, Catching the bright points of development in all areas with a brand-new angle and answering the question of the times, which is an important literature of recording, writing, eulogizing and serving the new era in local chronicles.

目录

I 总报告

II 乡村振兴篇

III 区域发展战略篇

IV 改革开放篇

V 精准扶贫篇

Ⅵ 生态文明篇

Ⅶ 社会治理篇

参考文献

I General Report

II Rural Revitalization

III Regional Development Strategy

Ⅳ Reform and Openness

V Precise Poverty Alleviation

Ⅵ Ecological Civilization

Ⅶ Social Governance

Reference

Contents

I

总报告

建设美丽中国　创造美好生活
中国新时代发展道路越走越宽广

中国地方志指导小组办公室课题组[①]

党的十九大报告提出，到21世纪中叶把我国建设成为富强民主文明和谐美丽的社会主义现代化强国，凸显了建设美丽中国、创造美好生活的重大现实意义和深远历史意义。习近平总书记反复强调："良好生态环境是最公平的公共产品，是最普惠的民生福祉。""人民对美好生活的向往，就是我们工作的目标。"建设美丽中国、创造美好生活，是我国经济社会可持续发展的必由之路。

一、进入发展新时代

改革开放40年来，我国经济实力显著增强，全国GDP总量接近83万亿元，财政收入超过17万亿元。到2016年，我国人均GDP超过8000美元；在全球一般消费类产品中，从小工艺品到冰箱、电视等家电产品，中国制造的商品大量出现在世界各地的市场，我国成为名副其实的"世界工厂"；居民

① 课题组负责人：王习加，中国地方志指导小组办公室规划处处长（挂职），长沙市地方志办公室党组书记、主任。课题组成员：宋丽亚，中国地方志指导小组办公室规划处副处长、助理研究员；梅家龙，中国地方志指导小组办公室规划处主任科员；刘淑颖，中国地方志指导小组办公室规划处主任科员；张鹏，中国地方志指导小组办公室方志处主任科员；刘黎，国家方志馆馆藏部主任科员、助理研究员。执笔人：梅家龙、刘淑颖、张鹏、刘黎。

消费水平大大提高，我国的世界影响力日渐增强。

（一）人民对美好生活的需求日益增长

随着中国特色社会主义进入新时代，我国社会主要矛盾已经转化为人民日益增长的美好生活需要和不平衡不充分的发展之间的矛盾。党的十九大报告指出："人民美好生活需要日益广泛，不仅对物质文化生活提出了更高要求，而且在民主、法治、公平、正义、安全、环境等方面的要求日益增长。"这一论断深刻揭示了人民美好生活需要的基本内涵。而在我们前进的道路上，包括生态环境、民主法治、教育公平、社会保障、生活贫困等诸多方面都还存在阻碍人民追求美好生活的问题。从持续发酵的公共事件、热点新闻来看，学区房、医改、雾霾等关键词成为热词，就体现了当前追求美好生活与发展之间矛盾的焦点。

物质文化生活需求日益增长。物质生活需要从来都是人的第一层次需要。随着社会生产力的发展，人们不再满足于简单的有饭吃有衣穿，不再满足于有房住有学上，而是想着吃得更好、穿得更美、住得更舒适、行得更便捷，在教育、就业、收入、医疗、消费等方面都有更高的期盼。社会主义不仅要满足人民的物质生活需求，而且要最大限度地满足人民的文化生活需求。改革开放以来，随着人们物质生活的极大改善，文化生活需求的范围将进一步扩大，质量进一步提高，满足人们日益增长的文化生活需要成为美好生活不可或缺的重要组成部分。

民主法治需求日益增长。民主本身就是人的生活的重要组成部分，是人的生活在政治领域的反映和要求。法治是实现人民权利的根本保障，没有法治就谈不上民主，更遑论美好生活。改革开放40年来，社会主义民主法治建设取得重大进展。但人民群众对民主法治的要求是一个在层次上由低到高、在范围上由窄到宽、在程序上由粗放到精细的不断提升过程。我国的民主法治建设同人民群众的民主法治愿望、经济社会发展的要求还不完全适应，大力发展社会主义民主，完善社会主义法治成为新时代实现人民美好生活愿望的重大战略任务。

公平正义需求日益增长。公平包含公民参与经济、政治和社会其他生活的机会公平、过程公平和结果公平，正义包括社会正义、政治正义和法律正义等。公平正义是现代社会的基本标志。老百姓常讲“一碗水端平”，如果不想端平、不敢端平、不能端平，老百姓就会有意见，美好生活就无从谈起。只有切实维护和实现社会公平正义，人们的心情才能舒畅，各方面的社会关系才能和谐，人们的积极性主动性创造性才能发挥出来，幸福指数才会提高。

安全和环境需求日益增长。安全需求包括人身安全、生活稳定以及免遭痛苦、威胁或疾病等需求。从现实看，影响安全的问题还比较多，生产安全、食品安全、社会安全、国家安全等方面还存在这样那样的不足或短板，与人民群众的期待还有一定差距，决胜全面建成小康社会必须把满足人民群众的安全需求摆上重要位置。人与自然是生命共同体。改革开放以来，在经济建设取得重大成就的同时，生态环境受到不同程度的破坏。对此，我们既要创造更多物质财富和精神财富以满足人民日益增长的美好生活需要，也要提供更多优质生态产品以满足人民日益增长的优美生态环境需要。

党的十九大报告指出：“全党同志一定要永远与人民同呼吸、共命运、心连心，永远把人民对美好生活的向往作为奋斗目标。”这一庄严承诺，可以说是新的“赶考”，我们必须将其作为新的使命任务。

坚持以人民为中心的发展思想。历史和现实都证明，坚持以人民为中心的发展思想是成功之基、制胜法宝。坚持人民主体地位。通过完善落实中国特色社会主义政治制度，保证人民当家做主，保证人民广泛参加国家治理和社会治理，最大限度地调动人民群众建设美好家园的积极性主动性创造性，把发展依靠人民落到实处。坚持立党为公、执政为民。实现好、维护好、发展好最广大人民根本利益，切实把民之所望作为施政方向，在幼有所育、学有所教、劳有所得、病有所医、老有所养、住有所居、弱有所扶上不断取得新进展。

坚定不移贯彻新发展理念。创新、协调、绿色、开放、共享的发展理念，是针对我国发展面临的突出问题和挑战提出来的。突出抓重点、补短板、强弱项，特别是坚决打好防范化解重大风险、精准脱贫、污染防治的三大攻坚战，破解发展难题，增强发展动力，厚植发展优势。大力提升发展质量和效益。这是我国经济由高速发展迈向高质量发展的必然要求。坚持质量第一、效益优先，以深化供给侧结构性改革为主线，推动经济发展质量变革、效率变革、动力变革，提高全要素生产率，实现遵循经济规律的科学发展、遵循自然规律的可持续发展、遵循社会规律的包容性发展，为不断增强我国综合国力、经济创新力和竞争力构筑坚实基础。增强发展的协调性。协调是持续健康发展的内在要求，是针对发展不平衡提出的战略举措。牢牢把握“五位一体”的总体布局，协调推进“四个全面”战略布局，正确处理发展中的重大关系，坚持区域协同、城乡一体、物质文明和精神文明并重，在协调发展中拓展发展空间，在加强薄弱领域中增强发展后劲。

抓住人民最关心最直接最现实的利益问题。抓住了人民最关心最直接最现实的利益问题，就是抓住了民心、顺应了民意，就是把以人民为中心的发展思想落到实处。坚守底线，织牢民生安全网的“网底”，保障群众基本生活；突出重点，对重点群体和重点地区进行倾斜，打好脱贫扶贫攻坚战；完善制度，使制度更加公平、普惠和可持续；引导预期，坚持人人参与、人人尽责、人人享有，使改善民生既是党和政府工作的方向，又成为广大人民群众自身奋斗的目标；提高保障和改善民生水平，突出抓好教育、就业、健康、社会保障、社会治理等惠民工程，在增进民生福祉中不断提高人民群众的幸福指数。①

（二）攻坚克难决胜全面建设小康社会

新时代需要我们正确认识我国宏观经济面临的困难与挑战，打好防范化解重大风险、精准脱贫、污染防治这三大攻坚战，决胜全面建设小康社会；需要我们贯彻新发展理念，建设现代化经济体系，并将其提至跨越关口的迫切要求和我国发展的战略目标的历史高度。这是中央对经济发展阶段的新判断、新思路和新战略：建设美丽中国、创造美好生活，推动国民经济高质量发展。

推进供给侧结构性改革。国民经济的发展是建设美丽中国、创造美好生活的前提条件，好的人居环境需要政府组织大量的人力物力进行推动，只有政府财政充盈、企业效益佳，才能更好地建设美丽中国；国民经济快速发展，企业生产经营能力不断提高，人民收入才能增长，才能创造出更加美好的生活。推进供给侧结构性改革，是推动国民经济高质量发展的重要途径。党的十八大提出，“到2020年实现国内生产总值和城乡居民收入比2010年翻一番，

---

① 参见陈茂霞、胡志彬、吴明：《不断满足人民日益增长的美好生活需要》，《解放军报》2018年1月5日。

全面建成小康社会”，也就是“两个翻番”目标。而进入新常态的中国经济，增长速度、经济结构、增长动力出现了不同以往的变化，要有效应对这些挑战，关键在于深化改革。2015年末，党中央作出推进供给侧结构性改革的重大决策。习近平总书记在2015年中央经济工作会议上强调，“推进供给侧结构性改革，是适应和引领经济发展新常态的重大创新”。他还多次强调，我国经济运行面临的突出矛盾和问题，虽然有周期性、总量性因素，但根源是重大结构性失衡，导致经济循环不畅，必须从供给侧、结构性改革上想办法。重点推进“三去一降一补”。一是去产能。从钢铁和煤炭入手，按照市场化、法治化原则，以处置僵尸企业为突破口，推动企业兼并重组，通过严格执行环保、能耗、质量、安全等相关法律法规标准，去除落后过剩产能，盘活沉淀的土地、厂房、设备等各种资源。在推动钢铁、煤炭行业化解过剩产能的同时，逐步开展其他产能严重过剩行业的去产能工作。二是去库存。以化解房地产库存为重点，按照分类调控、因城施策的原则，在房价上涨压力大的一线和二线热点城市合理增加土地供应，提高住宅用地比例，盘活城市闲置和低效用地，在人口净流出的三四线城市控制房地产用地供给量，抑制房地产存量规模过快增长。提高棚户区改造货币化安置比例，鼓励农业转移人口购买城市商品房，通过推进人的城镇化减少房地产库存。三是去杠杆。在控制总杠杆率增速的前提下，把降低企业杠杆率作为重中之重，出台降低企业杠杆率等政策举措。按照市场化、法治化原则，有序推进资产重组和债务处置，开展市场化债转股，推进不良资产证券化试点，推动企业降低杠杆率。四是降成本。中央和地方政府都推出了一系列降成本的举措，利率、电价、部分税费、五险一金、铁路运费都有所下调。特别是营改增改革，抵扣链条进一步理顺，各行业名义税负有所下降。推进放管服改革，减少审批事项，削减政府性收费，优化政府服务，提高办事效率，降低制度性交易成本。五是补短板。各级政府对农业农村、水利、脱贫攻坚、生态环保等投入明显加大。与此同时，增加创新能力建设、人力资本投资、社会保障体系建设的投入，加快建立覆盖全社会的征信体系，推进统一的政府信息平台建设和共享，加强市场监管和服务能力建设。①

① 参见王一鸣：《40年来我国宏观经济政策的演进与创新》，《管理世界》2018年第3期。

坚决打赢脱贫攻坚战。党的十八大以来脱贫攻坚始终坚持“两不愁三保障”脱贫标准，既不吊高胃口，也不降低标准，坚持以问题为导向，狠下绣花功夫，拿出过硬办法，扎实推进精准扶贫、精准脱贫各项工作，确保到2020年我国现行标准下农村贫困人口实现脱贫，贫困县全部摘帽，解决区域性整体贫困，做到脱真贫，真脱贫。推进精准扶贫、精准脱贫各项政策措施落地生根。找准“穷根”、明确靶向、量身定做、对症下药，真正扶到点上、扶到根上。因地制宜探索多渠道、多样化的精准扶贫、精准脱贫路径。注重扶贫同扶志、扶智相结合。志和智是内力、内因。没有内在动力，仅靠外部帮扶，帮扶再多，也不能从根本上解决问题。在脱贫攻坚中，注重调动贫困群众的积极性、主动性、创造性，注重激发贫困地区和贫困群众脱贫致富的内在动力，注重培育贫困群众发展生产和务工经商的基本技能，注重提高贫困地区和贫困群众自我发展能力，重视从思想上拔穷根，引导他们形成艰苦奋斗、自强自立、苦干实干的精神状态，消除精神贫困。加快实施教育扶贫工程，让贫困家庭子女都能享有公平而有质量的教育。国家教育经费向贫困地区倾斜、向基础教育倾斜、向职业教育倾斜。继续改善贫困地区办学条件，加大支持乡村教师队伍建设力度。对农村贫困家庭幼儿特别是留守儿童给予特殊关爱。坚持专项扶贫、行业扶贫、社会扶贫互为补充“三位一体”，构建政府、市场、社会协同推进的大扶贫格局，唱好脱贫攻坚的大合唱。进一步做好东西部扶贫协作和对口支援工作。东部地区根据财力增长情况，逐步增加对口帮扶财政投入。把帮扶资金和项目重点向贫困村、贫困群众倾斜。完善省际结对关系，实施好“携手奔小康”行动，着力推动县与县精准对接。推进东部产业向西部梯度转移，加大产业带动扶贫工作力度。进一步加强和改进定点扶贫工作，建立考核评价机制，确保各单位落实扶贫责任。强化脱贫攻坚责任制。坚持中央统筹、省负总责、市县抓落实的工作机制，强化党政一把手负总责的责任制。县（市）真正承担起脱贫攻坚主体责任，贫困县县级党政正职攻坚期内保持稳定。选好配强并充分发挥第一书记作用，强化驻村帮扶工作。加强村两委建设，充分发挥党支部的战斗堡垒作用。实施最严格的评估考核，发挥考核评估的指挥棒作用，提高考核评估的针对性和指导性，倒逼各地落实脱贫攻坚工作责任。加强脱贫攻坚督查巡查，推动政策举措落地。充分发挥人大代表、政协委员、民主党派、纪检监察、审计、检察、媒体、社会等各类监督渠道的作用，以监督促扶贫工作进步。进一步强化扶贫资金项目监管，推进财政涉农资金在扶贫领域统筹整合使用，提高资金整合效率和使用效益。严肃查处扶贫工作中的形式主义、官僚主义和腐败问题。[①]

大力加强生态文明建设。绿色发展打造“金山银山”。党的十八大以来，在绿色发展理念的引领下，中国特色能源发展实践呈现崭新局面，能源消费低碳化转型正在加速，绿色多元的能源供应体系加快建立。与2012年相比，2016年可再生能源发电装机占比由28.4%提高到34.6%，可再生能源发电量占比由19.9%提高到25.9%，清洁能源消费比重提高约5.2%，煤炭消费比重下降约6.5%，单位国内生产总值能耗下降约17.9%。其中，作为中国能源转型的重要推动力量，风电和太阳能光伏发电取得了引领全球的发展成就。光伏也是连续四年新增装机容量排名世界第一，2016年全球太阳能光伏产能几乎一半的增量来自中国。污染防治重拳不断。在推进绿色发展的同时，着力解决突出的环境问题，是建设美丽中国的重要工作。近年来，中央层面审议通过40余项生态文明和环境保护具体改革方案。12个省份初步划定生态保护红线。有序推进省以下环保机构监测监察执法垂直管理制度改革。推行控制污染物排放许可制，完成火电、造纸行业5000多家企业排污许可证核发。同时，发布实施大气、水、土壤污染防治三大行动计划，累计关停能耗高、污染重的落后煤电机组约1500万千瓦，5亿千瓦煤电机组完成节能和超低排放改造。全面实施第五阶段机动车排放标准和清洁油品标准，2014—2016年累计淘汰黄标车和老旧车1620多万辆。10.8万个村庄开展农村环境综合整治，1.9亿农村人口受益。新环保法从2015年开始实施，在打击环境违法行为方面力度空前。2016年全国共立案查处环境违法案件13.78万件，创历史新高。中央环保督察实现31个省（自治区、直辖市）全覆盖，推动解决了一大批突出环境问题。全国酸雨区面积占比已从历史高位的30%以上下降到当前的7%左右的水平。改革体制设立专门机构，建立长效机制。党的十八大以来，党中央、国务院先后印发了《关于加快推进生态文明建设的意见》和《生态文明体制改革总体方案》，确立了我国生态文明建设的总体目标和生态文明体制改革总体方案，之

① 参见韩俊：《坚决打赢脱贫攻坚战》，《经济日报》2017年11月23日。

后又出台制定了一系列法律文件和配套政策。推动经济管理方式从GDP主义向绿色理念指导生态化管理方式转变。2016年12月，《生态文明建设目标评价考核办法》印发，确定对各省（自治区、直辖市）实行年度评价、五年考核制度，并作为党政领导综合考核评价、干部奖惩任免的依据。对那些不顾生态环境盲目决策、造成严重后果的人，实行终身追究制度。①

（三）创新创业不断迸发新活力

创新是引领发展的第一动力，是建设现代化经济体系的战略支撑。加强应用基础研究，拓展实施国家重大科技项目，就是要建设科技强国、质量强国、航天强国、网络强国、交通强国、数字中国、智慧社会，就是要大众创业、万众创新。人民的美好生活离不开国家的强大和科技的进步，只有惠及全体人民的基础设施不断更新换代，新的科技新的智慧不断迸发，才能推动美好生活全面升级、美好生活的质量不断提升。

科技发展为我国经济发展、国家安全、社会进步、民生改善和文化进步提供了重要支撑，在一些重要领域实现跨越式发展，深化并丰富了中国的工业化、信息化和城市化目标，为增强自主创新能力和建设创新型国家、推进全面小康社会建设奠定了良好基础。科技发展和科技创新主要体现在以下几个方面：

第一，科技实力步入世界前列，科技创新能力实现较大跨越。一个国家的科技实力以要素总量、投入规模为标志。我国研发人员队伍持续扩大，2016年达381万人，居世界第一位；科技投入规模不断提高，2016年全社会研究开发经费总支出达1.57万亿元，居世界第二位，占国内生产总值（GDP）的2.11%，已超世界平均水平。不断增加的科技投入使科研基础条件大为改善，形成了包括大科学装置、大型科学仪器、国家重点实验室、自然科技资源库、科学数据库文献库、行业技术平台、企业研发中心等较完备的科研基础条件，一批世界瞩目的大科学工程，如黔南最大单口径射电望远镜（FAST）、合肥“人造太阳”核聚变装置、上海同步辐射光源装置、大亚湾中微子实验室、西南野生生物种质资源库等等相继投入使用，构筑起了我国科技发展的新基础。

① 参见李佐军：《生态文明在十九大报告中被提升为千年大计》，《经济参考报》2017年10月23日。

科技产出和创新成果是创新能力的基本标志。2000—2016 年，我国国际科学论文数从世界第 8 位提升到稳居第 2 位，被引用次数从第 19 位上升到第 2 位，材料领域列世界首位，还有 8 个重要领域国际科技论文引用率世界排名第 2 位。如今，我国在量子通信、光量子计算机、高温超导、中微子振荡、干细胞、合成生物学、结构生物学、纳米催化、极地研究等领域的基础研究取得了一大批重大原创成果，并首次荣获诺贝尔生理学和医学奖、国际超导大会马蒂亚斯奖、国际量子通信奖等国际权威奖项。在战略高技术领域，载人航天和探月工程、采用自主研发芯片的超算系统、国产大飞机、载人深潜器、新一代核能技术、天然气水合物勘查开发、新一代高铁、云计算、人工智能等成就举世瞩目。对纳米限域催化、等离子激元光学操控、深紫外非线性光学晶体、特高压电磁环境、钢铁材料组织调控等重大科学问题的突破性研究，为国家培育战略性新兴产业和颠覆性技术提供了科学支撑。

第二，科技创新创业活力持续迸发，科技支撑发展能力显著增强。创新主体的结构、市场交易量、活跃度等指标体现着一个国家创新体系的活力。目前，我国全社会的研发支出份额中，约 78% 为企业的研发支出。2016 年，全国技术市场合同超 30 万项，成交额 11407 亿元。政府支持的风险投资基金约有 780 家，为中小企业创新创业筹集资金达 1.5 万亿元（2015 年）。国家倡导“大众创业、万众创新”的理念深入人心，“双创”活动密布各领域，遍及全国各地，以创业促就业正成为经济转型发展期最重要的稳定器。至 2016 年，全国已发展各类众创空间达 4298 家，同已有的 3200 多家科技企业孵化器、400 多家加速器、17 个国家自主创新示范区和 146 个国家高新区互动互补，互联互通，形成了具有中国特色较完整的创业服务链条和良好的创新生态，为社会主义市场经济源源不断地输送新鲜力量。

在科技创新实力、能力、活力量质齐升的同时，科技对经济社会发展的贡献也大幅度提升。我国产业技术创新不断取得多方面突破，高新技术产业、战略性新兴产业规模不断壮大。基础工业、制造业、新兴产业、服务行业等领域技术创新能力持续增强，重大产品、重大技术装备的自主开发能力以及系统成套水平明显提高，有力地支撑了三峡工程、青藏铁路、西气东输、南水北调、奥运世博等重大工程建设和举国盛事。科技创新在调整经济结构、转换增长模式、解决“三农”问题、促进社会发展和改善民生方面的先导作用，以及在应对节能减排、气候变化、应急救险、传染病防治等重大问题方面的支撑作用都得到有力体现。据中国科学技术发展战略研究院测算，我国全社会科技进步贡献率已增至56.2%，科技创新已成为国民经济发展的主要驱动因素。

第三，激励科技创新的政策法规体系及文化环境不断优化，政府科技创新治理能力和公共服务水平显著提高。我国的科技法规体系从无到有、由少及多，以《科学技术进步法》《促进科技成果转化法》《专利法》《科学普及法》《科学技术奖励条例》为内容的科技法律法规体系不断完善，为科技事业持续发展提供了体制性的框架支撑。国家先后改革并完善了科技奖励、项目管理、评价监督、人才评价、创新激励等制度，建立起科技决策咨询、部门协调、国家科技报告、全国创新调查等系列新制度，正在建设统一的国家科技管理信息系统，推动完善国家科技信息共享、重大科技基础设施和科技基础条件平台开放共享等制度，使国家的创新治理能力和公共服务水平空前提高。

根据“十三五”规划纲要编制前有关中外技术竞争的比对研究，在信息、能源、环境、生物、农业、海洋、交通、新材料、先进制造和公共安全等10个领域1149项技术群体中，我国已有17%的技术达国际领先水平，31%的技术与国际先进基本同步，当然也有52%的技术与国际水平存在着或大或小的差距。目前，最能体现我国技术水平的是越来越多的成套技术装备和系统性、平台性产品的出口，如超算系统、水稻杂交生产、青蒿素疟疾治疗、高铁系统、特高压输变电技术方案、水/火/核电系列设备、定位导航授时（PNT）服务技术体系等等，这也是我国在改革开放中向世界输出的创新贡献。

我国已成为全球多极化创新版图中日益重要的一极，在主动布局和全方位融入全球创新网络方面不断迈出坚实步伐。国际科技合作的广度和深度进一步拓展，积极参与了国际热核聚变实验反应堆（ITER）、伽利略全球卫星导航、人类基因组计划等一批标志性国际大科学工程。启动实施“一带一路”科技创新行动，同美国、欧盟等主要创新型经济体建立了创新对话机制，在国际高端学术会议、创新政策论坛、有影响的“双创”交流、重大国际科技合作项目等方面成功地主办了越来越多的重大平台性活动。我国的“科技伙伴计划”基本实现对发展中国家的全球覆盖，在国际科技合作中引领和主导作用不断加强。[①]

二、建设美丽中国

党的十九大报告对加快生态文明体制改革，建设美丽中国进行了详细的论述，阐述了保护自然环境的重要性，列举了生态文明建设的主要措施，为下一步如何加强生态文明建设指明了方向。2017年，全国各地各级各部门按照党中央的部署要求，结合各自实际，开展了形式多样的工作实践，美丽中国建设深入人心、稳步推进。

（一）推进绿色发展

绿色经济体系逐步建立。各级党委政府在制定发展政策时把生态文明建设作为重要依据，出台了一系列以绿色生产和绿色消费为导向的法律和制度。经济发展方式从粗放型资源消耗向集约绿色可持续转变。各地深入开展供给侧结构性改革，推进去产能、去库存、去杠杆、降成本、补短板的“三去一降一补”重点任务，围绕压减炼钢、炼铁、煤炭、水泥、平板玻璃、焦炭、火电产能，取缔“地条钢”，推动传统产业转型升级，高污染高耗能产业增加值持续下降，绿色新兴产业快速发展。各地根据实际，开展了各具特色的绿色经济实践。如广西实施生态经济十大工程，推进创建生态工业园区；海南大力发展生态农业、农业循环经济，开展了生态循环农业示范省建设；甘肃谋划制定了构建生态产业体系、推动绿色发展崛起的意见及规划；浙江深入实施“10＋1”传统产业改造提升行动计划，积极推进产业创新服务综合体和小微企业园区建设，启动实施绍兴传统产业改造提升试点；江苏实施“两减六治三提升”专项行动，推动经济绿色转型；上海制定实施巩固提升实体经济能级“50条”，深入推进“四新”经济工程，新兴产业产值年均增速超过20%。

山东省作为传统工业大省，传统产业占比高达72%，国有企业比重高，发展长期以来依靠资源能源消耗、低端制造业等传统产业。实施新旧动能转换，发展绿色循环可持续的新兴产业，成为山东自身发展的必要选择。国家发展

① 参见刘琦岩：《以自主创新不断增显中国道路的内涵和特色》，《全球化》2017年第11期。

改革委发布的《关于印发山东新旧动能转换综合试验区建设总体方案的通知》中提出，山东"到2020年，试验区在化解过剩产能和淘汰落后产能、培育壮大新技术新产业新业态新模式、改造提升传统产业等方面初步形成科学有效的路径模式，取得一批可复制可推广的新旧动能转换经验"。按照这一要求，山东省以新技术、新产业、新业态、新模式为核心，以知识、技术、信息、数据等新生产要素为支撑，积极探索新旧动能模式转换。据统计，2017年山东省高新技术产业产值占规模以上工业的比重为35.0%，比上年提高1.2个百分点。工业机器人、城市轨道车辆、服务器、新能源汽车等高技术产品产量分别增长60.7%、80.2%、16.3%、3.0倍。软件业业务收入4933.1亿元，增长14.3%；软件业务出口16.1亿美元，增长10.9%。新登记"四新"经济企业增长37.2%。

绿色技术产业蓬勃发展。在绿色科技，绿色金融等产业的支撑保障下，节能环保产业、清洁生产产业、清洁能源产业实现了蓬勃发展。绿色科技不断实现新突破。安徽举办秸秆综合利用产业博览会。福建启动"新能源汽车变速器自动化生产线研发""农业废弃物高值化利用技术及产业化"等科技重大专项专题。甘肃编制印发了《甘肃省环境保护"十三五"科技发展规划》。广东探索环境实验室建设，以重大科研攻关带动环境研究院建设。河南完善科技标准，修订颁布了河南省《合成氨工业水污染物排放标准》等一批环境科技标准。江苏加大科技创新力度，围绕环境管理中的难点、热点问题，支持省级环保科研课题24项。宁夏加快推进绿色科技标准建设。山东加强环保科技标准制定，修订了《山东省环保标准化技术委员会章程》。绿色金融试点逐步开展。北京积极构建首都绿色金融体系，出台了《关于构建首都绿色金融体系的实施办法》。浙江加快推进温州金融综合改革和台州小微金融改革，创建湖州、衢州国家绿色金融改革创新试验区。绿色产业迅速发展。为推动环保装备制造业发展，工信部、科技部联合印发了《国家鼓励发展的重大环保技术装备目录（2017年版）》。青海建成全国首座百兆瓦太阳能光伏发电实证基地，创下了清洁能源供电连续168小时的世界新纪录。重庆积极发展绿色产业，节能环保、生物医药等战略性新兴产业增加值增长25.7%。福建开展建立循环经济和绿色制造示范试点。

绿色产业的发展离不开绿色金融、绿色科技的支撑。为服务绿色产业发展，各地金融机构积极开展了绿色金融的探索与实践。2017 年 6 月，国务院常务会议决定在浙江、江西、广东、贵州、新疆 5 省（自治区）选择部分地区建设绿色金融改革创新试验区，一些地区开始了绿色实践并探索建立相关标准。以浙江省湖州市为例，湖州建立了我国首个地方性绿色企业和项目认定评价方法体系，从业务表现、环境表现、社会表现、行业表现 4 个维度 38 个指标，来认定评价绿色企业和绿色项目，对所有企业进行认定，识别“普绿”与“非绿”；在“普绿”的基础上对企业进一步评价，按绿色程度分为“深绿”“中绿”“浅绿”3 个等级。在绿色信贷标准设定方面，湖州市安吉县农商银行建立了小法人银行绿色普惠信贷标准化识别体系。在对 1000 万元以下的小微企业及个人信贷进行绿色评价时，对地方已形成产业技术标准的，农商银行引入地方产业技术标准补充绿色评价体系；未形成地方产业技术标准的，则引入个人绿色信用分进行补充评价，既解决了因产业技术标准缺失而给企业造成的贷款困难，也能鼓励企业转型向绿色发展。

资源节约利用全面推进。与绿色发展方式相适应的法律、政策密集出台，引导高耗能、高污染的经济发展模式逐步向绿色低碳循环经济模式转型。全国碳排放交易体系顺利启动，省级人民政府控制温室气体排放目标责任评价考核组织开展，全国碳强度下降率首次纳入国民经济和社会发展统计公报，全国万元国内生产总值二氧化碳排放（以下简称碳强度）同比下降 5.1%，超额完成 4% 的年度目标。各省（自治区、直辖市）碳强度下降率纳入绿色发展评价指数。能源消耗总量和强度“双控”目标责任评价考核制度逐步建立，能效、水效领跑者制度实施。清洁低碳能源发展加快，全国天然气和水电等清洁能源消费比重上升 1.3 个百分点。节水管理强化，水资源消耗总星和强度双控行动全面实行。安徽举办“清洁节水青春行”全国高校节水宣传活动。北京严格资源总量管理，推进节能、节水、节地，再生水年利用量达到 10.5 亿立方米，能源利用效率位居全国首位。福建推广绿色防控技术，强化秸秆还田工作。山西狠抓节能降耗，推进燃煤机组超低排放改造。黑龙江既有建筑节能改造竣工 2459 万平方米。江苏扎实开展“263”专项行动，全省煤炭消费量减少 1000 万吨以上。全国碳排放权注册登记系统落户湖北。海南清洁能源装机比重提高到 55.4%。甘肃、广西、贵州、河南、宁夏、山东等地积极推行强制性清洁生产审核。

2017 年分省（自治区、直辖市）万元地区生产总值能耗降低率等指标一览表

表 1

地　区	万元地区生产总值能耗上升或下降（±%）	能源消费总量增速（%）	万元地区生产总值电耗上升或下降（±%）
北　京	–3.99	2.5	–2.01
天　津	–6.24	–2.8	1.83
河　北	–4.42	2.0	–1.19
山　西	–3.37	3.4	3.53
内蒙古	–1.57	2.4	6.77
辽　宁	–1.61	2.5	0.63
吉　林	–5.00	0.0	0.03
黑龙江	–4.02	2.1	–2.63
上　海	–5.28	1.3	–3.88
江　苏	–5.54	1.2	–0.71
浙　江	–3.74	3.7	0.46
安　徽	–5.28	2.8	–1.37
福　建	–3.50	4.3	–0.69
江　西	–5.54	2.8	0.49
山　东	–6.94	–0.1	–6.17
河　南	–7.90	–0.8	–1.72
湖　北	–5.54	1.8	–1.62
湖　南	–5.24	2.3	–2.07
广　东	–3.74	3.5	–1.19
广　西	–3.39	3.6	–1.14
海　南	–2.03	4.8	–0.84
重　庆	–5.12	3.7	–1.81
四　川	–5.18	2.5	–2.92
贵　州	–7.01	2.5	1.19
云　南	–4.92	4.1	–0.41
西　藏			
陕　西	–4.19	3.4	1.46
甘　肃	–0.75	2.8	5.55
青　海	–4.71	2.2	0.44
宁　夏	7.65	16.0	2.33
新　疆	–0.89	6.7	1.46

说明：数据来源自国家统计局、国家发展和改革委员会、国家能源局《2017 年分省（区、市）万元地区生产总值能耗降低率等指标公报》

绿色生活方式深入人心。简约适度、绿色低碳的生活方式逐步确立，节约型机关、绿色家庭、绿色学校、绿色社区和绿色出行等创建行动广泛开展。安徽积极开展绿色社区、环境教育社会实践基地创建活动。北京组织新媒体矩阵宣传各类环保公益活动，倡导公众参与环保。福建开展世界湿地日、爱鸟周、保护野生动物宣传月等活动。广东加强对新开通交通项目环评对接，及时发布环境信息。贵州开展贵州生态日活动，向公众公开环保设施、城市污水处理设施。海南丰富环保宣教形式，组织新媒体矩阵、官微公众号媒体等，召开新闻发布会，开展环境日宣传、校园环保教育活动等。河北开设了环保举报平台、环境问题曝光台，引导公众监督环境保护工作。河南开展绿色学校、绿色社区、绿色企业创建，启动绿色家庭、绿色机关评比。山东加快绿色交通运输与新能源产业，大力开展环保社会组织培训工作。

由于城市人口快速增长和城市规划建设的相对滞后，北京市近年来拥堵现象十分严重，为改变现状，北京市大力发展绿色出行环境，至2017年底，北京城市道路已治理完成965千米，市管道路已治理完成468千米。为规范治理工作，北京市下发了《步行和自行车交通设施改善技术指南》；编制了《北京市人行道桩设计实施导则》和《北京市自行车道彩铺设计导则》，为提升整治工作水平提供了规范。在人行道停车占压位置增设阻车桩，提升行人的通行速度和舒适程度。在步道通行瓶颈处通过占用外侧绿地及路边停车位的方式来拓宽步道。在步行通行需求旺盛点段，拆除或挪移占压在步道上面的废弃线杆、电话亭、报刊亭及配电箱等设施。在停车管理方面，对二环内道路车位进行重新梳理和合理施划，实现违法停车每15分钟一巡查。2017年，北京中心城区绿色出行比例达到72%，平均交通指数控制在5.6以内，保持在“轻度拥堵”级别，中心城区交通运行状况逐步改善。

（二）着力解决突出环境问题

大气污染治理成效明显。全国338个地级及以上城市可吸入颗粒物（PM_{10}）平均浓度比2013年下降22.7%，京津冀、长三角、珠三角区域细颗粒物（$PM_{2.5}$）平均浓度比2013年分别下降39.6%、34.3%、27.7%。北京实现区域空气重污染联防联控，实施清洁空气行动计划，年燃煤总量从2270万吨减至600万吨以内，淘汰老旧机动车216.7万辆，清理整治“散乱污”企业1.1万家。河北严格落实大气污染综合治理“1+18”政策体系，深入开展秋冬季攻坚行动，统筹压煤、降尘、控车、减排、增绿，推进气代煤、电代煤，整治“散乱污”企业 10.8 万家，全省 $PM_{2.5}$ 平均浓度下降 7.1%，秋冬季空气质量为五年来最好。山西与 2013 年相比，2017 年环境空气质量综合指数下降 8.3%，细颗粒物（$PM_{2.5}$）浓度下降 23.4%，完成国家下达的“大气十条”目标任务。辽宁在全国率先启动秸秆焚烧防控问责机制，拆除燃煤小锅炉 6968 台，淘汰黄标车及老旧车 14.5 万辆，供暖期空气优良天数比例达到 84%。黑龙江淘汰黄标车 20.8 万辆，拆除小锅炉 3190 台。上海第一轮清洁空气行动计划的目标任务提前完成，长三角区域大气污染联防联控取得明显成效。浙江整治 4.7 万家脏乱差小作坊；完成 8 台大型燃煤机组、409 万千瓦超低排放技术改造，淘汰改造燃煤小锅炉 8686 台。福建实施比国家更严格的大气主要污染物排放标准，强化大气污染联防联控，9 个设区城市空气质量优良天数比例达 96.2%，高于全国平均水平 18.2 个百分点。广东全面实施大气污染防治 18 项强化措施，全省基本淘汰黄标车，完成国家大气十条终期考核目标。陕西强力推进“1+9”专项行动，全省特别是关中地区空气质量明显好于往年。河南重拳治理大气污染，严格控尘、控煤、控车、控油、控排、控烧，积极应对重污染天气，PM_{10}、$PM_{2.5}$ 浓度比 2014 年分别下降 22.1%、24.4%。

2017 年 74 个城市环境空气质量综合指数及主要污染物一览表

表 2

序号	城市	综合指数	最大指数	主要污染物	序号	城市	综合指数	最大指数	主要污染物
1	海口	2.49	0.79	O_3	38	杭州	5.02	1.29	$PM_{2.5}$
2	拉萨	3.13	0.80	O_3	39	重庆	5.04	1.29	$PM_{2.5}$
3	舟山	3.18	0.95	O_3	40	西宁	5.11	1.19	PM_{10}
4	厦门	3.37	0.80	NO_3	41	南京	5.18	1.18	NO_3
5	福州	3.42	0.88	O_3	42	淮安	5.18	1.43	$PM_{2.5}$
6	惠州	3.48	0.89	O_3	43	泰州	5.22	1.46	$PM_{2.5}$
7	深圳	3.49	0.92	O_3	44	长春	5.22	1.31	$PM_{2.5}$
8	丽水	3.54	0.94	$PM_{2.5}$	45	无锡	5.28	1.26	$PM_{2.5}$
9	贵阳	3.61	0.91	$PM_{2.5}$	46	宿迁	5.34	1.57	$PM_{2.5}$
10	珠海	3.64	1.00	O_3	47	常州	5.41	1.37	$PM_{2.5}$
11	台州	3.65	0.94	$PM_{2.5}$	48	武汉	5.46	1.49	$PM_{2.5}$
12	昆明	3.76	0.83	PM_{10}	49	镇江	5.63	1.57	$PM_{2.5}$
13	南宁	3.95	1.00	$PM_{2.5}$	50	合肥	5.65	1.60	$PM_{2.5}$
14	大连	4.15	1.02	O_3	51	哈尔滨	5.71	1.66	$PM_{2.5}$

续表 2

序号	城市	综合指数	最大指数	主要污染物	序号	城市	综合指数	最大指数	主要污染物
15	中山	4.16	1.13	O_3	52	扬州	5.72	1.54	$PM_{2.5}$
16	张家口	4.18	1.08	O_3	53	沈阳	5.78	1.43	$PM_{2.5}$
17	宁波	4.31	1.06	$PM_{2.5}$	54	成都	5.85	1.60	$PM_{2.5}$
18	衢州	4.37	1.20	$PM_{2.5}$	55	秦皇岛	5.86	1.26	$PM_{2.5}$
19	东莞	4.37	1.06	O_3、$PM_{2.5}$	56	北京	5.87	1.66	$PM_{2.5}$
20	温州	4.40	1.09	$PM_{2.5}$	57	呼和浩特	5.93	1.36	PM_{10}
21	金华	4.44	1.20	$PM_{2.5}$	58	银川	6.41	1.51	PM_{10}
22	肇庆	4.47	1.17	$PM_{2.5}$	59	兰州	6.45	1.59	PM_{10}
23	盐城	4.58	1.23	$PM_{2.5}$	60	天津	6.53	1.77	$PM_{2.5}$
24	江门	4.60	1.21	O_3	61	乌鲁木齐	6.55	2.00	$PM_{2.5}$
25	广州	4.61	1.30	NO_3	62	廊坊	6.61	1.71	$PM_{2.5}$
26	上海	4.63	1.13	O_3	63	徐州	6.78	1.94	$PM_{2.5}$
27	嘉兴	4.72	1.20	$PM_{2.5}$	64	沧州	6.89	1.89	$PM_{2.5}$
28	绍兴	4.73	1.29	$PM_{2.5}$	65	济南	7.04	1.86	$PM_{2.5}$
29	佛山	4.75	1.14	$PM_{2.5}$	66	郑州	7.07	1.89	$PM_{2.5}$
30	南昌	4.75	1.17	$PM_{2.5}$	67	衡水	7.29	2.20	$PM_{2.5}$
31	青岛	4.78	1.11	PM_{10}、$PM_{2.5}$	68	西安	7.72	2.17	$PM_{2.5}$
32	连云港	4.79	1.29	$PM_{2.5}$	69	太原	7.79	1.89	$PM_{2.5}$
33	南通	4.79	1.12	O_3	70	唐山	7.97	1.89	$PM_{2.5}$
34	湖州	4.80	1.20	$PM_{2.5}$	71	保定	8.32	2.40	$PM_{2.5}$
35	承德	4.86	1.17	PM_{10}	72	邢台	8.57	2.29	$PM_{2.5}$
36	苏州	4.97	1.20	NO_3、$PM_{2.5}$	73	邯郸	8.64	2.46	$PM_{2.5}$
37	长沙	4.98	1.49	$PM_{2.5}$	74	石家庄	8.72	2.46	$PM_{2.5}$

说明：数据来源自中华人民共和国生态环境部 2017 年《中国生态环境状况公报》

水污染防治力度增大。河长制在各省市全面推行，全国地表水优良水质断面比例不断提升，Ⅰ—Ⅲ类水体比例达到 67.9%，劣Ⅴ类水体比例下降到 8.3%。97.7% 的地级及以上城市集中式饮用水水源完成保护区标志设置，93% 的省级及以上工业集聚区建成污水集中处理设施，36 个重点城市建成区的黑臭水体已基本消除。北京全面落实《京津冀协同发展规划纲要》，永定河等流域生态保护统一规划、协同治理工作取得积极进展。河北大力实施白洋淀及上游流域环境综合整治，排查整治纳污坑塘，39 条城市黑臭水体得到整治。山西实施饮用水、流域水、地下水、黑臭水、污废水“五水同治”。上海有力推进水污染防治行动计划，1864 条段、1756 千米城乡中小河道综合整治全面完成，全市中小河道基本消除黑臭。浙江完成 48 座城镇污水处理厂一级 A 排放达标改造，新增3000千米城镇污水管网，劣V类水质断面全面消除，劣V类小微水体基本消除。福建实施最严格的水资源管理制度，建立从水源头到水龙头的全过程治理体系，全省所有的河流都有了河长，全省12条主要河流优良水质比例达95.8%，近岸海域一、二类海水水质面积占比88.9%。河南实施城市河流清洁行动计划，强化水污染防治，推行五级河长制，地表水主要指标达到国家要求。湖北在全国率先实现河湖长制全覆盖。湖南继续实施湘江保护和治理"一号重点工程"，狠抓洞庭湖水环境综合整治五大专项行动，清除洞庭湖矮围网围，禁止天然水域投肥投饵养殖，退出禁养区畜禽养殖，清除湿地黑杨7.99万亩。广东出台海岸带综合保护与利用总体规划，一批历史遗留用海问题得到妥善解决。重庆饮用水源和河库管护得到加强，长江干流重庆段保持优等水质。陕西按照柔性治水要求，系统实施重大水利工程，启动昆明池、渼陂湖、卤阳湖恢复建设，渭河干流水质持续改善，汉江、丹江、嘉陵江流域水质保持优良。新疆依法加强河湖管理保护。对用水总量超标区域坚决实施退耕、节水、禁止开荒以及新增取水开发建设项目限批等措施。

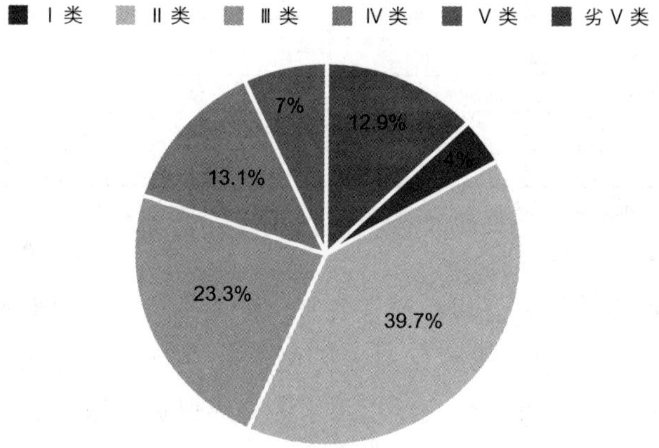

图1　2017年全国省界断面水质类别比例图[①]

土壤污染治理不断加强。土壤污染状况详查全面开展。106个产粮油大县制定土壤环境保护工作方案。江苏、河南、湖南启动耕地土壤环境质量类别划分试点。打击进口废物加工利用行业环境违法行为专项行动和固体废物

① 数据来源自生态环境部2017年《中国生态环境状况公报》。

集散地专项整治行动深入开展，全国实现固体废物进口量同比下降9.2%，其中限制类固体废物进口量同比下降12%。城市生活垃圾无害化处理能力达到63.8万吨/日，无害化处理率达97.14%；排查出2.7万余个非正规垃圾堆放点。北京实施垃圾处理设施建设三年行动计划，生活垃圾日处理能力达到2.4万吨，资源化率达到57%。上海土壤污染防治行动计划启动实施，生活垃圾处置设施“一主多点”布局基本形成。福建开展土壤污染治理与修复试点，危险废物处置能力从39.3万吨提高到94.1万吨，完成重金属总量控制任务。四川积极推进土壤污染治理与修复试点。陕西建立土壤污染防治联合调度制度，扎实开展土壤污染状况详查与治理修复工作。

“洋垃圾”的危害由来已久，它的输入对我国的生态环境和人民群众身体健康带来了巨大危害。2017年7月，国务院办公厅印发了关于禁止“洋垃圾”入境推进固体废物进口管理制度改革的实施方案，对固体废物进口进一步从严管理。为维护国家生态环境安全和人民群众身体健康，海关总署统一指挥广东、浙江、江苏等13个省（自治区、直辖市）的19个海关，同步开展“蓝天”行动打击“洋垃圾”。至2017年底，先后实施了4轮高密度、集群式、全链条打击，全力封堵拦截“洋垃圾”走私入境。据统计，2017年全国共立案侦办走私固体废物犯罪案件286起，同比增长了6.7倍，查证各类涉案固体废物86.68万吨。

农村环境综合整治深入开展。全国完成28万个村庄环境整治任务。在96个畜牧养殖大县整县推进畜禽粪污资源化利用。农药使用量连续三年负增长，化肥使用量提前三年实现零增长。农村生活垃圾得到处理的行政村比例达74%。北京开展农村人居环境综合整治，累计创建美丽乡村1300个。吉林改善农村人居环境，改造农村厕所15.1万户，建成美丽乡村116个。长春、吉林等11个国家新型城镇化综合试点有序推进，22个省级特色示范城镇建设成效显著。上海扎实推进新型城镇化和美丽乡村建设，完成涉及30万户的村庄改造、27万户农村生活污水设施改造，率先整建制创建国家现代农业示范区，家庭农场从1173户增加到4516户。安徽农村厕所、垃圾、污水“三大革命”扎实推进，人居环境不断改善。福建三分之一村庄开展美丽乡村建设，75%行政村实现生活垃圾常态化治理，乡镇生活垃圾转运系统全面运行。推进农业面源污染治理，全面整治生猪养殖污染。甘肃进一步优化农业内部结构，特色优势产业总面积达到3313万亩。实施国家级田园综合体建设试点。探索发展戈壁生态农业，安排资金1.2亿元，新建3.42万亩，争取1.5亿元专项资金支持戈壁生态农业。江西大力开展城乡环境综合整治，“整洁美丽、和谐宜居”新农村建设成效明显，城乡面貌发生显著变化。河南实施乡村清洁工程，综合整治农村人居环境，持续改善农村基础设施，2694.8万农村居民和在校生的饮水安全问题有效解决，2.1万个行政村电网改造升级，新建改建农村公路5.4万千米，改造危桥23.6万延长米，一批县市建立了农村垃圾收集处理长效机制。湖南农村环境综合整治覆盖全省，完成7000多个行政村人居环境整治。广西各级财政投入1.59亿元推动农村环境综合整治，综合治理905个行政村生活污水、垃圾污染，完成所有县（市、区）畜禽养殖禁养区划定，规模养殖场配套建设废弃物处理利用设施占比85.6%，农村环境质量得到进一步改善。

（三）加大生态系统保护力度

生态示范创建工作蓬勃开展。各地以生态示范创建工作为抓手，开展了各具特色的生态保护工作。福建、江西、贵州国家生态文明试验区建设顺利进行，河北省塞罕坝机械林场等13个县成为全国第一批“绿水青山就是金山银山”实践创新基地。北京市延庆区等46个地方成为第一批国家生态文明建设示范市县。安徽省围绕农业生态启动了国家有机食品生产基地建设示范县创建。福建省开展了国家水土保持生态文明清洁小流域建设工程、生产项目水土保持工程等生态创建工作。

陕西省留坝县位于秦岭腹地，森林覆盖率超过90%。20世纪80年代，留坝县靠伐木、开矿发展经济，导致水土流失严重，生态持续恶化。留坝人痛定思痛，决心用绿水青山换取金山银山。留坝县连续7年投入3.2亿元实施“精美留坝城乡环境综合整治工程”，全县乡村彻底解决了垃圾、污水、环境等方面的问题。2017年，留坝县以“清五堆改六小美化四旁”专项整治工作为抓手，实施3730万元环境整治项目，开展城乡环境专项整治工作，环境得到极大改善。目前，留坝县全域旅游产业初具规模，已建成省级特色旅游名镇4个、省级休闲旅游示范村7个，打造农耕文化体验园、垂钓基地、格桑花海、芳草坪花谷等休闲农业观光点25处，开发了最美山村道路、花海、老街旅游街区、留侯老集、特色民宿等休闲度假产品和火烧店等休闲体验农业产品。2017年，留坝县人均纯收入70%来自生态产业和绿色产业，旅游产业GDP占比达51%。

生态保护区功能不断加强。生态保护区是生态保护的重要载体。2017 年，生态保护区的建设得到进一步加强。三江源、东北虎豹、大熊猫、祁连山等国家公园体制试点积极推进，《建立国家公园体制总体方案》出台。“绿盾 2017”国家级自然保护区监督检查专项行动在全国全面开展，各地调查处理 2.08 万余个违法违规问题线索，对 1100 多人追责问责。国务院批准新建 17 个国家级自然保护区，总数达 463 个。内蒙古停止自然保护区内所有矿山企业开采勘探活动，持续推进呼伦湖、乌梁素海、岱海生态环境综合治理。青海三江源国家公园体制试点进展顺利，祁连山国家公园体制试点方案获批。陕西积极探索建立以国家公园为主体的自然保护地体系，黄土高原生态保护修复工程纳入国家试点。

2017 年，由于生态保护区环境问题严重，中办、国办对甘肃祁连山国家级自然保护区生态环境问题发出通报。甘肃省深刻吸取教训，下决心对通报的有关问题进行整改。甘肃省制定出台了有关保护区内矿业权分类退出、水电站关停退出整治、部分旅游设施项目差别化整治和补偿等方案，修订了《甘肃祁连山国家级自然保护区管理条例》地方性法规，对甘肃全省其他自然保护区生态环境问题进行排查，全面停止国家级自然保护区内水电站及水库项目审批，并进一步严格各类保护区内矿产资源的勘查开采管理。2017 年，祁连山保护区 144 宗矿业权矿山地质环境恢复治理基本完成，42 座水电站全部明确了分类处置意见，25 个旅游项目有 21 个完成整改。甘肃省还以祁连山生态环境问题整改为契机，制定重点生态功能区产业准入负面清单，并启动祁连山国家公园体制试点，建立国家主导、区域联动的生态保护管理新体制，优化整合现有各类保护地管理机构，健全了自然资源资产管理制度。

2017 年全国不同类型自然保护区情况表

表 3

类型	数量（个）					面积（公顷）				
	国家级	省级	市级	县级	合计	国家级	省级	市级	县级	合计
森林生态	212	384	225	613	1434	15431482	11747487	2202929	2411542	31793440
草原草甸	4	12	3	22	41	731424	401243	39416	479606	1651689
荒漠生态	13	13	0	5	31	36700178	3273486	0	80624	40054288
内陆湿地	55	172	63	91	381	20704601	6644232	1820263	1817870	30986966
海洋海岸	17	13	14	24	68	512529	50592	116710	37007	716838
野生动物	123	161	80	162	526	22248516	13389513	538223	2517663	38693915

续表 3

类型	数量（个）					面积（公顷）				
	国家级	省级	市级	县级	合计	国家级	省级	市级	县级	合计
野生植物	19	41	16	75	151	782110	464772	142617	360645	1750144
地质遗迹	13	40	11	21	85	172346	715844	14269	67975	970434
古生物遗迹	7	19	4	3	33	168393	259148	120965	1051	549557
合计	463	855	416	1016	2750	97451579	36946317	4995392	7773983	147167271

说明：数据来源自生态环境部 2017 年《中国生态环境状况公报》

生态主体功能区制度逐步建立。按照国土空间利用布局，各地根据各自主体功能区属性不断完善规划体系及配套政策，建立了资源承载能力监测预警长效机制，对重点生态功能区产业实施准入负面清单制度。2017 年，京津冀、长三角、珠三角区域战略环评完成。河北省与环保部签署推进雄安新区生态环境保护工作的战略合作协议，积极开展雄安新区环境综合整治。连云港、承德、鄂尔多斯和济南 4 个城市开展了“三线一单”（生态保护红线、环境质量底线、资源利用上线和环境准入负面清单）试点。落实长江“共抓大保护，不搞大开发”要求，出台了《长江经济带生态环境保护规划》。环境影响评价工作更加严格，全国环评审批信息实现实时报送，环评审批完成 18.5 万个，涉及总投资 28.24 万亿元。京津冀、长江经济带和宁夏等 15 个省（自治区、直辖市）生态保护红线划定方案已经国务院批准。新疆实行最严格的生态保护制度和空间用途管制制度，依法对永久性积雪、重要水源涵养区、饮用水水源地保护区、世界自然遗产地、风景名胜区、自然保护区和重要河流、湖泊、湿地等实施强制性保护。

江西省是长江水资源的重要补给地，是南方生物多样性最集中的地区之一，是南方地区重要的生态安全屏障，对保护长江中下游水生态安全命脉具有十分重要的生态地位和价值。按照江西省生态保护红线划定的要求，江西省生态保护红线面积 46876 平方千米，占全省国土面积的 28.06%。按照生态保护红线的主导生态功能，分为水源涵养、生物多样性维护和水土保持三大类共 16 个片区，构成了“一湖五河三屏”生态保护红线空间分布格局。“一湖”为鄱阳湖，主要生态功能是生物多样性维护；“五河”指赣、抚、信、饶、修五河源头区及重要水域，主要生态功能是水源涵养；“三屏”为赣东—赣东北山地森林生态屏障、赣西—赣西北山地森林生态屏障和赣南山地森林生态屏障，主要生态功能是生物多样性维护和水源涵养。生态保护红线划定后，对江西省人口和产业结构、布局的调整，国土空间格局的优化和保护，生态安全格局的完善都将发挥十分重要的作用。

生态保护修复工作。启动第二批山水林田湖草生态保护修复工程试点，青海三江源区、岩溶石漠化区、京津风沙源区、祁连山等重点区域综合治理工程持续推进。北京全面落实《京津冀协同发展规划纲要》，新增京冀生态水源保护林 50 万亩，超额完成平原百万亩造林任务，新增城市绿地 4000 公顷，全市森林覆盖率提高到 43%。河北推进太行山、燕山绿化攻坚，全年完成植树造林 536 万亩，塞罕坝林场荣获联合国环保最高荣誉“地球卫士奖”。山西实施“两山七河”生态治理工程，治理水土流失面积 1.32 万平方千米，以汾河谷地为中心的地下水位连续 10 年回升。内蒙古继续实施天然林保护、京津风沙源治理、退耕还林还草等重大生态修复工程。福建完成水土流失治理面积 1296.6 万亩，森林覆盖率 65.95%，保持全国首位。江西完成植树造林 142.1 万亩、森林抚育 560 万亩，全省森林覆盖率稳定在 63.1%。湖北实施“绿满荆楚”行动，造林添绿 997 万亩。四川推进大规模绿化全川行动，营造林 1294 万亩，退耕还林还草 49 万亩；新创国家森林城市 3 个，启动森林草原湿地生态屏障重点县建设，天然林资源得到有效保护。西藏全年完成造林绿化 124 万亩，大力推进农村“四旁”植树。陕西深入实施退耕还林、天然林保护、三北防护林建设，完成营造林 719.5 万亩，治理沙化土地 105.4 万亩。国家湿地公园增至 43 处、总面积达 84.9 万亩。新疆加大天山北坡谷地森林植被保护与修复工程等一批重点生态工程建设力度；实施造林 333 万亩，治理沙化土地 450 万亩；实施了第 18 次塔里木河下游生态输水，下泄生态水量 12.14 亿立方米。青海可可西里列入世界自然遗产名录，祁连山山水林田湖草生态保护修复国家试点项目开工建设。国土绿化面积突破 400 万亩，为历年最多。

生态补偿制度是我国保护生态环境的重要举措。我国在青藏高原建立了重点生态功能区转移支付、森林生态效益补偿、草原生态保护补助奖励、湿地生态效益补偿等生态补偿机制。2008—2017 年，中央财政分别下达青海、西藏两省区重点生态功能区转移支付资金 162.89 亿元和 83.49 亿元，补助范围涉及两省区 77 个重点生态县域和所有国家级禁止开发区。“十二五”（2011—

2015年）期间，国家累计下达西藏草原生态保护补助奖励资金108.8亿元。自治区探索建立野生动物肇事补偿机制，投入8500万元帮助牧民减轻因野生动物肇事带来的损失。国家对青海省生态建设投入力度不断加大。2013年起，中央财政累计安排资金164亿元，陆续实施了草原、森林和湿地等生态效益补偿类项目。为实现生态保护和脱贫有机结合，青海省推出生态公益管护员制度，每年安排补助资金8.8亿元。“十二五”规划以来，青海省有62.23万户农牧民住房得到改善，162.4万人喝上洁净水，65万无电人口用上可靠电，人民生活水平得到较大改善。

（四）不断健全生态环境监管体制

环境督察进一步强化。国家环境保护督察办公室组建，环保部6个区域督查中心由事业单位转为行政机构并更名为督察局。2017年，中央完成了第三、第四批15个省份的督察，实现第一轮中央环境保护督察全覆盖。督察进驻期间共问责党政领导干部18万多人，受理群众环境举报13.5万件，直接推动解决群众身边的环境问题8万多个。甘肃祁连山国家级自然保护区生态环境问题专项督察组织开展，对包括3名中管干部在内的11名负有领导责任的干部严肃问责。2017年，有30个市（县、区）、8门和单位被约谈，山西临汾等城市被区域限批，河北廊坊大气环境问题被挂牌督办，环保部对江苏南通督察整改不力、黑龙江大气严重污染等典型案件开展机动式点穴式专项督察。河北、安徽、福建、四川实现省级环保督察全覆盖。广东、辽宁、山东、江苏、吉林、广西等地启动省级环保督察。重庆认真整改中央环保督察反馈问题，黑臭河段和船舶码头污染等环境突出问题得到解决，建立了省级环境监察督察制度。辽宁积极配合中央环保督察和国家海洋督察，清理取缔海洋涉渔“三无”船舶2122艘。青海在全国率先开展了自然保护区专项督察。

环保执法力度持续加大。2017年，全国实施行政处罚案件233万件，罚款金额115.8亿元，比新环境保护法实施前的2014年增长265%。全国278家已建生活垃圾焚烧厂布设679个临控点，全部完成“装、树、联”任务。强化环境风险应对，调度处置突发环境事件302起，其中重大事件1起，较大事件6起、一般事件295起。全国“12369”环保举报管理平台共接到公众各类举报618856件，已办结618583件，办结率999%。全国各省（自治区、直辖市）开展了一大批专项生态环境执法行动。辽宁深入实施蓝天、碧水、青山、净土和农村环境整治五大工程。河北持续开展“利剑斩污”等执法检查行动。吉林省环境保护厅与省公安厅通过环境保护司法衔接机制，实施清洁空气、水体、土壤行动计划，持续开展联合打击环境违法犯罪专项行动。重庆深入实施“蓝天、碧水、宁静、绿地、田园”环保行动，加快长江上游重要生态屏障建设。贵州组织开展环保“利剑”执法百日攻坚行动，严查群众关心的环境问题和破坏生态环境的违法行为。新疆组织开展“乌—昌—石”“奎—独—乌”区域大规模交叉执法检查工作。黑龙江开展放射源监管专项行动，圆满完成第六次朝核环境风险应对。广东全年组织14个专项执法行动，对练江、东江、九洲江等重点流域开展数十次联合交叉执法。福建开展了“清水蓝天”“自然保护区专项执法检查”等26个专项执法行动，严厉打击各类环境违法行为。

生态环境改革不断深化。中央全面深化改革领导小组审议通过按流域设置环境监管和行政执法机构、设置跨地区环保机构试点方案，江苏、山东、湖北、青海、上海、福建、江西、天津、陕西9省（直辖市）省以下环保机构垂直管理制度改革实施方案新增备案。《排污许可管理办法（试行）》和《固定污染源排污许可分类管理名录（2017年版）》出台。全国排污许可证管理信息平台建成，火电、造纸等15个行业许可证核发工作基本完成。推进国家地表水环境质量监测事权上收，2050个国家地表水考核断面全面推行采测分离模式，监测数据实现全国互联共享。吉林、江苏、山东、湖南、重庆、贵州、云南等省（直辖市）按照中央部署，深入开展生态环境损害赔偿制度改革试点，在工作机制、司法联动、鉴定评估、资金管理等方面开展了积极探索。

省以下的环保机构监测执法监察制度改革是加快生态文明体制改革，完善生态环境管理制度的重要组成部分。作为全国第一个试点省份，河北省委省政府经过深入调研，2016年12月份制定出台了省以下垂改方案，2017年5月份基本完成。一是建立分级垂直管理体制，调整省市县三级环境保护行政主管部门的领导关系。市级环保局以省环保厅领导为主，由省环保厅党组对市环保局党组班子成员进行提名。县环保局改为市环保局的派出分局，人财物由市环保局直接管理。通过领导关系、干部任免、财政供养、隶属关系的调整，避免了地方保护主义对于环境管理的干预。二是完善环境监测体系，上收环境监测事权。把市县环保局环境监测的事权上收到省环保厅，负责对环境业务的统一领导，对数据进行集中审核，从各个市县的监测站上收了468名监测人员，建立了11个驻市的监测中心。对各个市县的环境监测，甚至重要企业的监测，都由11个监测中心来负责，避免了监测数据的造假和人为干扰。三是创新性地建立跨区域的环境监察机构，完善环境监察体系。建立了6个环境监察专员办公室，每个办公室负责2个市的环境监察，特别对于失职渎职落实不力的，及时提出监察建议，及时启动严肃的追责问责。四是统一执法体系，加强执法力量建设。省环保厅专门成立了河北省环境综合执法局，每个市成立了执法支队，每个县成立了执法大队，统筹三级力量对污染进行打击，增强了执法效果。

生态保护保障措施逐步完善。相关法律法规不断健全。水污染防治法、核安全法、环境保护税法实施条例、建设项目环境保护管理条例等法律法规制修订工作全面完成，《农用地土壤环境管理办法（试行）》等部门规章发布。中共中央办公厅、国务院办公厅印发《生态环竟损害赔偿制度改革方案》《关于划定并严守生态保护红线的若干意见》等。《“一带一路”生态环境保护合作规划》、《关于推进绿色“一带一路”建设的指导意见》和《长江经济带生态环境保护规划》发布。环境资金支持力度不断加大。中央财政大气、水、土污染防治等专项资金规模达497亿元。福建投入30多亿元加大全流域生态补偿力度。西藏落实生态补偿资金61.67亿元。环境污染责任保险试点工作深入推进，2017年全国投保企业1.6万家次，保险公司提供风险保障金306亿元。生态奖惩机制不断健全。10余个省份建立环保信用评价制度，实施跨部门联合奖惩。河北出台生态环境保护责任规定和责任清单，并制定了配套制度。福建实施生态环保目标责任制，建立上市公司环境信息披露联合监管工作机制。北京出台了《北京市生态文明目标评价考核办法》《考核目标体系》《绿色发展指标体系》，试编自然资源资产负债表，开展领导干部自然资源资产离任审计试点，建立了街道乡镇空气质量排名、约谈、问责机制。生态保护宣传工作力度加大，全国地市级以上环保部门全部开通官方微博和微信公众号。

三、创造美好生活

“美好生活”一头连着民生，一头连着党的使命、宗旨、目标与愿景，既具有全局性、战略性与前瞻性，又融入百姓生活，关涉大众的冷暖苦乐。中国特色社会主义进入了新时代，中国发展抵达新的历史方位，“以人民为中心”始终是党最根本的思想，“人民的美好生活”始终是党最首要的目标。

（一）优先发展教育事业

建设教育强国是中华民族伟大复兴的基础工程。我国教育事业一直放在优先发展位置，全面贯彻党的教育方针，转变教育发展方式，深化教育改革，加快教育现代化，努力办好人民满意的教育。

我国教育成就巨大。2017 年全国共有各级各类学校 51.38 万所，比上年增加 2105 所，增长 0.41%；各级各类学历教育在校生 2.70 亿人，比上年增加 545.54 万人，增长 2.06%；专任教师 1626.89 万人，比上年增加 48.72 万人，增长 3.09%。2017 年全国共有幼儿园 25.50 万所，比上年增加 1.51 万所，增长 6.31%。学前教育毛入园率达到 79.6%，比上年提高 2.2 个百分点。全国共有义务教育阶段学校 21.89 万所，招生 3313.78 万人，在校生 1.45 亿人，专任教师 949.36 万人，九年义务教育巩固率 93.8%。教育总体发展水平进入世界中上行列。基本公共教育服务体系和现代职业教育体系基本确立，继续教育持续发展，全民终身学习的态势初步形成。教育质量稳步提升，我国学生在经济合作与发展组织开展的国际学生评估项目中表现良好，我国成为国际工程联盟本科教育互认协议成员，一批高校和学科世界排名显著提升。

教育公平取得重要进展。推动城乡义务教育一体化发展，高度重视农村义务教育，办好学前教育、特殊教育和网络教育，普及高中阶段教育，努力让每个孩子都能享有公平而有质量的教育。城乡和区域教育发展差距进一步缩小，我国城乡教育一体化进程加速，县域义务教育均衡发展成效显著，大中城市义务教育阶段“择校热”有所缓解，国家助学制度更加完善，农村义务教育学生营养改善计划深入实施，贫困地区学生的体质健康得到改善，进城务工人员随迁子女、农村留守儿童、残疾学生受教育权利得到更好保障。

教育资助体系实现学前到研究生教育全覆盖，确保“不让一个学生因家庭经济困难而失学”。北京实施两期学前教育三年行动计划，累计增加学位17万个。深化考试招生制度改革，义务教育免试就近入学比例不断提高。浙江各类教育加快发展，县县建成国家义务教育发展基本均衡县。广东完成127所普通高中薄弱学校改造提升，农村家庭经济困难学生、山区和农村边远地区教师补助标准稳步提高，职业教育体系更加完善。四川民族自治地区“一村一幼”招收18.6万名幼儿。内蒙古注重教育公平发展和质量提升，学前教育入园率达到90%以上，累计有93个旗县（市、区）通过国家义务教育均衡发展评估认定。陕西努力办好公平优质教育，普惠性幼儿园接近60%，义务教育基本均衡县数量居西部第一位，国家级农村职业教育和成人教育示范县数量居全国前列。宁夏新改建农村幼儿园220所，改造义务教育薄弱学校584所。新疆资助家庭经济困难学生692万余人次，实现了家庭经济困难学生资助全覆盖。新疆巩固九年义务教育，扎实推进农村学前双语教育。加强和改进中小学双语教育，在小学和初中起始年级全面实行了国家通用语言文字授课。开展义务教育学校标准化、义务教育均衡化和县域内城乡义务教育一体化建设，推进基础教育稳步发展。积极发展现代职业教育，推进初高中未就业未升学毕业生普遍接受职业教育和职业培训。

高等教育向内涵式发展转变。加快一流大学和一流学科建设，实现高等教育内涵式发展。健全学生资助制度，使更多城乡新增劳动力接受高等教育。2017年，全国各类高等教育在学总规模达到3779万人，高等教育毛入学率达到45.7%。全国共有普通高等学校2631所（含独立学院265所），比上年增加35所，增长1.35%。其中，本科院校1243所，比上年增加6所；高职（专科）院校1388所，比上年增加29所。全国共有成人高等学校282所，比上年减少2所；研究生培养机构815个，其中普通高校578个、科研机构237个。2017年研究生招生80.61万人，其中全日制69.19万人。招收博士生8.39万人，硕士生72.22万人。毕业研究生57.80万人，其中毕业博士生5.8万人、毕业硕士生52.0万人。普通本专科招生761.49万人，比上年增加12.88万人，增长1.72%；在校生2753.59万人，比上年增加57.74万人，增长2.14%；毕业生735.83万人，比上年增加31.65万人，增长4.49%。浙江高等教育毛入学率达到58.2%。陕西8所高校进入“双一流”建设名单。新疆加快推进新疆大学“双一流”创建工作，丝绸之路经济带创新驱动发展试验区、国家“乌昌石”自主创新示范区建设取得重大进展，在新材料、量子通信、生态环保、现代农业等领域一批重大科技专项加快实施，一批高层次创新人才、创新团队和少数民族科技骨干迅速成长。

（二）提高就业质量和人民收入水平

就业是民生之本、发展之源，是最大的民生。党的十八大以来，我国坚持把就业创业摆在更加突出的位置，坚持实施就业优先战略和更加积极的就业政策，大力推动大众创业万众创新，牢牢稳住就业基本盘，积极推进就业转型，不断提升就业质量，突出抓好重点群体就业创业，把就业工作作为经济持续健康发展、民生和谐改善的优先目标，创新宏观调控方式，将稳定和扩大就业作为区间调控的下限，千方百计增加就业岗位，实现了就业形势总体稳定、稳中向好，为保障和改善民生，促进经济社会持续健康发展作出了重要贡献。

实现更高质量和更充分就业。2017 年，各地坚持就业优先战略和积极就业政策，大规模开展职业技能培训，注重解决结构性就业矛盾，鼓励创业带动就业。提供全方位公共就业服务，促进高校毕业生等青年群体、农民工多渠道就业创业。破除妨碍劳动力、人才社会性流动的体制机制弊端，使人人都有通过辛勤劳动实现自身发展的机会。2017 年末，全国就业人数 77640 万人，比上年末增加 37 万人；城镇登记失业率 3.90%，下降 0.12 个百分点。

北京城镇登记失业率保持在 1.5% 左右的较低水平。内蒙古稳步推进创业就业，城镇新增就业 26.1 万人，城镇登记失业率 3.6%。河北坚持多渠道拓宽就业，城镇新增就业 82 万人，城乡居民收入均增长 8.1%。吉林 2017 年城镇新增就业 53.2 万人，完成年度计划的 106.4%。江苏城镇登记失业率 2.98%，扶持创业 29.1 万人，城镇新增就业 148.6 万人。浙江加大高校毕业生、就业困难人员、农村转移劳动力等重点人群就业服务力度，新增城镇就业 127.2 万人，城镇登记失业率 2.88%。江西城镇新增就业 55.8 万人、新增转移农村劳动力 60 万人，分别完成年度计划的 123.9% 和 119.9%，城镇登记失业率 3.34%。广东实现城镇新增就业 148.9 万人。广西城镇新增就业 44.6 万人，城镇登记失业率 2.2%。重庆城镇新增就业 74 万人。四川城镇新增就业 106.9 万人。贵州城镇新增就业 76.9 万人，城镇、农村居民人均可支配收入分别增长 8.7% 和 9.6%。云南突出抓好重点群体就业帮扶，新增城镇就业 49 万人，扶持创业 12.2 万人。陕西实施新一轮就业创业政策，发放创业担保贷款 56.22 亿元，新增城镇就业 45.5 万人，高校毕业生初次就业率达到 89.2%，零就业家庭实现动态清零。甘肃城镇新增就业 43.78 万人、输转城乡富余劳动力 529.5 万人，选拔 1.7 万名高校毕业生到基层服务，帮助 15.7 万名失业人员再就业和 3.7 万名就业困难人员就业。青海城镇新增就业 6.1 万人、农牧区劳动力转移就业 108 万人次，高校毕业生就业率达 85% 以上，城镇登记失业率 3.1%。宁夏 2017 年城镇新增就业 8.3 万人，城镇登记失业率 3.9%。

少数民族地区就业有亮点。西藏城镇登记失业率控制在 2.7% 以内。全力落实促进高校毕业生就业创业政策措施，就业率达到 90%，9134 名高校毕业生通过市场就业，市场主导就业取得突破性进展。全年新增城镇就业 5.5 万人。新疆维吾尔自治区实施喀什、和田地区 3 年 10 万人有组织转移就业规划，4.7 万名农村富余劳动力实现转移就业。大力发展就业容量大的纺织服装业、劳动密集型企业、民营企业和小微企业，多渠道促进高校毕业生就业创业，实现城镇新增就业 47 万人。农村富余劳动力转移就业 275 万人次，特别是通过开展农村劳动力有针对性培训，推动固定资产投资项目使用新疆籍劳动力 61.8 万人次，其中南疆 4 地州 31.56 万人次。

2017 年，在以习近平同志为核心的党中央坚强领导下，各地区各部门坚持以人民为中心的发展思想，认真贯彻落实全面建成小康社会的战略目标和方针政策，城乡居民收入持续较快增长，收入差距不断缩小，消费水平和质量持续提高，生活环境明显改善，为到 2020 年全面建成小康社会的宏伟目标奠定了坚实的基础。2017 年，全国居民人均可支配收入 25974 元，扣除价格因素，比上年实际增长 7.3%，增速比上年加快 1.0 个百分点，快于人均国内生产总值增速 1.0 个百分点。居民生活水平不断提高。2017 年，全国居民恩格尔系数为 29.3%，比上年下降 0.8 个百分点；全国居民人均消费支出中教育文化娱乐和医疗保健所占比重分别为 11.4% 和 7.9%，分别比上年提高 0.2 和 0.3 个百分点。

城乡居民收入较快增长，生活质量不断提升。各地坚持在经济增长的同时实现居民收入同步增长、在劳动生产率提高的同时实现劳动报酬同步提高，拓宽居民劳动收入和财产性收入渠道，履行好政府再分配调节职能，加快推进基本公共服务均等化，缩小收入分配差距。北京人民生活持续改善。贯彻以人民为中心的发展思想，累计办理重要民生实事146件。全市居民人均可支配收入增长与经济增长同步，2017年达到5.7万元、同比实际增长6.9%，低收入农户收入增速连续7年快于全市农民。河北人民生活水平得到新提升。全省财政用于民生支出5294.2亿元、增长9.3%，10件民生实事全部完成。内蒙古自治区城镇居民人均可支配收入增长6.7%，农民人均可支配收入增长6.8%。黑龙江在经济下行压力下持续改善民生，2017年全省财政用于民生支出3996.1亿元，比2012年增加1422.3亿元。吉林2017年城镇居民人均可支配收入增长6.7%，农民人均可支配收入增长6.8%。江苏城镇和农村常住居民人均可支配收入分别达43622元和19158元。2017年城镇和农村常住居民人均可支配收入分别增长8.6%和8.8%。浙江城乡居民人均可支配收入分别增长8.5%和9.1%，低收入农户收入增长10%以上。消除5053个集体经济年收入低于10万元的薄弱村。居民收入稳步提高，城乡居民人均可支配收入从33846元、15806元增加到51261元、24956元，连续多年位居全国各省（区）第一。广西壮族自治区居民人均可支配收入实际增长7%，其中农村居民人均可支配收入实际增长8.1%。重庆城乡居民人均收入分别达到32193元和12638元，增长8.7%和9.4%。四川城乡居民人均可支配收入分别增长8.4%和9.1%，居民消费价格上涨1.4%，地方一般公共预算收入增长9.5%。贵州2017年农村居民人均可支配收入两项指标增速全国第二。西藏农村居民人均可支配收入达到10330元，增长13.6%。城镇居民人均可支配收入达到30671元，增长10.3%；居民消费价格指数控制在2.0%以内。陕西2017年完成地方财政收入2006.39亿元，同比增长11.9%，城乡居民人均收入分别达到30810元和10265元，增长8.3%和9.2%。甘肃城乡居民人均可支配收入分别增长8.1%和8.3%。城乡就业增加，居民收入增速明显跑赢经济增速。宁夏城镇和农村居民人均可支配收入分别为29472元、10738元，增长8.5%、9%，比上年分别提高0.7和1个百分点。

（三）加强社会保障体系建设

我国按照兜底线、织密网、建机制的要求，全面建成覆盖全民、城乡统筹、权责清晰、保障适度、可持续的多层次社会保障体系。目前，我国基本医保覆盖95%以上人口，编织起全球最大的基本医疗保障网，世界卫生组织称赞“中国的医改成就举世瞩目”。

社会保障体系不断完善。城镇职工基本养老保险和城乡居民基本养老保险制度进一步完善，养老保险全国统筹正加快实现。城乡居民基本医疗保险制度和大病保险制度在完善统一。失业、工伤保险制度进一步完善。全国统一的社会保险公共服务平台正在建立。统筹城乡社会救助体系，完善最低生活保障制度。北京整合城乡居民基本医疗保险制度，统一城乡低保标准，城乡一体的社会保障体系率先形成。河北养老保险待遇水平稳步提高，城乡居民基本医保制度实现统一，异地就医实现跨省直接结算。内蒙古进一步扩大社会保障覆盖面，提高了养老、医保、低保、特困人员、残疾人保障标准，增加了边民补助和高龄津贴。黑龙江企业退休人员基本养老金、城乡居民基础养老金、失业保险金、城市低保、农村低保标准5年分别提高60%、46%、67%、79%、120%。城乡居民基本医疗保险整合基本完成，政府补贴标准是2012年的1.9倍。浙江新增基本养老保险参保人数173万人、基本医疗保险参保人数74万人。基本养老保险和基本医疗保险参保人数分别达到3913万人、5252万人，参保率分别达到88.6%和98%。低收入群众生活切实保障，全省城乡最低生活保障标准平均分别达到每月739元和730元。湖南省城乡居民养老保险基础养老金最低标准提高到每人每月85元，居民医保补助标准提高到450元，参保对象跨省异地就医直接结算实现全覆盖。广东推进企业职工基本养老保险省级统筹制度重大改革，2017年7月1日起全面实行全省统收统支统管，半年来解决11个市基金收支缺口68亿元，为企业和职工减负49亿元。重庆城乡养老、医保参保率超过95%，机关事业单位与企业职工基本养老保险制度实现并轨，社会救助服务水平持续提升。云南统一城乡居民医保制度，参保人员每人每年财政补助标准提高到450元。机关事业单位养老保险制度改革基本实施到位。西藏各项社会保险参保人数达343.2万人次。企业退休人员基本养老金实现13年连调。首批社会保障卡发放，10家医院正式接入跨省异地就医网上结算平台。陕西推动社会保障扩面提标，企业退休人员基本养老金实现“十三连涨”，城乡居民医疗保险政府补助高于全国20元，省内实现异地就医直接结算，跨省就医结算扩大到全国，城乡低保标准分别提高 8% 和 15%。青海城市低保月人均标准、农村低保年人均标准分别提高 50 元、350 元。新疆城乡居民最低生活保障对象由 245 万人增加到 271 万人，困难群众生活得到有效保障。实现了城乡居民基本医疗保险制度整合和跨省异地就医全国联网结算。

住房保障力度不断加大。坚持房子是用来住的、不是用来炒的定位，加快建立多主体供给、多渠道保障、租购并举的住房制度，让全体人民住有所居。北京加大住房保障力度，累计建设筹集各类保障性住房 49 万套、竣工 42 万套，完成 17.5 万户棚户区改造和 5000 万平方米老旧小区综合整治任务，改善了群众居住条件。加强房地产市场调控，发布 2017—2021 年住宅用地供应计划，探索建立共有产权住房制度。截至 2017 年底，新建商品房价格连续 15 个月环比不增长，二手房价格指数连续 8 个月回落，房地产市场总体平稳。河北全省棚户区改造新开工 20.2 万套，启动农村危房改造 9.3 万户。内蒙古实施棚户区改造 22.1 万套，改造城镇老旧小区 2300 万平方米；东部地区实现了城乡用电同网同价，安全饮水和偏远农牧区用电升级工程顺利推进。黑龙江建成保障性安居工程 124.9 万套，其中采煤沉陷区棚改 14.2 万套；改造农村泥草（危）房 79.5 万户，500 多万城乡居民住房条件得到改善。浙江人居条件大幅改善，城乡居民人均居住面积分别超过 40 平方米和 60 平方米。广东扎实抓好住房保障工作，新开工棚户区改造安置住房 3.83 万套，基本建成保障性住房 7.51 万套，超额完成国家下达的目标任务。重庆建成保障性住房 34.7 万套，开工改造危旧房棚户区 25.3 万套，完成农村危房改造 24.4 万户。陕西稳步推进保障性安居工程建设，公租房分配率达 83.4%，棚户区改造开工 22.79 万套。新疆扎实推进农村安居、游牧民定居和城镇保障性安居工程建设，实施各类棚户区改造 36.8 万套，建成农村安居房 30 万户。

（四）坚决打赢脱贫攻坚战

消除贫困、改善民生、逐步实现共同富裕，是社会主义的本质要求，是中国共产党的重要使命。让贫困人口和贫困地区同全国一道进入全面小康社会是我们党的庄严承诺。按照每人每年 2300 元（2010 年不变价）的农村贫困标准计算，2017 年末农村贫困人口 3046 万人，比上年末减少 1289 万人；贫困发生率 3.1%，比上年下降 1.4 个百分点。

坚持精准扶贫、精准脱贫。脱贫攻坚“贵在精准，重在精准，成败之举在于精准”。甘肃聚焦对象精准，确定了23个深度贫困县、40个深度贫困乡、3720个深度贫困村，“两州一县”被纳入国家“三区三州”深度贫困地区扶持范围，制定全省深度贫困地区脱贫攻坚实施方案，“两州一县”脱贫攻坚实施方案获得国家批复。同时，大力推进金融扶贫、旅游扶贫、电商扶贫、光伏扶贫。加大脱贫攻坚资金投入力度，各级财政投入专项扶贫资金增长35.6%。谋划启动1000亿元特色产业发展工程贷款、1000亿元农村基础设施和人居环境综合治理工程贷款、500亿元产业发展投资基金，破解融资难题。福建全面实施精准扶贫、精准脱贫方略，强化责任落实，建立产业就业、资产收益等稳定脱贫机制，“造福工程”累计搬迁87.9万人，脱贫110万人，基本完成减贫任务，贫困发生率从3.8%下降到0.02%。实施精准扶贫医疗叠加保险政策，筹集2.4亿元为因病致贫返贫的建档立卡农村贫困人口再增加一道保障。湖南全面排查和整改扶贫领域存在的突出问题，精准识别贫困人口、低保和易地扶贫搬迁对象。全面实施脱贫攻坚“七大行动”，集中力量推动深度贫困地区脱贫。扎实推进“万企帮万村”“千侨帮千户”等社会扶贫行动。宁夏精准识别贫困人口，新补录建档立卡3万人。出台“脱贫富民36条”，制定产业、金融、教育、健康、就业等配套政策，投入扶贫资金56亿元，发放扶贫小额贷款58亿元，统筹整合涉农资金70亿元，实现建档立卡贫困人口“扶贫保”全覆盖。

扶贫同扶志、扶智相结合，深入实施东西部扶贫协作。坚持大扶贫格局，中央统筹省负总责市县抓落实的工作机制，强化党政一把手负总责的责任制，重点攻克深度贫困地区脱贫任务。各地在扶贫攻坚工作中，注重扶贫同扶志、扶智相结合，深入实施东西部扶贫协作。北京扎实做好对口支援合作工作，实施各类援助项目2650项，有力推动受援地区脱贫攻坚。四川强化对45个深度贫困县政策支持，增派高校、医院、国企等帮扶力量，深化专业扶贫、行业扶贫、社会扶贫。落实东西部扶贫协作和省内对口帮扶资金17亿元。脱贫长效机制有效构建，落实驻村帮扶机制，注重管好用好扶贫“四项基金”，加强督导考核问责。陕西深入实施产业脱贫、易地扶贫搬迁等八大工程，加大对深度贫困地区投入力度，20多万名干部下乡结对帮扶。甘肃与教育部、国务院扶贫办共建全国唯一的教育精准扶贫国家级示范区，贫困县学前三年毛入园率、义务教育巩固率、高中阶段教育毛入学率分别达到86.9%、

92.5%、89.2%。调整加强全省脱贫攻坚帮扶工作力量，建立并落实省级领导联县包乡抓村制度，将最强的领导力量、最优的帮扶资源向特困县乡倾斜，为6220个建档立卡贫困村派驻了驻村帮扶工作队。58个片区县与东部39个县（区）建立携手奔小康结对关系，11个行业部门与天津市相关单位建立合作交流关系。南京与西宁自2017年建立扶贫协作关系以来，两市精准施策、精准发力，持续深化东西部扶贫协作工作，紧紧围绕项目扶贫、产业合作、人才交流、劳务协作及携手奔小康等方面开展交流协作，各项工作取得了阶段性进展。

脱贫攻坚取得实质进展。党的十九大报告中明确提出确保到2020年我国现行标准下农村贫困人口实现脱贫，贫困县全部摘帽，解决区域性整体贫困，做到脱真贫、真脱贫。2017年是脱贫攻坚的关键一年。吉林实现664个贫困村退出、16.3万人脱贫。改造各类棚户区11.9万套，惠及33万人。81.2万农村居民饮水安全保障能力得到巩固提升。城乡低保标准分别增长8.8%、9.4%。福建脱贫攻坚战取得决定性进展。23个省级扶贫开发工作重点县生产总值年均增幅高于全省平均水平，2201个建档立卡贫困村面貌明显改善，原中央苏区、革命老区、少数民族聚居区、海岛等欠发达地区发展步伐加快。甘肃全年减贫67万人，贫困发生率下降到9.6%，6个片区县、13个插花县申请摘帽。新建贫困地区农村公路8530千米，208万农村人口饮水安全得到巩固提升，实施建档立卡贫困人口易地扶贫搬迁18万人，改造建档立卡贫困户危房4.2万户，基本消除农村D级危房。广西壮族自治区实现95万以上农村贫困人口脱贫、6个以上贫困县摘帽、1000个以上贫困村出列。贵州减少农村贫困人口120万人，组组通公路建成2.5万千米，易地扶贫搬迁76.3万人，实施产业扶贫项目1.5万个，257万人次享受“四重医疗保障”，完成20万户农村危房“危改”“三改”，资助贫困家庭学生83万人。西藏自治区统筹各类资金106.9亿元，建设易地扶贫搬迁安置点433个，实施产业扶贫项目1720个。实现15万建档立卡贫困人口脱贫，1705个贫困村退出，25个贫困县区达到脱贫摘帽条件。开工建设122个边境小康村。实施2个高海拔搬迁试点。河北加快产业扶贫和易地扶贫搬迁，78.8万贫困人口稳定脱贫。内蒙古出台了加大脱贫攻坚力度的10项措施，各级财政扶贫资金支出121亿元，增幅达到112.9%。易地搬迁贫困人口5万人，为贫困人口进行了免费体检，农村牧区义务教育阶段学生营养改善计划覆盖全部国贫旗县，大学新生资助政策由城乡低保家庭扩大到所有建档立卡贫困家庭。全年减贫20万人。黑龙江农村贫困人口减少82万人。新建、改扩建公办幼儿园1679所。投入74.7亿元改善贫困地区义务教育薄弱学校基本办学条件。完成1579所农村中小学校“小火炉”改造。四川省15个贫困县摘帽通过省级达标验收，3769个贫困村退出，108.5万贫困人口脱贫，全面完成年度目标任务。实施22个扶贫专项，投入财政资金749亿元。完成易地扶贫搬迁33万人的任务，改造农村危房12.8万户。贫困劳动力转移就业85.2万人，其中开发公益性岗位安置特困劳动力8.3万人。提前实现农村低保标准与国家扶贫标准“两线合一”。解决77万贫困学生就学问题。贫困患者县域内住院和慢性病门诊维持治疗医疗费用个人支付控制在10%以内。青海7个贫困县、525个贫困村、15.8万贫困人口脱贫摘帽。新疆集中开展扶贫对象建档立卡信息数据复核工作，彻底解决了贫困人口底数不清、情况不明的问题。脱贫攻坚工作力度不断加大，31.74万贫困人口稳定脱贫。宁夏新建回购移民住房1.06万套，搬迁安置4万人。培训贫困劳动力10.5万人，贫困地区农民人均可支配收入达8347元，增幅高于全区农民2.2个百分点。

（五）实施健康中国战略

人民健康是民族昌盛和国家富强的重要标志。没有全民健康，就没有全面小康。一个人的健康，关系一个家庭的命运；13亿人的健康，决定一个国家和民族的前途。特别是党的十九大以来，我国卫生与健康事业取得巨大成就，人民群众健康水平显著提高，为实现“人人享有基本医疗卫生服务”的目标夯实了坚定的基础。

医药卫生体制改革不断深化。党的十九大提出深化医药卫生体制改革，全面建立中国特色基本医疗卫生制度、医疗保障制度和优质高效的医疗卫生服务体系，健全现代医院管理制度。加强基层医疗卫生服务体系和全科医生队伍建设。全面取消以药养医，健全药品供应保障制度。坚持预防为主，深入开展爱国卫生运动，倡导健康文明生活方式，预防控制重大疾病。2017年我国卫生总费用为51599亿元，占GDP比重为6.2%。2017年末，全国医疗卫生机构数98.7万个，其中医院3.1万个，比上年末增加0.2万个；全国卫生技术人员898万人，增加52万人，其中执业医师283万人，增加18万人，注册护士380万人，增加30万人。北京医疗服务体系进一步完善，预约挂号、分时段就诊等创新服务全面推开，群众就医更加方便。黑龙江全面推开公立医院综合改革，破除以药养医。持续开展“健康龙江”行动，倡导减油减盐合理膳食，脑卒中、高血压发病率下降。为乡镇卫生院招聘充实3000多名大专以上医学专业毕业生。浙江推动“双下沉、两提升”，优质医疗资源实现县（市、区）全覆盖，国家卫生城市、卫生县城创建实现满堂红。广东全面开展医药卫生体制综合改革，公立医院全面取消药品加成，“三医联动”、分级诊疗、医联体建设等工作取得新进展。西藏有序推进公立医院改革，建立高海拔地区乡镇卫生院特殊岗位奖励补贴政策。包虫病全人群筛查290.4万人，筛查率达到98.8%，完成手术治疗1517人。宁夏推动优质医疗资源下沉，公立医院全部取消药品加成，乡镇远程会诊、村级标准化卫生室实现全覆盖。新疆稳步推进公立医院综合改革，加快实施分级诊疗，全面取消药品加成，实行药品采购“两票制”。完善五级医疗服务体系建设，乡镇卫生院、村卫生室标准化率分别达到88%和84%。加强结核病、艾滋病等重大传染病、地方病防治和免疫规划工作。坚持中西医并重，进一步发挥中医药特色优势。

加强人口发展战略研究，人口结构明显优化。当前我国人口发展的内在动力和外部条件均发生转折性变化，人口发展的主要矛盾由数量压力转变为结构性挑战。新时期党中央科学把握人口发展规律，站在中华民族长远发展的战略高度，因时而动，顺势而为，适时调整生育政策，调整促进生育政策和相关经济社会政策配套衔接，促进人口均衡发展。2015年底，党的十八届五中全会会议公报提出，促进人口均衡发展，完善人口发展战略，全面实施一对夫妇可生育两个孩子政策。从全面两孩政策的实施效果看，2016年和2017年，我国出生人口分别为1786万人和1723万人，明显高于“十二五”时期年均出生1644万人的水平，二孩比重也由“十二五”时期的40%增加到50%以上，显示生育政策的调整取得了明显成效，对优化人口结构起到积极促进作用。

老龄事业和产业加快发展。党的十八大以来，我国实施健康中国战略，推进医养结合，构建养老、孝老、敬老的政策体系和社会环境，老龄事业和产业得以快速发展。2017年，我国养老服务床位714万张，较2012年增长了87%。北京落实居家养老服务条例，建设“三边四级”养老服务体系，建成街乡镇养老照料中心208个、社区养老服务驿站380家。浙江县域医疗服务共同体建设试点积极推进，新建或调整布局居家养老服务中心1811个、新增养老机构床位3.1万张。

四、问题与对策

2017年，以习近平总书记为核心的党中央带领全国人民，以建设美丽中国作为创造美好生活的切入点，加强生态文明建设，提高保障和改善民生水平，取得长足进步。但是目前的发展同人民日益增长的美好生活需要仍有很大差距，建设美丽中国、共享美好生活仍然面临许多难题，如国际国内经济形势下行，生态保护和民生建设过程中主观认识不足，地区之间、城乡之间资源分配不均衡，监管机制不到位，法律法规不完善，创新意识不够等。在未来的发展中，应以问题为导向，寻求解题良方，持续发力，让城乡更加美丽，使生活更加美好。

问题一：国内外客观形势带来发展压力。一方面，全球经济出现明显的下行趋势，国内经济进入新常态，经济增速放缓。在经济下行大背景下，区域性、行业性、群体性减收问题凸显，收入增速“跑过”经济增速的态势开始逆转，我国正在跌入改革开放以来第四波中低增长期。农民增收面临价格支持政策改革节奏快慢、社保缴费比例调减幅度大小、财政转移性收入增长多少、农村土地制度改革进程急缓、环保政策执行松紧等五大“两难”矛盾。[①]凡此种种，给居民的收入、消费带来一定影响，不利于满足人民美好生活需要。另一方面，中国作为发展中国家，在国际环境问题上处于不利位置。我国在长期的经济发展过程中，由于技术相对落后、资源开发利用方式不当等原因，积累了不少环境问题。同时，在全球化过程中，发达国家直接向发展中国家输出垃圾，转移高能耗、高污染的行业等，也给我国生态环境带来压力。

对策：在经济发展层面，主动适应经济发展新常态。要以新理念引领发展，保证经济稳定发展，保障人民美好生活。具体表现为调整人口结构、提

① 参见蓝海涛、王为农、涂圣伟、张义博、周振：《新常态下突破农民收入中低增长困境的新路径（上）》，《宏观经济研究》2017年第11期。

升人力资本质量；推进供给侧改革，拉动消费需求，从供需两端发力，刺激经济增长；加快产业结构调整和转型升级，实施传统产业振兴计划，遵守市场优胜劣汰法则，解决结构性产能过剩问题，从政策和资金上大力支持发展新兴产业，优化产业结构，加快二三产业融合合作与协同发展。通过这些措施，保证经济健康稳定发展，稳步提高城乡居民收入，提升人民生活水平。在环境生态保护层面，切实加强环境保护和生态建设。一是积极寻求国际合作，坚持多边主义的原则或政策取向，以多边主义来制约单边主义环境霸权，正确实施环境自救权意义上的单边主义，切实维护我国的环境利益。二是继续从修复自然环境、治理环境污染、完善法治体系、推进绿色发展、建设美丽乡村等角度入手，在不利的客观环境下寻求生态文明建设发展的利益最大化。

问题二：主观认识不足。主要体现在生态文明建设中，基层干部群众参与度不高，部分企业环保意识缺乏。一是少数基层干部消极的政绩观影响生态文明建设的正常进行。农村生态文明建设是一项长期工程，需要大量资金投入，短期内经济效益不明显，一些农村基层干部对农村生态文明建设的消极态度，影响制约农村生态文明建设。二是基层群众关于生态文明建设的认识、意愿较为落后。部分农村居民存在“等、靠、要”思想，影响生态文明建设成效。社区居民由于长期形成的不良生活习惯，或者不清楚相关政策，垃圾分类推进效果不明显。三是企业缺乏环保意识。部分小企业只重视短期利益，不愿意花费资金用于生态文明建设；部分企业长期受优先发展经济理念影响，未形成企业生态文化。①

对策：广泛开展推广与宣传工作，倡导健康的生态观念，积极引导不同主体正确认识经济利益与生态效益之间关系。一是倡导绿色 GDP 政绩观，改变对基层干部的政绩考核办法。在全社会，特别是生态文明建设比较薄弱的农村倡导绿色 GDP 政绩观，把生态文明建设的绩效纳入到地方党委、政府及领导干部的政绩考核体系当中，实行生态文明建设一票否决制。二是引导基层群众改变传统生活习惯和价值观念，养成良好的现代生活习惯。通过教育、宣传、奖励等多种方式，提高基层群众的知识文化水平和整体素质。在社区，

① 参见车延高：《武汉城市圈企业生态文明建设存在的问题及对策研究》，《中国市场》2017年第5期。

以绿色低碳的消费伦理新理念引领消费，减少能源消耗，促进垃圾分类，自觉支持消费废弃物回收。在乡村，引导农民从传统的单纯追求经济产值的价值观向现代的追求生态文明建设的价值观转变。三是多措并举，提高企业环保意识。企业是建设美好中国、共享美好生活的重要主体，企业要做强做大，必须将环保意识放在首位。政府在企业环保中要积极发挥引领作用，通过签订承诺书、主动上门服务、加强业务培训、开展专项整治等方式，提高企业对环保的主观认识。

问题三：城乡之间、区域之间资源分布不均。在基础设施和公共服务方面，农村公共基础设施建设不到位、结构不合理、缺乏后续维管工作、投资主体单一。一是农村公共基础设施投资更倾向于大型工程的建设，忽视用于改善农业生产条件和农民生活条件方面的投资，尤其是在农村福利保障方面，所占比例甚小。二是农村公共基础设施缺乏后续的监管与维护。管理与维护的部门和人员缺乏，相关负责主体权责不明，针对设施维护与管理的资金投入所占比例很小，缺乏监督与管理的长效机制等阻碍了农村的可持续发展。三是投资主体单一。投资主体为政府，在公共产品供给方面有缺陷，在供给范围过大的情况下导致公共设施建设质量得不到保障、建设时间过长、投资成本过高等一系列问题，不利于公共资源的整合。

在人才分布方面，无论是生态文明建设还是民生工程，人才数量不足、质量不高、分布不均衡的现象都非常突出。一是中西部地区相对于东部沿海，农村地区相对于城市，劳动力不足，乡村振兴面临难题。随着城镇化、工业化的快速推进，农村人口尤其是年轻劳动力加速向城市地区转移，“空心村”“老龄村”等成为普遍现象，有数据显示，2016年我国农村老龄人口的比例就已经高出城市数个百分点。① 在教育方面，农村义务教育师资配置欠合理，结构性矛盾突出，队伍建设整体水平依然不高。② 二是高素质人才缺乏。无论是产业发展还是乡村的社会文化生态等建设，都需要高素质专业化人才投身其中。目前的乡村振兴过程中，大多数农民的科学文化水平仍然远远不能满足乡村振兴的需要。城乡学前教育中，教师地位与待遇没有明显改

---

① 参见林远：《深入实施乡村振兴战略要突破三大难关》，《经济参考报》2018年6月12日。

② 参见王广飞、符琳蓉：《城乡教育一体化推进义务教育均衡发展的困境与对策》，《农村经济》2018年第3期。

善，非在编教师处境尤为困难，人才流动频繁，高素质专业化人才存在大量缺口。[①]

对策：在基础设施建设和公共服务方面，一是建立健全农村公共基础设施。要加强公共基础设施标准体系建设，加大农村基础设施建设的资金扶持力度；继续推进乡村体育休闲文化建设，重视农村教育与农村医疗，努力实现城乡一体化，加大对农村的人才投入，重视农村人力资源管理；农村公共基础设施的建设要在布局上呈现出整体和局部的结合、生活与生产的结合、文化与生态的结合。二是注重对农村公共基础设施的管护。规划过程中注意统筹安排，针对管护工作制定具体规章制度，确保有法可循，提高管理水平；对公共设施做到定期修检，及时维护；加强对村民的教育培训，提升每位农户对公共事业管理的认知度。三是实现供给主体多元化。继续发挥政府部门在农村公共基础设施建设中的主体地位，全面地了解村民意向和偏好，广泛采纳村民的建议；持续推进企业、社会组织对农村公用事业的投资力度，增强资金自筹能力，从而降低投资成本，加快建设效率；小型公共基础设施可以采取政府主导资金投入，村民自主建设的路径。

在人才方面，一要培育人才。在乡村，全面建立职业农民制度，完善配套政策体系，支持新型职业农民通过弹性学制参加中高等农业职业教育，创新培训机制，支持农民专业合作社、专业技术协会、龙头企业等主体承担培训等。二要留住人才。提高人才待遇，增加经济收入，推行住房等优惠政策，对人才给予更多精神奖励。鼓励社会各界投身乡村建设，建立有效激励机制，吸引支持企业家、专家学者、技能人才等，通过各种途径服务乡村振兴事业。如在教育领域，优化农村义务教育师资结构，完善师资补充和保障机制，提高薪酬和福利待遇，加强教师队伍建设，提升农村学校师资的综合素质，让乡村教师更有尊严与精神力量。

问题四：制度不完善。在法律法规方面，一是法律体系不完善。在社会保障领域，社会保障制度立法滞后，体系不完备，现有的法律法规层次低，缺乏较高的法律效力和必要的法律责任制度；立法内容大量缺失，缺乏严格

① 参见洪秀敏、姜丽云：《新时代学前教育科学发展的瓶颈与对策》，《中国教育学刊》2018年第7期。

的管理机制和有效的运行机制。在农村环境保护领域，各个地区制定的环境保护法律法规大不相同，专项立法缺失，法律条文可操作性不强。二是执法不严。如环保领域执法基本处于空白状态，执法机制不健全。在监督评估机制方面，一是监督评估主体单一，缺少社会监督。主要表现为政府监督为主，群众参与意识不强。二是政府监督评估机制不完备。如指标设置不科学，扶贫领域指标量化，只注重形式，不注重内涵，问卷设计缺少辅助指标。如机构设置不到位，农村环保机构只到县级，部分县市环保队伍建设严重滞后，乡镇一级政府无环保机构，缺乏节能减排约束激励制度，农村环保监管几乎成为空白。

对策：主要从完善法律法规、监督评估机制两方面入手，为建设美丽中国和共享美好生活营造良好氛围。完善相关法律制度。一是填补立法空白。如在社会保障领域，出台包括社会保障、社会医疗、教育、社会救助等各方面在内的法律，把关于慈善、基金会等社会慈善活的法律法规编入在册，让社会保障有法可依；完善社会保障管理与服务制度，确定专门的服务机构，为社会上的、地方的保障行为保驾护航；地方可结合本地具体需要，根据法律制定适合地区发展的规定。二是严格执法。无论是环保，还是教育、扶贫、社保等领域，都面临法律成为软法的困境，应加大查处力度，加大曝光力度，着力提升执法能力和水平。

优化生态和民生领域监督评估机制。一是实行政府、社会多渠道监督。一方面，加强政府的宏观调控，建立生态环境保护奖惩机制。充分发挥税收杠杆的作用，征缴环境成本税，创建领导干部任期生态文明建设责任制，主动探索行政机关主导与市场化推进紧密联系的环保新机制。另一方面，加强社会监督。如在生态领域，将环保理念渗入生活各个领域，促使人和自然的发展达到平衡，加强民众的参与以及责任意识。又如在社会保障领域，加强社会舆论监督，建立健全关于社会保障的专门监督部门，推动国家反腐倡廉国策，贯彻落实国家社会保障制度，加快办事效率，促进群众、政府之间的相互信任，促进社会和谐与稳定。二是优化指标体系设置。如在扶贫领域，增加村集体经济发展的规模和速度指标，基层党组织凝聚力、战斗力提升指标，贫困户经济发展水平指标和收入增长的预期指标等；问卷设计更多地考虑到工作实效，增加辅助指标和反向指标设计。三是充分利用互联网平台，实时掌握动态信息。如在扶贫领域，加强贫困人口建档立卡数据和农村贫困统计监测数据衔接，逐步形成指标统一、项目规范的贫困监测体系；强化扶贫开发大数据平台共享使用，拓展扶贫数据系统服务功能，为脱贫攻坚决策和工作指导等提供可靠手段与支撑；建立脱贫成效巩固提升监测机制，对脱贫户实施跟踪和动态监测，及时了解其生产生活情况。

Ⅱ

乡村振兴篇

江苏宿迁凝聚乡贤力量助力乡村振兴实践

宿迁凝聚乡贤力量助力乡村振兴实践课题组[①]

提　要：2017年起，江苏宿迁市开展“荐乡贤、留乡愁”工作，从市、县区到乡镇、村均成立乡贤协会、乡贤参事会等乡贤组织，在全市四级大规模系统性开展乡贤工作，层层举荐乡贤人物，以乡贤组织和馆厅建设为载体，培育新乡贤文化，充分发挥乡贤在促进经济发展、参与乡村治理、弘扬乡贤文化、引领道德风尚方面的积极作用，乡贤工作呈现组织化、规范化、制度化，形成品牌影响力，在全国具有首创性和典型性。乡贤工作为宿迁乡村振兴注入新活力、增添新动力。广大乡贤成为推动乡村产业振兴、人才振兴、文化振兴、生态振兴、组织振兴不可或缺的重要力量。

关键词：江苏宿迁　乡贤文化　乡村治理　乡村振兴

2015年中央一号文件提出，创新乡贤文化，弘扬善行义举，以乡情乡愁为纽带吸引和凝聚各方人士支持家乡建设，传承乡村文明。2016年3月颁布的《中华人民共和国国民经济和社会发展第十三个五年规划纲要》在第

---

① 课题组成员：吉祥，江苏省地方志办公室年鉴处处长；王清平，宿迁市政协文史委主任；仓中华，宿迁市地方志办公室副主任；蔡兆银：宿迁市宿豫区地方志办公室主任。执笔人：吉祥。本报告的有关资料和数据来自2018年6月在宿迁市的实地调研。

三十六章第二节“加快建设美丽宜居乡村”中提出，要培育“新乡贤文化”。2017年5月，江苏省举办江苏发展大会，1200多位海内外江苏知名乡贤相聚江苏发展大会。江苏发展大会的本意是要会聚海内外的江苏乡贤，做大“朋友圈”，把各行业、各领域、有影响力的江苏籍人士请回来“汇智聚力”，共同为江苏经济社会又好又快发展出谋划策、贡献力量。为了筹备江苏发展大会，江苏各地做了在外乡贤的基础调查摸底工作，这也成为宿迁市开展乡贤工作的起点。

在江苏区域发展功能分工中，宿迁被定位为江苏生态大公园。其发展路径是立足生态优先，走绿色创新发展之路，发展生态工业、生态农业、生态旅游，努力推进农村一二三产业融合发展，打通生态生产生活各个环节，加快从“追赶型”发展转向“内涵型”发展。因此，乡贤工作与宿迁发展的定位的结合更多地体现在乡村振兴实施领域。2017年起，宿迁市由政协系统牵头组织，在全市上下四级大规模组建乡贤协会（参事会），搭建四大平台，系统开展乡贤工作，其组织化、规范化、制度化在全国具有首创性，在江苏无出其右，在全国也较为鲜见。乡贤工作一定意义上突破了体制的束缚，拓展了人才社会共享的理念，也有力地助推了乡村振兴。

一、背景与缘起

（一）乡村振兴迫切需要人才振兴

20世纪90年代，随着全面开放格局的形成，人口社会流动大大增强，农村富余劳动人口流向沿海地区和城市，年轻力壮的农民以农民工的身份出现在历史舞台，而农民子弟则在国家高等教育普及化的政策引导下，通过高考大批离开乡村进入城市在城市就业。90年代末，国家实施城市化战略，城乡分割的二元户籍制度开始松动，但是闸门放水只是单向地将农村人口向城市化方向推，而城市人口向农村的流动则受到严格限制。随着乡村人才通过社会流动进入城市，不再返乡，乡村发展的人才支撑逐渐被釜底抽薪。在经济发达地区，呈现农村城市化、城乡一体化的局面；而在经济欠发达地区，留在农村的多是老人、妇女和留守儿童，富有活力的农村人才严重缺乏，农村的空心化、衰敝化日益严重。也正是基于这样的背景，党的十九大把乡村振兴提到了国家发展战略的层面。乡村振兴战略提出“产业振兴、人才振兴、文化振兴、生态振兴、组织振兴”五大振兴，其中人才振兴是乡村振兴的重要基础和前提，乡村振兴必须人才先行，而乡贤便成为助推乡村振兴的重要力量。

（二）比起江苏其他地区，宿迁市开展乡贤工作有着更为急迫的人才现实需求

宿迁市是1996年设立的江苏省最年轻的地级市之一，其地理区位处于江苏省北部，是淮海经济圈、沿海经济带、沿江经济带的交叉辐射区。换言之，宿迁既不直接沿海、也不直接沿江，也不直接沿“丝绸之路经济带”大通道的东陇海铁路，是江苏发展的腹地和边缘区，在江苏各辖区市中属于基础较为薄弱、经济综合实力靠后的地级市，所辖的几个县区过去都是江苏重点扶贫县。在江苏全面小康进程中，宿迁是属于江苏省重点需要帮扶的地区。虽然地级市成立后，宿迁纵向相比发展很快，但当今区域经济发展资源要素往往呈现向具有更高城市能级的城市集中。横向比较，宿迁在与发达地区的城市核心力竞争中缺乏人才等方面的优势。因此，不论是招商引资还是引智都一直是宿迁发展的重中之重，也正因此，宿迁市把乡贤人才放在格外重要的位置。

（三）宿迁有着较好的乡贤文化传承

宿迁市民风淳厚，有一批杰出乡贤为发展宿迁作出了较好的示范。在宿迁，京东商城创始人、董事局主席兼首席执行官刘强东被视为宿迁当代最有名的乡贤。他对家乡的反哺可谓无出其右，堪称“360度全方位无死角扶植”，“恨不得承包了整个家乡的GDP,宿迁市长的业绩都快被他给干完了”。①2009年，刘强东投入40亿元，将分散在广州、上海、北京的客服部门全部集中到家乡宿迁，建成京东在全国唯一的客服中心。呼叫中心已经形成产业，直接

① 《遇见大咖郭广昌VS刘强东 光宗耀祖背后就是显摆？》，搜狐网，http://www.sohu.com/a/128329684_114835，2017年3月9日。

带动2万人就业。此外他还把京东的信息研发处理中心、财务结算中心、物流管理中心四大中心和云计算基地全都搬到宿迁。除了自我消化，刘强东还扶持宿迁3600家企业完成电商销售。宿迁电子商务产业园区仅3年时间就建设成为国家电子商务示范基地，集聚了京东、当当、小米、途牛等359家全国知名电商企业，是国内唯一的全产业链园区。除了刘强东外，乡贤投身乡村振兴的杰出代表还有一大批人，如返乡创业带领低收入农户脱贫的宿迁江苏省杉荷园科技发展有限公司总经理施俊山；培育特色产业，带动峰山乡红山村乡亲"种下碧根，拔掉穷根"的泗洪县乡贤张勇；80后乡贤代表阎宁大学毕业后随宿迁籍男友扎根乡村，创办八零生态农场，倡导和践行绿色生产和绿色生活，把农村当成施展才华的舞台，成为年轻一代投身乡村产业振兴的优秀代表。

20世纪70年代末，江苏苏南乡镇企业发展过程中曾利用了上海星期六工程师以及回城知青的资源，在当下，欠发达地区利用乡贤力量助推乡村振兴实现全面小康，宿迁堪称全国的一个典型样本。

二、主要做法和特点

从2017年初为筹备江苏发展大会进行乡贤摸底开始，宿迁市就以乡情乡愁为纽带，凝聚各方力量，探索乡贤兴乡村的有效途径。

（一）"荐乡贤、留乡愁"，弘扬乡贤文化

开展乡贤普查，建立基础数据库。2017年3月，宿迁市政协就开始深入开展"荐乡贤、留乡愁"活动。摸排乡贤人物，按照以德为先、有益发展的原则，举荐出一批出生或奉献在宿迁，品行才学为人称道的各领域人才，以及劳动模范、道德模范、工匠艺人、公益人士等。乡贤入选标准具体有以下五项：1.在宿迁境内出生的或虽未在宿迁出生却在宿迁较长时期（一般为4年以上）生活、工作过的品行、才学、名望为人推崇的人（以健在者为主）。2.在政治、经济、军事、文化、科技、社会等诸领域有地位、有贡献、有成就的宿迁人。主要包括：（1）政界，新中国成立后中央委员及候补委员、省部级以上领导干部；在世的正厅级以上领导干部。（2）军界，新中国成立后被授予少将以上军衔的军

官（或相当军衔的军官及文职军人）。（3）经济界，当代上市企业或地方行业龙头企业董事长、总经理以及经济学家。（4）科学界，当代两院院士、正高职称以上或经专家评审有重大研究成果的科学家、教授。（5）文艺界，当代获得中国文联系统国家级文艺家协会会员资格或取得正高职称的作家、文艺家或省级以上文艺家协会负责人。（6）教育、宗教等其他界别取得突出成就的宿迁人。3. 当代市级以上劳动模范、道德模范、中国（江苏、宿迁）好人，优秀党员以及相对应的荣誉获得者等。4. 回乡投资创业或从事公益事业取得突出成就、赢得良好口碑的宿迁人。5. 在弘扬社会公德、职业道德和家庭美德方面做出突出成绩、赢得广泛赞誉的普通人。

2017 年 12 月 10 日，宿迁市乡贤协会第一届理事会第一次会议通过的《宿迁市乡贤推选办法（草案）》对乡贤推选条件作了简化，所列条件为 4 条：1. 在经济、文化、教育、医卫、科技、社会等诸领域有影响、有贡献、有成就的宿迁人；2. 当代市级以上劳动模范、道德模范、中国（江苏、宿迁）好人、优秀党员，以及在弘扬社会公德、职业道德和家庭美德方面做出突出成绩、赢得广泛赞誉的人物；3. 回乡投资、返乡创业或从事公益事业取得突出成就、赢得良好口碑的人物；4. 其他典型性人物。在职党政机关干部和现役军官，退休未满三年的科级干部和未满五年的处级（含）以上干部及退役未满 3 年的军官；已入选《宿迁当代乡贤录》的人员不在推选之列。

全市政协系统牵头，按照标准范围，分层次、分阶段、分界别限期广泛举荐人选。市政协组织有关部门和专家学者对上报的乡贤人选进行资格审核，重点对如下几个方面把关审核：1. 人选有无违反计划生育政策（卫计委）；2. 人选有无受过公安机关处罚（公安局）；3. 党员人选有无受过党政纪等处分（纪委、监察局）；4. 人选有无不良信用记录（信用办）；5. 人选基本情况与身份证是否一致；6. 事迹和荣誉是否真实，所有获得的荣誉有无对应证书等。把关审核中发现人选有上述一种问题的，即取消乡贤资格。通过审核的乡贤人选在媒体发布，向社会公示，市政协主席会议研究确定乡贤人选。2017 年，全市共举荐乡贤 5724 名。通过荐乡贤活动，宿迁市建立了乡贤数据库。

编纂乡贤录、乡愁记。对认定的乡贤，市政协编纂出版《宿迁当代乡贤录丛书》共 5 卷，每个县区 1 卷。分卷乡贤顺序先按照县（区）对辖区乡镇（街道、场）排名惯例排序，后按照乡镇（街道、场）对辖区村（居）排名惯例排序；

每个乡贤介绍包括事迹、照片、感言和签名四个部分组成，事迹主要突出经历、成绩和荣誉。每人一幅头像，500 字左右事迹介绍，30 字左右点评。2017 年 12 月后，凡经公示无异议的确定为当年度的新乡贤，市乡贤协会向其颁发“宿迁乡贤”徽章和乡贤证书。

建设乡贤馆、乡情馆。2017 年，在市、县（区）和示范镇、村建设乡情馆（厅），设置乡贤人物介绍、乡贤精神展示、乡贤参事议事等内容和功能，成为乡贤工作顺利推进的有力支撑。乡贤、乡愁展馆的主题定位，乡贤馆不等于名人馆，不是历史人物的展陈；乡愁馆不同于博物馆，不是历史文物的堆砌。村级乡情厅的规划建设在功能设置上，乡情厅强调要兼具祠堂、礼堂、饭堂等功能，打造乡村多功能综合体。各级乡情馆（厅）既是有历史、有文化、有记忆的场所，也是尊崇乡贤、承载乡愁、便于乡民活动的场所；既是“江苏大公园”不可或缺的人文风景，也是宿迁历史文化的缩影，还是宿迁人共同的精神家园。到 2018 年 6 月，全市已陆续建成各级乡贤馆 20 余个。各县（区）积极组织乡贤、学生、社会各界群众等开展参观活动，广泛宣传乡贤事迹，在全社会营造崇德向善、见贤思齐的浓厚氛围。

（二）建立乡贤组织，实现四级联动

2017 年 9 月，宿迁市全市启动乡贤协会、乡贤参事会筹建工作。市政协出台成立从市到县区、乡镇、村四级均成立乡贤组织筹建工作方案，市和县区两级乡贤组织称乡贤协会，乡镇和村级的乡贤组织称乡贤参事会，工作方案要求在试点的基础上实现全市乡镇和村级乡贤参事会全覆盖。在实际工作中，宿豫区的乡贤组织名称区别于其他县区的乡贤协会的提法，而是称“乡村发展促进会”，更清晰地表达了乡贤组织的目标定位。关于乡贤组织的性质，规定市县两级乡贤协会是具有独立法人资格的非营利性社会团体，需经民政部门登记，而乡镇和村两级的乡贤参事会则不要求具有法人资格。乡贤协会、乡贤参事会的筹建工作由市政协牵头组织，市政协办是市乡贤协会的业务主管部门。市乡贤协会在接受市政协办业务指导的前提下，自主开展活动、吸纳全市乡贤人士和部分爱心企业、社会公益团体为会员，初始会员规模 300 人左右。

县区乡贤组织以沭阳县乡贤协会为例。该协会设立 5 名名誉会长，顾问

1 名，会长和常务副会长各 1 名，副会长 7 名。名誉会长全部是在外工作的省级以上具有重要知名度和影响的沭阳人。顾问由在职的沭阳县政协副主席担任。会长和常务副会长分别有已退休的县政协原副主席和县信访局原局长担任。副会长包括三种类型：一类是退休时间不长的县直部门原负责人，第二类是刚刚到龄退任的中学原校长，第三类是在职的企事业单位负责人，尤其是沭阳县代表性企业的董事长。乡镇乡贤参事会以宿豫区新庄镇为例。该参事会会员为 37 名，成员包括本镇有威望的老党员、老干部、老模范、老教师、复退军人、企业法人、经济文化能人等。第一届理事会理事 15 人，会长由原市政协常委、学习文史委主任担任，副会长 6 人，分别由市社科联主席、原区文化局副局长、宿迁市文武纺织有限公司董事长、江苏苏驰汽车销售服务有限公司董事长、宿迁市荷林莲藕种植专业合作社董事长、汇尼家具沙发苏北家具城总经理担任。

2017 年 12 月，宿迁市乡贤协会正式成立。在市乡贤协会成立大会上，选举江苏秀强玻璃工艺股份有限公司董事长、总经理卢秀强担任协会会长；聘请著名京剧表演艺术家、国家一级演员宋长荣，著名物理学家、中科院院士张裕恒，京东集团董事局主席兼首席执行官刘强东担任协会名誉会长；聘请市政协副主席、党组副书记华志明担任协会顾问。成立大会上，审议通过《宿迁市乡贤推选办法》。市乡贤协会把宿迁乡贤精神确定为“爱国爱乡、崇德崇学、立业立功”12 个字，确定了会徽。会议决定，每年开展“十大孝老人物”评选、“十佳乡贤”推选活动，确定每年 12 月 10 日宿迁乡贤活动日，并分别在重阳节前后和宿迁乡贤活动日进行“十大孝老人物”和“十佳乡贤”褒奖。

到 2018 年 6 月底，全市实行乡贤组织建设市县乡村四级联动，全市共组建各级乡贤组织 1000 多个，基本实现全覆盖。乡贤组织建设从无到有、由点到面，迅速在全市范围内铺开，形成四级乡贤组织体系。

在 2017 年 12 月宿迁市乡贤协会成立大会上，市乡贤协会发出《“弘扬乡贤精神 助力乡村振兴”倡议书》，号召乡贤在以下三个方面助力乡村振兴。

1. 促进经济发展。以推动经济发展为己任，踊跃投身经济建设主战场，在绿色发展、改革创新、大众创业、民生改善等方面主动作为，成为地方经济发展的中坚力量。利用乡贤眼界宽、思维活、资源广等优势，尽心竭力为乡村发展出谋划策，争做新农村建设和群众致富的领头人。同时，当好形象大使，深入宣传和推介宿迁，讲好宿迁故事、传播宿迁声音，让更多的人了解宿迁、关注宿迁、共建宿迁。

2.参与乡村治理。以健全乡村治理体系为契机，带头支持党委政府工作，广泛宣传上级方针政策，唱响主旋律，凝聚正能量，营造和谐稳定的社会环境。积极开展孝老敬贤、扶贫济困、爱心慈善等公益活动，用真情服务百姓、惠及乡里。运用亲缘、人缘、地缘等优势，在邻里协调、民情联络、文明教化等方面发挥独特作用，通过言传身教更好地让村民行为有法度、价值有引领、操守有规范。

3.倡导绿色生活。以建设“江苏大公园”为指引，牢固树立生态文明观，自觉践行科学理性、健康文明的消费观念和生活理念，带动全社会形成简约适度、绿色低碳、节约环保的生活方式。积极参与生态文明宣传教育和“家家爱整洁”绿色创建等活动，反对奢侈浪费、不合理消费和破坏环境行为，使绿色生活成为全市人民的行动自觉。

各级乡贤组织让广大乡贤充分发挥示范引领作用，积极投身到经济社会发展、文明乡风培育、家风民风养成、社会综合治理等事业中来，走出一条乡贤队伍引领经济发展、参与乡村治理、化解社会矛盾、助推乡村振兴的新路子，形成“谋事见乡贤，办事找乡贤”的良好氛围，形成了新时代“乡贤兴乡村”工作新局面。

（三）建立四大平台，助推乡村振兴

乡村振兴论坛：市乡贤协会设立宿迁市乡村振兴论坛工作委员会，具体负责论坛的组织工作。论坛贯彻落实党的十九大提出的乡村振兴战略，立足宿迁实际，积极发挥乡贤力量，为宿迁乡村振兴出谋划策、献计出力。论坛每年举办1—2次，邀请相关乡贤人物和知名专家学者结合自身理论研究和实践经验，深入研讨宿迁乡村发展思路，探索乡村治理途径，为党政决策提供参考。论坛及时总结研讨成果，形成书面报告报送市委、市政府。

乡贤道德讲堂：市乡贤协会设立宿迁市乡贤道德讲堂工作委员会，具体负责讲堂的组织工作。讲堂以中华民族传统美德和社会主义核心价值观为指引，大力弘扬“爱国爱乡、崇德崇学、立业立功”的宿迁乡贤精神，以乡贤楷模的鲜活事例感召全社会特别是广大青少年，为提升城市文明程度，建设

文明宿迁增添精神动力。讲堂设立在宿迁市华夏孝善博物馆。讲堂组建乡贤讲师团，定期举办乡贤事迹报告会，并积极组织乡贤人物进社区、进学校、进机关，讲述先进事迹，传播乡贤精神。通过举办道德讲堂，引领宿迁文明风尚。

工匠乡贤讲习所：市乡贤协会设立宿迁市工匠乡贤讲习所工作委员会，具体负责讲习所的组织工作。2017 年 12 月下旬，宿迁市乡贤协会工匠讲习所（设在淮海技师学院）揭牌成立，并举办第一期工匠讲堂。讲习所秉承实干兴邦宗旨，以匠心匠艺向社会传播“严谨专注、精益求精、细致极致、敬业乐业”的工匠情怀，传承工匠技艺，提高劳动者特别是青年劳动者就业创业能力的同时，推进供给侧结构性改革，推动经济社会转型发展、创新发展、绿色发展，营造劳动光荣的社会风尚和精益求精的敬业风气。讲习所聘请各方面的专家学者及乡贤中具有高超技能和非凡匠心的工匠大师、技术能手、非遗传承人、劳动模范作为讲习师，面向社会，开设工匠讲堂，提升广大劳动者特别是青年劳动者的职业技能和职业道德素养，培育高技能专业人才。讲习所适时到全市园区、企业、社区、机关开展讲习活动。

“孝老敬贤”公益资金：协会设立宿迁市“孝老敬贤”公益资金管理委员会，“孝老敬贤”公益资金来源于乡贤和社会爱心人士、爱心企业自愿捐赠，组织募捐义演、义卖等慈善活动的收入，利息收入等。资金的使用范围：（1）支持老年事业，每年向一批需要帮助的孤寡老人和养老机构提供资助；（2）奖励孝老人物，每年评选一批先进孝老人物并进行奖励表彰；（3）资助困难乡贤，每年向一批生活困难的乡贤人物提供资助；（4）根据捐赠者要求提供的定向资助。

（四）对宿迁乡贤工作进行基本评估

宿迁大规模的“荐乡贤”活动，是官方主导组织自下而上的举荐，带有部分“民主选举”性质。乡贤人才是在一定范围内经过社会检验、社会认可的，是从基层层层举荐、经过社会公示和甄别、建立在较为广泛社会共识的民意基础上的。单纯从字面理解，“贤”是一个很高级的形态，对人的思想道德境界和修为有很高的要求，如同孔子三千弟子只有七十二贤人一样，他们是精英精华中做人的榜样，不光要有本事，还得是有较高思想境界修为的很好的“正经人”。中国奋力实现全面小康、开启现代化的征程，对人的文明素养、人的现代化提出了更高要求，贤人是社会精神进步的标杆，精神文化的引领者、示范者。[①] 因此，“荐乡贤”其实是对当今人才使用制度的一个有效补充，是对“选贤任能”的人才制度改革的体现。

宿迁的“荐乡贤”活动，将对乡贤的认定从以在外乡贤为主拓展为以体制外乡贤为主，包括在外乡贤和在地乡贤。与传统的叶落归根后乡居化的乡绅乡贤不同，在外乡贤反映当代人口城市化和城乡户籍制度单向流动无法回归乡里的新乡贤的基本特征，而在地乡贤主要是宿迁本地党政系统体制内退休的老干部、老党员、老教师、老模范以及党政系统体制外的企业家为主，在地的在职干部在乡贤协会（参事会）中所占比例被严格控制在10%以内。有别于国家基层政权的管理体制，这样的乡贤构成显示了“在外+退休+非机关事业单位的企业”的社会性人才特征，是一个以家乡纽带聚合的体制外人才库。

相对于基层政权组织而言，宿迁的乡贤组织及其作用是对基层政权功能行使的一个有效补充，带有拾遗补阙的性质。在现阶段，乡贤既不是地方治理体系中的实际党政官员，也不是与其“乡”对应的人大代表和政协委员。乡贤组织参与地方事务特别是乡村振兴，其前提是服从党委和政府领导，发挥的是参谋、智囊、助手的作用。特别是宿迁市以政协系统牵头组织开展乡贤组织建设及其工作，既有体制内行政化推动的特点，又按照与政协相关的人民团体和群众团体进行一系列规范化制度设计，虽然市、县两级是按照民政部门社会团体进行登记，但是政协系统在组建乡贤组织的顶层设计过程中事实上赋予乡贤协会、参事会参政议事的功能。这种功能使得乡贤组织有别于普通社团，成为事实上的准群众团体。

宿迁的乡贤组织以乡情为纽带，整合了很多其他社会组织的功能，如老龄委、关工委、退休工作者协会的功能，把退休离任的原体制内人才转换到退休后的一个新平台继续发挥作用；具有宣传部和文明办表彰道德模范的部分功能；具有部分商会和人才办招商引资引智的功能；具有组织人事部门对

① 中华全国新闻工作者协会原党组书记翟惠生在2018年5月25日“宿迁乡贤兴乡村——产业振兴主题活动”上的讲话，央视网，http://sannong.cctv.com/special/mlzgxcxzb/sqxx/index.shtml?from=singlemessage。

体制外人才的整合功能，具有大统战、大侨务、大政协的功能。概言之，乡贤组织是对体制外人才资源的整合，或是利用体制外资源对社会功能的整合。和过去的老区发展促进会和扶贫协会相类似，乡贤组织的宗旨主要是促进家乡的乡村发展。因此，乡贤组织是对社会组织功能进行重新整合的一种新型组织，一定意义上是在重构中国乡土社会、具有社会自治性质的组织形式。

三、问题与对策

2017 年，宿迁市的乡贤工作搭建了系统的组织、载体和开展工作的体制机制等制度性框架，全面的乡贤工作尚未全面实质性展开，但是已经初见端倪。就宿迁乡贤助推乡村振兴的方向而言，无疑对于欠发达地区具有重要的启示意义，值得期待。但是也应该客观地认识到宿迁的乡贤工作中还存在用速度过快的方式“拔苗助长”、在外乡贤作用发挥的机制和渠道并不畅通等问题。为破解乡贤工作中的问题，为此提出以下建议。

1. 破除乡贤还乡的体制障碍，畅通在外乡贤返乡反哺家乡的制度。中国古代的乡绅乡贤，是融入乡土社会并直接参与实质性乡村社会治理的。当代中国由于城市化战略实施的政策惯性，人在城乡之间的流动，目前还只是限于单向的农村向城市转移，而严控城市人口向乡村的回流，这使得那些在外乡贤即使想回乡也无法在家乡长久地待下来，现行的土地制度和户籍管理制度已经对他们“见外”，让他们在家乡已经没有属于自己的土地和合法的身份。因此，要让那些愿意回乡的乡贤在家乡立足，需要在户籍制度和土地制度政策层面上对他们敞开，并给予他们实质性的“荣誉乡民”待遇。不论是乡村自治还是乡村振兴，都需要在外乡贤和能人的回归。

2. 拓展在外乡贤作用的组织形式和渠道。从宿迁市各级乡贤协会、乡贤参事会的组成情况看，各级乡贤组织事实上是以在地乡贤为主，在外知名乡贤往往只是担任荣誉性职务，很显然这是考虑到在外乡贤参与家乡工作开展的不便，故而采取以在地化为主的组织策略。但同时也表明，现在的乡贤组织在发挥在外乡贤作用方面上存在一定的局限性。从地方人才开发利用的角度，有必要把握老乡—老乡人才—乡贤三个梯度间的关系，在外人才开发不能完全拘泥于乡贤的范围。在乡贤之外，要放大到联络乡谊、开发老乡人才资源的层面。为了发挥在外乡贤的作用，有必要建立乡贤协会（参事会）的外围组织——同乡会，乡贤协会同时增挂同乡会的牌子，同时运作。在历史上，同乡会馆是地缘组织的形态，具有祭祀乡梓神祇、笃乡情、为在外本籍人士提供救助或资助、维护同乡或同行业合法权益、进行商贸接洽等功能，现在的在外乡贤组织有必要对传统的同乡会进行改造，赋予能适应新时代的新功能，如通过同乡联谊实行同乡公益互助、为家乡发展出谋划策、为家乡经济发展牵线搭桥等。目前，宿迁市的一些县区已经有设立乡贤协会外埠分会组织的设想。

3. 乡贤组织是基层政权外的社会组织，应当要用社会性的方式运作。乡贤人才说到底是把人才放在“家乡人朋友圈”的社会层面来运作和开发利用的，社会性的事情就要用社会的方式去做，不能完全用党政体制内工作和管理方式去做。作为一种社会动员，层层举荐不是不可以，但是不宜变成采用行政手段下派比例摊派乡贤名额的方式。特别是村级是否有足够能称得上乡贤的人组成村级乡贤参事会，应该从实际出发，不能“一刀切”地提硬性要求。作为一个社会性组织应当要有能维持乡贤工作开展的经费支撑，虽然早期乡贤组织建立时可以从政协划出部分工作经费，但是从长远来看，乡贤组织要有自己的经费来源来维护自身的运行，这需要有一套经济支撑的运行机制。

4. “荐乡贤”要防止变成变相强迫的道德绑架。“荐乡贤”虽然是建立在社会推荐的基础上的，但是也要尊重个人意愿，不能用道德绑架方式。“乡贤”不仅是一种荣誉，同时也意味着对家乡的道义责任。不同的人发挥作用的平台不一样。当下，从中央到地方，各级体制内组织都加强执行八项规定的长效制度化建设和反腐倡廉的力度，加强权力制约，这使得任何体制内的国家工作人员都不能随意将权力私用，包括用于不在其职能范围内的家乡。过去那种以官本位衡量的在外乡贤人才，只要在体制内，其权力和资源的使用如今都要受到国家体制的制约。所以，在外乡贤是一个灰色人才的边缘地带，发挥在外乡贤的作用要处理好体制外与体制内的关系。体制外的事情就要用体制外的方式解决，在外乡贤重在用其管理经验、知识智慧、专业技能、市场人脉帮助家乡发展。

5. 要建立长效的新乡贤培育机制。2017 年宿迁的“荐乡贤”活动是一次大规模的乡贤调查，但乡贤工作不是“一锤子”买卖，要使乡贤工作有效持久地开展并发挥作用，还必须建立长效的新乡贤培育机制，不断输入能发挥作用的新鲜血液，可以与人大、政协和政府一届相对应，每隔几年更新推荐一次乡贤。

6. 要处理与乡贤工作相关或相近的职能工作的整合，打破部门意识。譬如可将乡贤馆和乡情乡愁馆的建设整合入当地的公共文化设施建设的整体布局中。现在地方上不同系统都有一套自己的文化设施建设计划，如博物馆、非遗馆、地情馆、方志馆、革命历史陈列馆、名人馆、村史馆，有些功能是相近或重复的，可将部分重叠的功能整合在同一个公共文化空间中，内部再加以功能分工，防止重复建设。此外，乡贤录的编修，同样可以与乡镇村志的编纂、家谱的编修等整合进行。乡贤协会与相关党政部门工作职能有关的，应该合作进行，如道德模范的评比，商会招商引资工作的开展等。同时，与政府的人事部门、教育部门（如校史馆）做好人才资源信息的整合工作。

7. 进一步拓展乡贤助力乡村振兴的渠道。从全面助力乡村振兴的角度来说，宿迁市乡贤协会现有的四个平台仍然存在一定的局限性，需要进一步加以细化。如泗阳县遴选有威望、有贡献、有成就的党员乡贤担任 58 个经济薄弱村“乡贤书记”。“乡贤书记”围绕脱贫攻坚、振兴乡村目标，重点做好发展特色产业、精准扶贫脱贫、参与乡村治理、引领社会风尚等方面工作，切实当好乡村建设的奉献者、强村富民的担当者、乡村治理的推动者。通过选派“乡贤书记”，有力地调动乡贤回馈乡里、服务乡亲的积极性和创造性，形成“第一书记”“扶贫书记”“乡贤书记”和村书记“四轮驱动”同向发力、精准扶贫的良好格局，进一步加快经济薄弱村脱贫摘帽、振兴发展。

8. 要处理好乡村人才培养和乡贤之间的关系。乡贤只是一定时期乡村发展的辅助力量，可以有效弥补经济欠发达地区以及乡村振兴战略实施中人才资源不足所造成的困境，但从长远来看，振兴乡村归根到底还得要依靠生活在家乡这片土地上的人，特别是懂农业、爱农村、爱农民的当地“三农”人才队伍，要培育新一代的有文化、有专业技能、能进行市场开拓的新型职业农民，在外乡贤以及体制外的乡贤可以为乡村振兴提供助力的作用，但只是辅助性的人才资源。

湖南长沙以乡土文化助推乡村振兴的先行实践

长沙市地方志办公室地情报告课题组[①]

提　要：实施乡村振兴战略是党的十九大作出的重大决策部署。为加快推进乡村振兴，长沙市于2018年出台《关于全面落实乡村振兴战略的实施意见》，提出把长沙打造成为全国乡村振兴的先行区。近年来，长沙市在实践中逐步探索形成了独具特色的“一江两河·三大文化基因”的以乡土文化助推乡村振兴模式。长沙市地方志办公室结合乡村地情调研，对长沙以乡土文化助推乡村振兴的成功实践，从政策和历史背景、乡土文化资源、乡村传统文化、留住乡愁记忆等方面进行深入剖析，并在分析存在问题的基础上提出进一步发展的对策建议。

关键词：湖南长沙　地情调研　乡土文化　乡村振兴　先行实践

乡村振兴是实现中华民族伟大复兴的重大历史任务，是新时代“三农”

① 课题组负责人：王习加，中国地方志指导小组办公室规划处处长（挂职），长沙市地方志办公室党组书记、主任。课题组成员：贺孝武，长沙市政协办公厅调研员、《长沙市志（1988—2012）》分卷主编；曾牧野，长沙市地方志办公室综合处处长；江雷，长沙市地方志学会秘书长。执笔人：贺孝武、曾牧野、江雷。

工作的总抓手。[1] 乡村振兴的路子究竟怎么走？没有现成答案，许多人在思考，全国各地都在探索。普遍规律总是在历史经验和典型实践中不断探索与破题。长沙近年来注重以乡土文化助推乡村振兴，做了大量卓有成效的工作，探索形成了具有长沙特色的以乡土文化助推乡村振兴之路。

一、长沙以乡土文化助推乡村振兴的背景

党的十九大提出，农业农村农民问题是关系国计民生的根本性问题，必须始终把解决好“三农”问题作为全党工作重中之重。中央农村工作会议提出，实施乡村振兴战略是新时代做好“三农”工作的总抓手，2018 年中央一号文件《中共中央国务院关于实施乡村振兴战略的意见》印发，对实施乡村振兴战略进行了全面部署。为落实中央决策部署，长沙市也出台 2018 年一号文件《关于全面落实乡村振兴战略的实施意见》，提出按照“产业兴旺、生态宜居、乡风文明、治理有效、生活富裕”的总要求，加快推进乡村振兴，把长沙打造成为全国乡村振兴的先行区。

习近平总书记参加十三届全国人大一次会议山东代表团审议时强调，“乡村振兴，既要塑型，也要铸魂。要坚持物质文明和精神文明一起抓，培育文明乡风、良好家风、淳朴民风，改善农民精神风貌，不断提高乡村社会文明程度，焕发乡村文明新气象”。习近平总书记强调要“铸魂”的“魂”就是“乡风文明”。如果丢了这个魂，乡村振兴就成了无源之水、无本之木。《管子·版法》云：“万民乡风，旦暮利之。”乡风是维系中华民族文化基因的重要纽带，是传承中华优秀文化的重要载体。

志以载道，鉴往知来。地方志素有存史、资治、育人之功能。要培育文明乡风，振兴乡村文化，不妨把眼光投射于历史，从地方史志吸取养分。长沙作为较早的人类活动地和全国首批历史文化名城，留下了大量宝贵的乡村文化遗产。

1. 淳朴乡风。长沙之域，历来盛行淳朴乡风。《风俗志》云：“倡之自上

---

① 参见中共长沙市委、长沙市人民政府：《关于全面落实乡村振兴战略的实施意见》（长发〔2018〕1 号文件）。

者为风，渐之在下者为俗。长沙稼穑之乡，民习勤苦，人尚气节，家好诗书。”《湘中记》载“其民多纯朴，少宦情。”明嘉靖《长沙府志·地里纪》载：“无土山，无浊水，民乘是气，往往清慧而文（唐刘禹锡云）。渐被胡文定春秋之学，而士习好文；向慕谭世勣忠节之风，而乡俗尚义。士风纯古，恬于世利而好修；俗多慷慨，尚节概而耻为不义。”“是则斯邑所以尚廉耻、敦风节、重信义、崇文教（续修《浏阳县志》序）。”长沙历史上的一些地方官员，也颇为重视乡风的教化作用。明嘉靖《长沙郡志·叙》载：“故人之于志也，可以知政，可以观化，可以兴，可以鉴”“礼义之教兴，而后幽明之道尽。”同治《浏阳县志·旧序》载：“郡邑有志，在上则为政教，在下则为风俗”“吾闻移风易俗者，君子之任也。”

2. 乡贤文化。在乡村社会建设、风习教化、乡里公共事务中贡献力量的乡绅被称为“乡贤”。乡贤文化是乡村文化的重要组成部分，它根植于乡土，以乡愁为基因，以乡贤为楷模，以实现乡村经济发展、社会稳定、村民安居乐业为目标，对乡村振兴有着不可替代的促进作用。传统乡贤在引导乡民见贤思齐、崇德向善，推进教化方面发挥了巨大作用。长沙历代志书均对乡贤有大量翔实记载，如明嘉靖《长沙府志·人物纪》小述云：“志人物，以劝士也……故志以昭往而训来也，来者视斯志而兴起焉，则潭（笔者按：长沙时称潭州）之贤不亦彬彬乎？”编纂者已经充分认识到弘扬乡贤对引导良好乡风的重要作用。明嘉靖《长沙府志》记载有乡贤107人，占到名宦纪十二述共220余人传略的一半。其中不乏蒋琬、欧阳询等历史名人，更多的是湮没于历史长河中的芸芸之众，然其忠人之事、诚信之品、慷慨之义、高洁之节、护国之勇、兴教之识、孝悌之行、捐恤之举……则播远流深。如“刘起元……性慷慨，周急济危，常为乡里解冤，除浮派之苦，费赀千金，无德色。一堂五世名列缙绅，人咸以为厚德所致”“李芬芳……岁饥，芳出粟千余石以贷乡里，义不取息。复旱，饥甚，并粟置不问”“邓天权……慷慨好义，岁歉，减价粜谷，周人乏困，修梁砌路全节，捐赀无悭色，乡里德之”。

特别值得一提的是乡贤在教育方面的重要作用。长沙宁乡现在有名的云山书院、南轩书院，著名景点“慕严台”都和地方乡贤有莫大联系。《宁乡县志》载：云山书院，清同治四年，邑人原陕西巡抚刘典倡建于水云山下。以培养“处为大儒，出为良佐”之才为宗旨，教学生“贵博学、审问、慎思、明辨以析其理，笃行以践其慎”。“宁乡四髯”何叔衡、姜梦周、谢觉哉、王凌波先后在这里任教或担任校长。毛泽东到宁乡作农村调查时，曾住云山书院。云山书院是五四运动前后宁乡新文化运动的中心，而且成了宁乡人民的革命摇篮，为我国新民主主义的革命运动培养了大批人才。南轩书院系南宋抗金名将张浚之子，大儒张栻（南轩）所创立。张栻与朱熹齐名，世称“朱张”。张浚葬宁乡官山，张栻在父亲坟墓不远处，创办南轩书院，泽被了世代宁乡人。清一统志载：“慕严台”在宁乡县东南几十里，宋隐士谢英慕严子陵高风，因镌“慕严台”三字于石。清光绪《湖南通志》载:“台侧有读书堂,英读书处。”谢英，字楚华，宁乡人。宋高宗时，将应科举，闻岳飞被害叹曰：“时不可为矣。”遂隐居道林山中，教授弟子，著书自娱，孝宗时，屡辟不就。

3. 乡规民约。千百年来，中国人为了追求人与人之间能“出入相友，守望相助，疾病相扶持”这样的理想境界，发展出这种乡治理论。乡约是自治的一种体现。由乡民自动、自发地制订规约，处理众人生活中面临的治安、经济、社会、教育、礼俗等问题。中国最早的成文乡约，是陕西蓝田吕大钧制定的《吕氏乡约》。制定者的目的，是使乡人能“德业相劝，过失相规，礼俗相交，患难相恤”。它是由民众主动起草的成文法则。由于是人们亲身体验利弊得失后自发订立的，所以其认同感发自内心，得到了多数人的自觉遵守，不但赓续久远，而且最接地气。在我国城乡各处，存在形式多样的乡规民约，或记于当地史志中，或刻在村头碑石上，或在乡间口口相传。长沙地方史志中关于地方基层管理，还是以“洪武六谕”为尊。“洪武六谕”是明代教化的主要内容，被乡约、族约、家规等广泛引用。康熙《长沙府志》卷四《学校志》载：“孝顺父母、尊敬长上、和睦乡里、教训子孙、各安生理、毋作非为”。更多的乡约则是作为维持邻里和睦、社会和谐，合理调整生产生活秩序而存在。

4. 家规家训家风。国有国法，家有家规，家规家训家风常以地方志重要的一种形式——族谱、家谱为载体来传承，在古代家庭（家族）治理中，扮演着重要的角色。家规家训家风重要的功能在于修身、齐家，对家庭实行有序管理。如宁乡潘氏家训载：“格致诚正，为修身而设；齐治均平，自修身而推。”在“规”“训”“风”之中，融入诸多关于道德熏陶的内容，包括树立基本价值观、培养道德意识、造就人格美德等。于是，基于家规家训家风的家庭教育自然就成为道德教育的重要形式，同时因其覆盖的广泛性，实际上起到了支撑整个社会道德体系的基石作用。现存的长沙传统“规训”，主要是强调敦孝悌、笃宗族、和乡党、明礼让、务本业、尚节俭等，如《芙蓉黄氏家训》《望城邓氏石八族家训》等。随着时代的发展，其也会融入一些新的内容。如长沙县陈氏家训就专门列有“强国力”一条，明确提出“俾子弟咸知身与国家之关系，化除私见，结合团体，则由一族以至各族，人人皆有护国之念”，彰显了浓郁的家国情怀。

5. 农耕文化和传统技艺。中国农耕文化源远流长，博大精深，是孕育中华民族千古文明的母体，是抚育子孙万代绵延至今的根基，是滋润数千年来乡村文化的源泉。湖南是中国农耕文化的发祥地之一，拥有丰富的非物质农耕文化遗产。“长沙稼穑之乡”，是湖湘文化的大本营，拥有历史久远的稻作文化和渔民文化传承，湖湘特色农居建筑群、传统农耕用具、农家节气，地方花鼓戏、舞龙舞狮、麻山锣鼓、湘绣等农耕文化和传统技艺体现方式丰富而独特。《前汉书·地理志》曰：“古称楚俗火耕水耨，民食鱼稻，以渔猎山伐为业，果蓏蠃蛤食物常足……信鬼巫，重祠祀。”《隋书·地理志》载：“率敬鬼神，尤重祠祀。”清乾隆《长沙府志》卷十四《风俗志》载：“宫室朴质，虽瓦椽不加雕彩，衣多布帛，器用陶瓦，民间馈遗简质，即一鸡黍，可以贽达官贵人。”浏阳文庙至今还保存了2000多年前祭孔仪式中的古乐“八佾乐舞”。来源于农业生产和农村生活的非遗农耕文化，只有回归生活，回归大众，让其处于变化、发展、升华的动态之中，才能实现对其保护传承发展的最终目的。将其植入休闲农业与乡村旅游的开发建设当中去，让古老文明在当今社会、经济活动中焕发出新的生机，让灿烂文化为休闲农业与乡村旅游产业的快速发展增添品位。

二、长沙以乡土文化助推乡村振兴的几种模式

长沙经过多年的实践，逐步探索形成了具有长沙特色的“一江两河·三大文化基因”的以乡土文化助推乡村振兴模式。“一江”：东方莱茵河——“湘江·古镇群”模式。“两河”：一是优秀农耕文化的缩影——“浏阳河·博士村群”模式；二是乡恋——“浔龙河·乡愁记忆”模式。“三大文化基因”：古镇文化基因、农耕文化基因、乡愁文化基因。

（一）东方莱茵河——“湘江·古镇群”模式

千百年来，人类溯水而徙，伴水而居，凝就文明。湘江，是长沙的山水之纲、文化之脉。长沙湘江北段的望城境内，沿江两岸分布着靖港、乔口、新康、铜官、书堂和丁字六座古镇，历史上，正是得益于湘江发达的水运，伴水而生、因水而兴，盛极一时。

一处湘江古镇群，半部湖湘文化史。湘江古镇群指靖港、乔口、铜官、书堂、新康五个湖湘风情文化旅游小镇，也是具有湖湘文化底蕴的中国传统文化展示和传承的群落。2016 年 3 月，长沙市委、市政府提出《湘江古镇群建设三年行动计划（2016—2018）》，着力打造中国最具魅力古镇群。通过坚持“文化为魂、产业为核、生态为基”原则，明确古镇群发展思路，打好古镇群设施基础，强化古镇群市场运作，推广古镇群独特魅力，形成了“一镇一特色”的东方莱茵河——“湘江·古镇群”模式。“靖港寻古”“铜官玩陶”“新康看戏”“书堂润墨”“乔口吃鱼”“丁字赏石”逐步成为湘江古镇群独具特色的 6 张“历史文化名片”。

1. 靖港寻古。靖港地处湘江西岸，是沩水入湘江的三角洲地带，昔为天然良港，水路畅通、帆影不绝，曾为湖南四大米市之一，又是省内淮盐主要经销口岸之一。益阳、湘阴、宁乡及望城的粮食和土特产都在这里集散转运，商贾云集，市场活跃，有“小汉口”之称。民间流传一句俗语“船到靖港口，顺风也不走”，足见其盛。靖港古镇因唐代李靖将军在此讨伐萧铣而得名，近代因曾国藩与太平军曾在此发生“靖港水战”，靖港更因此名声大噪。民间艺术丰富多样，香干以及火焙鱼至今称奇。2009 年 9 月 25 日，通过修缮后的靖港古镇重新开街，曾国藩迎战太平军的古战场遗址、白色恐怖时期湖南省委旧址、“革命母亲”陶承故居、聚集商贾旅人的宁乡会馆八元堂、中晚清青楼建筑宏泰坊、祭祀农民起义将领杨幺的杨泗庙以及麻石街、古建筑、老店铺、名作坊、乌篷船等基本恢复原貌，居民纷纷回归，商户商铺林立，古色古香的靖港重新恢复昔日的繁华，也重新进入游人的视野。如今，靖港已是国家 AAAA 级旅游景区、国家历史文化名镇和国家特色景观旅游名镇，也是古镇群人气最火爆的景区，年游客接待量已突破 150 万人次。

2. 铜官玩陶。铜官是陶瓷釉下多彩的发源地，海上丝绸之路的重要支点，有“千年陶都”之美誉。中央电视台《国家宝藏》于2018年推出的国宝“长沙窑青釉褐彩诗文执壶”，就出自长沙铜官。早在唐代，长沙铜官窑陶瓷就出口至29个国家和地区。1998年，在印度尼西亚海域的“黑石号”唐代沉船中，打捞出近6万件长沙铜官窑的产品。古镇铜官的物资流转全靠湘江水运，有6个主要码头，陶瓷产品沿湘江、出洞庭、入长江、通四海，运往四面八方。如今的铜官，已建成铜官窑国家考古遗址公园，沿江东岸的十里河堤，70多处古窑遗址如珍珠般点缀，重现当年陶瓷产业的繁盛景象。

3. 新康看戏。新康东临湘江，南依沩水，连宁乡，北靠沩水哑河，是历史上长沙地区一个重要商业口岸，湘江下游主要盐茶、竹木经销商埠。新康曾出土商周时代的青铜器和大量的陶器；唐代著名诗人杜甫途经新康写下《新康江口信宿方行》的诗篇；曾国藩之弟曾国荃曾于新康江口之战大获全胜，扭转靖港水战败局；著名花鼓戏《洪兰桂打酒》的爱情故事，真人、真事发生于此地。新康花鼓戏、皮影戏历史悠久，有“酒都戏乡”之美名，有着1700多年历史。依托源远流长的花鼓戏、湘剧、皮影戏等，新康注重弘扬“戏”文化，做足“戏”文章，是一个来了就有戏的地方，白天看花鼓戏、皮影戏，晚上看电影戏。新康以“戏乡”为品牌，是戏曲天堂，国家AAA级旅游景区。

4. 书堂润墨。书堂小镇位于湘江东岸铜官街道堂山村与何桥村的交界处，核心景区位于书堂山上。书堂山是欧阳询父子从事书法艺术学习和创作的重要场所，距今已有1500年的历史。山中欧阳询祖居、书堂古寺等遗迹保存较好，“太子围圩”“洗笔泉池”等书堂八景遗风尚存。近年来，书唐小镇始终围绕“野趣、唐风、古韵”这个主题，既注重文物资源保护，又注重推进旅游产业开发，欧阳询文化园逐渐成为我省知名的书法艺术交流平台与书法教育基地。

5. 乔口吃鱼。乔口东靠湘江大堤，处在乔江入湘江口，是典型的渔乡。车船南来北往，交通便利，曾有“长沙十万户，乔口八千家”之说，乔口古镇历史悠久，人文荟萃，古迹丰沛。为祭拜到过这里的屈原、贾谊、杜甫，在宋代就建立了三贤祠；始建于南宋年间的乔江书院，由元顺帝亲自书写匾额；百岁牌坊建于清乾隆五十七年（1792年），乃乾隆亲颁圣旨所建；接待杜甫投宿的杜甫客栈、杜甫码头、万寿宫、百寿街、刘福泰行等名胜古迹源远流长。从团头湖新石器时代遗址群中出土的渔猎工具，就足以说明乔口的渔业生产历史悠久。清代著名诗人胡光泮在《泊舟乔口》中生动描绘了乔口渔乡的情景：

"画阁闻遥吹，帆停一水澄。村霜鸣宿犬，渔火上秋灯。"

6. 丁字赏石。据清同治《长沙县志》记载：因有石头横出湘江，使江水迂回，形如丁字，所以得名丁字湾，俗称"金子湾"。丁字湾是湘江下游东岸、颇具声誉的石乡集镇。丁字湾麻石质地坚硬、储量丰富，被列为中国十大石材基地之一。"丁字湾麻石铺天下"是湖南人都知道的一句老话。丁字湾的麻石开采可上溯到西汉，我国的一些古寺碑塔所用石料多取材于此。从雍正四年（1726 年）至今，丁字湾老街已有 292 年的历史，算得是真正的老街。

（二）优秀农耕文化的缩影——"浏阳河·博士村群"模式

《浏阳河》这首经典民歌多年来广为传唱，如今浏阳河畔有个"博士村群"也是远近闻名。长沙浏阳北区向来就有崇文重教、耕读传家的优良传统，改革开放以来，位于这个片区的沙市镇秧田村、龙伏镇焦桥村、尚埠村和淳口镇杨柳村 4 个"博士村"，共培养了 40 余名博士，上千名大学生，构成了名副其实的"博士村群"。"博士村群"是优秀农耕文化的一个缩影。好家风、好乡风、农耕文化代代传承，凝聚成一股强大的力量，形成了乡风文明的内核。让中华民族最基本的文化基因与当代文化相适应、与现代社会相协调，把跨越时空、具有当代价值的文化精神弘扬起来，把继承传统优秀文化、弘扬时代精神的成果传播出去。[①]

1. 榜样力量：书香之家，世代相传。第一位从秧田村走出去的博士是罗宣干，武汉大学化学与分子科学学院教授、博士生导师，先后在华南理工大学、武汉大学、哈佛大学求学，如今已 80 多岁。罗宣干后辈中 14 人上了大学。为了鼓励家人读书进取，罗宣干在银行存了一笔教育基金，谁读博士谁就可以获得资助。在秧田村，像这样一家培养出多个大学生的家庭并不少见。在英国老牌名校格拉斯哥大学读了 9 年国际法学的罗兆婧是秧田村目前最年轻的博士。其父亲罗碧波是恢复高考后村里的第一个大学生，其兄弟姐妹 6 个考上大学，弟弟罗晴和女儿罗兆婧都是博士。2016 年 4 月，罗碧波家庭荣获湖南省"书香之家"称号。

---

① 参见王习加:《传承优秀文化 助力美丽长沙 努力开创地方志事业发展新局面》,《长沙史志》2018 年第 1 期。

2. 家风传承：力耕种，勤诵读。60 多岁的罗建植是地地道道的浏阳农民，他的 2 个儿子都是上海交通大学博士毕业。2018 年初，沙市镇秧田屋场开展“新年第一课”活动。罗家两位博士发来了《寄语家乡小朋友》的书信。信里写道：“秧田人有勤耕重读的好风气，大家相互影响，走出了一个又一个的大学生，成为远近闻名的博士村，让我们感到自豪。”在秧田村，谁家挣钱多并不让人羡慕，谁家孩子成绩好、考上了博士才令人称赞。哪家出了几个大学生，哪家孩子考取了硕士、博士，这才是最有面子的事。在村民们眼里，村里早年经济落后，想告别面朝黄土背朝天的苦日子，出路就是读书。耕读传家、尚学进取已成为这里的家训家规和独特民风。

3. 政策激励：奖优生，聚优师。一个大学生能改变一个家庭的命运，一批大学生能改变一个村庄的精神面貌。村里在尊师重教的基础上，建立促学奖学基金会，奖励成绩优秀者，扶持家庭困难者，续写“博士村”勤耕重读的故事。秧田村文光书院教师陈永流的学生中，出了 4 个全日制博士研究生。他的儿子也是博士毕业。作为一名从事了 40 多年教学的一线教师，陈老师认为“博士村”的秘籍是村里读书的环境好，对教育非常重视。每年考取本科的学生都能从村委获得 400 元的奖励，“记得当时我家孩子考上大学，村长、村支书都拿着红包到我家来祝贺，还放了鞭炮，这是很大的精神鼓励”。农村教师的待遇不断提高。陈老师说，目前他的月工资在 5000 元左右，这在当地算是较高的工资水平。

4. 乡贤反哺：正谊明道，潜心兴教。秧田村附近的文光书院，是这里重要的文化记忆。《文光书院志》中印着两行大字：“正谊明道”和“镕范文林”。前者是清湖南巡抚吴大澂的题词，后者出自湖北巡抚谭继洵（谭嗣同之父）之手。据考证，两位巡抚同时为一所书院题词，在浏阳是首次。文光书院一度排名浏阳八大书院之首。据当地人介绍，为了筹款建书院，清朝举人彭子铨把自己的祖宅和 100 多亩田地都变卖捐了。乡贤李昌开成立教育教学奖励基金，为学校师生伙食费买单。黄蔚德捐出 100 万元成立敬老爱亲奖励基金。每年 3 月，该村用村民投票的方式选出功德人士和道德模范并在全村“公德墙”上张榜表彰。秧田村有 70% 以上的村民是罗姓，罗氏家训被挂在老槽门醒目的位置：“敬师长，信朋友，力耕种，勤诵读。”

（三）乡恋——“浔龙河·乡愁记忆”模式

浔龙河，既是河名，也是村名。这里是“国歌之父”田汉的家乡。据《浔龙河村志》记载，浔龙河村（原双河村）位于长沙县果园镇西北部，处于金井河、麻林河、浔龙河三河围合下的丘陵地带，有两千多年历史，境内有十六处古迹。

“山多、水多、田少、闭塞、贫困”，是该村十几年前的基本“村情”，村上多年来一直顶着省级贫困村的帽子。2008 年以来，浔龙河村结合国家政策，对乡村资源、乡村文明、治理结构等进行重构和提质，通过推动土地集中流转、环境集中治理、村民集中居住的“三集中”，实现村民的就地城镇化；通过发展文化、生态、教育、旅游、康养五大产业，进行保护性开发，并深度挖掘田汉文化内涵并将其外化传承，让乡愁得以保留和延续，精心打造“回得去的乡愁”，短短几年时间里，“七山两水一分田”的省级贫困村华丽转身，崛起成为远近闻名的湖南省新农村建设示范村和长沙市美丽乡村示范村。2017 年 12 月，浔龙河模式以都市近郊乡村振兴样本列入中国首个乡村旅游研究院首选课题，2018 年 5 月，浔龙河入选新华社民族品牌工程“未来之星”乡村振兴品牌。

1. 文化铸魂：“回得去的乡愁，儿时的味道。”浔龙河既有乡村的民俗品牌，也有田汉的文化品牌，还有线上线下的亲子娱乐品牌，精心打造“回得去的乡愁”。利用村民的集中居住区发展浔龙河的乡镇民族文化村，将乡村的饮食、建筑和民俗发展成为民俗品牌，打造湖湘民俗风情街。以非遗文化产业为龙头，打造传承历史、体验民俗风情的湖湘文化村落。举办中国·浔龙河首届生态艺术文化节、樱花谷等大型文化活动。深入挖掘田汉文化，倡导国歌精神，成立村民国歌护卫队，定期开展升国旗、唱国歌活动。以 2018 年田汉先生 120 周年诞辰为契机，绿地集团、星光集团、国家大剧院在浔龙河联手打造田汉戏剧小镇，海湾智库与中科招商拟投资建设国歌中华魂大型文旅项目。2012 年以来，相继成立浔龙河文化艺术团、老年协会、青年联谊会等组织，建设了村民活动中心，开辟了图书室、棋牌室、文化广场等场地，举办了村民歌手大赛，与“电视湘军”合作拍摄《浔龙河》电视剧等。编排《山歌秀》，组织编纂出版《浔龙河村志》，创办《浔龙河报》。76 岁村民史配乾还创作了 5 万余字的章回体小说《浔龙河传奇》。

2. 城乡融合："城镇化的乡村，乡村化的城镇。"浔龙河地处长株潭城市群经济核心区内。随着长沙获批国家城镇化新型试点，长沙推出产城融合、产业融合、区县融合、城乡融合的发展战略，形成以工促农、以城带乡、融合发展的新型城乡关系和新发展方式。浔龙河按照"政府引导推动、企业市场运作、基层组织保障、群众参与决策"的运作模式，重点打造"城镇化的乡村，乡村化的城镇"。一是盘活土地资源促增收。双河村在2010年进行土地确权，资源实现资产化，为减少土地收益分配矛盾、推进土地流转和开发利用奠定基础。土地经营权确定后，依法推进土地流转，率先开展土地改革，成为湖南省集体经营性建设用地上市交易同价同权的试点。二是实行"村企合一"基层管理模式。成立浔龙河农民就业服务中心和浔龙河众创基金，鼓励村民创业致富，吸引大量常年在外务工人员返乡就业、创业，实现人力资源资本化。引进城市公共配套设施，促进公共设施与社会保障城乡一体化。2014年12月，浔龙河项目获批为长沙县首批PPP试点项目，之后被列为湖南省首批PPP试点项目。提出"生态城镇"理念，为破除城乡二元结构实现社会融合以及国家推进新型城镇化探索经验，形成"以企带村、村企融合、互利共赢"的长效机制。

3. 田园宜居："为村民提供城市品质，为都市人回归田园生活。"浔龙河的定位是为当地农民提供城市生活品质，为都市人提供田园生活乐趣。发展"农家乐"等文化观光和旅游产业，以万亩原生山水为依托，强调"城镇化、乡村形、旅游核"，针对"原住民、探访民和回归民"，布局形成乡村宜居、养生养老、健康休闲等产业体系。打造生态、旅游、宜居为纽带的城市近郊型田园综合体。2017年9月，浔龙河村建成湖南第一个农村标准化供销服务社，主要负责浔龙河项目区内的北部农产品展厅、超市、24小时无人购物店、浔鲜餐厅的经营。村民集中居住、资本集中下乡、土地集中流转、产业集中发展、生态集中保护、公共服务集中推进。成立湖南浔龙河生态农业科技发展有限公司，流转当地农田、果园、山地等共1.2万余亩，发展成为蔬菜生产种植基地。投资樱花谷、云田谷等特色生态林业植物园项目，通过运营吸引人气，节假日基本维持每天2万—3万人的客流量。浔龙河的老百姓现在户均年收入约20万元，率先实现全面小康。成立文旅公司，将10平方千米范围内所有的空间和产业发展通过全域化的手段进行管理。与中国联通合作，建成中国第一个智慧乡村的互联网平台。搭建党建O2O服务平台。每个村民组建立1个一级微信群，村民小组成员全部入群，由党员或党小组长担任管理员，负责搜集和反映群众提出的问题。把村支两委成员、党小组长、一级群管理员全部进入二级群，负责线上或线下为群众解决问题。全村共建立25个一级群和1个二级群，覆盖全村90%以上的群众，形成"群众线上点单、党员干部线下服务"的群众工作模式，

三、长沙以乡土文化助推乡村振兴的问题与对策

（一）问题

当前，长沙以乡土文化助推乡村振兴虽然取得了一定的成绩，但仍存在与经济社会发展不协调、与乡村振兴战略实践的要求不相适应的诸多问题。

1.文化设施仍然比较薄弱，且发展规模不平衡。多数乡镇部门都比较重视经济发展的硬性指标，而对乡村文化发展和乡风文明建设的软性指标重视不够，农村文化事业建设尚处于一种边缘化状态。农村文化设施建设的投入不够，且发展不平衡，一些经济基础薄弱的偏僻乡镇对文化事业的投入一般较少，与乡村振兴战略新形势的客观要求不相适应。文化设施建设资金不到位，导致建设不连贯，部分乡镇文化站面临发展瓶颈。有的乡镇文化站办公环境差、经费缺保障，甚至徒有虚名，无人员司职、无活动开展。

2.文化产品供给与农民的实际需求脱节，不能很好地发挥其教化育人的作用。目前，农村大多数文化产品与农民的消费需求不相适应。农村文化、文艺活动的内容重复性大，形式老套而缺乏新意，如扭秧歌、唱唱歌等，没有形成规模。农民农闲时的文化娱乐活动内容和形式单一，集体的文化娱乐活动次数少，除重大节日及纪念日之外，农村的其余时间则基本属于文化艺术活动的"空窗期"。部分乡镇开展的文化活动，多注重形式和排场，而于内容和精神层面上关注不够，不能较好地发挥对农民群众的教化育人和移风易俗作用。

3.农村文化干部队伍建设依然滞后。缺乏一定数量的从事振兴乡村文化事业的人才和农村文化干部的专业素养不够，在一定程度上制约了农村文化

事业建设的发展。由于乡村基层文化专门的工作条件较差，待遇较低，使许多优秀的专业人才不愿意到农村去从事该项工作。已在岗的工作人员，也难免有“身在曹营心在汉”思想，而萌生“跳槽”的意念。一部分乡镇文化站的工作人员，年龄结构不合理，大龄的偏多且专业素养不够，不能很好地适应当前振兴乡村文化事业的需要。

（二）对策

文化，是民族的血脉，是人民的精神家园，是一个国家民族的灵魂。“设神理以景俗，敷文化以柔远”（南齐·王融《四水诗序》）。“君子之德风，小人之德草。草，上之风，必偃。”（《论语·颜渊》）文化在人类精神层面和社会层面的方方面面起着巨大而深刻的作用。文化兴则国运兴，文化强则乡村强。挖掘、继承和弘扬优秀的农耕文明传统精神和哲理魂宝，在当前的振兴乡村战略中，具有十分重大的意义。

第一，聚焦于传承农耕文明精髓，挖掘整理各地特色的历史记忆，留住文脉，使它们内在所固有的巨大能量得到充分释放，从而在振兴乡村的社会实践中发挥教化、育人的巨大作用，并蔚然形成崭新的文明乡风。

中华数千年文明本质上即农耕文明，时至今日，其形态虽有变化，但仍渗透在中国社会的方方面面及广大国民的心中，它们是振兴乡村的精神家园，是中华传统文化的根和魂。乡村文化中保留了许多农耕文明的基因，各地乡村的民族特色、地方特色、乡规民约、公序良俗、历史沉淀记忆等，无一不是弥足珍贵的精神财富。而长沙地区农村除上述所言及的文化财富之外，还有着湖南文化传统的经世致用和以耕织勤俭为本、以苦学成才致远的基本价值观及救国存亡、荡涤社会不公、鞠躬尽瘁于复兴中华伟业的红色文化的丰富资源。上述这些，都值得我们不遗余力地保护和传承。

农业作为人类社会的生产方式将永久存在，因此乡村社会也将永久存在，它不会由于现代化的城镇化建设而消亡，而只是改变不同的形态。因此，开展乡村文化振兴，必须立足乡村社会形式和农业本身，坚守田园生活方式，致力于创建农业、文化、旅游三位一体，生产、生活、生态同步改善，具有历史记忆、地域特色、民族风情的特色小镇及村落，形成让农民充分参与的集循环农业、创意农业、农事体验一体化的田园综合体，使乡村宜居宜业，将农村的工作和生活方式提升为一种令人羡慕神往的理想生活状态，让现代版的“世外桃源”洒落在湖湘辽阔大地，零罗棋布地开出异彩纷呈的硕大花朵。

毋庸讳言，当前乡村社会是个多元文化并存的社会。传统文化、地方文化、民俗文化、宗教文化、外域文化、互联网文化等多种文化现象及其理念相互交叉，盘根错节。而在城镇化、工业化的进程中，乡村固有的传统优良文化则出现了不同程度的衰落，与此同时，不少农村地区，不良文化仍有一定市场，对村民的精神生活造成了很大危害。惟其如此，若没有先进文化去占领农村广阔领域，不良文化就会继续向农村侵蚀，导致农村中各种落后文化不断滋长，从而阻碍乡村振兴进程。因此，我们要弘扬主旋律，重视乡村优秀文化作为独有的历史记忆和思想表达的珍贵价值，充分发掘乡村优良传统文化的底蕴、精神，并赋予它们以新的时代特征，发挥其在凝人心、导民风、化民情中的独特作用，使之成为推动乡村振兴的精神支柱和道德标杆。要发掘和保护乡村的历史文化资源，激活乡土资源，加强各地遗址遗迹、宗教祠堂、田野文物、名木古树等乡村地标性资源的开发和保护，传承乡村文脉，让广大村民拥有浓烈的精神归属感和乡土情结，形成爱乡爱家敬业、争为振兴乡村作贡献的文明乡风。

第二，致力于不断完善乡村公共文化设施建设，加大财政专项投资力度，并多渠道筹措资金和提高资金的利用效率，为振兴乡村文化提供足够的物质基础。

政府作为公共资源的管理者，理应在振兴乡村文化中发挥主导作用，充当乡村文化振兴的领唱者。“兵马未到，粮草先行。”振兴乡村文化，需要一定的乡村文化设施作为载体，需要举行定期或不定期的仪式和活动作为体现和宣传教育手段。而实施这些东西，必须以政府投入作为主体。长沙市坚持了几十年的“学雷锋活动月”之所以长盛不衰，在长沙市社会主义精神文明建设实践中发挥巨大作用，就由于有着政府强大的财政支撑。长沙市实施振兴乡村战略过程中，面对着经济发展后农民对精神文化生活的不断增长需求以及乡村公共文化设施建设不平衡状态，仍有必要加强财政方面的适当投入。要明确各级政府在振兴乡村文化中的职责，强化政府在振兴乡村文化中的责任意识，转变重物质文明建设轻精神文化建设的观念，将振兴乡村文化纳入各级政府的目标考核指标体系中。要进一步加大对农村基层乡镇文化站的投入和管理，使每一个文化站都能立足乡村，正常运转，服务乡村文化振兴，促进乡村文化发展。在公共文化设施建设中，制定向乡村倾斜的政策，并特别重视加强边远村、贫困村的文化设施建设，彻底改变当前存在的城乡之间、各乡镇（街道）和社区之间的不平衡问题。各财政部门的财政预算，要做到保障乡村文化事业的办公经费，避免发生在发展乡村文化事业、开展乡村文化活动时因资金短缺而捉襟见肘的尴尬局面。县、镇、乡、村每年都应拿出一定资金用于农村文化设施建设和文化活动的开展并确保各项专项资金的及时到位和合理分配，为农村文化活动室、体育健身场所提供资金。此外，重塑“新乡贤”文化，倡导、鼓励还乡干部、本地籍专家学者及企业家反哺桑梓，参与和赞助乡村公共文化设施建设，推动优秀乡村文化的传承。同时，充分发挥市场经济的作用，广辟资金筹措渠道，以乡村独有的文化和环境资源，吸引有实力的企业到乡村从事各种文化旅游开发，创建一大批出各具特色而充满活力和发展前途的美丽乡村。在乡村公共文化设施以及特色文化村镇的建设中，要主动作为，在大数据、人工智能、区块链、5G 技术不断成熟并日益成为未来发展方向的大背景下，充分利用这些新技术，以提升资金的利用效率和提升所建项目的品位和档次。

第三，高起点科学制定乡村文化振兴总规和各地详规，强化规划的权威性和引导作用，使乡村文化振兴的实施步入制度化、规范化和科学化轨道。

在振兴长沙乡村文化中，长沙市先后已制定出台了一系列规划与政策，对乡村文化事业的健康快速发展起了很大的促进和引导作用。各区县（市）也依据自身定位及特色，陆续出台过一系列区域性政策；各乡镇均结合自身特色和条件制定出相应的发展规划，为长沙的乡村振兴事业的发展、资源优化配置提供了良好的政策保障。但在新一轮的乡村振兴战略的新形势下，重新审视这些规划和政策，更进一步地优化全市总规划和各区、镇、村详规划，使它们与新的目标与新的形势更加契合，是极其重要的甚至是十分迫切的一项工程。尤其是各地村镇的“规划”更是需要从立足本身特色和融入全市整体规划两个层次上进行一番优化和完善提升。要摸清家底、全方位地制定传统村落的保护发展规划，抓紧把有历史文化沉淀的有价值的传统村落、民居列入保护名录。在保护标准的制定上，不拘泥于原有的国家文保级别标准，让各村因地制宜地通过调查、考证和考据，以民主评议的方式自主拟定其“文保”开发项目。对这一部分项目，如祠堂、庙观、古老路桥、特色民宅、名木古树、红色历史遗迹等等，由村镇党政部门依民意主要由民间募资或投资予以保护和开发并呈报上级政府有关部门备案。所呈报的项目只要不是不良文化设施，上级政府有关部门一般不予干涉，且酌情予以鼓励和奖励。在规划中，保护好乡村风貌，妥善处理好传统与现代、继承与发扬的关系，把保护原汁原味的乡村风貌融入规划建设的全过程，发掘各村、镇的文化资源尤其是特色文化资源，发掘各村镇的人文、生态特色内涵，打造文化长廊、文化团队、文化活动和文化品牌。搞好一村一镇的特色品牌的文化规划设计，同时注重与全市的整体规划及与其他项目的规划的相互吻合。在乡村的文化建设中，要充分发挥规划的权威性和引导作用，在建设中严格依规行事，尊重历史记忆。对有景观价值和文化底蕴的各类遗存，切实加以保护并量身打造，使之与乡村建设相互辉映、相得益彰。要充分利用长沙乡村文化中丰富的民俗文化、农耕文化、红色文化、山水文化及田园风光资源，因地制宜地开展适当的乡村休闲及观光旅游，让文化遗存的保护利用成果惠及各地村民，助推乡村振兴。

第四，多措并举，加强乡村优良的历史人文传统的宣传教育活动及文化事业建设，全面提升农民的整体人文素质。

振兴乡村文化，必须贴近农民生活，贴近农村生产、贴近农村本地。发展农村文化，不能脱离农村实际，应走雅俗共赏、老少皆宜的道路。当前，相对于城市而言，农村人口的文化素养一般较低于城市人口。例如，对传统国学的宣传教育，若简单地放到农村去，则很可能是曲高和寡，令受者不得要领。因此，振兴农村文化，要注意发掘本地资源，坚持贴近群众生活、方便参与的原则，吸引村民参加。如利用传统节日及传统文娱节目，如庙会、赛龙舟、农民艺术节、武术、腰鼓、球类、棋类体育项目等，向农民宣传教育文化知识，开展文化活动，以达到事半功倍的效果。还可以开展收集整理乡规民约、族谱家训工作，借以弘扬美德，引导村民向上向善、孝老爱幼、重义守信、勤俭持家，使文明的生活方式成为乡村时尚。有条件的村落，可以编修村史和建设村级博物馆。通过这些举措，提升农民素质，推动农民有效地参与乡村事务的治理。地方志部门，在加大乡镇地方志的编纂以及旧志整理工作力度的同时，可鼓励民间修家谱族谱，并尽可能地提供专业技术辅导。

要倡导文学艺术工作者深入农村开展采风创作、送戏送电影活动，以农民群众喜闻乐见的文学艺术作品丰富农村文化生活，陶冶农民情操。要进一步丰富文化传播形式，除文化墙、宣传栏、广播、手册等传统的司空见惯的宣传教育形式和手段外，还要充分利用互联网等现代传播手段和形式，使对农村的宣传教育工作接地气、聚人心、达实效。通过这些宣传教育活动，来提升农民的文明素质，重塑社会主义现代化的新一代农民，助推乡村振兴。

Ⅲ

区域发展战略篇

北京落实京津冀协同发展：疏解与提升并重

北京市地情报告课题组[①]

提　要：经过多年的发展，北京市发生了历史性的沧桑巨变，但快速发展中也出现了一些新情况、新问题，集中表现为“大城市病”。究其根源，在于资源有限的情况下承载功能过多，同时资源集聚效应造成周边区域发展的不平衡、不充分。为了改变这一状况，党中央、国务院提出了京津冀协同发展的重大决策部署。北京市全面贯彻落实习近平总书记视察北京讲话精神，以疏解北京非首都功能为“牛鼻子”，以开展“疏解整治促提升”专项行动为重要抓手，聚焦重点领域、重点区域，有力有序推动一批重要事项、重点项目、重大政策落地实施，推动京津冀协同发展战略取得阶段性成效。

关键词：北京市　京津冀协同发展　非首都功能　疏解整治　优化提升

京津冀协同发展是以有序疏解北京非首都功能、解决北京“大城市病”为基本出发点，坚持问题导向，坚持重点突破，坚持改革创新，立足各自比较优势、立足现代产业分工要求、立足区域优势互补原则、立足合作共赢理念，

① 课题组负责人：张恒彬，北京市地方志办公室副主任。课题组成员：崔震，北京市地方志办公室年鉴指导处处长；沈红岩，北京市地方志办公室年鉴指导处调研员；韩枫，北京年鉴社副社长。执笔人：沈红岩。

以资源环境承载能力为基础、以京津冀城市群建设为载体、以优化区域分工和产业布局为重点、以资源要素空间统筹规划利用为主线、以构建长效体制机制为抓手，着力调整优化经济结构和空间结构，着力构建现代化交通网络系统，着力扩大环境容量生态空间，着力推进产业升级转移，着力推动公共服务共建共享，着力加快市场一体化进程，加快打造现代化新型首都圈，努力形成京津冀目标同向、措施一体、优势互补、互利共赢的协同发展新格局，打造中国经济发展新的支撑带。①

京津冀协同发展是党中央、国务院在新的历史条件下作出的重大决策部署，是一项重大国家战略，旨在打造以首都为核心的世界级城市群、区域整体协同发展改革引领区、全国创新驱动经济增长新引擎、生态修复环境改善区；推动京津冀协同发展，落实首都城市战略定位，即全国政治中心、文化中心、国际交往中心、科技创新中心，充分发挥首都在区域乃至全国的辐射带动作用，不断增强首都的核心竞争力，提高首都的国际影响力。全面落实京津冀协同发展战略，有序疏解北京非首都功能，有利于破解首都发展长期积累的深层次矛盾和问题，加快解决北京“大城市病”，补齐生态环境建设和城市环境治理两个短板，提高资源环境承载能力，实现北京的可持续发展；有利于发挥首都创新资源密集的比较优势，加快转变发展方式，构建高精尖经济结构，提高创新引领能力，实现北京更高质量更高水平的发展；有利于统筹推进城市建设和管理，切实做好“四个服务”，不断提升城市治理能力和水平，加快建设国际一流的和谐宜居之都。

4年来，北京市全面贯彻落实习近平总书记视察讲话精神，抓住疏解北京非首都功能这个“牛鼻子”，以开展“疏解整治促提升”专项行动为重要抓手，以优化首都发展布局、提升城市发展质量为目标，坚持疏解与提升并重的原则，加快建设国际一流的和谐宜居之都，加快推动京津冀协同发展战略的贯彻实施。

一、政策背景

2014年2月25—26日，中共中央总书记、国家主席、中央军委主席习

① 参见《京津冀协同发展领导小组办公室负责人答记者问》，《经济日报》2015年8月24日。

近平就“全面深化改革、推动首都更好发展特别是破解特大城市发展难题”到北京市视察，并发表重要讲话，就推进京津冀协同发展提出7点具体要求：一是要着力加强顶层设计，抓紧编制首都经济圈一体化发展的相关规划，明确三地功能定位、产业分工、城市布局、设施配套、综合交通体系等重大问题，并从财政政策、投资政策、项目安排等方面形成具体措施；二是要着力加大对协同发展的推动，自觉打破自家“一亩三分地”的思维定式，抱成团朝着顶层设计的目标一起做，充分发挥环渤海地区经济合作发展协调机制的作用；三是要着力加快推进产业对接协作，理顺三地产业发展链条，形成区域间产业合理分布和上下游联动机制，对接产业规划，不搞同构性、同质化发展；四是要着力调整优化城市布局和空间结构，促进城市分工协作，提高城市群一体化水平，提高其综合承载能力和内涵发展水平；五是要着力扩大环境容量生态空间，加强生态环境保护合作，在已经启动大气污染防治协作机制的基础上，完善防护林建设、水资源保护、水环境治理、清洁能源使用等领域合作机制；六是要着力构建现代化交通网络系统，把交通一体化作为先行领域，加快构建快速、便捷、高效、安全、大容量、低成本的互联互通综合交通网络；七是要着力加快推进市场一体化进程，下决心破除限制资本、技术、产权、人才、劳动力等生产要素自由流动和优化配置的各种体制机制障碍，推动各种要素按照市场规律在区域内自由流动和优化配置。①

（一）编制规划和政策

1. 配合完成协同发展规划纲要编制。北京市全面贯彻落实习近平总书记讲话精神，全面落实和推动京津冀协同发展这一重大国家战略实施，成立了由市委书记任组长、市长任执行组长的“北京市推进京津冀协同发展领导小组”，配合起草形成京津冀协同发展规划建议稿，完成国家发展改革委部署的10项重大问题研究，配合国家有关部门、京津冀专家咨询委员会开展了区域功能定位、空间布局、协同创新共同体等13项专题调研，配合国家有关部门研究编制交通一体化、生态环境保护、产业协同发展等专项规划。

① 参见《打破“一亩三分地”习近平就京津冀协同发展提七点要求》，新华网，http://www.xinhuanet.com/politics/2014-02/27/c_119538131.htm，2014年2月27日。

2015年4月30日，中共中央政治局召开会议，审议通过《京津冀协同发展规划纲要》(以下简称《规划纲要》)，标志着京津冀协同发展完成顶层设计。《规划纲要》明确了区域整体定位及三省（直辖市）定位，确定京津冀协同发展的近、中、远期目标。

2. 制定规划政策推进《规划纲要》落实。制定实施了“远期有贯彻意见、中期有五年规划、近期有工作要点、年度有重点项目”的梯次推进政策体系，并把各项任务细化、量化、项目化、具体化，纳入年度绩效考评体系，明确责任分工，确保按时完成。调整加强北京市推进京津冀协同发展领导小组，设立10个专项工作小组。将协同发展任务有机贯穿于《北京市国民经济和社会发展第十三个五年规划纲要》和《北京城市总体规划》新编中，开展了通州区与廊坊北三县协同发展规划的编制和通武廊地区统一管控研究。推动建立了三省（直辖市）常务副省（市）长定期会晤、协同办主任联席会议、各部门常态化的会商机制，持续开展与河北省互派干部人才交流挂职工作。编写《京津冀协同发展简要读本》。

3.《城市总体规划》紧密对接京津冀协同发展。2017年9月29日，通过中共中央、国务院批复的《北京城市总体规划（2016—2035年）》(以下简称《总体规划》)向社会正式发布。《总体规划》围绕“建设一个什么样的首都，怎样建设首都”这一重大问题，谋划首都未来可持续发展的新蓝图；阐述了“都”与“城”、“舍”与“得”、疏解与提升、“一核”与“两翼”的关系；落实“四个中心”战略定位，紧扣“两个一百年”奋斗目标，划定三条红线，构建“一核一主一副，两轴多点一区”城市空间新格局。《总体规划》一个鲜明的特点就是紧密对接京津冀协同发展，从更广阔的空间来谋划首都的未来，这与以往规划有很大不同。《总体规划》上升到了国家发展需要的高度，立足京津冀协同发展来规划北京的未来，提出要努力打造以首都为核心的世界级城市群。

（二）加快建设北京城市副中心

《规划纲要》提出，“聚集通州，按照交通便捷、功能完备产城融合、职住平衡要求，紧密围绕市属行政事业单位及相关服务部门的疏解转移需求，加快推进市行政副中心建设”。北京城市副中心的建设不仅是调整北京空间格局、治理大城市病、拓展发展新空间的需要，也是推动京津冀协同发展、探索人口经济密集地区优化开发模式的需要。规划范围为原通州新城规划建设区，总面积约155平方千米。两年来，成立了北京城市副中心建设领导小组，建立了“1+8+40”的工作机制，印发《关于提高北京城市副中心管理水平的意见》；加快编制城市副中心详细规划，制定并实施年度重大工程行动计划，统筹推进交通和基础设施、公共服务配套、生态环境等五大领域重大工程，细化深化“一会三函”审批工作流程，推动重大工程建设，全面提升承载承接能力；大力推进行政办公区、城市绿心、运河商务区、文化旅游区等重要功能节点建设；不断推动改革创新，按照经营城市的理念，将新奥集团改组翻牌注册成立北京城市副中心投资建设集团。

（三）积极主动支持雄安新区规划建设

把支持雄安新区建设作为分内之事，坚持雄安新区需要什么就坚决支持什么，主动加强规划对接、政策对接和项目对接。2017年，与河北省签署共同推进雄安新区规划建设战略合作协议，充分发挥北京科技创新、教育、医疗卫生等优势，确定了8个重点合作领域及一批先期支持项目。签署京冀共建雄安新区中关村科技园协议，推进以“交钥匙”方式新建3所学校和1所医院项目工程，北京八十中、中关村三小等对口帮扶的4所学校正式挂牌，京雄城际铁路开工建设。

（四）疏解与提升并重，实现高质量发展

《规划纲要》指出，推动京津冀协同发展的核心是有序疏解北京非首都功能，要在京津冀交通一体化、生态环境保护、产业升级转移等重点领域率先取得突破。2015年2月10日，习近平总书记在中央财经领导小组第九次会议上指出，疏解北京非首都功能、推进京津冀协同发展，是一个巨大的系统工程。目标要明确，通过疏解北京非首都功能，调整经济结构和空间结构，走出一条内涵集约发展的新路子，探索出一种人口经济密集地区优化开发的模式，促进区域协调发展，形成新增长极。思路要明确，坚持改革先行，有序配套推出改革举措。

疏解整治的最终目的是提升北京的整体发展实力、提高经济社会发展水平、解决“大城市病”问题、改善环境秩序等。为此，北京市政府决定在

2017—2020 年期间在全市范围内组织开展“疏解整治促提升”专项行动，做到疏解与提升同步推进，从而加快国际一流的和谐宜居之都建设，实现高质量发展。

专项行动是疏解非首都功能、优化首都发展布局、降低中心城区人口密度、推动京津冀协同发展的必然要求，是有效治理“大城市病”、提高城市治理能力和水平、创造良好人居环境的迫切需求，是优化提升首都核心功能、全面提升城市发展质量的重大举措。开展好疏解促提升专项行动，就是通过疏解整治的减法，实现腾笼换鸟、功能提升的加法，实现资源更优配置。专项行动通过疏解整治，实现空间腾退、留白增绿、改善环境、消除隐患、补齐短板、提升功能，打造一批精品街区、胡同等和谐宜居示范区，增强人民群众获得感。

二、主要措施及成效

（一）牵住疏解北京非首都功能这个“牛鼻子”

2017 年 2 月 23—24 日，习近平总书记在视察北京城市规划建设时指出，有序疏解北京非首都功能是北京城市规划建设的“牛鼻子”，也是推进京津冀协同发展的“牛鼻子”。北京市委书记蔡奇指出，疏解非首都功能，就是供给侧结构性改革，就是调结构、转方式，就是腾笼换鸟，就是提升城市发展质量，就是改善人居环境，就是缓解人口资源环境的突出矛盾，就是更好地履行作为国家首都的职责。

京津冀协同发展战略实施以来，北京市坚持把有序疏解非首都功能作为解决北京“大城市病”、优化提升首都功能的先导和突破口，坚决打破“一亩三分地”的思维定式，努力发挥“一核”的辐射带动作用，按照“市区统筹、形成合力，区域联动、系统研究，破解难题、取得实效”的思路，聚焦重点领域、重点区域、重点平台，坚持疏功能与控人口同步，疏解与承接一体，有力有序推动了一批重要事项、重点项目、重大政策落地实施。

1. 增量源头把控严格有效。制定实施了全国首个以治理“大城市病”为目标的新增产业禁限目录。截至 2017 年，不予办理的工商登记业务累计达 1.86

万件。批发零售、制造、农林牧渔等限制类行业新设市场主体数量下降明显，符合首都城市战略定位的金融业、文化体育娱乐业、科技服务业等新增市场主体保持活跃态势，“白菜帮子”加快剥离，高精尖经济结构逐步构建。

2. 存量功能疏解持续发力。聚焦四类重点疏解领域，推动一批有共识、看得准、能见效的项目，发挥示范带动作用。修订污染行业退出淘汰目录，截至 2017 年累计关停退出一般制造业企业 1992 家；制定市场和物流中心疏解提升指导意见，累计疏解提升市场 543 家、物流中心 106 个。天意、万通、永外城、动物园地区 12 家市场、大红门地区 45 家市场完成撤并升级和外迁。坚持市场疏解与便民设施建设提升并重，累计建设和规范提升基本便民商业网点 3600 余个。部分学校疏解稳步推进。医疗卫生资源布局调整步伐加快，天坛医院新院区投入试运行，同仁医院亦庄院区扩建加快建设，北京口腔医院扎实开展迁建选址工作。

3. 疏解政策体系加快建立。按照习近平总书记要“围绕迁得出去、落得下来，研究制定配套政策，形成有效的激励引导机制”的指示精神，加强疏解政策创新，打好政策组合拳。配合制定严控北京市域内项目审批暂行规定，推动建立央地统一的审批标准和联动机制。从保障中央政务功能、补充完善国家文化设施、预留重要国事活动空间、抓好“留白建绿”和提升城市人居环境着眼，制定疏解腾退空间管理和使用意见，推动建立分区分类管控机制。

4. 人口规模调控成效初显。将疏解非首都功能、依法加强城市综合治理与人口调控工作紧密结合，紧紧抓住疏解非首都功能这个“牛鼻子”，发挥功能疏解对人口调控的带动作用，积极推动“人随功能走、人随产业走”。全市常住人口增量、增速连续四年实现“双降”，增量从 2014 年的 36.8 万人降至 2017 年的 -2.2 万人，增速从 2014 年的 1.7% 降至 2017 年的 -0.1%。城六区常住人口在 2016 年首次出现拐点，2017 年继续下降 3% 左右。

（二）组织开展“疏解整治促提升”专项行动

2017 年 1 月，北京市政府出台《关于组织开展“疏解整治促提升”专项行动（2017—2020 年）的实施意见》，这是疏解非首都功能的具体措施和做法，主要包括治理违法建设、占道经营、无证无照经营和开墙打洞整治、城乡接合部整治改造、老旧小区综合整治等内容的 10 项重点任务。

专项行动综合考虑首都发展空间容量，围绕实现全市特别是中心城区人口调控目标，核定各专项工作任务，并将责任落实到各有关部门和各区政府，确保人随功能走、人随产业走。在保持整体有序推进的同时，以城六区为重点、以核心区为重中之重，集中力量、攻坚克难，以重点带动一般。城六区以外各区同步加大工作力度，做好功能、产业、人口等的疏解和承接工作。具体任务及工作成效体现在以下几个方面。

1. 拆除违法建设。坚决遏制全市新增违法建设，确保新增违法建设零增长。进一步加大全市违法建设拆除量，发挥集中连片拆除违法建设对人口调控的带动效应。扎实推进城六区拆除违法建设工作，全面拆除道路、小街巷、胡同两侧的违法建设。加大违法建设拆除后综合整治和管控力度，确保还绿、复耕比例。2017 年，全市拆除违法建设共腾退土地 9464 公顷，坚决遏制新增违法建设，加强拆违与“留白增绿”的工作衔接，促进环境改善。

在全年的拆违腾退土地中，3200 公顷“留白增绿”地块已落点、落图，还绿工作陆续推进实施，一批城市公园绿地建成投入使用。一方面，利用腾退空间建设大尺度公园。如朝阳区以萧太后河治理契机，推动石材加工等“散乱污”企业疏解腾退，建设 71 万平方米的马家湾湿地公园，为居民提供绿色休闲场所。另一方面，在中心城区建设城市森林公园，推动“让森林走进城市”。如“广阳谷”城市森林就是西城区为满足市民自然休闲、运动健身需求，将菜市口地区拆迁闲置地块建设成绿色休闲空间，被周边居民称为“城市绿肺”。

2. 占道经营、无证无照经营和“开墙打洞”整治。在全市范围内特别是城六区坚决取缔无证无照占道经营违法行为，严格管控道路两侧经营商户占道经营行为，加强对经过审批许可设立的便民服务点等占道经营行为的规范管理。坚决依法加快取缔无证无照经营行为，确保存量无证无照经营行为大幅下降，并严禁新增无证无照经营行为。集中整治临街房屋“开墙打洞”行为，清理违规底商；封实开凿门窗，恢复原貌；规范升级中心城区老街区沿街房屋商业经营。2017 年，加大占道经营违法行为执法检查力度，举报查处率达到 100%，对 1011 处重点点位进行集中整治，96310 城管热线占道经营类市民举报总量同比下降 22.3%。全面开展“开墙打洞”和无证无照经营整治，结合整治工作，提前做好街巷整体设计，强化街巷风貌保护。通过疏解整治，街区功能和业态优化调整，城市面貌焕然一新，一些长期困扰城市发展运行的顽症痼疾得到有效治理，一批精品街巷胡同向市民亮相。如南锣鼓巷地区围绕道路改造、主街两侧建筑物风貌修护和公共环境建设开展集中整治，商户数量由 235 家减少到 154 家，腾退 4000 平方米绿化用地，增设停车设施，恢复了历史风貌，游客称赞“漂亮”“干净”“有意思”。

3. 城乡接合部整治改造。持续开展城乡接合部地区社会治安、出租房屋、违法建设、安全生产、消防安全、市场经营、环境卫生等综合整治。推进“一绿”地区城市化建设，加快“二绿”地区城乡一体化建设。严控开发强度，推动集体建设用地腾退减量和集约利用。完善垃圾、污水处理等基础设施，改善人居环境。整合城乡接合部地区管理资源，健全常态化管理机制。2017 年，开展 100 个市级挂账城乡接合部重点村（社区）综合整治，督促整改安全生产隐患 3 万余处；清理卫生死角 10162 处，新建或修复改建排水设施 6.7 万米，新增停车位 1.6 万余个，绿化补植 21 万平方米，新设健身场所 150 处。加快城乡接合部地区改造建设，稳步推进第一批朝阳区来广营、太阳宫、将台、南磨房、豆各庄、常营 6 个乡试点任务。

4. 中心城区老旧小区综合整治。加快推进中心城区老旧小区违法建设、群租房、地下空间、低端业态等综合整治工作。以整体打包方式，推进抗震加固、节能改造、加装电梯、架空线入地、上下水改造、补建停车位、增设养老和文化健身等便民设施、楼顶绿化等一体化实施。健全完善老旧小区管理机制，有条件的老旧小区引入物业管理。2017 年，在城六区和通州区开展 10 个老旧小区综合整治、配套提升和长效管理试点。

5. 中心城区重点区域整治提升。全面整治中心城区重点区域违法建设、违法经营、违法出租行为，加快疏解低端业态，防止人口无序聚集。全面排查消除安全隐患，确保城市安全运行。实施环境提升工程，消除环境“脏乱差”现象。加快完善道路微循环系统，改善交通出行环境。做好文物腾退保护利用工作，实现旧城整体保护，恢复古都风貌。2017 年，重点区域品质提升效果突出。核心区聚焦成片连线治理，围绕故宫周边、“三金海”地区（西长安街街道、月坛街道、金融街街道）、什刹海地区、南锣鼓巷、簋街等重点区域开展综合整治提升。

6. 疏解一般制造业和“散乱污”企业治理。全面治理环保不达标、无证无照经营、违规经营、安全隐患严重的一般制造业和低端服务业企业，确保东城区、西城区完全退出制造业生产环节，中心城区“散乱污”企业得到明显整治。疏解腾退空间重点发展符合首都城市战略定位的文化与科技创新型产业，实现中心城区工业用地减量提质发展。2017年，疏解退出一般制造业企业651家，主要涉及建材、家具等行业，清理整治“散乱污”企业6194家。

7. 疏解区域性专业市场。制定疏解清单，按照整体推进、重点突破的原则，推进区域性专业市场和区域性物流基地疏解，加快相关市场和物流中心升级改造。积极引导和推动农副产品、基础原材料等大宗商品的仓储物流功能外迁。疏解腾退空间主要用于补充公共服务设施及便民生活服务设施。2017年，加快相关市场和物流中心升级改造，疏解提升市场241个，疏解提升物流中心55个。新建和提升规范化、连锁化社区菜店及生鲜超市等蔬菜零售网点1210个。市商务委出台系列完善便民商业设施的政策措施，市发展改革委加大资金引导支持，安排市政府固定资产投资补助便民服务设施建设项目103个，补助金额超过5600万元，重点支持国安社区、物美、蔬之鲜等17家品牌化、规范化连锁企业。市属国有企业积极将腾退出的零散用地用于便民服务设施建设。二商集团开设连锁店88家，流动售卖进驻社区180个，冷鲜肉经营大厅7个，初步形成了社区便民服务网络；首开集团、首农集团、京能集团在菜篮子供给、养老、商业、停车等便民服务设施建设等方面都发挥了积极作用。

8. 疏解部分公共服务功能。制定实施部分教育资源疏解、市属医疗卫生资源率先疏解促进协同发展工作方案，优化调整教育医疗资源布局。加快疏解普通高等学校本科教育和职业教育，积极引导以面向全国招生为主的一般性培训机构控制在京尤其是在城六区的培训规模。推动市属医疗卫生资源优先向薄弱地区疏解，切实降低中心城区就诊数量。2017年，加快疏解普通高等学校本科教育、职业教育，积极引导各类培训机构控制在京培训规模。加快优质教育资源在郊区布局发展，推动北京信息科技大学新校区、北京工商大学良乡校区二期新建工程和北京电影学院怀柔校区开工建设，建成北京城市学院顺义校区二期工程，北京城市学院、北京中医药大学等新校区新入驻学生约1.4万人。天坛医院新院区实现试运行，同仁医院亦庄院区扩建工程主体结构封顶。推动市属医疗卫生资源优先向薄弱地区疏解，切实降低中心城区就诊数量。

9. 地下空间和群租房整治。全面综合治理地下空间，在全市范围内消除人防工程和普通地下室“散租住人”现象，加快推进地下空间集体宿舍、地下旅馆整治。全面清除现有违法群租房，严格禁止新增违法群租房，依法加强对房屋中介经营机构的监管力度。做好地下空间清理后续利用工作，鼓励公益性使用。2017 年，整治一批“散租住人”和存在安全隐患的地下空间，全市实现地下空间“散租住人”清零。研究制定清退后地下空间再利用相关政策，鼓励公益性使用。聘请第三方机构，对全市 2011 年以来整治完成的地下空间进行全面核查。依法取缔违法群租房 12653 户。对重点地区周边，持续开展违法群租房整治，发现一处、整治一处。

10. 棚户区改造、直管公房及“商改住”清理整治。加大城六区集中连片棚户区改造力度，加快推进核心区棚户区改造和环境整治，保护好历史文化街区和历史建筑。全面排查和消除直管公房转租、转借及改变用途行为，制定出台深化直管公房管理体制改革相关政策。全面整治违规“商改住”行为，加强商业办公用房监管。2017 年，启动实施 185 个棚户区改造项目，累计签订改造协议、搬迁腾退及修缮加固 4.95 万户，比 2016 年增加 1.2 万户。东城区望坛棚改项目顺利实施，惠及 5700 余户 2 万余居民。通州区小圣庙棚改项目 10 天实现 100% 签约。开展中心城区和通州区 10 个老旧小区综合整治试点，集中整治小区内违法建设、地下空间、群租房，居民停车难、取暖难、老人上楼难等民生难题有效解决。积极创造条件，利用整治后的地下空间为居民提供科教、文化、娱乐、健身等活动场所，让居民享有更多的公共空间。实施首都核心区背街小巷环境整治提升三年行动计划，核心区达到“十无五好”标准的背街小巷 206 条。严格清理直管公房违规转租、转借及改变用途行为。研究清理整治存量“商改住”项目政策措施，并建立长效管控机制，严格控制“商改住”项目增量。加强对朝阳区、海淀区、丰台区、房山区、通州区、顺义区、昌平区、大兴区等重点区“商改住”项目的集中治理。

专项行动开展一年来，市领导亲自部署、亲自调度、亲自推动，各区各部门协同发力，基层干部奋勇当先，非首都功能疏解步伐明显加快，城市环境秩序和面貌明显改善，城市治理能力和水平明显提高，探索了一条特大型城市综合治理的新路，有效促进了首都核心功能和城市和谐宜居水平的提升。据市社情民意调查中心最新调查显示，2017 年广大市民对“疏解整治促提升”

专项行动的满意率达 92.9%。

（三）助推城市副中心建设提速

通州区作为北京城市副中心所在地，在“疏解整治促提升”行动中走在前列。2017 年，圆满完成市级年度“疏解整治促提升”专项行动目标，多项任务超额完成。疏解一般性制造业企业 154 家，清理整治“散乱污”企业 1240 家，拆除违法建设 1102 万平方米。城市副中心建设全面提速，加快推进国际一流的和谐宜居示范区、新型城镇化示范区、京津冀区域协同发展示范区建设。

1. 加快编制规划，建立健全工作机制。2017 年，完成《北京城市副中心总体城市设计和重点地区详细城市设计综合方案》成果。围绕城市规划设计管理，推动城市副中心滨水空间、城市色彩、城市第五立面等规划设计导则编制工作。加强控制性详细规划编制创新研究，坚持突出重点和注重留白的原则，坚持专项规划研究与详细规划编制同步衔接。围绕水城共融、蓝绿交织、文化传承等八大专项系统，加强城市副中心各专项规划的统筹，深化完善城市副中心综合交通、市政基础设施等重点系统的整合规划，以及各管控系统之间的耦合。加强统筹，深入研究通州全域与城市副中心，与顺义、朝阳、大兴等北京东部地区，与廊坊北三县地区的功能地位、产业发展、交通联系等，完善通州区总体规划，同时积极推进通州区与廊坊北三县地区整合规划。统筹北京城市副中心和通州区新型城镇化发展，因地制宜建设特色小镇和美丽乡村，深入挖掘各乡镇特色及优势，启动台湖等乡镇镇域规划编制工作。

2017 年 2 月 3 日，市政府办公厅印发《关于提高北京城市副中心管理水平的意见》，围绕城市规划设计、交通管理服务、水环境治理、大气污染治理、市容环卫管理、城市绿化美化、城市运行保障、产业转型升级、城市管理综合执法、市场监管、公共服务、社会安全稳定 12 个方面建管并重，着力提升城市副中心管理水平。

2. 推进重大工程建设，提升承载承接能力。围绕交通和基础设施、生态环境、公共服务、信息化和智慧城市、高精尖产业等方面，加紧加快推进重大工程建设，全面提升承载承接能力，突出国际一流水平。截至 2017 年年底，7 号线二期、八通线二期、运河东大街、宋梁路等工程加快推进，市郊铁路城市副中心线开通试运行，城市副中心站启动设计招标，文化旅游区市政道路、轨道交通、地下综合管廊等基础设施工程全面启动，环球影城主题公园一期工程土方填垫基本完成，北运河西滨河路景观提升、东南郊湿地（一期）等园林绿化工程完工，人大附中、首师大附中、北理工附中、北京二中4所学校通州校区实现与本校一体化管理并面向全市招生，加快建设人民大学通州校区、首师大附中通州校区、北京二中通州校区和景山学校通州校区，确定通州区为北京市基础教育综合改革实验区，友谊医院正式托管通州区新华医院，持续推进北京大学公共卫生学院、市疾控中心支持通州区疾病预防控制等公共卫生服务能力提升，国家大剧院舞美基地基本完工。

3. 统筹谋划，深入推进改革创新。研究制定《关于加强北京城市副中心政策集成创新的意见》，围绕规划建设、城市管理、土地集约、投资改革和产业发展5个方面提出21项改革内容。为进一步提升城市副中心及通州区的规划建设统筹水平，推进投融资体制改革，按照经营城市的理念，经市委市政府同意，将新奥集团改组翻牌注册成立北京城市副中心投资建设集团，融合区属平台企业，组建以专业化为导向的工作班底。市政府印发实施《公共服务类建设项目投资审批改革试点市政府集体审议工作暂行规定》和《关于完善公共服务类建设项目投资审批改革的意见》，细化深化"一会三函"审批工作流程，明确"一会"适用范围和工作机制，对2017年城市副中心重大工程，按照"一会三函"工作流程力促项目开工。聚焦交通、水务、园林、市政基础设施、公共服务等重点领域，加大固定资产投资支持力度。采取多元化投融资渠道，充分发挥城市副中心建设发展基金的作用。

回顾以往，有几点值得总结的经验与做法：一是持续深入学习，切实把思想、认识和行动统一到习近平总书记指引的方向上来，努力在区域良性互动中解决自身问题；二是系统谋划部署，持之以恒对标对表，落点落图推进了一批重大项目和重要事项落地；三是完善工作机制，设立了北京市领导小组和10个专项小组，通过"一张图"规划、"一盘棋"建设、"一体化"发展，与津冀建立了常态化、多层级对接制度，形成了同心同向同力的工作格局；四是加强宣传引导，营造良好氛围。建立了定期发布、专题报道机制，组织召开多场新闻发布会，广泛开展宣讲活动，形成了在疏解中谋发展、在调整中促提升的浓厚氛围。但是，随着工作的深入，一些不容忽视的困难和问题凸显，亟须我们积极应对和破解。

三、挑战与对策

贯彻实施京津冀协同发展战略4年来，北京市紧抓京津冀协同发展重大历史机遇，开启了从“集聚资源求增长”到“疏解功能谋发展”的重大历史性变革，发展理念和发展方式加快转变，城市发展深刻转型，可谓是融入其中、受益其中。通过做功能疏解的“减法”，加快剥离“白菜帮子”，集中力量发展“菜心”，换取经济结构和空间结构优化的“加法”，探索出一条减量发展、瘦身健体的新路子；通过疏解整治和优化提升同步推进，抓好“留白增绿”，均衡布局优质公共服务资源，广大市民得到了大量绿色空间和优质便利的生活服务，城市人居环境大为改善；通过深化区域污染防治协作机制，与津冀合力推进压减燃煤、控车节油、清洁能源改造等减排任务，空气质量明显改善，生态环境持续向好。

（一）挑战

推动京津冀协同发展是一场重大深刻的变革，非首都功能疏解更是一项庞大的系统工程，随着工作的深入还面临一些不容忽视的困难和问题，需要以更大的勇气和决心着力加以破解：一是功能疏解涉及主体多，利益调整大，社会关注度高，疏解任务将更为艰巨，激励引导机制亟待健全，带动人口调控作用有待进一步发挥；二是实际工作中既要防止以疏解为名盲目扩张、业走人留的现象，也要避免疏解过程中的无序现象；三是与重点领域率先突破等“硬任务”相比，统一规范的要素市场体系构建还比较滞后，制约协同发展的隐形壁垒、利益藩篱依然存在，体制机制创新等“软任务”还需要加快步伐。

（二）对策

2018年是迈向实现京津冀协同发展中期目标的起步之年，以疏解非首都功能为重点的京津冀协同发展进入了纵深推进的新阶段。非首都功能疏解工作正在从“小疏解”向“大疏解”转变。制定完成了《北京市推进京津冀协同发展 2018—2020 年行动计划和 2018 年工作要点》。在坚定有序疏解非首都功能方面，将坚持疏控并举、政府与市场两手用力，坚持疏解整治与优化提升同步推进，以北京冬奥会、冬残奥会筹办为牵引，以实施城市总体规划为刚性约束，聚焦重点领域和重点区域，持续推进疏解整治促提升专项行动，着力引导功能疏解和提升，加快构建“大疏解”格局，着力治理大城市病，不断优化提升首都功能，实现高质量发展。要注重把握好以下几个方面。

1. 抓“牛鼻子”，促大疏解。聚焦非首都功能疏解这个核心任务，始终保持“舍”的定力，集中攻坚，务求实效；着力从以零散项目、点状疏解为主的“小疏解”向以点带面、集中连片，央地协同、形成合力，系统联动、整体推进的“大疏解”转变，推动形成一盘棋疏解格局，更有效地带动人口调控。

2. 精准发力，稳中求进。坚持谋定而后动，稳扎稳打，善作善成，抓住关键问题和管用举措，有的放矢地推动实施一批看得准、有共识、能见效的重大事项落地见效；更为精准地把握好疏解的节奏和时序，加快发展与首都城市战略定位相匹配的高精尖产业，确保首都经济平稳发展，努力实现高质量发展。

3. 抓好当前，着眼长远。既紧密对标对表协同发展中期目标，把各项任务细化、实化、具体化、项目化，明确路线图、施工图，锲而不舍地抓好一批现实急需、具备条件的重大项目、政策和事项落地实施；又始终瞄准世界级城市群建设这一长远目标，在更大范围和领域统筹安排一批长期任务，不断拓展协同发展的广度和深度，推动区域整体竞争力持续提升。

山西建设资源型经济转型发展示范区的探索

■ 武 岭[1]

提　要：长期以来，山西省的经济发展过度依赖煤炭资源消耗，产品结构单一，资源综合利用能力差，对外开放程度低，战略性新兴产业发展滞后，民企相对羸弱。为解决以上问题，国家批复建设山西省国家资源型经济转型综合配套改革试验区，通过加快产业转型、发展新兴产业、大力实施创新驱动战略、全面构建推动转型发展的体制政策体系、持续推动观念革命和能力提升等措施，改善资源能源过度消耗的不利局面。

关键词：山西省　资源型经济转型　能源革命　观念革命　创新驱动

2010年12月1日，经国务院同意，国家发改委正式批复设立山西省国家资源型经济转型综合配套改革试验区。这是我国设立的第九个综合配套改革试验区，也是我国第一个全省域、全方位、系统性的国家级综合配套改革试验区。

2017年6月，习近平总书记视察山西，指出实现资源型地区经济转型发展，形成产业多元支撑的结构格局，是山西经济发展需要深入思考和突破的

① 武岭，山西省地方志办公室副主任科员、编辑。

重大课题。党中央赋予山西建设国家资源型经济转型综合配套改革试验区的重大任务。山西要用好这一机遇，贯彻新发展理念，着力解决制约发展的结构性、体制性、素质性矛盾和问题，以深化供给侧结构性改革推动经济转型发展，以创新驱动推动经济转型发展，以营造良好营商环境推动经济转型发展，以全面深化改革推动经济转型发展，真正走出一条产业优、质量高、效益好、可持续的发展新路。

为支持山西在资源型经济转型方面迈出更大步伐。2017 年 9 月 11 日，国务院印发《关于支持山西省进一步深化改革促进资源型经济转型发展的意见》，提出了山西省进一步深化改革促进资源型经济转型发展的指导思想、基本原则、主要目标和六大重点任务，并对加强组织领导、完善工作保障措施作出部署，形成了多点支持、以点带面、全面系统的工作和政策体系，大力支持山西深化改革促进资源型经济转型发展。

在转型综改试验区建设的战略牵引下，山西着力推动“三去一降一补”，按照“真正走出一条产业优、质量高、效益好、可持续的发展新路”的目标，逐步改变“一煤独大”的困境，一二三产业逐步协调发展，环境污染问题也有所改观，打开了经济转型发展新局面，产业转型有效推进、创新驱动强劲、营商环境改善、对外开放取得新进展。

一、山西建设资源型经济转型发展示范区的背景

山西省作为我国重要的资源和能源基地，长期以来为国家的能源安全、经济发展作出巨大的贡献。新中国成立以来，山西省产煤 120 亿吨以上，其中 3/4 都贡献给全国各地。[①] 山西为国家经济的持续、健康、稳定发展作出巨大贡献的同时，也造成了“一煤独大”的困局，主要表现为产业结构相对单一，煤炭、焦炭、冶金、电力产业占整个工业产值的比重过大，经济发展过度依赖资源能源消耗，同时造成环境污染等生态问题。

资源型经济主要指一个国家或地区的发展主要依赖该区域内资源（特别

① 参见安洋、冀业：《山西获批全国最大综合配套改革试验区》，人民网，http://politics.people.com.cn/GB/14562/13470645.html，2010 年 12 月 13 日。

是不可再生资源），或者把资源开采及其初级加工业等价值链低端产业作为发展的主导产业的经济增长模式。[①] 作为全国资源依赖型经济的典型代表，山西的资源经济面临着诸多问题。

1. 煤炭的依赖性思维。全省有 85 个县（市、区）产煤，长时期、高强度、粗放型的资源开发模式形成了资源依赖的发展惯性和思维定式，过度依赖资源优势，缺乏大发展的胆气、魄力和信心。

2. 产业结构较为单一。经过长期发展，山西形成以能源和原材料工业为主体的重型工业结构，导致产业科技含量低，三次产业发展不协调，第二产业内部结构不优，整体发展水平较低。

3. 资源综合利用较差。煤炭、冶金、焦炭、电力产业初级化、关联度差，技术装备落后，在开发、加工、转化过程中形成一种粗放型生产经营方式，致使资源利用环节损失较大。

4. 对外开放程度较低。受地理区位限制和长期计划经济体制束缚，山西经济外向度的水平较低，全省外贸依存度长期停留在 10% 左右，[②] 进出口贸易比例结构失衡，对外贸易增长方式简单，利用外资水平偏低，规模小，与全国及中部省份相比排位靠后。

5. 战略性新兴产业发展不快。由于体制机制束缚、人才匮乏等不利因素制约，山西战略性新兴产业发展存在增速不快、结构不优、效益不高、动力不足的问题。

6. 山西民企"羸弱"。总体来看，山西民企存在产业单一、科技含量低、后劲不足、缺乏整体竞争力等问题。其中实力较强的民营企业主要集中在煤焦行业，与产业格局多样，尤其是高科技产业独树一帜的发达省份比较，显得有些弱小。

为解决上述问题，国家批复设立山西省国家资源型经济转型综合配套改革试验区，旨在通过综合配套改革试验，促进山西经济转型，实现绿色发展、可持续发展。

---

① 参见杨建慧：《关于山西资源型经济转型路径的思考》，《前进》2017 年第 2 期。

② 参见王宏杰、李彩霞：《资源诅咒下山西省的经济转型问题》，《品牌》2015 年第 11 期。

二、山西建设资源型经济转型发展示范区的实践与成效

山西建设资源型经济转型发展试验区以来，整合太原、晋中8个园区，成立转型综合改革示范区，在产业转型、创新驱动、体制改革、投资环境等方面为全省作出示范，形成创新引领、配套齐全、集群化发展、占据产业链高端的战略性新兴产业和高新技术产业体系。

（一）加快产业转型，推进能源革命

加快产业转型、推进供给侧结构性改革是山西建设资源型经济转型发展示范区的重要战略部署。山西省坚持将去产能与发展先进产能相结合，与产业结构调整优化升级相结合，与解决重组整合遗留问题相结合，有力地改善了全国煤炭供求关系，煤炭产业走上“减”“优”“绿”发展之路，在实践中形成了煤炭去产能的“山西经验”。

1. 坚决去产能。2016年关闭煤矿25座、退出煤炭产能2325万吨；2017年全省关闭煤矿27座、退出产能2265万吨，煤炭去产能总量全国排名第一。①

2. 转变发展方式。近年来，山西经济稳中向好，增长方式发生了积极变化。2017年GDP增长7%，增速回归合理区间，效益、结构、动能同步向好。2017年全省一般公共预算收入增长19.9%，规上工业实现利润增长3.5倍，创2012年以来最好水平。2017年新动能经济总量约占GDP的48%，比2015年提高9.3个百分点。以供给侧结构性改革为抓手，注重结构调整，生产要素向优质高效领域持续流动。经统计部门核算，2017年煤炭生产对GDP增长的拉动为0.53个百分点。山西经济开始从对煤炭的过度依赖中走出。②

3. 注重调整能源资源消耗。山西是产煤大省，煤炭资源是能源资源消耗的主体。建设资源型经济转型发展试验区以来，山西有效推进能源革命，在能源资源消耗上下功夫，将新能源汽车作为整体产业转型升级中关键的一环，

---

① 参见徐丽：《我省煤炭去产能今年新增525万吨》，《山西日报》2017年10月27日。

② 参见山西省统计局：《2017年全省经济运行情况》，山西统计信息网，http://www.stats-sx.gov.cn/sjjd/sjxx/201801/t20180123_90742.shtml，2018年1月23日。

太原市成为全球首个出租车全部电动化城市，阳泉等市也大力推广新能源汽车，全省能源资源消耗结构显著改善，取得了积极效果。

（二）发展新兴产业，加快构建现代产业体系

山西重视现代产业体系构建，发展新兴产业，转型综合改革示范区初步形成电子信息及其装备制造、新能源汽车、新材料等新兴产业集群。

1. 优先发展制造业。紧紧围绕《中国制造 2025》战略，大力培育轨道交通、电力装备、重型机械、节能环保等先进装备制造业和新材料、新能源汽车、大数据、通用航空等产业集群，2017 年全省装备制造业增长 13.9%，其中新能源汽车产业实现跨越式发展，2017 年同比增长 1.8 倍。①

2. 推动现代服务业提质增效。近年来，山西共出台支持现代服务业发展 107 条政策措施，2017 年服务业增长 7.8%，占 GDP 比重 53.5%，拉动经济增长 4.2 个百分点；创建国家全域旅游示范区，打造黄河长城太行三大旅游新板块，2017 年旅游总收入增长 26.21%；② 物流、会展、金融等对实体经济和居民生活的服务作用不断显现，养老服务业十大重点工程全面实施。

3. 积极培育新的支柱产业、补齐非煤产业短板、生产要素持续向优质高效领域流动。目前，全省多点产业支撑、多元优势互补、多极市场承载、内在竞争力充分的现代产业体系轮廓初显。

（三）大力实施创新驱动战略，培育发展新动能

山西经济转型升级，根本靠改革、关键靠创新。2017 年以来，围绕“示范区”“排头兵”“新高地”三大目标，全省把创新作为引领发展的第一动力，统筹部署创新链、产业链、价值链，密集制定出台推动科技创新政策 20 多项。

目前，低值煤闪氢快速裂解技术试车成功，超高效异质结电池组件光电转化效率处于世界领先水平，针对“三高煤”的“晋华炉”引领世界水煤浆气化技术发展方向等一批能源革命关键核心技术重大专项获得突破。高端碳

① 参见山西省统计局：《2017 年全省经济运行情况》，山西统计信息网，http://www.stats-sx.gov.cn/sjjd/sjxx/201801/t20180123_90742.shtml，2018 年 1 月 23 日。

② 参见山西省统计局：《2017 年全省经济运行情况》，山西统计信息网，http://www.stats-sx.gov.cn/sjjd/sjxx/201801/t20180123_90742.shtml，2018 年 1 月 23 日。

纤维、动车组轮对材料、石墨烯、碳化硅等关键技术取得突破。2017年以来，全省新增12个省级双创示范基地、2个国家地方联合工程研究中心、10个省级工程研究中心，山西转型综合改革示范区“学府产业园”入选国家级“双创”示范基地；新建省级以上重点实验室、工程技术研究中心17家，新建8个省级科技创新团队和10个科技基础条件平台。“科技红娘”山西省科技成果转化和知识产权交易服务平台上线，2017年交易额达256亿元。[①]

（四）全面构建推动转型发展的体制政策体系，不断改善营商环境

山西注重营商环境，大力支持“双创”，全面构建推动转型发展的体制政策体系。

1. 营造“六最”（审批最少、流程最优、体制最顺、机制最活、效率最高、服务最好）营商环境。大力推行“多证合一”改革，积极同有关部门沟通协调，按照“能整合的尽量整合、能简化的尽量简化、该减掉的坚决减掉”的原则，全面梳理涉企证照事项，进一步降低制度性交易成本。积极推进市场主体登记全程电子化和电子营业执照改革，以市场主体办理登记“零见面”、电子营业执照“无介质”为目标，进一步优化线上服务。大力推行名称改革和住所申报承诺制，进一步方便企业准入。按照“最多跑一次”的理念和目标，全面推行窗口无否决权、免费咨询帮办、首办负责、一次性告知等制度，进一步提升窗口服务水平。大力支持示范区先行先试，为全省改革提供可复制可借鉴的经验。参照世界银行的全球营商环境评价体系，委托第三方机构，对全省各地开办企业便利化情况进行评估和排名。通过分析评估，找出存在问题，为进一步优化营商环境提供决策支持。

2. 改革行政审批方式。率先实施政府服务承诺＋企业信用承诺“双承诺制”，打造“三个一”（一颗印章管审批、一个大厅管服务、一支队伍管执法）管理服务模式。山西在全国率先实行企业投资项目承诺制，变先批后建为先建后验、事前审批为事中事后监管。在山西转型综改示范区，除建设用地审

① 乔栋：《2018年山西科技工作“十个聚焦”促创新》，人民网，http://sx.people.com.cn/n2/2018/0417/c189132-31471821.html，2018年4月17日。

批外，所有审批事项全部集中到行政审批局办理，由原来15个部门盖26颗公章减为1颗审批专用章。[①]

3. 持续简政放权。2014年以来连续取消下放行政审批事项，行政审批事项目录清单由长变短；政务服务不断优化，省政务服务平台、省公共资源交易平台投入使用，全省政务服务“一张网”建设正在加快推进。

4. 提高行政效能。省政府建立了“13710”工作制度，实现重大决策、重要部署的建档立卡、实时跟进、动态跟踪、催办督办，省、市、省直部门的互联互通，形成抓落实工作机制，持续优化政务环境，提高工作效能效率。

（五）持续推动观念革命和能力提升，不断扩大对外开放

近年来，山西不断把握大势，积极融入国家开放大战略。抢抓国家“一带一路”建设、京津冀一体化、环渤海经济圈发展等重大战略机遇，确定了“东融南承西联北拓”的开放发展战略。与此同时，加强顶层设计，围绕构建开放型经济新体制、全面扩大开放、促进会展经济发展等方面出台了一系列高含金量的政策措施。特别是面对“一带一路”倡议，山西省主动对接，出台实施方案，提出以人文交流为基础，以经贸合作为先导，以产能合作为突破口，对外开放各项工作扎实推进，引进了一批带动性强、效益好的项目，为产业和企业发展开拓空间。

三、山西建设资源型经济转型发展示范区存在的问题

资源型经济转型是一个世界性的难题，具有长期性、复杂性，山西转型尤为如此。山西资源型经济转型取得了一定成绩，但还存在不少问题。

（一）结构性矛盾依然突出

山西长期存在的结构性、体制性、素质性矛盾依然突出，经济社会发展中还存在一些短板和薄弱环节，稳增长、促转型仍面临较大压力。从国际看，全球经济复苏缓慢，地缘政治矛盾此起彼伏，国际大宗商品价格的变化直接

① 参见《一批可复制可推广的经验已经形成》，《山西经济日报》2018年8月20日。

或间接影响山西主导产业。从国内看，长期积累的深层次结构性矛盾不断显现，资源约束趋紧，劳动力等要素成本上升，结构性失衡加剧，经济一直面临较大下行压力。从周边省份看，在全国兄弟省份竞相发展的大格局中，山西面临巨大竞争压力，纵向比取得较大成绩，横向比还存在一些不足，全省GDP、固定资产投资、社会消费品零售总额增速在中部六省均排名靠后。

回顾全省近些年经济发展历程，山西经济几番起伏跌宕，一直跳不出“市场好时不想转型，市场差时无力转型”这一怪圈。历届省委省政府在推进经济转型上进行了艰辛努力，取得积极进展，但受多种因素制约，经济结构尚未发生根本性变化。集中、单一，严重依赖原材料输出的产业结构，使山西比起其他省份，更容易受到外部环境的冲击，这一深层次症结引发的一系列问题，在全省近几十年的发展过程中表露无遗。转型是一个渐进的过程，虽取得阶段性重大成效，但全省经济结构尚没有发生根本变化，解决发展的可持续性是一个需要长期努力的过程。

（二）推进经济持续回升的基础尚需加强

1. 固定资产投资增长乏力。主要表现在全省经济转型缺少大项目，项目少、进展慢。转型项目不足，固定资产投资下降，一方面这是全省经济转型中必须经历的阵痛，另一方面却也是经济结构进一步优化的佐证。发挥投资在优化供给结构中的关键性作用，不仅要看投资规模，更要看投资结构。

2. 消费增速较低。2017 年，山西省社会消费品零售总额 6918.1 亿元，同比增长 6.8%。最终消费率达到 57.5%，比 2011 年的 43.4% 高 14.1 个百分点，有力支撑了经济增长。[①] 但与中部其他 5 省相比，仍存在不少差距，消费增速较低。

3. 部分企业经营仍面临较大困难。煤炭企业受惯性影响艰难复苏；民营企业发展困局明显，主要表现在融资难、人才匮乏、政策支持不足、企业缺乏创新活力。

4. 省会城市太原的辐射功能不强。太原所能影响到的只有晋中、忻州和吕梁的一些地区。城市辐射能力不强，在商业流通方面的体现就尤为强烈。这与

---

① 参见山西省统计局、国家统计局山西调查总队：《山西省 2017 年国民经济和社会发展统计公报》，山西统计信息网，http://www.stats-sx.gov.cn/tjsj/tjgb/201803/t20180312_91640.shtml。

中部其他经济圈核心城市郑州、西安的辐射带动能力相比存在较大差距。

（三）持久转型尚需持久加力

1. 新兴产业发展仍需加快。新兴产业总量较小和层次偏低，重大工程实施进展缓慢，且部分项目战略性不强，主要从事的仍是技术密集程度相对较低的终端产品的加工装配，劳动生产率低、产品附加值低，产业竞争力不足。高新技术产业化水平极低，创新成果还没有完全转化为实实在在的产业活动。整体技术创新能力不足。高端研发人才和创新团队匮乏。支撑战略性新兴产业发展的体制机制不健全，有利于产业发展、大众创业、市场主体创新的政策环境和制度环境不宽松，成果转化、市场培育、财政支持、金融扶持等方面的制度有待完善。

2. 以改促转尚需进一步加强。全省改革总体取得积极进展，但距离一流标准还存在差距。先行先试的改革举措还不够，叫得响、示范作用明显的改革还不多。改革协调联动仍需完善，“单兵作战”较为明显，“横向协调、纵向联动”的改革进展较慢。改革“最后一千米”尚需打通，基层干部“不会改”问题突出。

（四）生态环保和居民增收有待进一步加强

1. 生态环境有待改善。全省环境压力依然巨大，资源型经济发展模式具有一定的“锁定效应”，产业结构偏重、污染物排放量偏大，尽管随着科技进步、技术改造，单位产品产量污染排放强度逐步降低，但污染物排放总量仍将对环境形成较大压力。同时，环保约束对全省部分行业工业生产影响越来越明显。

2. 城乡居民收入有待提高。2017年，山西居民人均可支配收入为20420元，比上年增长7.2%，扣除价格因素实际增长6.0%。农村居民收入增长快于城镇居民。按常住地分，城镇居民人均可支配收入29132元，比上年增长6.5%，扣除价格因素实际增长5.0%；农村居民人均可支配收入10788元，比上年增长7.0%，扣除价格因素实际增长6.5%。多项指标低于全国平均水平，城乡居民增收面临一定压力。①

① 参见山西省统计局、国家统计局山西调查总队：《山西省2017年国民经济和社会发展统计公报》，山西统计信息网，http://www.stats-sx.gov.cn/tjsj/tjgb/201803/t20180312_91640.shtml。

四、山西建设资源型经济转型发展示范区建设的思路

资源型经济的可持续发展是一个世界性的难题，也是一个长期的过程。任何一蹴而就、毕其功于一役的想法都是不现实的，任何畏艰畏难、消极观望的心态都是不正确的。必须坚持“功成不必在我”，坚定以改革促转型，在更高的战略定位上赢得主动、赢得先机、赢得未来。

1. 提高思想认识，进一步增强转型发展的紧迫感。要深刻认识到，山西资源型经济转型已经全面上升为国家战略，必须不辱使命转，奋力建设资源型经济转型发展示范区、打造全国能源革命排头兵。全省上下在“必须转”这个问题上一定要坚定不移，在“加快转”这个问题上一定要不打折扣。要义无反顾地不当“煤老大”，彻底丢掉“煤老大”的惯性思维，坚定担当起“打造能源革命排头兵”“把试验区建成示范区”的历史使命，让山西资源型经济转型发展全面破题、走在前列，为整个资源型地区经济转型发展贡献山西智慧。要深刻认识到，必须改革引领转，以先行先试实现资源型经济转型发展。支持山西建设资源型经济转型示范区充分体现了党中央国务院对山西转型的肯定和期望，对山西几十年来为国家贡献能源的体贴和关心。要紧紧抓住这个重大政策机遇期，大力拓展来之不易的转型发展良好态势，乘势而上，全力以赴，下真功夫、大功夫、实功夫，把国家支持变成山西行动。要深刻认识到，经济发展新常态和新发展理念是推进转型的大逻辑新要求，必须把握规律转，用非常之力、恒久之功趟出具有中国特色山西特点的资源型经济转型之路。进一步把握国内外经济发展走势，进一步把握区域发展规律，进一步把握阶段性发展特征，挖掘比较优势、用好后发优势、打造新的竞争优势，立足当前、着眼长远，走出资源型经济转型发展的山西路径。

2. 紧扣六大任务这个重点，牢固构建起山西转型发展的四梁八柱。把产业升级作为转型焦点，把创新驱动作为转型动力，把国企改革作为转型关键，把重点领域改革作为转型引领，把深度融入国家战略作为转型潜力，把生态文明体制改革作为转型优先，以六大任务这个转型的“纲”，完成转型综改主体工程，全面夯实转型综改各项工作。

3. 放大倾斜政策这个红利，把中央对山西省的支持内化为实实在在的转

型成果。《关于支持山西省进一步深化改革促进资源型经济转型发展的意见》中的支持性政策涉及转型发展各类支撑要素，有很多重大突破。对推进煤炭产能减量置换和减量重组、建设铝镁合金产业基地、提高晋电外送能力、提高煤层气产业发展自主权、加大采煤沉陷区综合治理专项支持力度、重大生产力布局特别是战略性新兴产业布局和大科学装置等重大创新基础设施布局向山西重点倾斜、提高基础设施和生态建设中央预算内投资补助标准等方面的支持政策，要在准确把握、狠抓落实、做好配套上下功夫，使之尽快落地见效。

4. 凸显改革创新这条红线，激活转型综改的新动能。对《关于支持山西省进一步深化改革促进资源型经济转型发展的意见》提出的能源体制改革、开发区改革创新发展、生态环境保护和生态文明建设、军民深度融合发展等方面重点改革事项，要率先取得突破，为其他资源型地区提供可复制、可推广的制度性经验。要增强改革创新的意识，提高干部特别是领导干部开拓进取的能力，保持盯住不放的劲头，主动做改革的实干家和促进派，努力成为以改革促转型的行家里手。

5. 加大体制机制改革，理顺转型综改的制度环境。资源型经济转型发展必须理顺体制机制。目前，全省还存在不少体制机制障碍，必须加大改革力度，为资源型经济转型发展营造良好的制度环境。必须大力借鉴发达地区在产业政策、创业创新、金融支持、行政审批、行政效能等方面的先进制度。例如，江苏苏州的行政审批“不见面”制度，全市“网上办、集中批、联合审、不见面”等改革工作成效显著，值得借鉴。

6. 继续用好解放思想这个法宝，让先行先试成为促进转型的根本方法和不竭动力。要率先复制推广全国各类体制机制创新经验，先行布局重大改革试点试验，使山西站在改革的最前沿。培养各级领导干部敢行敢试的担当、善行善试的本领、快行快试的精神，掌握转型需要的丰厚知识，敢于解放思想，为转型发展提供强有力的人才支撑。

吉林省长春市新型城镇化战略研究

长春市地方志编纂委员会地情报告课题组 ①

提　要：党的十八大以来，国家先后提出了“新型城镇化发展战略”和“乡村振兴战略”，这是解决我国“三农”问题的长期根本性举措，意义重大。作为国家新型城镇化综合试点城市，长春市专门成立课题组，就如何在新形势下加速推进新型城镇化开展调研。课题组在全面总结长春市城镇化现状和取得成效的基础上，剖析存在的问题及成因，提出了未来长春市新型城镇化建设的总体思路，以及构建新型城镇化体系、完善公共服务保障制度、提升城镇综合承载能力、促进产城融合、全面深化土地制度改革和加大投入等重点发展方向。

关键词：吉林长春　新型城镇化　哈长城市群　城乡双向一体化　土地制度改革

城镇化是经济发展的必然结果，是产业结构升级、农村人口向城市转移、生产方式由乡村型向城镇型转化的综合过程。新型城镇化是以城乡统筹、城乡一体、产城互动、节约集约、生态宜居、和谐发展为基本特征的城镇化。

---

① 课题组负责人：丁丽君，长春市地方志编纂委员会党组成员、副主任。课题组成员：乔玮晏，长春市地方志编纂委员会县区指导处副处长；崔玉凯，长春市地方志编纂委员会综合处副处长；曹丽梅，长春市委、市政府政策研究室调研员；张鹏，长春市委、市政府政策研究室副处长；王梓，长春市地方志编纂委员会县区处科员。执笔人：曹丽梅、崔玉凯、乔玮晏、张鹏、王梓。

作为全国新型城镇化试点城市，如何在新形势下抢抓机遇、创新思维，加速推进长春市新型城镇化建设，是“十三五”期间面临的重大课题。长春市地方志编纂委员会与市委、市政府政策研究室组成课题组，对长春市新型城镇化问题展开专题调研。课题组在全面研究和分析长春市城镇化现状、工作基础和存在问题的基础上，提出未来长春市新型城镇化建设的总体思路和发展方向。

一、加速推进新型城镇化建设的背景及意义

（一）时代和政策背景

改革开放以后，特别是近年来，我国城市空间逐倍扩张，城镇化率也逐年提升。但是，空间城市化并没有相应产生人口城市化，城乡之间的发展不平衡、不充分，农村资源向城市转移，资金、土地、人才等各种要素单向由农村流入城市，推动了城市的快速发展，也造成农村严重“失血”和“贫血”，被征地农民问题、农民工户籍和保障问题，以及城镇布局和大城市病等问题逐渐显现。为此，党的十八大明确提出“新型城镇化”概念。党的十九大又明确提出“乡村振兴战略”，是在全面建成小康社会、全面建设社会主义现代化国家的大背景下，党中央国务院聚集“三农”问题，解决亿万农民对美好生活向往的重要举措。而且，根据《中共中央关于全面深化改革若干重大问题的决定》、中央城镇化工作会议精神、《中华人民共和国国民经济和社会发展第十二个五年规划纲要》和《全国主体功能区规划》，我国编制完成《国家新型城镇化规划（2014—2020年）》，按照走中国特色新型城镇化道路、全面提高城镇化质量的新要求，明确未来城镇化的发展路径、主要目标和战略任务，统筹相关领域制度和政策创新，为指导各地城镇化建设提出了有力的支撑。

（二）重要意义

1. 加速推进新型城镇化建设是解决发展不平衡不充分问题的战略选择。目前，我国社会主要矛盾已经转化为人民日益增长的美好生活需要和不平衡不充分发展之间的矛盾。调整经济结构、转变经济发展方式、加速新型城镇

化进程，尽快减少农村人口、推动农业规模化生产和组织化经营，才能提高农业劳动生产力和综合生产能力，从而提高农民收入，带动和解决整个长春市发展不均衡不充分问题。

2. 加速推进新型城镇化建设是加快工业化和促进服务业发展的重要载体。城镇化和工业化是现代化的两个车轮。推进新型城镇化可以做大做强中心城市和县城，培育和壮大优势产业和特色产业，加速各类生产要素向城镇聚集、促进土地节约集约利用，为工业化提供更多发展空间。因此，加快推进新型城镇化，能够为工业化提供强有力的载体和支撑，实现工业经济的快速提升。同时，可以促进农村人口向城镇集中，需要服务业跟进，也为第三产业发展创造了良好条件。

3. 加速推进新型城镇化建设是实现富民强市和提升城市发展质量的必然选择。城镇化的推进、城市活力和综合实力的提升，对城市的发展起着举足轻重的作用。从一般意义上说，城镇化率每提高 1 个百分点，将带动消费提高、投资增加、GDP 增长 1 个百分点以上。当前，长春市经济总量小，发展水平低，城镇化速度低于全国平均水平，城镇化质量在 15 个副省级城市排名居后，农村居民可支配收入始终低于全国平均水平。因此，要实现科学发展，提高城市综合经济实力和质量，加快实现富民强市步伐，必须大力推进新型城镇化。

（三）长春市是国家新型城镇化试点城市

长春市地处东北亚几何中心，是哈长城市群、东北老工业基地、吉林省中部城市群的中心城市。近年来，特别是国家振兴东北老工业基地战略实施以来，辽中南城市群迅速崛起，以大连为窗口、以沈阳为腹地的对外开放格局已经形成，而哈长城市群、长吉图城市群“窗口—腹地”互动作用较弱，作用未发挥出来，特别是长春市，近几年经济社会发展较快，在全省发挥了“打先锋、站排头”的作用，各项指标在全国 15 个副省级城市中增速较快，城镇化建设也取得一定成效，但也存在一定的问题，城镇化滞后于工业化、被征地农民社会保障问题、城市病问题等逐步显现。2014 年，长春市被确定为“全国新型城镇化试点城市”；2015 年，长春市被确定为“国家新型城镇化综合试点城市”。作为新型城镇化试点城市，长春将以深化体制机制改革为动力，在农业转移人口市民化成本分担机制、拓宽投融资渠道、农村宅基地制度建设、实现产城融合发展、优化调整产业结构、构建可持续的城镇化发展模式上先行先试，走出一条具有长春特色的新型城镇化道路。

二、长春市推进城镇化建设的主要措施及成效

近年来，长春市始终坚持以规划引领、建管并重、产城融合、四化统筹为统领，紧紧围绕加快发展、改善民生、建好城市、促进和谐大局，全力推进了城镇化与工业化、信息化、农业现代化良性互动，积极促进了城区、县域、开发区“三大板块”协调发展。推动城镇化工作实现四个转变：在发展方式上，由“城市简单扩张”向“产城融合”转变；在发展动力上，由“以城化乡”向“城乡双向一体化”转变；在发展重点上，由“单纯追求数量规模”向“数量和质量并重”转变；在发展目标上，由“人口城镇化”向“人的城镇化”转变，长春市城镇化工作步入良性发展轨道。

（一）长春市城镇数量及规模

1. 城镇数量。按行政区划口径，长春市城镇总数是 3 个城市（长春城区、榆树市、德惠市）、1 个城关镇（农安镇）、66 个建制镇，共计 70 个城镇。

2. 城镇规模。按人口规模划分，长春市拥有 Ⅰ 型大城市 1 个，Ⅰ 型小城市 3 个，建制镇 66 个，5000 人以下的城镇占到整个城镇数量的 69.63%。

（二）主要措施

1. 积极推进产业发展：

（1）特色产业园区逐步建立。按照“因地制宜、分类推进”的原则，结合全省推进示范镇建设契机，根据区位特点、发展现状、产业类型，打造了一批有特色的小城镇。目前，长春市的小城镇已布局了 12 个重点特色园区，如兴隆山的长春生物产业园区、奢岭的长春文化印刷产业园区、朱城子的德惠玉米食品工业园区、烧锅的长春农安汽车轨道客车配套产业园等。这些具有产业优势、产业规模和良好发展前景的产业园区落户城镇后，对壮大城镇产业实力、拉动基础设施建设、提高城镇吸纳就业能力发挥了积极作用。

（2）开发区与县（市）区产业合作不断加强。结合区域紧密度、产业协

调度和交通便利度，引导国家级开发区与周边县（市）区优势互补，共同成立产业合作区，进而形成一批工业集中区、农业示范园区和服务业集聚区。目前，已促成了高新技术产业开发区与德惠市在米沙子镇合作成立的长德合作区（长德新区）、经济技术开发区与九台区在卡伦镇合作成立的经九合作区；正在推进净月高新技术产业开发区与双阳区在奢岭镇成立合作区；筹划促进汽车经济技术开发区与绿园区、农安县合建汽车产业合作区。

（3）大项目、大企业集聚城镇。近年来，长春市在投资规模大、市场前景好的大项目中，按投资规模和产业方向的发展需要，逐年加大重点项目落户城镇的分布比重，对当地工业和服务业的发展产生了积极的带动作用。如大成集团在德惠菜园子镇建成大成生化工业区，带动了生化医药业、绿色食品加工业、玉米副产品加工业及与之配套的 10 多个产业，极大地推动了当地工业和服务业的快速发展。

（4）城市功能在产业发展中不断完善。二三产业协调促进、产业发展和城市功能相互融合是近几年来长春市推进城镇化的重要途径。在推进产业发展的过程中，结合产业发展对服务业的需求，积极推进工业集中区、合作区和各类特色园区所在城镇加强生产性配套服务和消费性配套服务。长德新区在大力推进产业落位的同时，结合回迁农民安置，规划建设了尚德华园住宅小区，其中包括 20 万平方米的蓝领公寓，安置回迁农民 4539 户，为城市功能的形成创造了条件。同时，注重教育、医疗、体育、文化等设施建设，初步摸索形成了“以产兴城、以城促产、融合共进”的发展模式，避免了城镇化进程中单一发展、产城脱节现象。

2. 稳步推进“城乡双向一体化”：

（1）根据不同优势和特点，确定了劝农山、奢岭、富锋、合隆、卡伦、兴隆山和米沙子 7 个镇为城乡双向一体化试点镇。

（2）初步实现试点镇土地规模经营 90% 以上，农民转移就业 90% 以上，农民人均年纯收入 1 万元以上，城镇化率达到 65%，城乡产业发展互补、公共服务均等、差别明显缩小的发展目标。

（3）根据发展需要，明确了在规划、产业发展、基础设施、生态建设、就业与社会保障和社会事业六方面的内容；逐步推进了农村产权制度、土地综合整治、财政体制、户籍制度、社会治理结构、住房保障制度六项配套改革；

着力完成了主导产业园区、小城镇新型社区、农村产权交易中心三个平台建设。目前，试点工作扎实推进，成效明显。

3.不断完善城乡发展规划：

（1）基本形成了覆盖全域的城镇规划体系。本着优化城乡空间布局、统筹城乡协调发展的原则，修编完成了长春市城市总体规划和榆树、德惠、九台、农安4个次中心城市总体规划；在全市66个建制镇中，有56个镇编制完成了总体规划，有36个镇编制完成了控制性详细规划，大部分镇编制完成了与城镇化发展相关的专项规划，初步形成了较为完善的城镇发展规划体系，对城镇化发展起到了较好的引领作用。

（2）通过行政区划调整优化城镇布局。长春市陆续开展了撤乡并镇和镇变街工作。撤乡并镇后，镇域幅员面积大幅增加，镇域平均人口增长一倍，城镇规模和城镇布局更加合理。

4.努力提升综合承载能力：

（1）主城区建设步伐不断加快。深度推进“三城两区”建设，主城区建成区每年以近20平方千米的速度快速扩张。西客站建成并投入运营；全面实施了长春新区和兴隆综合保税区建设，城市空间布局和生产力布局更加优化，承载能力进一步增强。

（2）主城区基础设施建设水平不断提高。一是先后启动实施了地铁1号线、地铁2号线、“两横三纵”快速路、机场大道、一汽物流专用通道等交通路网工程，使城市交通更加顺畅、更加便捷。二是着力推进了燃气、供水、供热管网改造工程，加大供电、有线电视网络、通信网络、互联网等生活基础设施建设，实现了全覆盖。三是新建、改造公园和绿地，城市环境面貌得到进一步改善。长影博物馆、长春北湖国家湿地公园、百花百草百木园、长东北文化旅游产业园、孔子文化园等长春新十五景，得到市民广泛好评。

（3）城镇基础设施建设力度不断加大。针对长春市城镇基础设施建设水平较低的实际情况，不断加大投入和建设力度，城镇基础设施水平有所提高。同时，重点推进了城乡交通基础设施一体化建设，基本实现了中心城市与次中心城市通高速公路，次中心城市与乡镇通二级以上公路，大力推进了城镇间客运增线和镇、乡客运站建设。

（4）基本公共服务建设积极推进。全面提升学前教育、基础教育、高等教育发展水平，较好地解决了农民工子女入学和异地高考问题，尤其是加大对农村职业教育投入，在五县市（包括双阳区、九台区）全部建成了集教学、培训、技术推广等多功能于一体的综合性职业教育中心；全市县级医院和乡镇卫生院硬件设施全部达到国家标准，形成了以县级医院为龙头、乡镇卫生院为枢纽的较为完善的公共医疗服务网络；坚持“巩固、提高、发展、繁荣”的工作方针，完成了大部分县（市）区图书馆、文化活动中心和文化馆建设；全部建制镇的综合文化站建设；70% 的社区 100 平方米以上的文化活动室建设，形成了比较完备的公共文化设施网络。

5. 着力加快农业现代化进程：

（1）农业科技化、机械化、信息化水平不断提升。一是不断加大农业科技进步步伐。建设了市、县、乡农业技术推广站（中心）加村屯农业科技示范户的比较完善的四级农业技术推广网络；广泛开展了农业技术推广活动，在全市范围内推广了系列增产技术。二是不断提高农业机械化水平。结合落实国家农机购置补贴政策，鼓励农民购置先进、适用的农业机械，促进农业生产方式从“人畜力”向机械作业的跨越。三是不断提高农业信息化水平。以中国长农网为平台，建立了覆盖乡镇的农业服务信息系统，形成了“网络信息服务、电话语音和固网短信服务、农民远程教育服务、智能化农业专家系统服务”四位一体的农业信息服务体系。

（2）农业经营方式转型升级。近年来，长春市通过大力发展各类农民专业合作经济组织，推进农户在资金、技术、生产、购销、加工等方面的互助合作，使农业生产经营的专业化、市场化程度明显提高，促进了农业经营方式的转变，形成了农村集体经济组织、农民专业合作经济组织、专业大户和承包户等多元化市场主体共同发展的农业经营格局。

（3）农村剩余劳动力就业技能不断提高。采取订单式培训、个性化培训、校企联合培训、定向式培训等模式，有针对性地开展了千人培训、春风培训等一系列就业培训工程，实现了外出务工人员由体力型输出向技术型输出的转变。相继创出了“北京保安”“长春家政”“月子保姆”等具有长春特色的劳务输出品牌。

三、存在的主要问题及未来发展方向

（一）存在的主要问题

1. 城镇化率较低。人口城镇化率是反映一个地区城镇化水平最核心的指标。城镇化率是指常住城镇人口与常住总人口的比率。由于常住人口数只有在全国人口普查年份才可以获得，因此，准确的城镇化率的值只有普查年才可以精确计算出来。2000 年第五次和 2010 年第六次全国人口普查数据显示，长春城镇化率分别为 49.79% 和 55.48%。从与同类城市比较看，这两组数据分别低于同期 15 个副省级城市平均城镇化率 15.25 和 17.72 个百分点。从与吉林省内其他地级城市比较看，长春“五普”“六普”城镇化率分别排在第 6 位和第 4 位，这与长春市作为省会城市的地位很不相称。

2. 城镇化质量不高。城镇化质量是反映城镇化水平的重要指标。2013 年 3 月中科院公布的全国 286 个地级以上城市城镇化质量的评价结果。长春在 15 个副省级城市中排第 14 位，在吉林省 8 个地级市中排第 2 位。在三项核心指标中，城市发展质量和城镇化效率指数两项指标排名比较靠前，城乡协调指数排名最低。

长春市城镇化质量主要指标排名一览表

表 1

	286 个地级市排名	15 个副省级城市排名	吉林省 8 个地级市排名
城镇化质量总排名	68	14	2
城市发展质量排名	55	11	1
城镇化效率指数排名	45	12	2
城乡协调指数排名	192	15	4

说明：资料来源于中科院全国 286 个地级以上城市城镇化质量的评价结果

3. 城镇发展不均衡。一是城市规模等级相差悬殊。主城区为超大城市，其他县（市）为人口 20 万人以上的中等城市，缺少特大城市、大城市和小城市，城市规模结构不均衡。二是中心城市辐射带动作用不强。在城镇体系中，中心城市经济社会发展的辐射和带动能力所及范围主要体现在近域，与各县

（市）的关联度不强。三是人口过度集中。全市人口有近一半集中在长春主城区，榆树市、德惠市和农安县对人口的吸引力很弱，不利于在全市形成多中心、组团式的集约高效、层次分明的城镇化发展格局。

4. 城镇化进程较慢。长春市城镇化率在2000年第五次全国人口普查时为49.79%，到2010年第六次全国人口普查时达到55.48%，年平均增速为1.09%，在15个副省级城市中排第9位，处于中下游。

5. 城镇特色不鲜明。综观长春市大中小城镇“百镇一面”问题比较突出。农安、榆树、德惠等县（市），在城市建设和城市形象上没有充分结合自身地理位置、资源优势和历史文化传统等特征打造自己特有的城市风格，各个建制镇的情况更是如此。在产业发展方面，很多小城镇产业同构现象比较普遍，没有因地制宜地发展具有规模效益的优势产业，尚未形成独具特色的产业支撑。

上述问题产生的原因主要有以下几个方面：一是发展支撑不强。城镇化受经济发展的影响较大，一般来讲，一个地区经济越发达，城镇化规模越大，城镇化质量也越好。近年来，长春市主要经济指标在15个副省级城市中一直处于后位，经济发展的滞后客观上制约了长春市城镇化进程。二是市场动力不足。目前，长春市市场化程度不高，市场运作机制不完善，在城镇基础设施建设等方面，仍然是以行政推动为主。特别是有些镇还存在着“等靠要”的思想，没有充分利用市场的作用积极推动城镇化的发展，各种社会力量参与城镇化建设的积极性不高，大部分城镇在筹措建设资金方面，缺少吸引社会资金投向城镇的平台，导致市场化对城镇化的推动力明显不足。三是规划体制不顺。规划是城镇化发展的基础。市规划局只负责城区，部分城镇规划滞后，盲目建设，边建边规、先建后规，导致城镇建设布局不合理。规划执行不严，宣传力度不大，依规建设的意识不强，规划执行监管不力，不能保证已有规划的落实。四是改革进程不快。城镇化过程中配套改革进程还比较缓慢。农村土地置换、流转政策不完善，社会保障政策不配套，实现城乡居民平等就业的相关制度尚未建立，导致农民进城动力不足，农民工职业技能培训制度、职业规范等还不健全、覆盖范围还不够大。五是资金投入和保障水平不高。现行省管县体制的制约和长春市本身财力的限制，使长春市财政对域内的县（市）、镇的城镇化建设投入不足。同时，城镇保障水平不高，承载能力不强，基础设施薄弱，公共服务能力，城镇管理水平较低，这些都是影响城镇化的质量和进程的重要因素。

（二）未来的发展方向

未来的长春市新型城市化，应以习近平新时代中国特色社会主义思想为指导，把握国家新型城镇化和乡村振兴政策导向，抢抓国家实施“一带一路”倡议、东北老工业基地振兴、哈长城市群战略机遇，立足建设幸福长春实际，以人的城镇化为核心，以提高城镇化质量为重点，以体制机制创新为动力，逐步完善服务保障体系，全面提升城镇承载能力、积极促进产城融合，有序推进城镇人口市民化，努力构建“中心城市、次中心城市、重点镇、一般镇”梯次推进、协调发展的富有长春特色的城镇化发展格局，走出一条集约、智能、绿色、人文的新型城镇化道路。

1. 强化功能，构建新型城镇化体系。一方面，要优化城镇体系和功能。按照区域统筹、城乡统筹的原则，合理引导市域人口和劳动生产力分布，优化配置城镇发展资源，构建形成“1+3+5+8”的城镇体系。其中包括 1 个特大城市，榆树、农安、德惠 3 个一型小城市，五棵树、双阳、新立城、奋进、卡伦 5 个 10 万—20 万人口二型小城市（城镇），米沙子、奢岭、合隆、英俊、西新、城西、合心、兰家 8 个 5 万—10 万人口城镇以及若干个 5 万人以下城镇。完善市域各级城镇的功能结构，建立中心城市、次中心城市、重点镇、一般镇的城镇职能结构。

——中心城市，长春市中心城区。承担着区域性综合职能，未来将加快经济、社会和城市的转型升级，以三大世界级产业基地建设为重点，加速战略性新兴产业、高新技术产业和现代服务业发展，促进传统产业改造，加速产业结构优化升级，加快社会治理体系建设，充分发挥以政治经济、文化生态、科研教育、金融贸易等服务职能为中心的区域性综合城区。双阳区：重点强化生态旅游和居住功能，引导高等教育产业向奢新一线集聚；建设国家级梅花鹿繁育和鹿产品加工基地；保护石头口门水源地上游汇水区的生态环境，严格控制污染型产业。重点保护双阳湖、吊水湖两个生态保护区。九台区：作为长吉都市整合区重要空间节点，加速长吉新区建设，重点发展能源、农机、食品、农产品加工、矿产建材等主导产业，积极发展花卉、苗木、旅游等新兴业态，重点建设卡伦镇、东湖镇、西营城镇。

——次中心城市，包括榆树、农安、德惠、五棵树（争取撤镇变市）。主要承担地区性服务中心职能，服务周边的乡镇和农村地区，以承接中心城市传统产业扩散为主要发展方向。其中，榆树市：依托农业资源优势，建立以农产品深加工、医药生产、绿色食品为主的高效型工业结构体系。调整全市的产业空间布局，积极争取五棵树撤镇变市，形成以五棵树和城区为主的两个经济区域。农安县：重点发展食品、医药化工、建材、服装等四大主导工业，实施“中心带动、周边崛起、沿线突破、梯度推进”的城市建设发展战略。加快建设辽金民俗文化旅游景区。重点加强对波罗泡、元宝洼泡、敖宝图泡、莫波泡的生态环境整治与恢复。德惠市：做大做强农产品加工业。加快德惠开发区、姚家玉米工业园区、北部菜园子镇、南部米沙子镇的建设，承接中心城市向外转移的企业。

——重点镇，包括奋进乡、新立城镇、西新镇、劝农山镇、奢岭街道、兰家镇、合心镇、英俊镇、卡伦镇、合隆镇、米沙子镇等。是城市经济要素转移及扩散的重要空间载体，依托区位优势和当地资源，形成具有地域特色的产业结构体系，成为城市功能的重要补充。打造10个城乡双向一体化卫星镇，20个特色镇。

——一般镇，以发展农工贸为主，形成农村地域生产集散中心。

另一方面，要调整优化城市产业布局和结构，促进城市经济转型升级，形成“一脉—两轴—五带—八区—多园”的产业发展格局。一脉，即沿城市东部的大黑山脉；两轴，即哈大、浑乌城市复合发展轴；五带，即要形成长东北、长西南、长西北、长南、长东5条产业发展带；八大功能区，即长春新区、莲花山生态旅游度假区、净月高新区、长春汽车产业开发区、长春轨道交通装备产业开发区、长春南部总部经济区、现代农业示范区、高端优质生态区。多园，即以园区、开发区为载体，加速产业和劳动力集聚、促进规模经营和产业发展。

2. 完善制度，促进农业人口市民化：

（1）要积极推进户籍制度改革。充分尊重农民意愿，实施分类户口迁移政策，优先解决存量人口，有序推进农业转移人口在城镇扎根落户。以合法稳定职业或合法稳定住所（含租赁）为前置条件，县（市）市区、县人民政府驻地和建制镇的农业转移人口，可在当地申请落户。

（2）要探索建立农业转移人口市民化成本分担机制。逐步建立起政府主导、多方参与、成本共担、协同推进的农业转移人口市民化机制。科学测算农业转移人口成本，合理确定政府、企业和社会承担责任。政府承担农业转移人口在义务教育、就业服务、基本养老、医疗、保障性住房以及市政设施等方面的成本支出。企业要落实农业转移人口与城镇职工同工同酬制度，依法为农业转移人口缴纳职工养老、医疗、工伤、失业、生育等社会保险费用。农业转移人口要按照规定承担相关费用，积极参加城镇社会保险、职业教育和技能培训，提升融入城市社会能力。

（3）要完善农业转移人口社会参与机制。建立城市包容机制，推进农民工融入企业、子女融入学校、家庭融入社区、群体融入社会。提高各级党代会代表、人大代表、政协委员中农业转移人口比例，积极引导农民工参加党组织、工会和社团组织。加快农业转移人口对城市生活理念和生活方式的融入，适应城市节奏。大力发展社区文化生活，在社区内形成农业转移人口与当地居民相互理解、尊重、包容的生活氛围。

3. 注重保障，推进基本公共服务均等化：

（1）拓宽转移就业渠道，分类解决农民就业问题。一是安置部分农民继续从事农业劳动。筹划建设现代农业示范区、特色经济作物种植区和现代畜牧业标准化养殖示范区，促进被征地农民实现本地就业。二是促进被征地农民向二、三产业转移就业。启动建设县域示范工业园区，引进重大项目，促使农民转移为产业工人；培育发展农民专业合作社，鼓励供销社、市内外大型零售企业及农业服务生产企业在农村开拓市场，建设物流配送体系，实现农民从一产向三产转移就业；研究出台农民创业政策，支持农民自主创业。发展农业职业教育，培育一批新型农民在农村或回农村自主创业。三是鼓励农民外出自谋职业。可享受与下岗职工同样的优惠政策，定期进行技术工种培训，提高劳动技能。

（2）加强农业转移人口基本住房保障。一是实施保障性安居工程，解决现有城镇流动人口住房问题。将符合条件的农民工纳入城镇住房保障体系，改善农民工居住条件。二是开展宅基地换房试点，解决新增农民转移人口住房问题。加快试点城镇住房和配套基础设施建设，提升试点城镇承载功能。三是合作建设农民工宿舍，引入市场机制拓宽住房保障渠道。在开发区和园区集中建设宿舍性公共租赁房。加强政府、企业及金融机构合作，通过向开发企业和投资机构提供廉价、长期出租的土地，引导企业向保障住房投资。

（3）提高农业转移人口社会保险水平。扩大参保缴费覆盖面，适时适当降低社会保险费率，鼓励农业转移人口参加城镇职工养老保险和医疗保险。研究制定城乡社会保险关系转移接续政策，实现农业转移人口在农村参加的养老保险和医疗保险规范接入城镇社保体系。逐年解决被征地农民养老保险的遗留问题，解决农民的后顾之忧。强化企业缴费责任，扩大农业转移人口参加城镇职工工伤、失业和生育保险比例。完善低保政策，将长期在城镇居住且符合条件的农业转移人口纳入城市低保范围。

（4）改善农业转移人口基本医疗卫生条件。根据城镇常住人口合理配置公共医疗卫生服务资源，逐步将农民工及其随迁家属纳入社区医疗卫生服务体系，在国家规定政策范围内免费提供健康教育、妇幼保健、预防接种、传染病防控、职业病防治、避孕节育等公共卫生服务，加强农业转移人口疾病预防控制。

（5）保障进城务工人员随迁子女受教育权利。继续坚持以流入地为主、以公办学校为主的“两为主”政策，落实进城务工人员随迁子女在流入地就学的同城同等待遇。流入地政府要将进城务工人员随迁子女义务教育纳入流入地政府区域教育发展规划和财政保障范围，努力改善接收学校的办学条件。合理规划学校布局、核定教师编制，足额拨付教育经费，保障进城务工人员随迁子女接受义务教育。逐步完善进城务工人员随迁子女在流入地接受中等职业教育免学费和普惠性学前教育政策，推进实现进城务工人员随迁子女在流入地参加中考和高考。

4. 加快基础设施建设，提升城镇综合承载能力：

（1）完善交通运输网络。依托高速公路和铁路网络，加快对外通道、城市群和城镇组团通道、群团内部通道建设。新建长春经济圈环线、长春连接各镇高速公路，新建长春至周边城市铁路，以及综合客运枢纽建设。加速长春龙嘉机场扩建工程，开辟对外联络航线，积极发展通用航空。加强铁路、公路、民航与城市轨道交通等多种形式的综合换乘衔接，实现综合交通城市内外客运零换乘和货运无缝对接。

（2）提高水资源保障能力。坚持节水优先、治污为本、科学开源、综合利用，以需水管理为基础，提高用水效率。实施“引松入长”工程，加强对现有水源水质净化、挖潜配套和优化调度，加大污水处理回用和雨洪资源利用，形成地表地下、本地外调相结合的多层次供水网络。

（3）优化能源管网布局。优化电网和燃气管网布局。加快县（市）电网建设，完善县市输变电工程，以及高压外环等支线建设，构建稳固、完善的骨干网架结构，增强承接各类型电源分区分层接入能力，形成合理的城镇受端电网结构。进一步完善城市天然气管网及接收站，加快双阳储气库建设、强化天然气调峰设施建设，推进县级及以上城市天然气管网与主干网贯通。

（4）加快数字化城市建设。提升通信系统水平，加快建设基础通信网、无线宽带网、应急指挥通信网、数字电视网等通信设施，加快推进新一代互联网、新一代移动通信网和数字广播电视网“三网融合”。推动城市视频监控网络互联互通，搭建高性能的信息网络传输平台、电子政务与公共信息网络平台、企业信息管理平台和电子商务平台，推进物联网、远程教育、远程医疗、电子社区、应急指挥等领域信息系统开发，加快创建国家电子商务示范城市。

（5）加强生态宜居环境建设。整体实施宜居、山清水秀和良田工程，建设天蓝、地绿、水净的美好家园。严格控制高耗能、高排放行业发展，加快发展绿色产业，完善城市废旧商品回收体系和垃圾分类处理系统，加强城市固体废弃物循环利用和无害化处理，控制排放减小大气污染。加快水源地和地下水饮用水保护区建设，积极发展循环农业，保证饮用水和食品的安全。加强城市庭院、小区公园、街头绿地、郊野公园、绿道绿廊建设，构建生态园林型城镇。加快发展绿色清洁能源的生产和消费，减少对石油、煤炭的依赖，打破能源消费体制限制，全面提升城镇人居环境质量。

5. 要加强产业支撑和特色园区建设，促进产城融合：

（1）要加快传统产业转型升级。以建设世界级先进制造业和农产品加工业基地为目标，积极推动产业转型升级。提高汽车、轨道客车整车生产能力，突出发展自主品牌，建成汽车、轨道客车两大世界级产业基地。大力发展现代农业，促进现代农业与工业化、新型城镇化有机融合，发展规模经营，提高农业劳动生产率、资源利用率和土地产出率；做大做强农产品和特色产品深加工业，积极培育农业产业化龙头企业，形成具有长春特色的现代农业产业体系，打造绿色食品城、国家级现代农业示范基地和世界级农产品加工产业基地。

（2）要大力发展战略性新兴产业。滚动实施战略性新兴产业专项行动计划，不断发展壮大生物医药、电子信息、新材料、新能源、节能环保产业等新兴产业规模。组织实施战略性新兴产业创新发展工程，推进重大技术创新、重大创新成果产业化。组织实施物联网、信息惠民、卫星及应用等重大应用试点示范工程，加快技术推广应用。进一步加强自主创新能力建设，建立健全技术研究中心和服务平台，建成光电子、生物医药两大国家级重大创新基地。开展产学研协同创新机制试点，促进首创成果本地转化。

（3）要加速发展服务业。适应新型城镇化要求，因地制宜、突出特色，培育主体功能鲜明的区域服务中心。加快发展信息、金融、保险等商务服务行业，积极发展文化教育、体育健身、社区服务、物业管理等需求潜力大的产业，不断拓展计算机、软件服务业、创意会展、电子商务、物流配送等新兴服务领域、组织形式和服务方式，大力开展历史文化、休闲避暑、民族风情、娱乐极限、冬季冰雪等旅游项目，努力打造东北亚生态旅游目的地。

（4）要强化特色产业园区建设。坚持规划先行，准确定位发展战略，培育和引进龙头大企业，引导中小企业专业分工协作，构建园区完整的产业链。坚持“一个园区，一座新城”，规范园区用地制度，严格土地出让程序，加大资金投入，提供高标准的配套基础设施，强化后期管理，促进园区健康发展。

（5）要健全中小企业服务体系。以打造民营经济示范区为目标，深化政务改革，实施“只跑一次”服务。不断完善公共服务平台，规范服务行为和收费标准。推动银企对接活动，加快建设中小企业服务体系，推广新型融资产品，拓宽中小企业融资渠道。引导创新资源向中小企业集聚，促进产学研合作，培育发展创新型民营小巨人企业。协调中小企业与大型企业配套政策，支持中小企业“专、精、特、新”和集群发展。

6. 积极探索，全面深化土地制度改革：

（1）强化土地节约集约利用。加强建设用地定额管理，提高土地投资强度、容积率和建设密度，严格执行建设用地标准。加大对低效、空闲土地开发利用力度，推进二次开发利用，建立低效土地再开发激励约束机制，挖掘城镇土地内在潜力。

（2）实施城乡建设用地增减挂钩。在尊重农民意愿的基础上，实行城镇建设用地规模与吸纳农村人口进入城市定居规模挂钩、城市化地区建设用地增加规模与吸纳外来人口进入城市定居规模挂钩。做到增减挂钩批准使用的周转指标用于农民安置、必要集体建设用地和城镇使用。探索增减挂钩指标城镇间调剂，建立合理的增减挂钩收益分配机制。

（3）加快农村土地承包经营权流转。完成农村土地承包经营权确权登记颁证工作，完善农民土地承包经营权的转让、转包、出租、互换、入股、继承、抵押、担保等实施细则，切实保障农民利益。

（4）推进农村集体经营性建设用地流转。建立城乡统一的建设用地市场。在符合规划和用途管制前提下，实行农村集体经营性建设用地出让、租赁、入股与国有土地同等入市、同权同价，消除集体土地与国有土地在权能上存在的制度性差异。

（5）探索农民宅基地流转方式。推进农民宅基地换房改革试点，实行“一户一宅”，严把宅基地面积上限控制政策。建立完善的宅基地使用权统一登记体系。扩展宅基地使用权权能，推进农民住房财产权抵押、担保、转让，发挥宅基地使用权的物权权能，推动农户房产进入社会财产增值体系、信用体系、流动体系。

IV

改革开放篇

四川凉山彝族自治州发展报告

四川省地方志工作办公室地情报告课题组 ①

提　要：改革开放以来，四川凉山彝族自治州克服自然环境艰苦、交通闭塞、经济科技欠发达、贫困地区贫困人口多等地理、历史原因积存的困难，取得了脱贫攻坚、社会经济、对外开放合作、生态环境保护、基础设施建设、民生事业等众多领域的跨越发展。但凉山州发展仍处于相对滞后阶段，基础设施薄弱、社会事业欠账多、脱贫攻坚任务繁重，存在不少薄弱环节和突出问题。展望未来，凉山州必须坚持问题导向，敢于面对，敢于担当，坚持全面深化改革，推动形成全面开放新格局，不断增强经济社会发展动力和活力，确保2020年与全国同步迈入全面小康社会。

关键词：四川凉山　民族地区　改革开放　发展变化　小康社会建设

党的十八大以来，四川在全面深化改革、扩大对外开放上取得了令人瞩目的卓越成绩，民族地区的发展日新月异。在新时代全面建设小康社会的新征程中，如何破解发展难题，如何助推四川由经济大省向经济强省跨越，如何确保四川同全国一道迈入全面小康社会，关键是要促进民族地区、贫困地

① 课题组负责人：赵行，四川省地方志工作办公室党组成员、副主任。课题组成员：易红雨，四川年鉴社副社长；李海毅，四川省地方志工作办公室四级调研员；张岚，四川年鉴社办公室主任；张乃文，四川年鉴社编辑二室编辑。执笔人：李海毅、张岚。四川省委政研室（改革办）、凉山州史志办、四川省全创办对本文的写作给予大力支持，提供了大量材料。

区和农村实现全面小康目标。凉山州是全国最大的彝族聚居区，辖17个县（市），是四川能否如期实现全面小康目标、完成脱贫攻坚任务的重点难点地区，其自然、经济、文化、社会和民生等现实情况、发展变化、社会状态和矛盾特点，在我国民族聚居地区中具有较强的代表性。总结凉山州改革开放变化情况，分析存在矛盾问题，展望未来发展思路和对策，对于民族地区的小康社会建设和脱贫攻坚具有典型意义。

一、四川民族地区及凉山州概况

“天下之势在蜀”[①]。四川省位于中国西南，地处长江上游，大致可分为四川盆地、川西北高原和川西南山地三大部分。四川自古以来就是一个多民族大省，世居的少数民族主要有藏族、彝族、羌族、苗族、回族、蒙古族等14个民族，有全国第二大藏区、最大的彝族聚居区和唯一的羌族聚居区。四川民族自治地区大部分位于川西北高原和川西南山地，包括阿坝藏族羌族自治州、甘孜藏族自治州、凉山彝族自治州和北川羌族自治县、峨边彝族自治县、马边彝族自治县（以下用简称），与其他地区相比，有着非常鲜明的特点。

四川民族自治地区大多位处高山、高原、峡谷地带气候，条件非常恶劣，地理环境极其复杂，生态环境十分脆弱，是长江上游生态屏障的主要区域，是四川丰富的矿产资源、生物资源、水资源、气候资源、旅游资源的聚集区。九寨沟、黄龙、卧龙大熊猫自然保护区三大世界自然遗产分布于此，有被称为中国阿尔卑斯山的四姑娘山、香格里拉稻城亚丁、世界低海拔冰川海螺沟、泸定桥、最美318国道，有多姿多彩的藏羌彝民族文化等。

四川民族自治地区地广人稀，基础设施、经济发展、社会建设较滞后。据第六次全国人口普查，截至2010年11月1日零时，四川有少数民族户籍人口490.8万人。截至2017年年底，四川民族地区总面积约30.21万平方千米，占全省总面积的60.14%，常住人口714万人，仅占全省8.6%。[②]实现地区生产总值（GDP）2167.7亿元，仅占全省36980.2亿元的5.86%，比上年增

① 〔南宋〕李焘：《六朝通鉴博议》，南京出版社，2007年。

② 参见四川年鉴社：《四川年鉴（2018）》，2018年。

长 5.7%，比全省平均水平低 2.4 个百分点；全社会固定资产投资 2066.5 亿元，增长 0.7%，占四川全省 32097.3 亿元的 6.44%；社会消费品零售总额 849.3 亿元，占全省 17480.5 亿元的 4.86%。全年农村居民人均可支配收入 11252 元，增长 10.3%，比全省平均 12227 元少 975 元；城镇居民人均可支配收入 28616 元，增长 8.4%，比全省平均 30727 元少 2111 元。[①]

四川民族自治地区贫困面积大、贫困程度深。2013 年，四川农村贫困人口 625 万，贫困发生率为 9.6%，其中川西北高原和大小凉山彝区贫困发生率分别高达 19.5% 和 19.1%。[②] 2017 年年初，四川省 36 个国家级贫困县中，民族自治地区有 20 个，约占全省国家级贫困县总数的 56%。[③]

改革开放 40 年来，四川民族地区推进改革，扩大开放，开创共生共荣的新路子，确保社会稳定，解放了生产力，促进了经济社会发展。四川民族地区生产总值从 1978 年的 14.1 亿元增长到 2017 年的 2300 亿元左右，农牧民人均纯收入由 1978 年的 122 元增加到 2017 年的 11252 元。[④]

凉山州地区生产总值、地方公共财政收入均居全国 30 个少数民族自治州第一位，2017 年实现地区生产总值 1480.9 亿元、增长 5.3%，比 2012 年的 1122.7 亿元增长 31.9%。[⑤] 但全州却有 11 个国家级贫困县，是全省最多的市州，约占全省 31%，贫困发生率 11.9%，高于全省 4 个百分点左右。[⑥] 四川要与全国一道全面建成小康社会，一个都不能少，凉山州等民族地区必须勇于改革开放，奋进前行，大踏步赶上时代。

二、凉山彝族自治州发展的举措与成效

1949 年，凉山州从奴隶社会“一步跨千年”直接进入社会主义社会。改革开放之初，凉山州基础设施落后，土地贫瘠，很多地方不通水电，交通阻滞，矿产开采运输艰难，百姓生活极为不便。习近平、江泽民、胡锦涛、李鹏、

---

① 参见四川省统计局：《2017 年四川省国民经济和社会发展统计公报》。
② 参见中共四川省委政策研究室：《四川省情概览》，四川人民出版社，2014 年。
③ 参见四川省统计局：《2017 年四川省国民经济和社会发展统计公报》。
④ 参见四川省统计局：《2017 年四川省国民经济和社会发展统计公报》。
⑤ 参见四川省委宣传部：《中国改革开放全景录・四川卷》，2018 年。
⑥ 参见凉山州人民政府：《2018 年凉山彝族自治州政府工作报告》，2018 年。

朱镕基、乔石、李瑞环、吴邦国等党和国家领导人先后到凉山州视察，倾注心力。1996年，朱镕基视察凉山州，来到昭觉县，走进农户家，为当地发展困境、百姓生活困苦流下眼泪："在中国还有这样穷的地方！"

近些年来，四川省委、省政府认真贯彻中央加快少数民族地区发展的方针政策，先后实施了"9+3免费教育计划""卫生事业发展计划"、彝区"三房"改造、彝区健康文明新生活运动和彝家新寨建设等一系列重大民生工程，极大地改善了少数民族贫困群众的居住条件，改变了传统生活方式，转变了旧有思想观念。2018年2月，习近平总书记视察凉山，来到昭觉县，看到宽敞明亮的砖瓦房，通村入户的硬化路，卫生室、幼儿园、文化室一应俱全，光纤网络畅通；走进农户家，高兴地看到主人已经用上了电磁炉、电饭煲、电水壶，与以前"大不一样了"。

2017年，凉山州的改革发展取得良好成绩，实现地区生产总值1480.9亿元，一二三产业增加值分别增长3.8%、5%、6.5%，产业结构调整为20:42:38，第三产业增加值占比提高6.7个百分点。全社会固定资产投资1134亿元、增长2%，社会消费品零售总额616.3亿元、增长11.8%。地方一般公共预算收入134.5亿元、增长11.2%，税收占比提高1.8个百分点。城乡居民人均可支配收入分别增长8.5%、10.1%。[①] 凉山经济社会发展呈现质量向好、活力增强的良好态势，取得新的成效。

（一）用全面深化改革的办法，打好脱贫攻坚战

按照党中央、国务院及省委、省政府实施精准扶贫精准脱贫的方略和分类施策的要求，凉山州以改革创新精神破解脱贫攻坚难题，打出了系列政策"组合拳"，贫困面貌发生了显著变化。一是在组织领导上下足功夫。坚决实行中央统筹、省负总责、市县抓落实的管理体制，进行严格的考核评估。下足绣花功夫，发动万名干部下基层，汇聚国家定点扶贫、东西部扶贫协作、省内"11+11"和州内"6+9"对口帮扶等强大合力。二是在突出问题上再战再胜。接力发起"四大战役"，实现500个贫困村退出、13.98万贫困人口脱贫，安宁河流域6县市贫困村全部退出。备受关注的"悬崖村"发生可喜变化。大

① 参见凉山州人民政府：《2018年凉山彝族自治州政府工作报告》，2018年。

力挪穷窝，建成新村新寨570个、幸福美丽新村488个，实施农村危房改造2.4万户，完成易地扶贫搬迁50097人，25.88万贫困群众实现安居梦。新增868个建制村通硬化路 。[①] 三是在扶贫资金上整合力量。积极争取用好国家及省、市、县财政投入，拓展金融、地方债务、社会资金扶贫力度。整合23个扶贫专项资金126亿元，新增精准扶贫贷款38.7亿元，投入增减挂钩和占补平衡土地增值收益10.8亿元。四是在长效机制上创新探索。对贫困地区扶贫项目用地给予保障，允许土地增减挂钩指标在省内交易。旅游扶贫直接带动8000户贫困户增收脱贫，累计建成电商服务站点866个，新增家庭农场500个、农民合作社400个，开发公益性岗位3869个。17.8万建档立卡贫困人口纳入农村低保兜底保障。[②] 五是在健康扶贫上持续用力。全力推进分级诊疗、现代医院管理、取消药品加成等重点领域改革。把艾防知识纳入各级党校、中小学校、农民夜校和技能培训学校的必修课程，全覆盖开展健康宣传教育，持续举办“健康凉山百乡行”“大手拉小手”等系列活动。禁毒工作实现“七升五降”。艾滋病防治和健康扶贫三年攻坚行动全面启动，艾滋病母婴传播率下降2个百分点，抗病毒治疗人数增加25%。[③] 六是在文明素质上培育提升。全力推动义务教育均衡发展，认真落实“六长”责任制，小学、初中适龄人口入学率分别达99.54%、93.17%。加快补齐学前教育短板，全州学前三年毛入园率83.35%。资助家庭困难学生36万名。累计开办农民夜校3745所，培训群众245.2万人次。[④] 大力倡导现代文明新风，深入治理婚丧嫁娶高额礼金和铺张浪费问题。贫困群众精神面貌发生积极变化，脱贫内生动力不断增强。

（二）用全面创新改革的引擎，牵动发展质量和效益

全面创新改革试验是四川强力推动的“一号工程”，2017年9月，国务院办公厅正式发文推广全面创新改革试验13条经验，四川省有8条经验成功入选。凉山州紧紧抓住军民融合、攀西战略资源创新开发试验区建设等机遇，

---

① 参见凉山州人民政府：《2018年凉山彝族自治州政府工作报告》，2018年。
② 参见凉山州人民政府：《2018年凉山彝族自治州政府工作报告》，2018年。
③ 参见凉山州人民政府：《2018年凉山彝族自治州政府工作报告》，2018年。
④ 参见凉山州人民政府：《2018年凉山彝族自治州政府工作报告》，2018年。

创新创造的能量不断显现，2017 年凉山州科技对经济增长贡献率为 46.5%，比 2012 年增长 3.7 个百分点。[①] 一是顶层设计进一步完善。制定《关于深化人才发展体制机制改革促进全面创新改革驱动转型发展的实施意见》等政策。坚决完成四川省全创办“清单制 + 责任制”要求，不断完善层层抓落实的督查督导机制，确保了各项任务落地落实。二是军民融合深度发展成效显著。出台《凉山州经济建设和国防建设融合发展实施方案》和军民融合发展规划等系列政策，积极争创国家军民融合创新示范区。与中国运载火箭技术研究院展开军民融合合作与交流，筹备运作成立凉山州北斗科技有限公司，推进军民融合重大创新工程凉山州区域性示范项目建设，成为四川省首个军民融合重大创新工程。三是攀西战略资源创新开发试验区建设加速推进。积极构建“一圈四片两走廊”区域创新发展新格局。努力把西昌经济圈建设成为创新驱动发展示范区。重点推进雅砻江、金沙江流域新能源走廊建设。四是新产业新业态快速发展。冕宁稀土等 4 个产业园区成功创建省级开发区。高新技术产业产值实现倍增。新增清洁能源装机 87.3 万千瓦。旅游总收入、电商交易额、金融业增加值分别增长 19.7%、34.8%、7.2%，[②] 健康养生、休闲等新业态蓬勃发展，新动能新活力明显增强。

（三）用创新活力的思维，打造对外宣传、开放合作新气象

凉山州积极融入“一带一路”建设，发挥优势，多渠道扩大宣传，提升对外开放合作水平。一是多措并举展示大美凉山好风光。2017 年央视春晚凉山分会场完美落幕，凉山（西昌）被评为“最受观众喜爱魅力城市”，《索玛花开》获央视电视剧“突出贡献奖”，西昌邛海湿地国际马拉松赛荣获“金牌赛事”美誉，成功举办邛海国际帆船赛、邛海·“丝绸之路”国际诗歌周等活动，凉山知名度和美誉度大幅提升。二是同向发力迈出凉山开放新步伐。2017 年，中国—以色列国际油橄榄合作中心落户凉山。成功举办“中国光彩事业凉山行”等重大招商活动，到位州外资金 441.9 亿元。金阳成为国家级出口青花椒白魔芋质量安全示范区，新增省名牌 4 个、地理标志商标 2 件、“三品一标”产

---

① 参见中共凉山州委深改组：《中共凉山州委深改组 2017 年工作总结及 2018 年工作打算》，2018 年。

② 参见凉山州人民政府：《2018 年凉山彝族自治州政府工作报告》，2018 年。

品 45 个，品牌形象大幅提升。[①] 三是有声有色宣传改革典型经验。积极构建宣传部门、改革办、主要媒体“三位一体”的改革宣传联席会议制度，主动作为吹新风，广泛运用报刊等传统媒体和微信等新兴网络媒体宣传改革工作，上报《改革专报》25 期，有效宣传并提升了凉山改革开放的新形象。

（四）用绿水青山就是金山银山的理念，建设美丽凉山

党的十八大以来，特别是 2017 年，凉山州把生态文明建设融入经济社会建设的各方面、全过程，美丽凉山建设卓有成效。一是生态文明体制改革力度空前。出台《领导干部自然资源资产离任审计制度》等 20 余个生态专项改革方案，大力实施湿地保护恢复工程，西昌邛海湿地建成全国最大的城市生态保护湿地，雷波马湖湿地入选国家湿地公园试点。抓好国家重点生态功能区和自然保护区建设，建成自然保护区 12 个。[②] 二是绿色发展迈出坚实步伐。以中央、省环保督察为契机，全面打响污染防治“三大战役”，切实解决突出环境问题，牢牢守住了生态红线和环保底线。中央环保督察转办信访案件全部办结，省环保督察反馈问题整改率达 92%。环境执法执纪力度空前，移送涉嫌环境污染犯罪案件 3 件、党政纪处分 23 人，实施环境行政处罚 382 件、处罚金额 2122 万元。坚决取缔“散乱污”企业 174 家，将 65 家重点排污企业纳入信用管控。污染防治强力推进，全面淘汰西昌城区 10 蒸吨以下燃煤小锅炉，取缔黄标车 1.14 万辆。[③] 三是生态环境质量总体改善。全覆盖设立四级河（段）长 4995 名，关停非法采砂点 481 个，拆除重点库区和水域养鱼网箱 1.62 万口。扎实推进“大规模绿化凉山行动”，完成营造林 469 万亩、退耕还林还草 16.3 万亩，7744 万亩国有林、集体公益林、天然草原得到有效保护。治理水土流失面积 726 平方千米、石漠化 226 万亩。[④] 全州空气质量优良天数达 359 天，县级以上饮用水水源地水质达标率 100%，国控、省控地表水水质均达到或优于国家三类标准，森林覆盖率达 45.5%。

---

① 参见凉山州人民政府：《2018 年凉山彝族自治州政府工作报告》，2018 年。
② 参见凉山州人民政府：《2018 年凉山彝族自治州政府工作报告》，2018 年。
③ 参见凉山州人民政府：《2018 年凉山彝族自治州政府工作报告》，2018 年。
④ 参见凉山州人民政府：《2018 年凉山彝族自治州政府工作报告》，2018 年。

（五）用持之以恒、久久为功的韧劲，全面推进基础设施建设

党的十八大以来，特别是2017年，凉山州加快突破瓶颈制约，基础设施建设快速发展。一是交通大会战强力推进。2017年，凉山州建成普通国省干线公路413千米、安保工程1106.7千米。乡镇和建制村通畅率分别达94.4%、87.4%，宜攀、乐西高速公路开工建设。雅砻江官地库尾航道整治工程全面完成。西昌青山机场航线增至15条。[①] 二是新型城镇化扎实推进。2017年，全州新增城镇建成区3.3平方千米。编制完成安宁河谷发展“三个规划”，完成邛海螺髻山景区、喜德县城市总体规划修编。乡镇行政区划调整稳妥推进，撤销行政乡42个、新设镇19个，建制镇占乡镇总数比例提高5个百分点。农田水利等基础设施加快建设。建成高标准农田23.9万亩。新增蓄水能力270.6万立方米、高效节水灌面3.1万亩，完成484个村电网改造升级。实现乡镇光纤网络全覆盖。[②]

（六）用大道之行、天下为公的情怀，践行以人民为中心的发展思想

凉山州始终坚持以人民为中心的发展理念，民生工程扎实推进，2017年，民生投入占一般公共预算支出比重达66.5%，[③] 人民生活持续改善，社会大局和谐稳定。一是重点民生工程顺利实施。10项民生工程、19件民生实事全面完成。普格“8·8”山洪灾害灾后恢复重建基本完成。解决了农村35万人的饮水安全、39.9万人的生活用电问题。城镇新增就业23426人，失业人员再就业6419人，城镇登记失业率控制在3.8%以内。转移输出农村劳动力127.8万人次，实现劳务收入207.5亿元。[④] 二是社会保障水平稳步提高。“五大保险”参保759.8万人次，49.7万人纳入城乡低保、补助标准提高5%，城乡医疗救助惠及困难群众55.3万人次。建成保障性安居住房3800套，实

---

① 参见凉山州发改委：《关于凉山彝族自治州2017年国民经济和社会发展计划执行情况及2018年计划草案的报告》，2018年。

② 参见凉山州发改委：《关于凉山彝族自治州2017年国民经济和社会发展计划执行情况及2018年计划草案的报告》，2018年。

③ 参见凉山州人民政府：《2018年凉山彝族自治州政府工作报告》，2018年。

④ 参见凉山州人民政府：《2018年凉山彝族自治州政府工作报告》，2018年。

施棚户区改造9966户，发放住房租赁补贴1.18万户。[①] 三是社会事业加快发展。义务教育学校学生营养餐实现全覆盖，150所义务教育薄弱学校基本办学条件全面改善，会理、会东、宁南、冕宁4个县义务教育基本均衡发展通过国家认定。完成贫困人口免费体检27万人，9家医院实现跨省异地就医直接结算。新增民办养老床位500张，在全省率先探索建立“1+N”农村互助养老模式。[②] 四是社会治理成效明显。凉山被国家民委命名为“全国民族团结进步创建示范州”。第十届村（居）委会换届工作圆满完成。县乡村综治和调解组织、城乡社区综合服务设施实现全覆盖。“七五”普法规划全面实施，“法律七进”深入开展。依法妥善化解信访案件765件。刑事案件发案数下降8.1%。生产安全事故起数、死亡人数分别下降44.3%、39.6%。防震减灾工作连续六年获得全国先进。[③]

奋斗充满艰辛，成绩来之不易。以凉山为代表的四川少数民族地区的发展变化，是习近平新时代中国特色社会主义思想指引的结果，是党中央、国务院和省委、省政府亲切关怀的结果，是民族地区全体各族干部群众努力奋斗的结果，是社会各界倾力相助的结果，也是敢于改革开放、长期奋斗的结果。

三、存在问题

必须清醒认识到，由于自然、历史、社会等多个方面的原因，以凉山为代表的四川少数民族地区基础设施薄弱、发展不平衡不充分、社会事业欠账多、民生问题突出，仍然存在一些薄弱环节和突出矛盾。

（一）与全国同步建成小康社会任务仍然十分艰巨

按照全面建成小康社会的重要标准：人均地区生产总值超过3000美元，城镇居民人均可支配收入1.8万元（2000年不变价，下同），农村居民家庭人均纯收入8000元，城镇化率达到50%，四川省2017年的脱贫标准为人均纯收入3300元/年。2017年年底，凉山仍有11个深度贫困县，常住人口城

① 参见凉山州人民政府：《2018年凉山彝族自治州政府工作报告》，2018年。
② 参见凉山州人民政府：《2018年凉山彝族自治州政府工作报告》，2018年。
③ 参见凉山州人民政府：《2018年凉山彝族自治州政府工作报告》，2018年。

镇化率只有33.84%。大小凉山彝区含13个县（区），其中国家级贫困县10个，辖行政村共2668个，其中贫困村1930个，极度贫困村155个。贫困人口52.2万人，占四川省167.3万人的31.2%，贫困发生率18.1%，比全省高14.4个百分点，贫困面宽、量大、程度深的状况还没有根本改变。[①]

（二）发展制约因素多、破除瓶颈难度较大

大小凉山彝区是四川全面建成小康社会的短板，深度贫困与恶劣自然条件、落后思想观念、复杂社会问题相互交织。由于特殊历史和环境制约，从奴隶社会"一步跨千年"进入社会主义社会的"直过区"，社会发育相对滞后，大多处于深山峡谷和高寒地带，地质灾害、干旱、冻害等多发频发。区域性整体性贫困突出。2013年年底，建档立卡识别贫困村占行政村总数72.3%，贫困人口80万人，贫困发生率28.9%，呈现出区域性整体贫困特征。致贫返贫因素多重叠加。除普遍性致贫因素外，禁毒防艾形势仍然严峻，治穷、治愚、治病、治毒等任务很重。地方经济发展缓慢。经济发展水平与全省平均水平差距较大，地方财力拮据，主要靠中央和省财政转移支付维系。脱贫攻坚将全面转向全州11个深度贫困县，面临的短板弱项更多、攻坚难度更大。全州发展不平衡不充分问题仍然突出，经济转型阵痛仍在持续，稳增长、调结构压力加大。

（三）办好人民满意的教育任重道远

改革开放近40年，四川民族地区重视教育、尊重知识的良好氛围已经形成。凉山州各城市城区的一般街道中，随处可以看见幼教、早教、家教、职教等教育培训机构办事处，教育产业气象繁荣。但与此同时，下辖各县的居民千方百计想把小孩送西昌市学校就读，西昌市居民想尽办法把子女送成都、绵阳等城市学校学习，甚至发生一到招生期间，学校校领导为躲避请托，保证公平，不在办公室而在汽车里办公的情况。特别是由于历史、师资等原因，民族地区教育水平总体不高，与时代要求相比仍有较大差距。例如，某年，民族地区某县高考状元在民族加分政策下，仍只是考入一个二本学校。

---

① 中共四川省委全面深化改革领导小组办公室：《大小凉山彝区脱贫攻坚情况》，2018年。

（四）社会治理社会化、法治化、智能化、专业化水平有待进一步加强

医疗、养老等社会事业发展水平仍然较低，禁毒防艾形势依然严峻。污染防治任务繁重，安全监管还存在薄弱环节，一些领域风险不容忽视。政务服务质量和效率还需提升，工作作风仍需改进。西昌市长期是四川省房价第二高城市，与经济发展水平完全不相对应。城市交通拥堵现象出现并日益严重。社会治理体系和治理能力现代化建设亟待加强。

四、未来发展的策略思考

加快民族地区经济繁荣和社会长治久安，必须坚持问题导向，敢于面对、勇于担当，坚持全面深化改革，推动形成全面开放新格局，不断增强经济社会发展动力和活力。

（一）凝神聚力，以习近平新时代中国特色社会主义思想引领改革发展

“人心齐，泰山移”。充分利用四川省深入学习贯彻习近平新时代中国特色社会主义思想，开展“大学习、大讨论、大调研”活动的契机，深化思想认识，学深悟透习近平总书记对四川工作系列重要指示精神，通过调查研究把民族地区情况摸清楚、把问题找准确、把思路想明白，站在新的起点推动治蜀兴川再上新台阶。既体现一张蓝图绘到底、一届接着一届干，又注重与时俱进、开拓创新。切实把习近平总书记对彝区群众的深切关怀转化为改革开放再出发的思路和推动工作的强大动力，确保党中央和省委决策部署不折不扣落到实处，努力开创凉山改革发展新局面。

（二）再鼓干劲，创新方法，坚决打好精准脱贫攻坚战

“一个都不能少”。凉山州属于国家深度贫困地区的“三区三州”之一，脱贫攻坚任务艰巨繁重。组织习近平总书记走访座谈过的彝族群众和基层干部现身说法谈认识、讲感受，持续把习近平总书记对彝区同胞的深切关怀传

递到千家万户、传递到广大彝区群众心间，转化为精准扶贫精准脱贫的具体行动和实际成效。统筹解决“插花式”贫困问题，持续开展“回头看”“回头帮”，深入推进东西部扶贫协作、定点扶贫和省内对口帮扶。全面落实中央和省委决策部署，实施全域结对帮扶，逐步实现全覆盖结对，突出抓好产业发展、智力支援、社会帮扶、劳务协作、支部共建和群众工作，把极度贫困村作为突破难点，聚焦聚力推进道路交通、安全住房、产业发展、教育卫生、移风易俗等重点工作。切实加强领导，层层落实责任，强化督察指导，确保极度贫困村如期完成脱贫攻坚任务。确保2018年退出76个村、2019年退出66个、2020年退出13个的计划任务如期完成。

（三）发挥优势，推动四川民族地区高质量发展

小平同志说：“这里（凉山）得天独厚。”大力整合凉山企业、高等院校、科研院所等资源，强力夯实创新平台、创新产业、创新人才“三个支撑”，做好攀西战略资源创新开发试验区建设这篇大文章。将自然资源转化为自然资本，增强凉山百姓对家乡的自豪感和获得感，做到开发一方资源、带动一方发展、富裕一方百姓。

“蜀西水利，甲于天下”[①]。科学适度开发凉山富甲天下的水能资源，发挥好国家“西电东送”的重要基地作用，坚持新发展理念，坚持共抓大保护、不搞大开发，加强改革创新、战略统筹、规划引导，以江河经济带发展推动凉山经济高质量发展。发挥凉山彝族文化资源优势，繁荣发展中华优秀文化。积极开展非物质文化遗产保护和传承工作。巩固和扩大凉山州博葩（万物起源口头文学）、傈僳族高腔、阿依阿芝（彝族女性叙事歌）等十多个项目优势。多渠道促进各民族文化相融互渗、互补共生、交相辉映，实现民族文化繁荣兴盛。

（四）固本强基，深化教育和人才体制创新发展

“十年树木，百年树人”。精准组织《四川省高等职业教育创新发展行动计划》、“大小凉山彝区教育扶贫提升工程”“中央民族教育特殊补助”。在义

① 〔清〕刘沅：《槐轩全书》，巴蜀书社2006年版。

务教育上，引导教育资源合理配置，改善“一村一幼”幼教点办园条件，全力抓好双语教育和寄宿制学校管理，加强学校网络教学环境建设，推进教育公平、资源共享。根据国家扶持政策和民族地区学生自身的特点，对学生就业创业技能专项建档立卡，实行动态管理，尝试义务教育“一对一”的跟踪负责制。加大帮扶就业指导，促进民族地区学生更高质量成长和就业，增强少数民族学生在就业市场上的信心和底气。在继续教育上，推行终身职业技能培训制度。学习借鉴德国终身职业教育体系的做法，在民族地区建立“培训—就业—再培训—再就业”的体制，提高职业教育培训参与率。扎实完善职业教育和培训体系，深化产教融合、校企合作。在人才吸引培养使用上，把州内和州外、国内和国外各方面优秀人才集聚来、用起来。创新人才培养开发模式，依托“西部之光”“成—凉合作”“精准援助彝区干部人才计划”等平台和载体，助推各类优秀人才赴外研修学习、顶岗锻炼。加大高层次创新人才培养选拔力度，培养创新型企业家队伍、优势特色产业人才、农村实用人才、社会事业人才。推进人才评价激励机制改革，改变“评人不用人，用人不参评”现象。探索用好凉山彝区“毕摩”等在社会基层拥有较高声望的特殊“人才”。改革创新人才流动、人才管理、人才创业环境、人才保障等机制。

（五）多管齐下，坚定加强和创新社会治理

“民安则国定，岂为虚费”①。实现民族地区社会的长治久安，必须切实提高社会治理社会化、法治化、智能化、专业化水平。加快社会治安防控体系建设，依法打击和惩治黄赌毒黑拐骗等违法犯罪活动。加强社会心理服务体系建设，培育自尊自信、理性平和、积极向上的社会心态。树立安全发展理念，提升防灾减灾救灾能力。创新社会治理，完善社会治理体制和大调解体系，打造共建共治共享的社会治理格局。加强社会治安防控体系建设，依法严打重惩，奖善罚恶。打一场全民动员、全社会参与的符合凉山实际的禁毒防艾人民战争，重拳肃毒、重典治毒，依法防艾、科学治艾，提升人民群众安全感。严厉打击涉黑涉恶、涉枪涉爆、“两抢一盗”、拐卖妇女儿童等违法犯罪活动。全面推进网格化服务管理和立体化社会治安防控体系建设，健全依法维护群

① 〔元〕脱脱等：《金史》卷107《张行信传》，中华书局，1975年。

众权益和化解纠纷机制，坚持运用法治思维和法治方式化解矛盾纠纷和信访问题，让百姓心安、社会平安。加强社会治理法治化建设，注重有效发挥传统习惯法作用。“俗之渐民久矣……故善者因之……最下者与之争”[①]，针对彝区熟人社会、重血缘家支的特征，彝族习惯法在彝区基层社会治理中仍应占据重要地位的现实，发挥成文法在改良彝族陈规陋习、促进经济发展和维护公平正义等方面的积极作用，实现成文法、习惯法二者良性互动。加强社会心理服务体系建设，引导凉山居民向上向善、乐观自信。针对民族地区不同的心理特点，对症开方。构建社会效益和经济效益相统一的体制机制，加强现实题材创作，不断推出类似2017年热播剧《索玛花开》那样讴歌党、讴歌祖国、讴歌人民、讴歌英雄的精品力作。

（六）咬定青山，深入实施生态立州战略

“判天地之美，析万物之理”[②]。坚决守住生态功能保障基线、环境质量安全底线、自然资源利用上线，建设人与自然和谐共生的美丽家园，把凉山旅游产业由重点发展区域向全域拓展。充分利用凉山冬天日照充足、蓝天白云的气候光热条件，积极推动民族文化与旅游，旅游与康养产业融合发展。着力推进生态功能区建设，严格执行《国家重点生态功能区产业准入负面清单》。全面落实《凉山州生态保护与建设（2015—2020年）推进工作方案》，扩大森林、湖泊、湿地面积，提高森林覆盖率，有序实现休养生息。全面推进大规模绿化凉山行动，依法关停和淘汰落后产能，加强城镇污水和垃圾处理设施建设运营管理，严肃查处尾矿库和矿山企业违法违规生产行为。强化农业面源污染管理，督促抓好库区水产养殖污染问题整改落实，抓好河道砂石无序开采、自然保护区违法修建问题整治。坚决打好污染防治“三大战役”，全面落实“河长”“湖长”负责制。大力发展绿色低碳循环经济，健全市场化节能机制，完善资源总量管理、有偿使用制度。积极争取国家在凉山州开展生态补偿试点，推进用水权、排污权、碳排放权交易，探索推进环境污染第三方治理。

---

① 司马迁：《史记》卷129《货殖列传》，中华书局，1982年。

② 《庄子·天下》，中华书局，2015年。

（七）多策并用，扎实推进乡村振兴战略

“小康不小康，关键看老乡”。充分发挥凉山农业自然条件好、潜力大、前景好的优势，促进一二三产业融合发展。构建“果薯蔬草药”精深加工产业集群，打造国家级特色农产品优势区和省级重要农产品生产保护区，推动由农业资源大州向农业经济强州跨越。抓好高标准农田、粮食生产功能区、特色产业基地、一二三产业融合示范园区建设。创建“三品一标”产品，培育农业龙头企业、家庭农牧林场、农民合作社。加快农业转型升级，大力发展高端种植业、有机农业和农产品精深加工，加强地理标志产品挖掘保护，提升“大凉山”特色农产品品牌价值，增加绿色优质农产品供给。鼓励乡村旅游转型升级，推进“农业创新创业园＋特色小镇”建设。全面完成农村承包地确权登记颁证工作，加快推进“三权分置”改革，盘活用好闲置农房、宅基地、撂荒土地等资源资产。支持工商企业租赁农户承包地。鼓励农户以土地经营权、草原经营权、林权等入股农民合作社。深入推进农业“三项补贴”制度改革，全面落实各项奖补政策。保护好具有历史民族文化特点的村落和传统建筑，编纂好乡村史志，建好村史馆，记住乡音，留住乡愁，大力弘扬文明乡风，推动乡村文化振兴。

（八）外向拓展，在主动开放中彰显南向门户担当

“开放带来进步，封闭必然落后”。凉山自古以来就是通往祖国西南边陲的重要通道，是古代“南方丝绸之路”和“茶马古道”的必经之地。充分发挥凉山在四川融入“一带一路”倡议建设和长江经济带发展国家战略进程中的重要作用，认真贯彻四川省委、省政府四向拓展全面开放合作的战略部署，在“突出南向”中勇于担当。积极寻求和开展国际产业合作、厅州局州合作、区域经济合作和银政银企合作。加大招商引资力度，吸引一批具有支撑性引领性的重大产业项目。借力西博会、农博会等大型会展平台，用好水能、矿产、农业、旅游、民族文化五大资源富集度高、组合性好、开发潜力巨大的优势，以大开放促大开发，推动大发展。深化拓展与以色列的橄榄油产业合作、与世界“金叶之国”津巴布韦的烟草产业合作、与世界“花卉王国”荷兰的花卉产业合作、与泰国的现代农业产业合作、与丹麦嘉士伯的啤酒产业合作。

尝试借鉴古巴、津巴布韦等世界烟草国家经验，把烟草生产作为一个文化旅游产业来做，借鉴美欧国家的经验，探索以西昌卫星发射基地为先导的文化产业和科技融合示范基地建设。加强与中科院等国内单位合作，抓好军民融合重大创新工程凉山北斗项目。发挥凉山彝区历史上长期以土豆为主食的优势，吸收外部经验，在农业部推进马铃薯产业开发、让土豆成为第四大主食的政策中有大作为。

推动民族地区快速发展，光有立场和态度不行，必须有实实在在的举措，行动最有说服力。四川人民一直“敢为天下先”，凉山州要以习近平新时代中国特色社会主义思想为统领，把握好习近平总书记为四川量身定做的“定星盘”，贯彻好对凉山改革发展和脱贫攻坚的系列重要指示，务实高效推广全面创新改革经验，全面推动高质量发展，用新举措、新作为，创建全国全面同步小康示范州和民族团结进步示范州，奋力助推治蜀兴川再上新台阶。

新疆丝绸之路经济带核心区建设实践

■ 刘 博[①]

提　要：“一带一路”倡议发出后，新疆维吾尔自治区紧紧抓住“一带一路”发展机遇，利用区位、资源等优势，从完善政策规划体系、落实“五通”（政策沟通、设施联通、贸易畅通、资金融通、民心相通）着手，构建全方位的开放格局，大力建设区域交通枢纽中心、商贸物流中心、医疗服务中心、文化科教中心和金融中心，着力提升新疆经济社会发展水平，打造丝绸之路经济带核心区。当前新疆丝绸之路经济带核心区建设已经呈现出行稳致远、高效实施、不断推进的良好发展态势，切实担负起了丝绸之路经济带的重要支点作用。

关键词：新疆　一带一路　支点作用　丝绸之路经济带　核心区建设

公元前 143 年，张骞出使西域，开辟出一条横贯东西、连接亚欧的贸易线路和商业通道，促进了东西方文化的交流，也为世界各国开启了一条友谊、交流和共荣之路。19 世纪 70 年代，德国地理学家费迪南·冯·李希霍芬到中国考察后，首次将这条陆路贸易通道命名为“丝绸之路”。当前，世界各国相互依存空前加深，求和平、谋发展、促合作、图共赢成为不可阻挡的时代

① 刘博，新疆维吾尔自治区地方志编纂委员会信息处副处长。

潮流。2013 年 9—10 月，习近平主席在访问中亚五国和东盟国家期间，正式提出共建“丝绸之路经济带”和“21 世纪海上丝绸之路”的倡议，得到沿线各国积极响应。

2014 年 5 月，第二次中央新疆工作座谈会提出，要把新疆打造成丝绸之路经济带核心区。2015 年 3 月，国家发展改革委、外交部、商务部联合发布的《推动共建丝绸之路经济带和 21 世纪海上丝绸之路的愿景与行动》再次明确提出 :“发挥新疆独特的区位优势和向西开放重要窗口作用，深化与中亚、南亚、西亚等国家交流合作，形成丝绸之路经济带上重要的交通枢纽、商贸物流和文化科教中心，打造丝绸之路经济带核心区。”这不仅为新疆经济社会发展注入了强劲动力，也为新疆深度融入国家发展大局、加强与周边国家和世界各国多领域务实合作提供了前所未有的重大机遇。

一、新疆建设丝绸之路经济带核心区的主要优势

在丝绸之路经济带核心区建设进程中，新疆具有独特的地缘优势、资源优势和政策优势。

（一）地缘优势

新疆地处亚欧大陆地理中心，是丝绸之路经济带北、中、南三条通道的交汇之地，边境线长达 5600 多千米，占全国陆地边境的四分之一。新疆与俄罗斯、哈萨克斯坦、吉尔吉斯斯坦、塔吉克斯坦、巴基斯坦、蒙古、印度、阿富汗斯坦 8 个国家接壤。同时，新疆也是中国 5 个少数民族自治区之一，现有 47 个民族成分中，一些民族和周边国家语言相通、风俗相近，这些都为新疆向西开放提供了便利条件。至 2017 年，新疆有 107 条国际道路运输线路通过，有 17 个国家一类口岸，有喀什和霍尔果斯两个国家级经济技术开发区。在丝绸之路经济带核心区建设中，新疆向东可以连接多个省份，甚至可以辐射整个东亚，向西连接中亚、南亚、俄罗斯，甚至整个欧洲，是贸易互联互通的重要通道，更是中国向西发展的桥头堡。随着新亚欧大陆桥，中蒙俄、中国—中亚—西亚、中巴经济走廊等国际经济合作走廊建设的推进，新疆与周边国家地缘相近、人缘相亲、文缘相通、经济互补的优势和连接东西、

沟通南北的枢纽作用将更加突出。

（二）资源优势

新疆是中国陆地面积最大的省级行政区，面积166万平方千米，占中国国土总面积的六分之一。同时，新疆也是一个矿产资源大区，矿产资源种类齐全，储量大。以主要矿产保有储量计算的潜在价值，新疆人均拥有量约为全围人均水平的4倍。至2017年，新疆共发现矿种138种。其中，探有储量的矿种117种，上储量表的68种（亚矿种75种）。有矿区555个，共生、伴生矿107个。矿产按类别分，有能源类5种，黑色金属5种，有色金属9种，贵金属4种，稀有分散元素9种，冶金辅助原料非金属6种，化工原料非金属12种，建材原料及其他非金属25种。居全国首位的矿种有5种，居前五位的有24种，居前十位的有43种。特别是石油、天然气和煤炭等能源资源丰富，新疆预测石油资源储量500多亿吨，天然气资源总量为13万亿立方米。其中，塔里木、准噶尔、吐哈三大盆地油气资源量达414亿吨。石油储量居全国第三位，未动用储量居全国之首。煤炭资源具有分布广、煤种全、煤层厚、质量好、埋藏浅、易开发特点。煤炭资源总量为2.1万亿吨，占全国预测总量的47.4%，居全国各省区之首，其中吐鲁番—哈密盆地和准噶尔盆地已列入世界十大煤田之列。另外，新疆的太阳能、风能、热能资源也非常丰富。以能源资源为基础，2016年新疆发电量2716亿千瓦时，连续6年实现疆电外送，有力支援了其他地区的经济社会发展。

（三）政策优势

1949年10月新疆和平解放，1955年10月1日新疆维吾尔自治区成立。从此，中央及各省（自治区、直辖市）对新疆的政策援助从未间断，中央将东南沿海一些企业、工厂搬迁至新疆，调进工程技术人员，充实到初建的骨干企业中，并选送大批少数民族工人到内地先进企业学习深造。2010年中央新疆工作座谈会后，中央进一步确定了新一轮19省（直辖市）对口援疆机制。19个援疆省（直辖市）建立了相关市（区）、县与82个受援县（市）的结对关系，积极开展人才援疆、项目援疆、产业援疆、教育援疆，形成了“横向到边、竖向到底”的多层次对口援疆工作格局。民间力量、公益组织、社会团体也纷纷关注新疆发展，热忱参与援疆建设。仅2016年，全国实施的对口援疆项目就有1919个，援助资金达143.66亿元。与此同时，中央从国家层面进行顶层设计，在财政、投资、金融、人才等方面给予新疆以政策倾斜，一大批专门针对新疆的扶持政策相继出台。尤其是近几年，国家能源局、教育部、海关总署等部门及各援疆省（自治区），均出台了参与新疆核心区建设的措施、意见和举措等指导性文件，明确支持新疆核心区建设的重点区域、业务范围、工作原则，为新疆开拓国内外市场，发展外引内联的开放型经济提供了强有力支撑。

二、新疆建设丝绸之路经济带核心区建设行动

几年来，新疆超前谋划、多措并举，务实创新，推动核心区在建设中发展，在合作中成长。2016年9月9日，新疆维吾尔自治区党委书记陈全国主持召开自治区党委第55次常委会议，传达学习习近平总书记在推进"一带一路"建设工作座谈会上的重要讲话精神，提出要通过丝绸之路经济带核心区建设，带动全区经济转型升级，提升经济发展质量和效益；发挥与周边国家地缘相近、人缘相亲、文缘相通、经济互补的优势，打通东联西出的国际国内大通道，提升对内对外开放水平；在丝绸之路经济带核心区建设中促进各民族交往交流交融，实现和睦相处、和衷共济、和谐发展；围绕丝绸之路经济带建设，与援疆省（直辖市）、企业加强协作，优势互补、互利共赢，共同开拓周边国家市场；提升经济实力，不断改善民生，把发展成果更多地惠及各族人民群众。2017年，在首届"一带一路"国际合作高峰论坛结束当天，新疆维吾尔自治区党委书记陈全国对加快推进核心区建设又作出批示，并强调，新疆地处欧亚大陆腹地，连接亚太与欧洲两大经济圈，作为亚欧大陆桥的重要枢纽，在"一带一路"建设大局中具有特殊重要的战略地位。推动"一带一路"建设，是新疆千载难逢的历史机遇、广阔平台和战略抓手。要按照建设和平之路、繁荣之路、开放之路、创新之路、文明之路的要求，以政策沟通、设施联通、贸易畅通、资金融通、民心相通为抓手，进一步完善建设规划，创新体制机制，全面提升开放水平，推动重大项目建设，营造创新创业环境，加快推进丝绸之路经济带核心区建设，为实现新疆社会稳定和长治久安总目标、谱写好中华民族伟大复兴中国梦的新

疆篇章做出贡献。

中共新疆第九次党代会后，在自治区党委、自治区政府的高度重视和有力领导下，新疆进一步调整并加强了核心区建设工作领导小组，从各个方面全面促进核心区建设。新疆提出核心区建设以“五通”建设为主要内容，以“三通道”建设为主线，以“三基地”建设为支撑，以“五大中心”建设为重点，以“十大进出口产业集聚区”为载体，通过完善工作机制、健全政策规划体系、科学谋划推进重大项目建设、健全舆论引导做好宣传工作等举措，不断推进更深层次更高水平对外开放，积极培育经济发展新的增长极，努力实现沿线各国双赢、多赢、共赢。新疆丝绸之路经济带核心区建设的几年实践，有力地推动了区域经济社会高质量发展。根据国家“一带一路”大数据中心发布的2017年全国31个省（自治区、直辖市）参与“一带一路”建设综合指数排名，新疆首次进入前10名，排名第9，比2016年提升6位。新疆核心区建设国内外影响力指数排名由2016年的全国第14位提升至第3位。

（一）规划先行、强化设计

新疆已经完成全面部署丝绸之路经济带核心区建设的规划工作，核心区建设总体思路、发展目标、重点任务及工作要点逐一明确。紧紧跟随国家行动部署，新疆丝绸之路经济带核心区建设指导意见、实施意见、行动计划、实施方案、工作要点和优先推进项目清单等一系列文件的密集出台，彰显了新疆紧跟国家全球布局的决心和行动力。

2016年4月，新疆出台《关于加快推进丝绸之路经济带核心区文化科教中心（文化体育部分）建设的实施意见》。10月，出台《中国·新疆丝绸之路经济带核心区医疗服务中心—中医民族医药发展规划（2016—2020年）》。2017年相继出台《丝绸之路经济带核心区文化科教中心（教育部分）建设规划（2016—2020年）》《丝绸之路经济带核心区商贸物流中心建设规划（2016—2030年）》《丝绸之路经济带核心区医疗服务中心建设规划》《丝绸之路经济带核心区交通枢纽中心建设规划（2016—2030年）》和《丝绸之路经济带核心区区域金融中心建设规划（2016—2030年）》。至此，新疆丝绸之路经济带核心区五大中心建设系统规划全部出台，思路清晰、措施可行。

此外，新疆还相继出台《新疆孔子学院发展行动计划（2016—2020年）》

《自治区信息基础设施重大工程建设三年行动方案（2016—2018年）》《丝绸之路经济带核心区项目建设融资规划》《新疆丝绸之路经济带核心区建设重大项目储备库管理暂行办法》等一系列配套文件，顶层设计走在前列，初步构建起了科学、完备的核心区建设政策规划体系，为新疆深度融入“一带一路”建设打下坚实基础。

（二）坚持共商共建共享，强化政策沟通

“政策沟通”是“五通”建设的基础，截至2017年，新疆已分别与吉尔吉斯斯坦、塔吉克斯坦、阿塞拜疆、亚美尼亚四国的地方政府建立了常态化的经贸合作机制，建立经贸合作工作组（委员会），在深化经贸领域互利合作、促进贸易与投资便利化措施、加强文化交流合作等建设方面达成一系列共识，开展了一系列推动性工作，并及时围绕现实困难，高度重视双方关注与期望，加强交流与协商，开展多领域深层次合作。

同时，新疆加快推进与周边国家的州区政府间多领域合作，分别与俄罗斯车里雅宾斯克州及鄂木斯克州、哈萨克斯坦东哈州等签署了政府间合作协议。新疆沿边地州也与周边国家的州区政府间开展了多种形式的合作，如喀什地区与塔吉克斯坦戈尔诺—巴达赫尚自治州、克孜勒苏州与吉尔吉斯斯坦纳伦州和奥什州、中国国际商会伊犁商会与哈萨克斯坦阿拉木图市工商会、塔城地区与哈萨克斯坦东哈州、哈密地区与蒙古国戈壁阿尔泰省等之间，均开展了国家层面下的地方政府间交流与合作。

2017年，新疆承办了中俄哈蒙阿尔泰区域合作国际协调委员会第十四次工作会议等重大活动，与巴基斯坦、阿富汗、塔吉克斯坦等周边国家政府代表团开展了“一带一路”建设交流研讨和政策规划的沟通对接。以推进中国与蒙古、俄罗斯、哈萨克斯坦多领域互利共赢的务实深度合作为目标，与有关国家签订《新疆参与中蒙俄经济走廊建设实施方案》《新疆贯彻落实〈中哈关于“丝绸之路经济带”建设与“光明之路”新经济政策对接合作规划〉的实施方案》，提出要以基础设施互联互通为先导，以产业合作、多边贸易和优化生产要素为动力，以商贸物流和医疗合作为重点，积极创新合作模式，加快对外开放步伐，持续提升中国新疆与相关国家的合作空间，全面推进丝绸之路经济带核心区建设向更大范围、更宽领域和更高层次拓展。

（三）多措并举，设施联通不断完善

“设施联通”是核心区建设跨国、跨区域联通的坚实基础。几年来，新疆陆上、空中、网上丝绸之路建设全面推进，第二条出疆高速公路全线贯通，第三条出疆铁路加紧建设。疆内高速公路增加到4578千米。国际道路运输线路位居全国之首，客货运量突破300万人次和2000万吨，中欧班列面向17个国家24个城市开行。机场总数达21个，开通国内航线237条，国际（地区）航线24条，乌鲁木齐机场旅客年吞吐量超过2000万人次，成为中国五大枢纽机场之一。丝绸之路经济带大数据中心等重点项目加快建设。

2017年，新疆继续提升与沿线国家互联互通水平，交通通道建设全面提速。公路方面，一批重点交通项目相继建成和加快推进，“一带一路”标志性工程G7线（京新高速）明水至哈密段全面建成通车；北中南三大交通通道功能不断提升，G7线梧桐大泉—下马崖—伊吾、伊吾—巴里坤—木垒高速公路等重点北通道项目加快推进；中通道“连云港—霍尔果斯口岸”高速大通道新疆段全线贯通，G30乌鲁木齐至奎屯高速公路改扩建等重点中通道项目全面开工；G3012疏勒—叶城—墨玉二期高速公路，G0612若羌—民丰、依吞布拉克—若羌高速公路等重点南通道项目加快建设。多条与周边国家连接的公路项目正抓紧升级改造，“双西公路”G218线霍尔果斯口岸段建成通车。铁路方面，南疆铁路至兰新铁路联络线开通运营，极大地缩短了南北疆之间的时空距离；乌北至准东铁路扩能改造等项目开工建设；库尔勒至格尔木铁路等续建项目加快推进。民航方面，乌鲁木齐国际机场改扩建等项目前期工作有序推进。2017年，全疆旅客吞吐量突破3000万人次大关，达3007.6万人次，货邮吞吐量18.7万吨，分别比2016年增长8.2%、2.9%。

（四）坚持双向开放，经贸合作扎实推进

几年来，新疆积极推进区域贸易投资自由化和便利化，与周边国家经贸合作不断深化。喀什、霍尔果斯经济开发区、各综合保税区、重点口岸等开放平台建设持续加强，中哈霍尔果斯国际边境合作中心成为对外开放的一张重要名片。与“一带一路”沿线国家进出口贸易稳步增长。国际产能合作迈出坚实步伐。特变电工、金风科技、广汇石油、美克化工、华凌集团、新疆

中泰等重点企业在周边多个国家实施了一大批重大项目，一批境外企业入驻全疆各地。

2017 年，新疆积极推进中欧班列运行服务和配套改革建设，新疆—中亚班列乌鲁木齐集结中心初步形成，西行货运班列高效运行。新疆—中亚货运班列每天稳定开行 1—2 列，新疆—俄罗斯货运班列每周稳定开行 1 列；乌鲁木齐—连云港—新德里公铁海联运班列开行。乌鲁木齐国际陆港区已与国内主要港口及白俄罗斯、立陶宛、哈萨克斯坦、阿联酋等国家和地区建立合作关系，有效拓展了国内外物流网络。

同时，新疆以推进“三互”大通关，营造高效便捷的口岸通关环境为重点，拓展和深化各项通关改革。开展电子口岸国际贸易“单一窗口”建设试点工作和其标准版的推广应用，极大地压缩了货物通关时间。乌鲁木齐多式联运海关监管中心揭牌运营，实现新疆跨境电子商务“零”的突破。实施中哈霍尔果斯国际边境合作中心分流集运改革，进出货物分流集运联网监管平台正式运行。2017 年，新疆进出境人数增长 10%；对外贸易额达到 1398.4 亿元，同比增长 19.9%；新设外商投资企业 165 家，同比增长 123%；非金融类境外直接投资 7.7 亿美元；完成对外承包工程营业额 8.3 亿美元。

（五）强化平台对接，人文交流不断深入

几年来，新疆与周边及沿线国家的人文交流日趋频繁，核心区建设民意基础显著夯实，丝路精神得到弘扬，周边国家到新疆留学、旅游、就医疗养规模快速增长。

一是科技合作不断加强。以乌昌石国家自主创新示范区为核心，丝绸之路经济带创新驱动发展试验区建设持续推进。与中亚国家间的科技合作量占全国总量的 80%。围绕核心区文化科教中心建设，开展跨国科技交流与人才培训，中国—中亚科技合作中心、110 米口径全可动射电望远镜等重点项目已经全面落地。

二是教育交流持续深化。国际化人才培养与引进力度不断加大。持续实施的“留学中国新疆”计划，吸引了周边国家更多留学生到疆学习，而“新疆籍优秀自费留学生奖学金”项目，提升了海外新疆籍留学生服务管理质量。沿线国家孔子学院建设与汉语国际推广工作得到有效落实，已在周边国家建

成孔子学院10所。

三是文化交往日益紧密。各类文化交流活动影响力与日俱增。先后举办的丝绸之路国际论坛、新疆发展论坛、中巴经济走廊论坛、丝绸之路经济带城市发展论坛及第四届、第五届中国—亚欧博览会等系列重大活动，有力促进了不同文明不同发展模式的交流对话。2017年举办的“中俄纪录片展”、第五届中国新疆国际民族舞蹈节、丝绸之路国际汽车拉力赛（新疆段）等重大活动，进一步密切了与周边及沿线国家的文化交流。

四是医疗协作积极推进。国际医疗服务和跨境远程医疗服务平台建设取得积极成效。先行启动国际医疗服务的自治区人民医院等5家医院，2017年接诊外籍患者5000余人次；开展的跨境远程医疗服务平台试点建设工作，已连接域内27所医院和境外3个国家的24所大型医院。

五是旅游合作势头良好。丝绸之路经济带核心区旅游集散中心建设取得阶段性成果。搭建旅游平台，创新旅游产品，推出了中吉哈、中塔、中俄哈蒙3条跨境旅游线路。2017年新疆入境游客达234.82万人次，比2014年（150.17万人次）增长56.4%。

（六）创新金融发展，资金融通支撑有力

“资金融通”是新疆区域性金融中心建设的重要内容。2013年以来，金融机构纷纷入驻新疆，银行、保险、证券、融资性担保公司等发展迅速，多层次资本市场基本建立，各类金融资本与产业结合，有力推动了实体经济发展。新疆跨境人民币业务累计结算量从2013年的425亿元增加到2017年底的2610亿元，涉及境外国家和地区从43个扩大到90个。2017年新疆跨境人民币实际收付额占本外币跨境收支总额的35.4%。中哈合作中心试点银行开立人民币创新账户107户，办理人民币融资业务余额216.49亿元。中哈霍尔果斯国际边境合作中心6家入驻银行发展迅速，人民币与周边国家货币柜台累计交易、现钞累计交易及现汇累计交易快速增长。新疆区域范围内参与跨境人民币结算的企业共2279家，结算业务覆盖新疆10多个地州市及19家银行机构。

总体看，当前新疆丝绸之路经济带核心区建设已经呈现出行稳致远、高效实施、不断推进的良好发展态势。

三、核心区建设的问题与今后主要工作

新疆丝绸之路经济带核心区建设虽然取得了一些成绩，但也存在一些短板。主要表现为：在经济社会发展基础上，新疆相对滞后，特别是在基础设施建设方面还比较薄弱，还不能完全达到充分挖掘和利用资源优势，扩大引资规模，实现大规模开放的远景；在思维方式上，新疆地处边疆，相对发达地区经济的外放意识相对保守；在经济结构改革上，面对全球经济结构的深刻变化，新疆经济结构尚待优化，企业转型升级迫在眉睫，技术和产品仍需创新提升；在合作实效上，尽管中亚国家对丝绸之路经济带倡议普遍支持，但其政策取向与政府执行力远不及中国预期等。

为了加快和深入推进丝绸之路经济带核心区建设，新疆维吾尔自治区党委、政府强化担当意识，认真分析和研究核心区建设面临的机遇与挑战，以善作善成、久久为功的决心与信心，对当前和今后一个时期核心区建设各方面工作进行了全方位、深层次的梳理规划，并在此基础上，紧扣“一带一路”建设，制定出台《贯彻落实习近平总书记重要讲话精神加快推进丝绸之路经济带核心区建设的意见》。下一阶段，新疆丝绸之路经济带核心区建设应紧紧围绕《意见》要求，做好以下几方面工作：

1. 进一步健全自治区丝绸之路经济带核心区建设工作领导机制。围绕建设交通枢纽中心、商贸物流中心、医疗服务中心、文化科教中心、区域金融中心、“十大产业进出口聚集区”、丝绸之路经济带创新驱动发展试验区等工作，积极推进职能整合和人员队伍建设，统筹推进核心区建设工作。全面加强新疆与国家部委间的协调合作。以精耕细作的模式，推进形成核心区建设合力和长效工作体制。

2. 进一步完善核心区建设规划体系。坚持市场导向和企业主体工作导向，抓紧编制完善并出台丝绸之路经济带核心区“十大进出口产业聚集区”等专项规划。研究制定促进丝绸之路经济带核心区国际产能合作、鼓励企业参与丝绸之路经济带核心区建设等政策体系。同时，建立完善与周边及沿线国家发展规划、政策规则、产业发展的对接机制。

3. 创新合作机制。坚持“共商共建共享”原则，全面构建政府、企业、

社团、民间等组织与周边国家的双边和多边沟通合作平台。加强与驻外使馆、华商社团、外国商会的交流合作，进一步完善企业开拓国际市场“互联网+”信息服务机制。坚持办好亚欧博览会、中国亚欧商品贸易博览会、中国新疆（喀什）中亚南亚商品交易会、周边国家中国（新疆）商品展览会等重大展会。支持设立丝绸之路经济带核心区建设促进会等社团组织。积极推动和支持周边国家在新疆设立常驻机构，加强与周边国家中国驻外机构的紧密联系，积极探索中国新疆在周边国家设立常驻机构和常驻方式。积极开展城市交流，支持新疆重点城市与沿线国家重要城市之间互结友好城市。搭建华人华侨人文交流合作平台，广泛开展民间友好交往活动。

4. 坚持重点抓和抓重点相统筹，以重大项目和工作为抓手，推进基础设施互联互通，强化国际商贸物流体系和对外开放平台建设，密切与周边国家经贸、金融合作和人文交流，建设和完成一批标志性、控制性重点项目及任务。具体包括推进公路大通道和铁路大通道建设；打造丝绸之路经济带核心区“空中走廊”；强化重要交通枢纽建设；推进信息通道基础设施建设及互联互通；构建丝绸之路经济带国际通信枢纽和信息中心；推进能源通道建设；扩大“疆电外送”规模；建设国际物流干线网络；推进乌鲁木齐国际陆港区建设；打造丝绸之路经济带国家临空经济示范区；拓展中欧班列运行；开展国际道路运输政策创新和国际协调衔接工作；大力发展跨境电子商务；推进国际产能合作；推动与周边国家的技术基础和计量互认；扩大口岸对外开放；促进通关便利化；完善和落实喀什、霍尔果斯经济开发区特殊扶持政策；充分发挥综合保税区功能；推进中国（新疆）自由贸易试验区申报工作；扩大科技创新合作；创新文化、教育、卫生交流与合作；推进跨境旅游；加快金融对外开放平台建设；加大对贸易企业的金融支持和服务；推广跨境人民币创新业务等。

“一带一路”是合作、互信、共赢的平台，远景可期。站在新的起点上，新疆将与其他地区一道，以建设丝绸之路经济带核心区为契机，携手推动更大范围、更高水平、更深层次的大开放、大交流、大融合。

云南建设面向南亚东南亚辐射中心的实践

郑灵琳 [①]

提　要：把云南建设成为我国面向南亚东南亚辐射中心，是习近平总书记对云南在全国开放大格局中的新定位。核心是开放，关键是发展。云南提升对外开放水平，在主动服务和融入国家战略中推进云南跨越式发展，是云南在加快发展中必须面对和解决好的一个具有全局性的关键问题。

关键词：云南　南亚东南亚辐射中心　开放　畅通　合作

2015年1月19—21日习近平总书记视察云南期间，殷切希望云南“主动服务和融入国家发展战略，闯出一条跨越式发展的路子来，努力成为全国民族团结进步示范区、生态文明建设排头兵、面向南亚东南亚辐射中心，谱写好中国梦的云南篇章”[②]。

2015年3月31日中国共产党云南省第九届委员会第十次全体会议通过《中共云南省委关于深入贯彻落实习近平总书记考察云南重要讲话精神闯出跨越式发展路子的决定》，《决定》指出：“在扩大开放上下功夫，努力建设面向

① 郑灵琳，云南省地方志编纂委员会办公室理论信息处负责人。

② 《中共云南省委关于认真传达学习贯彻落实习近平总书记在云南考察工作时的重要讲话精神的通知》，人民网，http://cpc.people.com.cn/n/2015/0124/c64387-26443482.html。

南亚东南亚辐射中心。”“构建开放合作新格局。积极主动面向南亚东南亚地区，面向印度洋周边经济圈，大力推进政策沟通、设施联通、贸易畅通、资金融通、民心相通。全面参与‘一带一路’、长江经济带建设，主动融入中国—中南半岛、孟中印缅经济走廊建设，深化与泛珠三角、长三角、环渤海等国内区域合作，提升服务其他省（自治区、直辖市）走向南亚东南亚的能力和水平，形成内外联动、互为支撑的开放合作新格局。”

把云南建设成为我国面向南亚东南亚辐射中心，是党中央站在党和国家战略全局的高度，为云南确定的新坐标、明确的新定位、赋予的新使命，进一步凸显了云南在“一带一路”和全国开放大格局中的战略地位，给云南扩大开放、加快发展提供了重大机遇。

一、背景介绍

（一）建设面向南亚东南亚辐射中心的大背景

党的十八大以来，以习近平同志为核心的党中央以“一带一路”建设为引领，构建全方位对外开放新格局，把构建开放型经济体系、扩大发展空间、实现中华民族伟大复兴和促进世界和平发展的伟大事业不断推向了新的高度。“一带一路”建设核心内容是促进基础设施建设和互联互通，对接各国政策和发展战略，深化务实合作，促进协调联动发展，实现共同繁荣。

“一带一路”建设把云南推向了开放前沿。习近平总书记指出：“云南地处祖国西南边疆，是我国连接南亚东南亚的重要大通道。云南经济要发展，优势在区位、出路在开放。”2015 年 3 月，中国对外发布的《推动共建丝绸之路经济带和 21 世纪海上丝绸之路的愿景与行动》明确提出要发挥云南区位优势，推进与周边国家的国际运输通道建设，打造大湄公河次区域经济合作新高地，建设成为面向南亚东南亚的辐射中心。

（二）建设面向南亚东南亚辐射中心的基础

云南北依亚洲大陆，南临印度洋及太平洋，与越南、老挝、缅甸接壤，同时隔着上述三国，与柬埔寨、泰国、新加坡、马来西亚、印度、孟加拉国相距不远，是我国边境线最长、毗邻国家最多的省（自治区）之一。云南有金沙江、澜沧江、元江、怒江、瑞丽江等沟通太平洋和印度洋两大世界大洋，具有连接中国、东南亚、南亚三大市场的独特区位优势，是我国陆上能够与东南亚、南亚直接相通的地区。云南省会昆明至我国东南沿海最近的港口广西防城港铁路运距长1011千米，距广东湛江港1266千米，而通过滇越铁路由昆明至越南海防港，运距为855千米。通过滇缅公路，由昆明至缅甸腊戍，连接缅甸铁路网到达印度洋沿岸，运距仅2000千米左右，比通过东南沿海绕道马六甲海峡进入印度洋缩短运距3000千米以上，是我国进入印度洋的最短通道。从云南西部边境口岸经缅甸到印度边境不到400千米。云南通过航空和水路、陆路交通，能够便捷快速通往南亚东南亚，是我国通往南亚东南亚的重要窗口和门户。

党的十八大以来，云南牢固树立和贯彻落实新发展理念，更加主动服务和融入国家发展战略，抢抓机遇、攻坚克难、奋力拼搏、开拓创新，统筹推进经济、政治、文化、社会、生态文明建设和党的建设，全省经济社会发展取得了新的重大成就，在谱写中国梦云南篇章的伟大征程中迈出了更加坚实的步伐。

（三）建设面向南亚东南亚辐射中心的优势

1. 得天独厚的区位优势。云南地处我国与南亚东南亚次大陆接合部，与越南、老挝、缅甸3个国家接壤，边境线长4060千米，与泰国和柬埔寨通过澜沧江—湄公河相连，与孟加拉国、印度等南亚国家邻近，能够通过公路、铁路和水路进入环太平洋和环印度洋地区，具有从陆上沟通太平洋，连接南亚、东南亚和东亚三大市场的桥梁和纽带作用，自古以来就是我国走向南亚东南亚的必经之地，具有建设面向南亚东南亚辐射中心的先天条件。

2. 源远流长的人文优势。云南与周边国家山水相连、血脉相通、民族相依、人文相亲。千百年来，祖国内地与南亚东南亚国家人员往来无不以云南为重要驿站。云南也因此成为中华文化圈、南亚文化圈和东南亚文化圈的交汇地带，文化交流频繁，具有多元文化汇聚共生的特征。“古南方丝绸之路”和“茶马古道”造就了历史上开放和鼎盛的云南。二战期间，云南成为救民族于危难之中的血脉大通道。

3. 日趋明显的开放优势。云南的对外开放，最早可以追溯到2400多年前的春秋战国时期，远早于张骞出使西域开辟的“丝绸之路”。由最早的民族迁移通道发展为民间商道的南方丝绸之路，将我国的丝绸、茶叶、漆器等物品运送到南亚和西亚乃至更远地区，成为我国与外面世界之间的最早通道之一。近代历史上，云南建成第一条国际铁路，设立第一个内陆海关，修筑了滇缅公路和中印公路，开辟了驼峰航线，铺设了中印输油管道，无不彰显了云南的区位优势和在全国的战略地位。

今天，云南是“一带一路”优先推进建设的中国—中南半岛经济走廊和孟中印缅经济走廊的主要承载省份。2017 年 5 月，“一带一路”国际合作高峰论坛成果清单中，有 5 大类、62 大项、160 多项成果与云南有关，[①] 云南在我国全方位开放新格局中的地位和作用日益凸显，在国家发展和对外开放战略中具有重要地位。

二、建设面向南亚东南亚辐射中心的举措及成效

2017 年 5 月，“一带一路”国际合作高峰论坛期间，以政策沟通、设施联通、贸易畅通、资金融通、民心相通（简称“五通”）为主线，达成多项成果与云南有关。同时，云南以“五通”为基础，围绕面向南亚、东南亚辐射中心建设，大力推进区域性国际经济贸易中心、科技创新中心、金融服务中心和人文交流中心建设，主动服务和融入国家发展战略，面向南亚东南亚辐射中心建设取得积极进展。

（一）“五通”举措及成效

1. 政策沟通。按照习近平总书记考察云南时的重要讲话精神，省委、省政府及时组织召开全省开放大会，先后出台了一系列重要政策，采取了一系列重大举措，成立了建设面向南亚、东南亚辐射中心领导小组办公室；发布了辐射中心建设任务分解方案，明确了各级各部门的职能职责；印发了建设辐射中心重点任务分工方案，组织领导、上下联动、政策落实、项目落地。

---

① 《云南大开放正当时——访云南省省长阮成发》，人民网，http://opinion.people.com.cn/n1/2017/0906/c1003-29517360.html。

云南省委、省政府先后出台了《中共云南省委关于深入贯彻落实习近平总书记考察云南重要讲话精神闯出跨越式发展路子的决定》《中共云南省委云南省人民政府关于加快建设我国面向南亚东南亚辐射中心的实施意见》《云南省人民政府关于印发云南省沿边地区开发开放规划（2016—2020年）的通知》等文件。云南省发展和改革委员会牵头编制了《云南省积极服务与融入中国—中南半岛经济走廊建设发展规划（2016—2020年）》《云南省建设我国面向南亚东南亚辐射中心规划（2016—2020年）》《云南省沿边开放经济带发展规划（2016—2020年）》等。根据国务院《关于支持沿边重点地区开发开放若干政策措施的意见》的精神，编制印发了《云南省人民政府关于支持沿边重点地区开发开放若干政策措施的实施意见》。围绕建设面向南亚东南亚"四个中心"，云南出台了《云南省人民政府关于建设面向南亚东南亚经济贸易中心的实施意见》《云南省建设面向南亚东南亚科技创新中心专项规划（2016—2020年）》《云南省建设面向南亚东南亚人文交流中心规划（2016—2020年）》《关于提升金融创新能力建设面向南亚东南亚金融服务中心》等5个实施方案。[①]

这一系列文件的出台，为辐射中心建设提供了坚强的政策保障。据2018年8月商务部公示的统计数据，云南与泰国、老挝、越南、缅甸、印度、马尔代夫、以色列等国家的地区建立双边合作机制，与34个国家缔结90对国际友好城市关系，全面参与中国—中南半岛、孟中印缅两廊建设，配合国家启动澜沧江—湄公河合作机制（LMC），积极推进中越、中老、中缅跨境经济合作区建设。努力提升孟中印缅合作论坛交流水平，不断完善与越北、老北、泰北等合作机制。成功举办了5届中国—南亚博览会、首届南亚东南亚国家商品展暨投资贸易洽谈会、外交部云南全球推介会等重大活动。[②]

2.设施联通。全面启动路网、航空网、能源保障网、水网、互联网等五大基础设施网络建设。境内中越方向的昆明—河口公路已实现全程高速，中缅方向的龙瑞高速公路已建成通车，中老方向的小勐养—磨憨段高速公路建成通车。云南边境干线公路加快建设，龙江特大桥建成通车，实现了昆明至

① 中共云南省委宣传部：《面向南亚东南亚辐射中心建设》，云南人民出版社2017年版，第11页。

② 参见商务部：《云南与34个国家缔结90对国际友好城市关系》，http://www.mofcom.gov.cn/article/resume/dybg/201808/20180802776218.shtml。

腾冲全程高速。腾冲—陇川、思茅—澜沧、勐腊—勐满、文山—马关、元阳—绿春、蔓耗—金平、景洪—勐海等沿边高速公路开工建设。与周边国家互联互通公路加快推进，中缅章（凤）八（莫）公路建设签约，临沧—清水河高速公路开工建设，磨憨—会晒高速公路前期工作全面启动。中越中老国际铁路昆明—玉溪段开通动车，玉溪—磨憨铁路全线开工。中缅铁路通道建设加快，高黎贡山隧道、怒江特大桥等重难点控制性工程正加快建设。大（理）临（沧）铁路建设快速推进。昆明铁路枢纽五条出境铁路"咽喉"（读书铺—昆明站扩能改造）贯通，面向南亚东南亚的铁路货运枢纽站（王家营西火车站）和现代铁路物流园区投入使用。沪昆、桂昆高铁通车运营。沧源佤山机场和澜沧机场通航，陇川通用机场、怒江民用机场开工建设。勐腊机场完成预选址工作。昆明长水国际机场出入境自检通道全部开放。澜沧江—湄公河航道二期整治工程前期工作全面启动。积极推动了云南与周边国家电力互联互通建设，中老、中越、中缅电力联网取得了较大突破；滇缅合作建设的诺昌卡河水电项目被中缅两国政府筛选为中缅电力合作首期开工的"示范项目"；中缅油气管道建成投产，实现了与缅甸油气管道互联互通，成为我国第四大油气进口通道。①

至 2018 年 9 月，全省高速公路通车里程增加到 5086 千米。② 中越、中缅通道境内段已实现全程高速化，泛亚铁路东线境内段已全线建成通车。过去 5 年，云南新增铁路运营里程 1166 千米，总里程超过 3000 千米。昆明长水国际机场旅客年吞吐量排名全国第 6 位，泸沽湖、沧源、澜沧机场建成通航，③ 云南是全国开通南亚东南亚航线最多的省份。

3. 贸易畅通。国务院先后批准同意云南设立滇中新区、勐腊（磨憨）重点开发开放试验区和昆明综合保税区等。2016 年 5 月 31 日，勐腊（磨憨）重点开发开放试验区正式挂牌成立，中老磨憨—磨丁货运专用通道开工建设。瑞丽重点开发开放试验区发展迅速，畹町口岸进出口查验货场项目开工。红河综合保税区获得国家口岸代码，已具备口岸检验检疫报检功能。临沧边境

---

① 参见中共云南省委宣传部：《面向南亚东南亚辐射中心建设》，云南人民出版社 2017 年版，第 12 页。

② 参见《云南高速公路通车里程达 5086 千米》，人民网，http://yn.people.com.cn/n2/2018/0919/c378439-32073023.html。

③ 《云南省五年新增铁路运营里程 1166 千米》，云岭先锋网，http://wldj.yn.gov.cn/NewsView.aspx?NewsID=234878。

经济合作区发展迅猛。河口口岸启动云南省首个边民互市管理模式改革试点。中老两国签署《中国老挝磨憨—磨丁经济合作区建设共同总体方案》。2016年3月4日，国务院批复同意设立中老经济合作区。中越河口—老街跨境经济合作区共同总体方案编制工作重新启动，中方园区项目启动建设。中缅商务部签署《关于建设中缅边境经济合作区的谅解备忘录》。老挝万象赛色塔综合开发区通过商务部、财政部评估考核，成为中国国家级境外经济贸易合作区。中国、老挝、泰国沿昆曼公路、澜沧江—湄公河海关第五次联络员会议召开，各方就支持物资便利通关的措施达成共识。昆明海关推行"汇总征税"新模式，货物从申报到实货放行时间平均缩短约5天。云南省瑞丽、畹町、天保、磨憨、孟定、河口、猴桥7个口岸获批成为国家进境粮食指定口岸。①

2015年12月17日，云南省政府与国家发改委在北京签署《关于建立推进国际产能和装备制造合作委省协同机制的合作框架协议》，② 将云南作为对接老挝开展国际产能合作的牵头省份，实施"一省一地"对接试点。2016年3月23日，雀巢全球首家咖啡中心在普洱落成启用。GMS跨境电商合作平台企业联盟成立，国内最大泰国商品销售平台落户云南。探索跨境旅游区建设，中缅、中老、中越边境游发展势头良好。临沧开通中国清水河—缅甸清水河—果敢—滚弄—腊戌3日游、中国清水河—缅甸清水河—果敢—滚弄1日游、中国南伞—缅甸果敢1日游3条边境旅游线路。

中老交通旅游服务中心在老挝会晒建成开业。柬埔寨政府与云投集团等签约兴建暹粒吴哥国际机场。筹建大湄公河次区域跨境电商平台。中国—东盟自由贸易区商务门户网站（升级版）开通。云南昌胜达投资有限公司与重庆能投进出口有限公司在老挝丰沙里省共同投资，打造大型咖啡原生态基地和产业园。云南省国际商会下设的云南对孟商务信息咨询有限公司与孟加拉国总理办公室投资委员会在达卡签署谅解备忘录，双方就孟加拉国在华招商引资、投资推荐、旅游促进、政策咨询等事宜达成合作协议。中国—中东欧国家农业部长会议暨国际农业经贸合作论坛在昆明举办。云南企业在"一带一路"沿线国家承包工程业务快速增长。

---

① 中共云南省委宣传部:《面向南亚东南亚辐射中心建设》,云南人民出版社,2017年,第13页。

② 《云南递出国际产能合作新名片》，新华网，http://www.yn.xinhuanet.com/2016ynnews/20160618/3214752_c.html。

以深化南亚东南亚周边合作为重点，“走出去”战略得到深入实施。鼓励具有比较优势的企业参与境外基础设施建设和产能合作，项目主要分布在东盟、非洲、南美、中东等地区。对外直接投资项目覆盖国民经济20个行业大类中的17个，在全国排名第十位，西部地区排名第一位。境外经贸合作区建设积极推进。老挝万象赛色塔开发区建设取得突破，成功通过国家考核确认，成为云南推进建成的第一个国家级境外经贸合作区。老挝磨丁经济开发区建设稳步推进，预计投资总额为2.85亿美元。已规划在老挝、缅甸等9国共设立14个境外经贸合作区，设立驻外商务代表处23个，实现对南亚东南亚全覆盖。①

全省建成7大类17个开放合作功能区，成功举办5届中国—南亚博览会，并以中国—南亚博览会、中国国际旅交会等区域性国际展会为窗口，以滇中新区为腹地，以各重点开发开放试验区、边（跨）境经济合作区、综合保税区为前沿，推动全省各类开放合作平台体系建设不断取得新发展。与长江流域、泛珠三角区域、京津冀、成渝经济区和周边省（自治区、直辖市）的交流合作更加紧密，与“一带一路”沿线国家特别是周边国家在资源、能源、产能、基建等方面的合作进一步增加。云南的国际贸易伙伴覆盖南亚东南亚和全球多个国家和地区，全省拥有25个国家级口岸，在国内率先推行“三证合一”，通关便利化（即检验检疫报检企业备案、原产地证申报企业备案、对外贸易经营者备案“三证合一”②）。云南与国际国内特别是与周边国家市场联系日趋紧密、合作交往日益密切、合作平台和机制日益完善，对外影响力不断提升。

4. 资金融通。云南加强规划衔接和统筹协调，优化开放合作功能区布局和功能定位，着力解决各开放平台间联动不够、合力不强的问题，促进重点开发开放试验区、边（跨）境经济合作区以及综合保税区等海关特殊监管区错位发展、协调发展，完善开发开放、跨境合作、保税物流等功能，建成支撑经贸合作的重要平台。深入推进沿边金融综合改革，提高贸易投资便利化水平，加快建设昆明区域性国际金融中心。云南贸易伙伴覆盖南亚东南亚和

---

① 中共云南省委宣传部：《面向南亚东南亚辐射中心建设》，云南人民出版社2017年版，第17页。

② 《云南省多项举措促通关便利化》，新华网，http://www.yn.xinhuanet.com/2016ynnews/20161031/3507772_c.html。

全球许多国家和地区，跨境人民币业务覆盖80多个国家和地区。

稳步推进沿边金融综合改革试验区建设，金融支持涉外经济发展能力增强。玉溪市与亿赞普集团签订合作协议，建设东南亚IBS跨境清结算中心。人民币跨境结算业务范围扩大，个人经常项下跨境人民币结算试点正式破冰启动，农行云南省分行内部设立了泛亚业务中心，开辟了人民币跨境结算新渠道。瑞丽重点开发开放试验区成立全国首家中缅货币兑换中心，成功发布引导中缅货币兑换汇率的“瑞丽指数”，在全国率先设立个人本外币兑换特许机构办理全部经常项目项下人民币与缅币兑换业务试点，在全国率先支持具备条件的银行业金融机构对缅非现金跨境结算服务点进行跨境人民币结算、银行间跨境结算和本外币特许兑换，在全国率先开展欧元直汇缅甸试点改革，在全国率先对缅籍人员账户开立实行特殊管理政策，建立了外籍人员金融消费权益保护投诉站，创建了全省第一个边境贸易区刷卡无障碍示范区。长江村镇银行落户勐腊（磨憨）重点开发开放试验区；富滇银行在磨憨设立支行，与老挝外贸大众银行共同合资组建了老中银行，在老挝磨丁经济专区设立“金融支付服务点”；中国农业银行泛亚业务中心在磨憨挂牌成立，勐腊县农村信用合作联社与老挝外贸大众银行签署跨境人民币结算业务合作协议。统一对外发布人民币兑越南盾指导性汇率（“YD指数”）。支持农行河口支行从越南老街农行通过河口口岸调入越南盾，开启了云南省边境陆路口岸直接与周边国家开展外币现钞进出境调运工作的先河。

5.民心相通。云南坚持经济合作和人文交流共同推进，与周边国家在旅游、教育、科技、文化、卫生、体育、媒体、智库等领域增进交流。

云南在周边国家实施了一批教育培训、减贫增收、灾害救济等民生项目，夯实了民意基础，筑牢了社会根基。文化贸易成为云南人文交流的新亮点，一批有云南特色的广电、演艺、新闻出版、民族手工艺推向国际市场，基本形成全省文化产业均有代表性企业在全国率先“走出去”格局。云南广播电视台、云南日报报业集团与南亚东南亚国家媒体良性互动、合作交流不断增多，中国国际广播电台、中共云南省委宣传部签署合作协议，共建云南大学、云南民族大学南亚东南亚国际传播学院，建设相关领域的人才培养基地、内容生产基地、制作基地，从内容制作、媒体管理运营等方面培养语言、研究、媒体、对外文化交流人才。

（二）“四个中心”举措及成效

1. 区域性国际经济贸易中心建设。云南凭借优越的地理区位和长期以来对南亚东南亚开放合作的历史，在巩固传统市场的基础上，加大南亚东南亚新兴市场的开拓力度，优化对外贸易结构，大力发展加工贸易和服务贸易，推动产业集聚与合作发展。成功举办中国—南亚博览会暨中国昆明进出口商品交易会、中国国际旅游交易会、首届澜沧江—湄公河合作外长会以及昆明国际珠宝展等展会，大大提升了云南在南亚东南亚国家的影响力。

以重点开发开放试验区、边境经济合作区等为重要平台和载体，加快构建集物流、仓储、特色产业于一体的沿边开放经济带。瑞丽重点开发开放试验区建设加快推进。中老磨憨—磨丁经济合作区成功获批，这是继中哈霍尔果斯国际边境合作中心之后，中国与毗邻国家共同建立的第二个跨国境的经济合作区。目前，中老双方建立了双边合作机制，组建了部级联合协调理事会和司局级联合工作组，双方就合作区共同发展总体规划、联合协调理事会商议事项已召开多次会议。正在全力开展中越河口—老街跨境经济合作区和中缅瑞丽—木姐跨境经济合作区的筹建工作。滇中新区、临沧边境经济合作区等开放载体建设明显加快。红河综合保税区通过国家验收，昆明综合保税区、昆明腾俊国际陆港保税物流中心（B 型）和昆明高新保税物流中心（B 型）获批。

2. 区域性国际科技创新中心建设

围绕云南生物、高原特色农业及农产品精深加工、有色金属及稀贵金属新材料、先进装备制造、新能源、现代服务业等特色优势产业，积极创造良好条件和优良环境，吸引海内外著名高校、研究机构与跨国公司到云南建设一批特色鲜明、优势突出的国家重点实验室、工程技术研究中心、企业技术中心、公共科技服务平台。积极推动科技成果转化和产业化，形成以昆明为中心，曲靖、玉溪、楚雄为支点的国内一流的滇中自主创新区，打造面向南亚东南亚的技术转移基地。

2015 年，中国与南亚国家启动了“中国—南亚科技伙伴计划”，从国家层面推进了中国与南亚科技合作。云南针对技术需求和国外广阔市场，坚持引进与输出相结合，交流与合作相促进，推进国际科技合作不断深入发展。

已在老挝、越南等地建有5个海外科技合作示范园，中国—东盟科技论坛、中国—南亚技术转移中心、中国—东盟创新中心、大湄公河次区域农业科技交流合作组、中国—南亚农业科技交流合作组等已成为国内和南亚东南亚国家合作交流的重要渠道和平台，有国家级国际科技合作基地（技术转移中心）12个，院士专家工作站115个，居西部第一位；[①] 面向南亚东南亚科技辐射的技术、产业和人才储备初具规模。建设了面向大湄公河次区域国家可再生能源技术转移等一批外向型公共技术服务平台。

3. 区域性国际金融服务中心建设。以沿边金融综合改革创新为突破口，积极推进昆明区域性国际金融中心建设。加快推进沿边金融综合改革试验区建设，创新发展跨境人民币业务，覆盖了境外82个国家和地区。全面统筹好金融发展与经济发展的关系，加快金融机构“引进来”和“走出去”，大力推进沿边金融综合改革试验区建设，创新发展跨境人民币业务。

4. 区域性国际人文交流中心建设。对外文化交流合作广泛开展，助推中华文化影响力。周边国家来滇留学生规模不断扩大，云南到周边国家留学的人数也不断增长，孔子学院建设和汉语国际推广工作进一步加强。随着“一带一路”倡议的不断推进，云南与周边国家的专家学者、研究机构和社会团体的交流日益频繁。云南省非政府组织在缅甸开展了许多社会公益活动，顺利推进了缅甸掸邦“一村一电视”项目及缅甸木姐农村地区健康促进项目。

2016年，云南日报报业集团将所有在国外合作出版发行的新闻专刊统一更名为《中国·云南》新闻专刊。10月，《中国·云南》英文版新闻专刊正式落地印度，云南在外落地新闻专刊覆盖国家达到8个，共编辑出版5种语言的13份《中国·云南》新闻专刊。经国新办批复同意，由国新办主管、云南省新闻办主办的缅文《吉祥》、泰文《湄公河》、老文《占芭》、柬文《高棉》4种外宣期刊以及多语种网站云桥网也正式整体划转云南日报报业集团承办。至此，云南日报报业集团形成了报纸、期刊、网络、新媒体互补互动互融的立体化对外传播体系。[②]

---

① 中共云南省委宣传部：《面向南亚东南亚辐射中心建设》，云南人民出版社，2017年，第108页。

② 参见中共云南省委宣传部：《面向南亚东南亚辐射中心建设》，云南人民出版社，2017年，第19页。

三、建设面向南亚东南亚辐射中心存在的问题及对策

（一）存在的问题

习近平总书记在考察云南时明确指出，制约云南发展的重要因素是基础设施特别是交通设施建设滞后，要以改革的思路，多渠道筹措建设资金，推进基础设施网络建设，加快国际大通道建设步伐，形成有效支撑云南发展、更好服务国家战略的综合基础设施体系，从根本上改变基础设施落后状况。

改革开放以来，云南充分发挥自身的区位优势，克服了基础设施薄弱、体制机制不顺、政策体系不完善、资金相对不足、周边局势复杂多变等困难，努力推进我国连接南亚东南亚国际大通道建设，积极参与大湄公河次区域经济合作和孟中印缅走廊建设，建立和完善与南亚东南亚周边国家合作机制，全方位、多领域推动与南亚东南亚国家合作，面向南亚东南亚开放取得积极进展。

但是，相较于先进发达地区，云南的交通基础设施建设明显滞后并严重制约了全省经济社会发展和对内对外开放。产业发展上还面临着总量规模偏小、创新能力不强和发展后劲不足等问题，严重制约了云南提升对外开放水平。站在全国开放大格局高度看，云南仍处于开放的末端。

（二）采取的对策

1.改变基础设施滞后状况。围绕基础设施建设，持续推进互联互通建设，坚定不移推进路网、航空网、能源保障网、水网和互联网“五网”基础设施建设，加快推进高铁、城际铁路、城市轨道交通、高速公路建设，加强国省干线和农村公路建设，发展完善航空运输体系，推进多式联运发展，实现不同运输方式协调高效，发挥综合优势，提升交通物流的整体效率，形成有效支撑云南发展、更好服务国家战略的综合基础设施体系。

围绕区域协调发展、与周边国家地区互联互通和新型城镇化、城市群建设，谋划推出一批重大基础设施建设项目。着力提升口岸通关能力，进一步提升通关便利化水平。创新现有的口岸监管模式和通关模式，实现口岸出入境人员、货物、交通工具快速通关。更加强化与周边国家在区域互联互通软

硬件建设两方面的合作，合力推动国际大通道建设。

2. 做强特色产业基地建设。着力推进产业优化升级，坚持以提高经济发展质量和效益为中心，把转方式调结构放到更加重要的位置，加大产业优化升级的力度，做大做强优势支柱产业，培育壮大新兴产业，加快改造传统产业，立足自身优势和特点，建设外向型特色产业基地。加快构建开放型、创新型和高端化、信息化、绿色化现代产业新体系。发挥好烟草、能源、矿业等优势支柱产业的支撑作用。

推动与周边国家开展产业对接和产能合作。围绕电力、装备制造、冶金、化工、建材、轻工及物流等重点领域，建设实施一批重点国际产能合作项目，建成一批境外产能合作基地。加强与成渝经济区、长三角和珠三角等经济发达地区的合作，积极承接产业转移，加快产业聚集发展，夯实产业发展基础。

3. 发挥沿边开放优势。习近平总书记在云南考察时指出，云南要充分利用自身区位优势，积极主动面向南亚东南亚地区，面向印度洋周边经济圈，完善各类重点开放平台的功能和作用，完善周边国际区域合作机制，办好南博会，使云南成为对外开放的新高地。

云南正积极参与中国—中南半岛经济走廊、孟中印缅经济走廊建设以及中国—东盟自由贸易区、澜湄合作机制建设，打造滇老泰经济走廊，深化利益融合，全面加强合作，在互联互通、投资贸易、产业发展、能源资源和人文交流与合作等领域取得新突破。

云南将充分发挥自身特色优势，勇于承担国家赋予的沿边开发开放任务，在深化国际区域合作、扩大沿边开放、深入实施西部大开发战略等方面不断进行探索和创新，打造一些富有特色的新合作平台和机制，更加积极主动地开展先行先试，为西部地区、沿边地区乃至全国的开放和发展树立新标杆。

4. 加强科技创新平台和人才队伍建设。充分注重发挥现有科技研究和创新合作平台的作用，重点加强世界一流科技实验室的建设，打造顶级科技学术会议；充分发挥“中国—东盟创新中心”和“中国—南亚技术转移中心”的作用，强化云南省与南亚东南亚国家的科技合作，在发展自己的同时，有效服务周边。

集聚国内外优势科技创新资源，形成具有云南特色和较强科技竞争力的科技研究领域，重点围绕冶金、矿产、生物医药、动物、农作物、新材料等云南优势科技领域科学规划云南省科技创新重点重大攻关项目，形成独具云南特色的科技创新优势，促进云南产业结构的升级和转型发展。

重视卓越科技人才的引进与培养工作，大力引进紧缺急需的高端科技人才、高层次创业人才、海外高层次人才来滇创新创业；注重本土优秀科技人才的培养，重点培养中科院院士、工程院院士、长江学者及各类国家级人才；注重一线创新人才和青年科技人才培养，打造一批高质量的创新团队，在资金、政策等方面为科技人才发展创造良好的研究环境。

5. 推动国际区域经济合作。习近平总书记曾多次强调“一带一路”倡议，不是另起炉灶，也不是推倒重来，而是要促进发展战略对接、实现优势互补。由于国与国之间的政策、文化、宗教、信仰等存在差异性，唯有进一步深化政策互通，才能有效实现彼此发展战略对接。云南地处南方丝绸之路要道，应根据独特的地理优势和历史条件，充分发挥云南的连接交汇作用，努力主动服务和融入国家“一带一路”倡议，做好当代南方丝绸之路的前哨。一是发挥好辐射中心的作用，加快人民币在沿线国家的流通，积极创建相关的会展平台和交易市场，比如南博会、昆交会等会展平台，鼓励周边国家参与交易。二是提升澜沧江—湄公河次区域合作水平，与老挝、缅甸、泰国、柬埔寨、越南5个国家完善区域合作机制。三是加快沿边开放步伐，着力打造滇中金融中心、沿边金融产业试验区等跨国经济合作区。四是发挥好云南区域环境独特、金融资源相对集中的优势，努力构建以滇中为龙头，以滇南、滇西南、滇东南为腹地，辐射南亚东南亚国层次清晰、团结合作的区域性金融合作网络。

6. 促进人文交流和民心相通。逐步打造面向南亚东南亚具有较强学术力量和政策影响力的智库、具有传播力的文化产业集团、具有公信力的传媒集团、具有专业性与亲和力的医疗机构、具有社区影响力的妇女组织、具有民间交流能力的体育机构，力争打造一批具有区域影响力的院校、智库、传媒集团、文化产业团体、旅游团体和妇女组织。

加强与南亚东南亚国家新闻主管部门和主流媒体之间的交流对话，推动云南新闻机构、主要媒体与之建立长期稳定的合作关系。坚持政府主导、企业主体、市场运作、社会参与的方式，以南亚东南亚等周边国家为重点，推动文化“走出去”。发挥沿边州（市）和边境县的主体作用，以边境节庆活动、文化活动、边民交流等为抓手，把全省4060千米边境线的外宣活动、项目、品牌串成一条传递友好、增信释疑的边疆友谊长廊。

V

精准扶贫篇

河南内乡“5+”扶贫模式探索

■ 姚文书 [①]

提　要：脱贫攻坚战是全国贫困地区的首要任务和第一民生工程。然而，在现有的贫困户中，70% 多是因病、残、无劳力而致贫，尽快使这一部分人既依靠金融支持稳定脱贫，又控制好资金风险成为亟待解决的难题。河南内乡实施的“政府 + 合作社 + 龙头企业 + 金融 + 贫困户”资产收益帮扶模式，充分发挥政府的宏观控制优势，引进共享经济理念，依托企业面向全国布局的优势，复制推广到全国 8 个省（自治区）25 个扶贫开发工作重点县，直接帮扶建档立卡贫困户 11 万户 30 多万人，赋予贫困人口持续收益，达到稳定脱贫的目的，实现多方共赢，成为全国带动贫困户最多、推广范围最广的扶贫模式。

关键词：河南内乡　精准扶贫　“5+”模式　资产收益帮扶　扶贫机制

2015 年以来，中共内乡县委、内乡县人民政府把脱贫攻坚作为首要政治任务和第一民生工程，积极探索脱贫攻坚新模式和新路径，坚持“开发式”与“造血式”扶贫并重，全面改善贫困村基础设施面貌，统筹推进产业扶贫、易地扶贫搬迁、转移就业、教育、健康扶贫、社会保障兜底等工作，探索出

① 姚文书，河南省内乡县史志办公室主任。

内乡县“政府＋合作社＋龙头企业＋金融＋贫困户”资产收益帮扶模式（即“5+”扶贫模式）。

“5+”模式是主要以龙头企业为平台的产业扶贫，不但可安排有劳动能力的贫困户到企业产业链上就业，而且确保每户贫困户每年都可获得3200元的稳定增收。截至2017年年底，内乡县15263户贫困户已获得稳定资金收益分红4485.6万元。该模式已经推广到河南、安徽、山西、陕西、黑龙江、吉林、辽宁、内蒙古8省（自治区）25个国家级和省级扶贫开发工作重点县，直接帮扶建档立卡贫困户114930户30多万人，[①] 受到国务院扶贫办主要领导的充分肯定，被称为精准扶贫的创新模式。

一、工作背景及基本情况

习近平总书记在中央扶贫开发工作会议上提出：“消除贫困、改善民生、逐步实现共同富裕，是社会主义的本质要求，是我们党的重要使命。全面建成小康社会，是我们对全国人民的庄严承诺。”“明确到2020年我国现行标准下农村贫困人口实现脱贫，贫困县全部摘帽，解决区域性整体贫困。”[②] 要坚持以脱贫攻坚统揽经济、社会发展全局；要重点解决好“扶持谁、谁来扶、怎么扶、如何退”的问题。《中共中央国务院关于打赢脱贫攻坚战的决定》的总体目标是到2020年，稳定实现农村贫困人口不愁吃、不愁穿，义务教育、基本医疗和住房安全有保障；实现贫困地区农民人均可支配收入增长幅度高于全国平均水平，基本公共服务主要领域指标接近全国平均水平；确保我国现行标准下农村贫困人口实现脱贫，贫困县全部摘帽，解决区域性整体贫困。围绕中央的决策部署，河南省委、省政府提出了扶贫开发“三个五”工作思路：“五条途径”，即坚持向城镇转移就业脱贫，发展特色优势产业脱贫，易地搬迁脱贫，社会保障兜底脱贫，扶危济困脱贫；“五项举措”，即实施知识技能扶贫，合作带动扶贫，财政金融扶贫，基础设施建设扶贫，安居扶贫；“五个保障”，即强化各级党委政府责任，发挥基层党组织战斗堡垒作用，强化部门

---

① 徐海林：《“3+N”模式整市推进战犹酣 南阳脱贫攻坚迈出新步伐》，内乡政府门户网站，2018年5月3日。

② 习近平：《习近平谈治国理政（第二卷）》，外文出版社，2017年，第83页。

支持服务职能，广泛动员社会力量扶贫，建立完善考核机制。

内乡县辖16个乡镇289个行政村，总人口73万人，总面积2465平方千米，其中耕地70万亩，素有“七山一水二分田”之称；属秦巴片区特困县，是河南省53个国家级贫困县之一，也是国家重点生态功能区，南水北调汇水区。由于该县属于深山区，交通发展慢；作为南水北调水源地，环境要求高；境内驻军多，限制发展；气候恶劣、水资源匮乏、干旱等原因，导致生存条件差；加之自然灾害多，该县农村贫困村达到93个，贫困户15998户44142人，经过近年来的持续努力，已实现5857户19796人脱贫退出，贫困发生率为6.1%（贫困村的贫困户为7284户21534人，占总贫困人口的52.7%；低保、“五保”贫困户5603户13914人，占比35.55%；因病致贫8055户22743人，占比58.11%；因学致贫828户2961人，占比7.57%）。自脱贫攻坚工作开展以来，内乡县紧紧围绕精准识别、精准帮扶、精准施策、精准退出，统筹兼顾，靶向施策，努力做强扶贫产业、做活金融扶贫、做好易地扶贫搬迁，强力推进脱贫攻坚各项措施落地见效。尤其是通过政府主导，使贫困户以抱团发展的方式，联结到优势行业、优势产业、优势企业、优势资产，避免了个人缺乏经验、技术和管理的弊端，创新了“5+”精准扶贫模式，遵循市场规则办事，实现多方共赢，成为共享经济理念在扶贫领域中的成功运用典型范例。

二、主要工作措施及成效

内乡县坚持在扶贫工作上顶层设计，在创新扶贫模式上勇于担当，在提升群众内生动力上主动探索，构建了产业扶贫大格局，实现了政府、合作经济组织、企业、金融机构和农户的共赢发展，走出了一条可以大面积复制推广的扶贫之路。

（一）“内乡5+”扶贫模式

内乡县贫困户中，70%多是因病、残、无劳力而致贫，这是该县脱贫攻坚的难点，也是全国贫困地区的共性，这个难点做好，大面积的脱贫攻坚任务也就不难如期完成。中共内乡县委、县人民政府利用政策性小额扶贫贷款，撬动全县扶贫大产业，携手龙头企业和国家开发银行等金融部门，设计实施了“5+”扶贫资产收益帮扶模式，即“政府 + 合作社 + 龙头企业 + 金融部门 + 贫困户”扶贫模式。该模式由政府组织建档立卡贫困户入股成立合作社，政府和企业担保增信，贫困户向国家开发银行或农信社等金融机构申请扶贫贷款，交由合作社建设设施，企业租赁经营并负责最终还本付息，保证贫困户可连续多年获得稳定收益。[①] 一是党委、政府主导。遵循市场规则，搞好顶层设计，厘清各参与主体的职能定位，规划好参与方式和运作方法，防范降低风险。例如，在该县养殖产业扶贫上，主要是明确县畜牧局作为牵头单位，各乡镇密切配合，引导组织贫困户注册成立聚爱农牧专业合作社，积极牵线搭桥，协调合作社与金融机构、龙头企业对接、合作。同时，对合作的项目流程进行把关，对效益风险进行评估预判。二是合作社运营。贫困户（社员）以户为单位，自愿将5000元到户增收项目资金作为股金注入合作社，变股民、拿分红。合作社在充分征求社员（股民）意见的基础上，向金融机构申请政策性扶贫贷款，与龙头企业合作，发展合适的产业项目。合作到期后，合作社将5000元到户增收资金退还给入股的贫困户。具体在养殖产业上，合作社根据养殖公司发展需要，利用贷款投资建设猪舍，形成固定资产，统一租赁给养殖公司。租赁费在满足支出利息和合作社必要管理费用外，其余资金股民分红，每户每年可分红3200元，连续10年，并且逐年增加。三是龙头企业带动。有爱心、有担当、有实力的龙头企业发挥优势，面向合作社和贫困户推出合适的产业项目、劳务外包工程等，带动合作社发展、贫困户增收。就发展养殖扶贫产业来说，内乡县有上市龙头企业牧原公司，生猪养殖已在全国14个省82个市、县布局，急需新建大量猪舍扩大产能。内乡县抓住牧原公司产能扩大的机遇，由合作社与牧原公司签订猪舍租赁使用协议，明确租赁期限、租金支付方式，合作期满后，公司回购猪舍，确保收益稳定、持续。同时，公司根据生产需要，把产业链上的沼液还田、保洁绿化、安全保卫、工装订作、物料装卸等服务外包给合作社，让合作社获得承包收益。四是金融支撑。在资金支持上，既要不怕担当风险，又要把控好风险，真正把国家

① 侯雪静：《“5+”扶贫多方共赢“资产收益”走向全国——牧原集团产业扶贫模式在贫困地区快速推广》，新华网，2017年10月10日。

好的政策用足用活、落到实处，惠及百姓，主要是利用好国家对每个贫困户的扶贫贷款这个“金融杠杆”上。具体做到：第一，组建城乡一体化发展有限公司作为易地搬迁、种养殖扶贫、光伏扶贫和旅游扶贫的承贷主体，进行项目包装，争取政策性扶贫贷款。第二，组建内乡浦银产业投资基金，并以此为母基金，与企业合作建立一期规模1.5亿元的扶贫开发基金，充分发挥财政资金的杠杆作用，直接或间接撬动20倍的金融信贷资金和社会资本的扶贫投入。同时财政安排2000万元资金作为金融扶贫风险金，撬动贷款不低于2亿元的扶贫资金。第三，充分发挥县农村商业银行的作用，按照“合作社贷款建设—优势企业租赁经营—贷款到期后优势企业回购”模式，对加入聚爱合作社的贫困户进行定向扶贫贷款，目前已发放聚爱贷款11.7亿元，光伏扶贫贷款0.88亿元，收益贫困户6943户。第四，整合各类财政涉农资金，2017年内乡县将各类财政涉农资金34143.3万元，除整村推进项目外，其余均为到户项目，主要用于雨露计划培训、科技扶贫、小额贴息贷款、基础设施、到户增收等项目。截至目前，在该县养殖产业扶贫的具体操作上，由公司担保、政府增信，县农商行利用人民银行扶贫再贷款，邮储银行利用扶贫小额贷款和商业银行的贷款，国开行利用扶贫贷款，累计向聚爱合作社发放了贷款22.3亿元。五是贫困户参与。自愿入股合作社的贫困户，在合作社统一组织下，对筛选出来的产业项目进行审定，并签订项目一致议定协议书，委托合作社统一经营管理，并获得连续稳定的分红收益。同时，有劳动能力的贫困户可以到合作社或龙头企业务工。

（二）主要做法

1.在扶贫工作上顶层设计，严密组织和全程监督，确保各项工作的顺利运行。切实加强扶贫工作的组织领导。内乡县成立由县委书记、县长任组长的脱贫攻坚工作领导小组，统筹安排部署脱贫攻坚任务；设立县智慧扶贫信息中心，触屏上网即可精准掌握贫困户基本信息、帮扶措施落实、脱贫成效等扶贫工作概况；乡级党委、政府承担脱贫攻坚主体责任，明确1名乡镇党委副书记主抓，同时设立扶贫办；村级建立扶贫信息室，确定1名扶贫专干，加强本辖区脱贫攻坚领导，形成县乡村三级层层抓落实的扶贫责任链。认真落实“干部当代表、单位做后盾、领导负总责”的工作机制，实现县乡村三级领导干部和帮扶单位对贫困村、贫困户精准帮扶全覆盖。在省市派驻工作队帮扶基础上，该县35名副处级以上领导全部联乡包村帮扶到户、县直各单位和县规上企业选派95名第一书记、88支工作队共240名年轻干部驻村开展结对帮扶；非贫困村的贫困户，乡镇包村干部、乡镇直单位职工兜底分包，确保每个行政村都有帮扶单位，每个贫困户都有帮扶责任人。

建立健全联席会议机制。内乡县脱贫攻坚领导小组每周听取县处级领导分包乡镇脱贫攻坚工作开展情况、研判形势，解决重大问题；协调解决相关部门和乡镇的涉农资金、项目安排等重大事项。健全督导考核机制，由内乡县纪委监察委牵头，成立3个扶贫专项督导考核小组，实行明察暗访，分片督导、常态化督导，定期不定期对县直单位、各乡镇、村、第一书记和驻村工作队进行全方位、高频次的督导考核，既树先进典型更抓反面教材，该曝光的曝光、该约谈的约谈，情节严重的坚决给予相应党政纪处分，直至组织调整。健全考核奖惩机制。从2016年起，每退出一个贫困村，县财政给予其5万元奖励；发现问题的，约谈乡镇主要负责人，直至追责；对存在弄虚作假、违规操作的或搞“数字脱贫”的，严肃追究相关人员责任；同时把脱贫攻坚实绩作为选拔任用干部的重要依据。

实施全过程廉政监督。在实际操作中，紧密围绕脱贫减贫目标，全面整合涉农项目资金，严格按照《河南省财政涉农资金整合使用管理办法》《河南省财政扶贫资金县级报账制管理办法》等要求，切实加强资金监管，实行专户储存、专账核算、专人管理、封闭运行、县级报账，主动接受省市部门检查监督和审计监督，严格按工程进度拨款，有效杜绝挪用、挤占、截留和超标准、超范围使用现象，确保项目资金安全，发挥资金最大效益。同时，按照中共河南省委“市县党委巡察工作突出脱贫攻坚主题”的重要指示，内乡县在十三届县委第四轮巡察中，创新工作方式，专门拿出一个巡察组，围绕扶贫攻坚领域群众关注的问题，探索开展“机动式”巡察。仅2017年查处扶贫领域违规违纪问题典型案件23起，涉案金额32.9万元，直接处理29人次，形成了强大的震慑作用。

2. 在创新扶贫模式上，精心筹划，选准选对扶贫模式。第一，发展优势产业，实现贫困农户全覆盖。按照“精准扶贫、精准脱贫”方略，强化产业发展与贫困户利益联结机制，积极探索脱贫攻坚新模式和新路径，初步形成产业扶贫大格局。

在传统产业发展带动上，一是立足本地种植业规模大、水平高的实际，坚持提质和扩规并举，不断提升贫困户参与的广度与深度，使种植业成为脱贫攻坚的主渠道。内乡地质地貌得天独厚，适宜种植多种林果和经济作物，核桃、油桃、烟叶、茶叶已形成“四个十万亩”的种植规模，先后成为中国油桃之乡、核桃之乡、优质烟叶基地县，在彰显区域经济特色的同时，也成为带动该县三分之二贫困户脱贫的支柱产业。在脱贫攻坚中，内乡县充分利用这一传统优势，成立各类合作社575个，入社贫困户3100户，[①] 使具有劳动能力的贫困户参与其中获得收益，实现稳定脱贫。实践证明，通过发展壮大传统优势产业种植规模，吸引贫困户参与其中，不仅保护了生态，壮大了产业，也盘活了土地，增加了群众收入，实现一举多得的良好成效。二是大力培育电商、旅游等多个具有较好发展基础的二三产业，助力脱贫攻坚。电商产业，高标准建设了内乡电商产业孵化园，优先选择在贫困村建立39个农村淘宝服务站、1个苏宁云商直营店和5个乡镇加盟店，培植本土电商企业82家，吸纳1000余名贫困人员就业，促进贫困户增收。旅游产业，依托宝天曼、云露山、二龙山等丰富的旅游资源，支持贫困村开发乡村旅游，贫困户开办农家乐或从事旅游经营服务，为贫困群众创造就业岗位和收入机会。特色种植业，在草腐菌种植上，灌张镇刘营村由15户群众发起成立的内乡县源泰食用菌合作社，利用麦秸、牛粪、玉米芯等材料种植双孢菇，采取“公司+支部+合作社+金融+贫困户”入股合作帮扶模式，建菇棚77座，实行每两座菇棚帮扶带动一户贫困户，全村22户贫困户采取入股方式参与双孢菇种植产业，保证每户每年分红收入达到3000元，有劳动能力的贫困户可以到合作社务工，每月收入可达1500元以上；在金钗石斛种植上，引进北京福瑞滋生物科技有限公司在灌张镇建成智能连体温室2万平方米，种植金钗200万株，年产金钗12000斤，产值1.2亿元；在内乡县北部山区夏馆镇湍源村、西河堂等村带动150余户贫困户种植野生金钗200亩，每亩产值2.8万元；在高端蔬果种植上，以牧原科技公司为依托，采取“公司+基地+贫困户”模式，

① 樊迪：《河南内乡：扶贫产业园成“脱贫幸福园”》，搜狐网，http://www.sohu.com/a/231867650_117621，2017年8月9日。

发展有机番茄、彩椒等高端蔬菜，销售收入与贫困户五五分成，扶贫成效显著。

在地方龙头企业带动上，大力发展光伏发电、养殖等优势产业，实现贫困户“五个全覆盖”。一是光伏资产收益全覆盖。内乡县政府与南阳市金冠集团股份合作，成立内乡县聚能光伏发电有限公司，县政府占股份的51%，金冠集团占股份的49%，利用贫困户、村级公共屋顶和荒坡场地安装光伏多晶硅面板，建成装机总容量77兆瓦的光伏发电项目，成为河南省分布式装机容量最大、覆盖面最广的光伏扶贫项目。该项目采取按季度定期分红方式，确保全县建档立卡贫困户每季度净收益750元，年度总收益3000元，可持续20年。2017年12月，已向15903户贫困户发放收益分红1192.725万元。二是养殖资产收益全覆盖。重点发展养猪产业，总部位于内乡的牧原集团公司是上市企业，集约化养猪规模居亚洲第一，目前在全国9个省布局建设现代化养猪场。内乡县依托该企业，通过金融扶贫实现对贫困户的养殖资产收益全覆盖。具体办法是：全县15263户贫困户将5000元到户增收项目资金入股加入内乡县聚爱农牧专业合作社，此举形成的净收益能使贫困户年收入不低于3200元，有劳力的贫困户还可在企业就业，年实现工资性收入4万元左右，不完整劳力户可通过企业设置的特殊公益岗位获得每年2万元左右的工资性收入。三是扶贫车间全覆盖。内乡县已建立仙鹤纸业切纸加工车间、天曼制衣车间、融创新合电子元件加工车间和其他如琴盒加工、艾产品加工等车间130余个，带动1300余名贫困户在家门口就业，每月收入达1500元以上。如仙鹤纸业累计投入1亿多元，建成35个切纸车间，帮助150户400余人在家门口就业，仅2017年就为贫困户发放工资111.7万元，2017年10月被国务院扶贫领导小组授予全国“万企帮万村”精准扶贫行动先进民营企业。四是增加贫困村集体收入全覆盖。依托优势企业，支持贫困村成立集体股份经济合作社，把集体未发包农田、集体建设用地及其他村级经营资产注入合作社；县财政向每个合作社注入20万元启动资金，各合作社向金融机构贷款80万元，每个合作社以100万元入股牧原建筑工程有限公司，作为优先股，按年化10%收益分红，县财政每年为88个村各安排20万元用以偿还银行贷款，分4年还完，最终每村每年收益8万元。五是贫困村基础设施建设整村推进全覆盖。2017年，内乡县投入专项扶贫整村推进项目资金1120万元，对该县16个村修路、坝、桥等公共基础设施进行改造。在此基础上，按照美丽乡村建设标准，规划68个贫困村的基础设施、公共设施，每村先行投入1000万元建设垃圾收集、污水处理、供电、通信、安全饮水，交通、教育、医疗、文化、体育、娱乐等设施和绿化、亮化、美化、硬化、净化设施。2018年，按照贫困村脱贫退出标准，利用PPP模式，融资5亿多元。由代理公司进行项目包装，按照每村500万—800万元投入标准，对全县88个贫困村和14个非贫困村实施整村推进项目。

第二，扎实推进易地扶贫搬迁工程。按照《内乡县“十三五”易地扶贫搬迁规划》和《内乡县2016—2017年度易地扶贫搬迁项目计划》，2016—2018年，内乡县拟搬迁建档立卡贫困户2150户6875人，2016年搬迁贫困户615户2123人，2017年年底搬迁975户3279人，2018年10月底全部完成搬迁任务。在具体实践中，内乡县坚决守住建档立卡贫困户人均住房面积不超过25平方米、不能举债建房和不能占用基本农田“三条红线”，按照“经济实用、简洁大方、经典耐看、确保基本、预留空间”的要求，设计多种户型供搬迁户选择。

在搬迁对象确定上，内乡县坚持贫困户申请、村民代表大会评议、村委研究、村内公示、乡镇审核及公示、县级扶贫开发领导小组审批、建档立卡系统标注的程序。在集中安置点选址上，内乡县村、镇集中安置区通过各乡镇政府实地考察及充分征求搬迁群众意见，按照村镇总体发展规划和土地利用规划要求，建设内乡县板场乡板场村、余关镇子育村等49个集中安置点。在施工图设计、土地、规划、环评等项目工作上，内乡县所有集中安置点同时开工建设，狠抓工程质量和建设进度，提高工作效率，安置点施工图设计、土地、规划、环评等手续及时办结。

在推进易地扶贫搬迁工程上，一是依托公司，实体运作。内乡县成立城乡一体化发展有限公司，承接上级投融资主体转借转贷的项目资本金和信贷资金，投资建设或回购住房用于易地搬迁人口安置，采取政府主导、实体运作、市场配置、社会参与等形式，以政府购买空置房为主，落实好易地搬迁任务。二是制定差异化补贴政策。按照“村内、集镇、城区”不同的安置地，制定差异化的补贴政策，鼓励贫困户向集镇、农村社区、城区搬迁。按照贫困户人均住房面积不超过25平方米，由中央预算内资金、地方政府债券、专项建设基金、易地扶贫搬迁长期政策性贷款解决。三是制订后继产业扶持规划。着力解决搬迁对象的后顾之忧，完善搬迁后继产业扶持培育规划。发展种养加各类专业合作社（重点是养牛）、建设扶贫就业车间（重点是切纸加工扶贫车间）、安装光伏发电，配套卫生室、学校、文化广场、互联网等基础设施，解决搬迁对象的就业、就医、就学难题，使其搬得出、稳得住、能发展、可致富。四是探索“压茬搬迁，梯次推进”模式。内乡县对一些经济基础较好的同村群众新建购置房屋后剩余仍适宜居住的房屋，经村“两委”、第一书记、驻村工作队协调，第三方评估后，再由需要搬迁的贫困户出资购买，不仅可以使贫困群众少出资就能解决住房问题，同时还可将剩余补助资金用于发展产业，实现一举两得。

第三，发挥行业扶贫优势，实施健康扶贫、教育扶贫、政府兜底。一是开展健康扶贫，提高贫困人口医疗保障水平。内乡县因病致贫人口占贫困人口总数的60%，因病致贫、因病返贫已经成为导致农村人口贫困的主要原因，内乡县围绕让贫困人口“看得起病、看得好病、方便看病、少生病”，用足用活医疗行业精准扶贫政策，探索出一套全覆盖、广受益、见实效的“234”健康扶贫体系。“2”，即实行“救助基金 + 参保资金”的双重资金保障制度，建立1000万元的内乡县贫困人口专项医疗救助基金，建档立卡贫困人口重大疾病的合规费用经新农合、大病保险、商业医疗保险救助赔付后，个人自付费用超过3000元以上部分，由相关部门依法依规从贫困人口专项医疗救助基金中给予补助。切实让贫困人口有病可医，有病能医。“3”，即实施一户一服务包、一村一所、一站办结“3个1”健康精准帮扶。“4”，即织密四重保障网，实现4个100%。将农村建档立卡贫困人口、特困供养人员、城乡最低生活保障对象、困难儿童4类特殊困难人群全部纳入医疗保障范围，建立起“基本医保 + 大病保险 + 大病补充医疗保险 + 医疗救助商业保险”全覆盖的四重保障衔接机制。同时，对贫困户实行先诊疗后付费，凡是贫困户持档卡到村卫生室、乡卫生院、县医院就诊，就可享受先诊疗后付费待遇，病治好了，再付个人自费部分，而且个人承担合规费用不超过3000元。二是全面实施教育扶贫。该县建档立卡的40498名贫困人口中，有在校贫困生6720人，其中因学致贫的户数占贫困户总数的7.57%。从2016年秋季入学开始，内乡县从教育扶贫着手，利用10亿元以上的国开行中长期贷款，按照全县“小学布局中心化、学校建设标准化、校园管理规范化”要求，充实农村师资力量，对全县中小学校软硬件进行全面建设提升；对高中阶段建档立卡的贫困学生在免学费、住宿费的基础上，免除其课本费；利用优势企业连续20年每年5000万元的教育扶贫基金支持，全力支持内乡县教育扶贫工作；在全国范围内高薪招聘不少于100名的学科优秀教师，组建内乡县教育志愿服务团，引领全县教师成长；与北师大签订教育区域合作协议，三年内投资1000万元，依托北师大为该县培养30所名学校、30位名校长、200位名教师、100位名班主任，提升全县教育整体实力。三是实施政府兜底。对憨聋傻哑、鳏寡孤独和无劳动能力、不能靠项目扶持脱贫的弱势困难群体，实施政府救助，确保特困人群基本实现"两不愁三保障"。内乡县在大力发展慈善事业的同时，从2016年第四季度开始，把符合享受农村低保条件的贫困户全部移交民政部门，适当提高供养标准，同时建立农村低保和贫困标准的有效衔接，做到数据互通、资源共享。

3. 在提升群众内生动力上，创新管理方法，探索乡村有效治理的新路径。为了把基层党组织和共产党员在脱贫攻坚中的战斗堡垒作用和先锋模范作用真正发挥出来，把非贫困户先富带后富的社会责任感真正激发出来，把贫困户脱贫致富的志气真正树立起来，内乡县在全县范围内组织开展了"三带五联奔小康"活动，从机制层面提出了解决脱贫攻坚问题的方法。[①] 所谓"三带"即党员干部带、社会能人带、致富能手带，"五联"即组建联户组，五户为一组，按照居住地相近、血缘相亲、层次互补的要求，以党员干部、社会能人、致富能手为组长，按照"1个政治上的明白人+1个经济上的明白人或政策上的明白人+3户贫困户（边缘户、重点户）"的组织架构，组成脱贫攻坚联户组，结成荣誉共同体，联心联力联动联责，形成一户得荣誉、全组都光荣，一户出问题、全组有责任，一户不脱贫、全组有压力的同进同退联合体，通过"联学、联帮、联保、联争、联创"五种途径，全力摆脱贫困，手挽手共奔小康。

（三）取得的成效

在党中央及省市各级党委政府的正确领导和关怀支持下，内乡县紧紧依

---

① 《南阳内乡开展"三带五联奔小康"活动》，河南省人民政府门户网站，www.henan.gov.cn，2018年1月3日。

靠乡村两级和贫困群众，在脱贫攻坚工作实践中不断创新模式、总结经验，取得显著成效。2016年7月22日南阳市易地扶贫搬迁暨到户增收项目实施(内乡)现场会和10月13日河南省易地扶贫搬迁暨产业扶贫现场会先后在内乡县召开。[①] 省市领导带队视察、观摩内乡县的产业扶贫和易地搬迁工作，县委政府主要领导在大会上推介内乡县脱贫攻坚工作先进经验。2017年全省产业扶贫现场会（滑县）和易地扶贫搬迁现场会（新县），内乡县委主要领导作了经验介绍，新华社、《人民日报》《河南日报》《大河报》《南阳日报》、河南电视台、南阳电视台等中央及省、市新闻媒体及栏目纷纷聚焦内乡产业扶贫和易地搬迁工作，深入乡村扶贫一线进行深度挖掘，通过解剖麻雀形式竞相报道内乡扶贫工作的典型做法和成功经验。省内外有关县市先后到内乡县就脱贫攻坚工作进行学习交流、考察合作。

在不到两年的时间，“5+”模式已复制推广到河南、安徽、山西、陕西、黑龙江、吉林、辽宁、内蒙古8省（自治区），贫困地区产业发展基金与牧原股份共同在全国55个贫困县建设生猪养殖基地，[②] 央企扶贫基金与牧原食品股份有限公司和22个贫困县签订现代畜牧养殖项目投资合作协议，[③] 产生了较大影响，不但荣获全国“2017民生示范工程”、中国上市企业优秀扶贫案例，还得到了国务院扶贫办和联合国开发计划署的高度认可。中国社科院金融研究所将“内乡5+”扶贫作为“样本”锁定研究，所长何海峰说：“这是我们第一次把目光的接触点深入到县域脱贫攻坚层面，也是我们跨所跨行业做的新课题。”在社会扶贫领域，河南牧原公司董事长秦英林被国务院扶贫开发领导小组授予全国“脱贫攻坚奉献奖”，[④] 同时，牧原公司也被评为全国“万企帮万村先进奖”。

联合国开发计划署到内乡县考察“政府+合作社+龙头企业+金融+贫困户”的“5+”扶贫模式，称赞说，找到了中国贫困地区与联合国可持续发

---

① 《南阳内乡统筹推进脱贫攻坚工作 精准扶贫拔穷根》，河南省人民政府门户网站，www.henan.gov.cn，2017月12月4日。

② 《脱贫攻坚战 央企勇担当》，中国政府网，2018年6月11日。

③ 《央企扶贫基金在全国39个贫困县启动扶贫示范项目》，中国政府网，http://www.gov.cn/xinwen/2018-07/13/content_5306264.htm，2018年7月13日。

④ 《全国脱贫攻坚奖揭晓 河南省秦英林王凯获奖》，河南省人民政府门户网站，www.henan.gov.cn，2017年9月17日。

展的结合点，找到了可为世界人类减贫作出贡献的“中国智慧”和“中国方案”。目前，内乡县已成为联合国可持续发展示范区，成为联合国用中国国际话语体系向世界讲述中国扶贫故事的美丽家园。

三、问题及对策

内乡县探索的“5+”资产收益扶贫模式，虽然解决了大部分贫困户的基本生活问题，但是脱贫攻坚是一个庞大的系统工程，具体工作千头万绪，脱贫攻坚中的不足和问题，不是一个资产收益办法就能够完全解决的。除此之外，还有遵循市场规律的问题，转移就业和劳务外包的问题，产业订单扶贫、健康扶贫、消费扶贫、教育扶贫、社会公益扶贫问题等。下一步还要从以下几方面做好工作：

一是发挥市场机制在脱贫攻坚中的助推作用和贫困群众的主体作用。正确把握政府和市场的关系，进一步深刻理解充分发挥市场机制作用在扶贫脱贫中的重要性和贫困群众的主体作用。习近平总书记强调：“脱贫致富终究要靠贫困群众用自己的辛勤劳动来实现。”① 在发展产业项目时，要把精力更多地放在培养和增强贫困群众的市场意识，提高其适应市场经济和参与市场竞争的能力上，调动贫困户关心、投入扶贫产业项目的内在动力。强化利益联结机制，使扶贫产业发展与项目成败与其现有利益增损与自身努力程度密切相关，应让贫困群众明白，自己既是扶贫政策受益者，也是建设主体、贷款还款主体和风险承担主体，必须更多地依靠自己，走向市场、依靠市场。

二是遵循脱贫攻坚的内在规律，积极探索推广“3+N”扶贫模式。要以科学的态度，尊重事物发展的客观规律，更科学地开展脱贫攻坚工作。充分认识脱贫攻坚的艰巨性与复杂性，加大对工作中新情况、新问题的研究，不断总结、探索规律性的东西，进而把握、遵循扶贫、脱贫内在规律，科学高效地开展脱贫攻坚工作。“3+N”扶贫模式是在“5+”模式基础上，由国务院扶贫办顶层设计而提出的适合更大范围推广的脱贫攻坚项目。2018 年 4 月 18 日，中共南阳市委常委（扩大）会议通过《南阳市牧原“3+N”扶贫

① 习近平：《习近平谈治国理政（第二卷）》，外文出版社，2017 年，第 86 页。

模式整市推进实施方案》，开启扶贫新模式推进工作。中共南阳市委、市人民政府认为，内乡是“5+”扶贫模式的发源地，作为试点示范县，必须站在政治和全局的高度，要与优势企业紧密配合，认真做好“5+”的丰富完善，做好“3+N”的试点工作，将经验推广到全国各个贫困地区，让广大贫困地区人民尽快受益。

广西精准扶贫实践

吴辉军 ①

提　要：广西集“老、少、边、山、穷”于一体，是全国脱贫攻坚的主战场之一。2012—2017年，广西做好精准识别，做细做实精准帮扶，因村因户精准施策，大力推进深度贫困地区脱贫攻坚，脱贫攻坚成绩显著，减贫成绩突出，贫困人口收入稳定增长，教育、医疗、住房安全保障水平明显提高，贫困村生产生活条件明显改善。但是，也面临脱贫时间紧、任务重、要求高、难度大等问题，脱贫攻坚形势依然严峻。广西正以深度贫困地区为重点，以脱贫攻坚作风建设年和扶贫干部培训年活动为抓手，开展“五场硬仗”，打赢打好精准脱贫攻坚战。

关键词：广西壮族自治区　脱贫攻坚　精准扶贫　精准施策　精准脱贫

2017年4月19—21日，习近平总书记在广西视察时指出，广西是革命老区，是贫困地区，也是边境地区、民族地区。脱贫攻坚工作做好了，边疆稳定、民族团结就有了坚实基础；边境建设搞好了，民族事业发展了，对打赢脱贫攻坚战也是极大促进。这几项工作是一个有机整体，要一并研究、同步推进。当前，脱贫攻坚形势依然严峻，必须倒排工期，落实精准扶贫、精准脱贫方略。

① 吴辉军，广西壮族自治区地方志编纂委员会办公室地情信息处处长。

要针对致贫原因分类施策，戒搞形式，戒做虚功，下一番绣花的功夫。对贫中之贫、困中之困，要采取超常规措施。要加快老区建设和发展，让老区人民尽快摆脱贫困，过上幸福日子。

一、广西精准扶贫的缘起

2011年11月11日，中共广西壮族自治区第十次代表大会报告提出："全力打好扶贫开发攻坚战。要带着深厚的群众感情、带着高度的政治责任、带着愚公移山的奋斗精神，推进新一轮扶贫开发攻坚。坚持开发式扶贫方针，创新扶贫工作，加大投入力度，以增加贫困人口收入为中心，以集中连片特困区域和贫困村为主战场，实施连片开发、整村推进、扶贫到户三大举措，实行扶贫开发与农村低保两轮驱动，提高群众生活水平。坚持完善易地扶贫、产业扶贫、教育扶贫、科技扶贫、社会扶贫、生态扶贫，构建大扶贫工作格局，夺取扶贫攻坚新胜利。"[①] 2016年11月21日，中共广西壮族自治区第十一次代表大会报告又提出："坚决打赢农村全面脱贫攻坚战。实现452万农村贫困人口全面脱贫，5000个贫困村、54个贫困县全部摘帽，是广西必须啃下的'硬骨头'、必须兑现的'军令状'。要坚持精准扶贫、精准脱贫基本方略，加大财政投入和金融支持，充分激发贫困群众脱贫致富的内生动力，全力实施脱贫攻坚'八个一批''十大行动'，切实做好100万贫困人口易地扶贫搬迁，做到村村有出路、户户有着落。全面建成小康社会，决不能让一个少数民族、一个地区掉队。"[②]

广西集"老、少、边、山、穷"于一体，是全国脱贫攻坚的主战场之一。截至2015年年底，广西仍有建档立卡贫困人口452万人，占全国贫困人口的8.1%，居全国第四位；贫困发生率达10.5%，比全国平均水平高4.8个百分点。[③] 2012—2017年，广西认真贯彻落实习近平总书记扶贫开发重要战略思

---

① 郭声琨：《深入贯彻落实科学发展观 加快实现富民强桂新跨越——在中国共产党广西壮族自治区第十次代表大会上的报告》，《中国共产党广西壮族自治区第十次代表大会上报告辅导读本》，广西人民出版社2012年版。

② 彭清华：《营造"三大生态"实现"两个建成"谱写建党百年广西发展新篇章——在中国共产党广西壮族自治区第十一次代表大会上的报告》，《中国共产党广西壮族自治区第十次代表大会重要文件汇编》，广西人民出版社2016年版。

③ 《广西：决不让一个少数民族、一个地区掉队》，《人民日报》2018年3月2日第20版。

想和习近平总书记在广西考察时的重要讲话精神，按照中央脱贫攻坚的决策部署，始终把脱贫攻坚作为最大的政治责任、最大的民生工程和最大的发展机遇，全力攻克坚中之坚、贫中之贫、困中之困，决不让一个少数民族、一个地区掉队。坚持精准扶贫、精准脱贫基本方略，加大工作力度，狠下“绣花功夫”，注重精准施策，确保脱贫工作务实、脱贫过程扎实、脱贫结果真实，举全自治区之力推进脱贫攻坚，减贫效果前所未有，昔日的穷山换新颜，交出广西脱贫攻坚的亮丽答卷。2012—2017 年，全自治区累计减少建档立卡贫困人口 704 万人，年均减贫超过 117 万人。农村贫困发生率从 2012 年年底的 18% 降低至 2017 年底的 7.9%，下降 10.1 个百分点。实现 1999 个贫困村、10 个自治区扶贫开发工作重点县（含享受待遇县）脱贫摘帽。[①] 贫困人口收入稳定增长，教育、医疗、住房安全保障水平明显提高，贫困村生产生活条件明显改善。2015 年，中央启动省级党委和政府扶贫开发成效试考核，广西综合成绩排名全国第一。在 2016 年、2017 年中央对省级党委和政府扶贫开发成效考核中，广西连续 2 年成为全国 8 个“综合评价好”的省份之一，得到了党中央、国务院的通报表扬。[②]

二、广西精准扶贫的举措与经验

（一）五大举措推进精准扶贫

1. 下足绣花功夫，做好精准识别。党的十八大以来，广西高度重视扶贫工作，2014 年即组织开展了一轮贫困人口建档立卡工作。为确保识别更加精准，扶贫更加扎实，经自治区党委、政府慎重研究和多方调研，2015 年 10 月至 2016 年 1 月，再次举全自治区之力，进村入户开展精准识别贫困户贫困村行动，共识别出 634 万贫困人口、5000 个贫困村、6.94 万个自然村（屯）、2.46 万个移民搬迁村（屯）并建档立卡。在国家组织的第三方核验中，广西贫困人口识别准确率达 99.76%，居全国首位。

---

① 参见陈贻泽、周珂：《全区 2018 年脱贫攻坚推进大会召开》，《广西日报》2018 年 4 月 28 日第 1 版。

② 参见韦继川：《我区扶贫监督考核常态化制度化》，《广西日报》2018 年 5 月 18 日第 1 版。

一是创建一套精细的识贫体系。在学习借鉴兄弟省区经验的基础上，对照国家贫困人口标准和“两不愁、三保障”要求，广泛调研、反复模拟，精心设计了一套涵盖农户人口、耕地、住房、劳动力、子女入学、病残成员、农机、家电、饮水安全等18类98项内容的指标体系，将农户收入等难以统计、难以衡量的指标，通过一系列与家庭贫富程度密切相关的可视因素进行量化、细化，更直观地反映农户的贫困程度、更深入地了解致贫原因，以此统一全自治区识贫标准，提高识别的科学性、准确性和可操作性。二是开展一轮翔实的识贫调查。为杜绝基层干部在认定贫困户中容易出现的亲疏有别、优亲厚友等现象，全自治区组织25万名干部，采取“一进二看三算四比五议”办法［“一进”，指工作队员进村入户，实地了解农户生活质量、子女读书、家庭成员健康等情况。“二看”，指看住房、家电、农机、交通工具、水电路和农田、山林、种养等生产生活条件。“三算”，指算农户收入、算支出、算债务，作为评议时的一种参考。“四比”，指与本村（屯）其他农户比住房、比收入、比资产、比外出务工人员情况。“五议”，指议评分是否合理，是否漏户，是否弄虚作假，是否拆户、分户、空挂户，家庭人口是否真实等，对全自治区488万农户、2000多万农民进行全面细致的家庭经济状况调查，逐户打分计量贫困程度。打分全部由入村工作队员完成，村干部只负责带路和介绍情况，避免出现人情分］。三是设定一套严格的识贫程序。工作人员将入户调查结果统一录入广西建档立卡信息系统，建立全自治区精准识别贫困户数据库，参照高考分数线划定方式，以县为单位，按国家统计局核定的贫困人口数分别划定贫困人口分数线。各地根据分数线，按“两入户、两评议、两审核、两公示、一公告”程序确定本县贫困户名单。为防止“富人戴穷帽”，对八类情况家庭（如家中有财政供养人员、有注册公司、有城镇购买商品房或自建房、有具一定价值的车辆等）严格实行“一票否决”。同时，广西借助大数据处理技术，组织自治区扶贫、编制、公安、财政、国土、住建、税务、工商等部门通过电子政务系统联合开展农户相关信息检索，通过730万亿次信息数据比对分析，并经县级严格复核，精准剔除50万户不符合贫困标准的农户。四是完善一个有效的动态管理系统。以精准识贫结果为基础，全面完善建档立卡信息系统，实现与全国扶贫开发信息系统有效衔接。并在全国率先出台《广西壮族自治区建档立卡扶贫对象动态管理办法（试行）》，明确建档立卡扶贫对象及信息数据动态管理的内容、程序、时间及要求，建立扶贫信息员制度，全自治区建成1.72万人的自治区、市、县、乡、村五级扶贫信息员队伍，并实行持证上岗，确保扶贫信息工作队伍专业化、常态化。要求各级扶贫信息员准确采集贫困户、脱贫户、贫困村的相关数据，及时录入信息系统，每年定期在全国扶贫信息系统中进行动态调整、全面更新一次，确保信息数据准确，提高数据质量，切实做到应进则进、应退尽退。

2. 以“一帮一联”和“一户一册一卡”为抓手，做细做实精准帮扶。一是开展“一帮一联”。2016年开始，在全自治区开展帮扶贫困户、联系贫困户学生工作，根据贫困户类型、贫困程度等精准安排帮扶联系人，全自治区共安排52.3万人结对帮扶联系贫困户（含脱贫户）及其学生，实现全覆盖。自工作开展以来，帮扶责任人到贫困户家中指导帮扶以及开展各类慰问济困活动达600万多人次，投入帮扶资金27.5亿多元，解决实际问题615万多个。[①] 二是实行“一户一册一卡”。2016年开始，自治区统一印制《帮扶手册》和《帮扶联系卡》并发放给贫困户。其中，《帮扶手册》由贫困户、帮扶联系人各执一本，一年一换，帮扶干部定期到贫困户家中开展帮扶，指导生产，双方商量填写手册、登记收入，并签字确认，建立贫困户帮扶及脱贫台账，有力促进政策落实和帮扶责任落实，改进干部作风，提高帮扶实效。

3. 因村因户精准施策，有效提高贫困群众获得感。根据建档立卡贫困户、贫困村的致贫原因、贫困类型、突出短板及帮扶需求等，广西确定了扶持生产发展一批、转移就业扶持一批、移民搬迁安置一批等“八个一批”脱贫路径，全面推进特色产业富民行动、扶贫移民搬迁行动、农村电商扶贫行动等十大行动，落实脱贫攻坚各项政策措施，加大资金投入，补齐关键短板，有力推动贫困人口脱贫、贫困村摘帽：一是抓资产收益扶贫。自治区先后出台《脱贫攻坚增加贫困户资产收益实施方案》《脱贫攻坚探索资产收益操作指南》等文件，并印发《资产收益扶贫典型案例》100例，向全自治区推广资产收益扶贫模式。例如，鼓励地方将村古建筑入股旅游公司，与旅游公司协议，旅游门票收入按比例分成；鼓励以景区周边土地入股，与旅游公司共同建设

① 参见广西壮族自治区扶贫开发办公室：《广西壮族自治区2012—2017年扶贫开发工作总结》，2018年1月。

和管理停车场，村民按比例获得停车收入，增收效果突出。广西资产收益扶贫工作得到时任中央政治局委员，现任中央政治局常委、全国政协主席汪洋的批示肯定。二是抓电商扶贫。紧紧抓住互联网经济大发展的时代机遇，建设36个电子商务进农村综合示范县，其中贫困县23个。建成电商服务站点1902个，其中建档立卡贫困村463个，建成物流配送网点1494个。推进“党旗领航·电商扶贫”行动，带动20多万贫困群众脱贫。以天峨县为试点，探索发展空店模式，在贫困村村部设立空店线下店，城市里1个社区空店对应1个贫困村空店线下店，贫困户提供原生态的农产品直接对应到城市里的社区空店，实现贫困户与消费市场直接对接，解决贫困村、贫困户农产品销售难问题，贫困地区群众收入明显增加。广西空店模式获得全国2016年脱贫攻坚创新奖。① 三是抓致富带头人。积极创新培育致富带头人，探索致富带头人带头减贫路子，打造一支不走的扶贫工作队。以上林县为试点，打造扶贫产业的“双培育”模式。2016—2017年，当地共培育致富带头人303人，目前创业成功216人，带动6100户贫困户参与特色产业项目。经过三年积累，每个参与试点贫困户的“自立发展账户”金融性资产达到2万元以上。2018年3月，国务院扶贫办在广西上林县召开全国贫困村创业致富带头人工作现场会，上林县创业致富带头人“双培育”模式得到国务院扶贫办及全国各省区的肯定。② 四是抓边贸扶贫。充分利用边境线20千米范围内居民8000元以下额度边境互市贸易免税的优惠政策额，通过建立边民互助组等方式带动贫困人口参与边贸，实现增收。全自治区共建立561个边民互助组，建成投产28家互市产品加工企业，提供近万个就业岗位，通过参与互市贸易带动1.32万贫困人口脱贫。

4. 坚持扶贫现行标准，确保精准退出。一是严格制定计划。根据国家下达的减贫人口目标任务，广西采取科学的方法确定到户到人，为退出打牢基础。首先采用贫困户精准识别分数线、贫困人口规模等8个客观指标，按因素法测算脱贫难易程度，确定年度脱贫摘帽的县，减去脱贫县的脱贫人口后，对余下的县，按照分数线、贫困发生率和贫困人口规模等因素测算出每个县

---

① 参见广西壮族自治区扶贫开发办公室：《广西壮族自治区2012—2017年扶贫开发工作总结》。

② 参见韦继川：《脱贫攻坚，广西持续精准发力》，《广西日报》2018年4月8日第1版。

的脱贫人口，征求各市意见后又微调各县的脱贫人口数，得出全区脱贫人口的目标数。二是严格退出标准。坚持国家现行“两不愁、三保障”标准，结合广西实际细化量化，制定贫困户“八有一超”（有收入来源、有住房保障、有基本医疗保障、有义务教育保障、有路通村屯、有饮用水、有电用、有电视看；年人均纯收入超过国家扶贫标准）、贫困村“十一有一低于”（有特色产业、有住房保障、有基本医疗保障、有义务教育保障、有路通村屯、有饮用水、有电用、有公共服务设施、有电视看、有村集体经济收入、有好的“两委”班子；贫困发生率低于3%）、贫困县“九有一低于”（有特色产业、有住房保障、有基本医疗保障、有义务教育保障、有路通村屯、有饮用水、有电用、有公共服务设施、有社会救助；农村贫困发生率低于3%）退出标准，并严格执行。三是严格退出程序。严格对照退出标准，统一退出流程，做到程序公开、数据准确、档案完整、结果公正。对贫困户脱贫实行“双认定”，验收时要求贫困户户主、验收工作队员及帮扶联系人共同签字确认，确保脱贫成效得到群众认可，防止“被脱贫”和数字脱贫。四是严格考核评估。出台设区市、贫困县、非贫困县扶贫成效考核办法。从2016年开始，每年由自治区组织考核组对市县年度扶贫开发成效及脱贫对象进行考核，确保脱贫成效真实可靠。2017年12月，全自治区抽调1372人，组成35个考核组，对14个设区市、105个有扶贫开发任务的县（市、区）年度减贫计划完成情况和脱贫攻坚责任、政策、工作“三落实”情况进行实地核查，并对全自治区14个设区市扶贫成效进行第三方评估。强化考核结果运用，及时兑现脱贫摘帽激励政策。

5. 大力推进深度贫困地区脱贫攻坚。一是科学划定深度贫困区域。参照国家确定深度贫困县的做法，在主要考虑贫困发生率的同时，统筹考虑贫困人口规模、教育医疗住房三保障、发展基础条件等因素，确定了20个深度贫困县、30个深度贫困乡镇和1490个深度贫困村。二是出台深度贫困地区脱贫攻坚政策。出台《关于支持深度贫困地区脱贫攻坚的实施意见》，明确住房、教育、健康等8个方面的攻坚措施，以及财政、项目、金融、土地等方面的支持政策。2017年8月，中央组织部在广西百色市召开全国深度贫困地区抓党建促脱贫攻坚工作座谈会，广西作经验交流发言。三是加大资金倾斜支持。自治区对县级按因素法测算分配一般性转移支付时增加深度贫困因素和权重，每年自治区新增专项财政扶贫资金重点用于支持深度贫困地区脱贫攻坚，新增涉农资金优先用于深度贫困地区脱贫攻坚项目。市、县两级新增专项财政扶贫资金倾斜支持深度贫困乡镇、深度贫困村脱贫攻坚，其中 2018 年向深度贫困地区倾斜投入扶贫资金 5 亿元。

（二）广西精准脱贫攻坚战形成的主要经验

1. 必须在加强组织领导上下功夫。一是领导带头推动。自治区党委、政府主要领导亲自挂帅，实行扶贫领导小组“双组长制”，带头深入贫困地区调研、检查、指导和推动工作。自治区四家班子领导每人联系一个贫困县，对联系县脱贫攻坚工作负总责，一定 5 年，不脱贫不脱钩。二是层层压实责任。出台《广西脱贫攻坚责任制实施细则》，严格实行“一把手”负总责的脱贫攻坚责任制，实行“五级书记”抓脱贫攻坚。完善“自治区负总责、市抓协调、县为主体、乡村实施”的扶贫工作机制，层层签订脱贫攻坚责任书、立下军令状，倒逼责任落实。三是加大督察暗访。2016 年 7 月，自治区成立两个脱贫攻坚暗访组，每周一到周四，不打招呼到各市县开展暗访，每次暗访形成专报并报自治区有关领导。按照“问题不过周”的原则，自治区、市、县（市、区）扶贫开发领导小组每周均组织研究和协调解决下级报送的脱贫攻坚问题。实行“红黑榜”通报制，督查暗访发现的好经验用“红榜”通报表扬，发现的问题用“黑榜”通报批评，暗访组成立以来累计编发红黑榜 37 期，其中红榜 12 期，黑榜 25 期。对通报的问题，要求限期整改，问题严重的同步在媒体曝光，对相关单位及人员严肃问责。

2. 必须在政策保障上下功夫。一是出台“1+4”政策文件。2014 年，为贯彻落实中央精准扶贫部署，广西及时出台“1+4”政策文件，对扶贫开发整体工作、金融扶贫、教育精准扶贫、扶贫生态移民、财政扶贫资金管理等进行自治区层面的设计，初步建立系统全面的扶贫政策体系。二是建立“1+20”政策体系。2015 年中央出台《关于全面打赢脱贫攻坚战的决定》，广西第一时间响应中央号召，自治区党委作出《关于贯彻落实中央扶贫开发工作重大决策部署坚决打赢“十三五”脱贫攻坚战的决定》，自治区政府出台 20 个配套实施方案，建立“1+20”扶贫政策体系，涵盖交通、水利、危房改造、移民搬迁、产业扶持、工业扶贫、电商扶贫、旅游扶贫、教育帮扶、劳动力培训、卫生帮扶、科技扶贫、低保兜底、小额信贷扶持、资产收益扶贫、大数据平台建设、“三留守”和残疾人关爱、社会扶贫等扶贫各方面各领域。三是创新探索一系列新政策。陆续印发广西脱贫摘帽激励办法、广西财政专项扶贫资金管理办法、财政扶贫资金项目公告公示制度等后续配套政策文件。自治区出台并修订完善贫困县党政领导班子和领导干部经济社会发展实绩考核办法、设区市党委和政府扶贫开发工作成效考核办法、非贫困县党委和政府领导干部扶贫开发工作成效考核办法。同时，自治区直属各行业部门也制定了相关行业扶贫政策文件。2017 年，自治区人大常委会及时修订并公布施行《广西壮族自治区扶贫开发条例》。为与中央脱贫攻坚政策有效衔接，更好地满足脱贫攻坚的需要，广西对脱贫攻坚水利基础设施建设、农村危房改造、特色种养业培育、鼓励企业参与工业扶贫开发、农村电商发展、教育帮扶、劳动力培训就业创业、卫生帮扶 8 个实施方案进行完善，对脱贫摘帽标准进行了调整，并出台含金量较高的新政策、新举措。

3. 必须在加大扶贫投入上下功夫。一是财政投入成倍增长。建立财政专项扶贫资金投入稳定增长机制，自治区按照不低于当年一般公共预算收入增量的 20% 增列专项扶贫预算，各市县根据本地脱贫攻坚需要和财力情况，分别按照当年一般公共预算收入增量的 10%—20% 以上增列专项扶贫预算。同时行业部门资金、财政涉农资金重点投向脱贫攻坚。2012—2017 年，广西共投入财政专项扶贫资金 316.9 亿元，其中：中央财政专项扶贫资金 163.21 亿元，自治区财政专项扶贫资金 76.67 亿元，市、县财政专项扶贫资金 77.02 亿元。此外，还有中央分配给广西用于扶贫的中央彩票公益金 6.23 亿元，自治区专项用于脱贫攻坚的政府债券资金 83.05 亿元。二是涉农资金有效整合。2016 年以来，广西聚焦涉农资金统筹整合工作，逐步形成“多个渠道引水，一个池子蓄水，一个龙头放水”的资金投入新机制，达到“水到渠成”真扶贫。出台《自治区支持贫困县开展统筹整合使用财政涉农资金试点实施方案》《支持贫困县开展统筹整合使用财政涉农资金试点工作操作指南》等文件，目前全自治区 54 个贫困县已全面展开统筹涉农资金试点工作，2016—2017 年全自治区统筹整合涉农资金规模累计达到约 369 亿元。三是金融资金持续支持。自治区出台金融扶贫支持脱贫攻坚系列政策文件及措施，重点发展扶贫小额信贷，全自治区评级授信贫困户 107.69 万户，授信金额 458.15 亿元，户均授信金额 4.25 万元。每年发放的扶贫小额贷款分别从 2013 年、2014 年、

2015年的21.92亿元、7.59亿元、17.09亿元，到2016年增加到181亿元，截至2017年年底，全自治区累计向45.31万户建档立卡贫困户发放扶贫小额信206.83亿元，户均贷款4.56万元。鼓励和引导贫困户将贷款用于自我发展产业，重点投向种养业、加工业和电商产业等。结合资产收益扶贫，鼓励贫困户委托企业经营，签订委托经营协议，完善利益联结机制，每年按比例获得分红。全自治区累计设立扶贫小额信贷风险补偿资金25.51亿元。四是资金管理不断完善。在全国率先修订完善并出台新的《广西财政专项扶贫资金管理办法》，紧接着出台广西财政扶贫资金项目公告公示制度，关于加强县级扶贫项目库建设的指导意见，切实完善扶贫资金管理制度。开展财政专项扶贫资金绩效考核，考核结果在全自治区范围内通报，并列入扶贫资金分配的绩效因素。每月对各市、县财政扶贫资金和统筹整合财政涉农资金预算执行进度情况进行"红黑榜"通报，把违规违纪使用扶贫资金作为扶贫领域监督执纪问责和审计监督的重点，扎实开展集中整治扶贫领域职务犯罪专项工作，严肃查处违规违纪违法使用扶贫资金行为。仅2017年，全自治区在扶贫领域处理相关违法违纪责任人35人，其中党纪政纪处分11人，诫勉谈话3人，约谈19人，通报批评2人。

4.必须在统筹各方力量上下功夫。一是统筹行业部门力量。开创性地在各级扶贫开发领导小组下增设综合协调、资金政策、基础设施、产业开发、移民搬迁、公共服务、组织保障7个专责小组，由工作关系最紧密的部门主要领导担任组长，并在组长单位设立办公室，牵头负责相关工作，形成各级各部门共同推进脱贫攻坚的强大合力。自治区党委、政府与25家行业部门签订脱贫攻坚责任书，2017年开始对行业扶贫进行专项考核。二是统筹广东帮扶力量。广东、广西签订《"十三五"时期粤桂扶贫协作框架协议》。广东省深圳市等5市安排县（区）结对帮扶广西33个国家扶贫开发重点县，实现全覆盖。从2016年至2020年，广东省为33个县每年安排1000万元财政帮扶资金，并积极动员企业、社会参与结对帮扶。2016年、2017年广东省共落实财政帮扶资金4.6亿元。三是统筹定点单位力量。24家中央单位定点帮扶广西28个国家扶贫开发重点县，9102个单位定点帮扶5000个贫困村，各级帮扶单位累计投入（引进）帮扶资金40多亿元。四是统筹社会力量。扎实推进"千企扶千村"行动，3390家民营企业与3382个贫困村结对，投入资金超过10亿元，实施项目数4493个，受帮扶贫困人口47万人。建设"微助八桂"扶贫公益平台。每年组织开展"扶贫日"活动，累计募集资金约13亿元（含物资折款）。五是培育内生动力。积极培育贫困群众内生动力，调动广大群众支持扶贫、主动脱贫，形成脱贫攻坚最强大合力。例如，合山市创新开展"扶志脱贫争先锋"系列活动，从"思想、志气、信心、心灵、智力"等方面实施"精神扶贫"，全面激发贫困户脱贫致富的内生动力，并得到时任中央政治局委员，现任中央政治局常委、全国政协主席汪洋肯定性批示。[①]

经过探索，2012—2017年广西脱贫攻坚取得减贫成绩突出，贫困人口收入稳定增长，教育、医疗、住房安全保障水平明显提高，贫困村生产生活条件明显改善等显著成绩，但是也存在一些急需解决的问题。

三、问题与对策

（一）主要问题

1. 脱贫质量有待提高。从中央到社会各界，对脱贫的质量均提出了更高的要求。由开发式扶贫为主，转变为既要重视开发式扶贫，又要注重保障性扶贫；由过去比较强调脱贫的进度，转变为更加注重脱贫的质量；由注重完成脱贫目标，转变为更加注重增强贫困群众的获得感。

2. 脱贫时间紧任务重。目前广西尚有贫困人口246万人，加上每年动态调整新增加的贫困人口，平均每年要脱贫90万贫困人口，同时，由于扶贫政策越来越好，产生了贫困户不愿脱贫、边缘户心理失衡、非贫困户对扶贫工作满意度和认可度降低的新问题，要实现整体摆脱贫困，一户不能少，一个不能落下的目标，压力非常大。

3. 产业扶贫难度大。特色主导产业培育难度大，在种养殖业周期长、产品市场行情可预见性不强、贫困户自我发展能力不足、青壮年劳动力大量外流等复杂因素影响下，找准帮助贫困地区贫困户实现脱贫致富的特色主导产业十分困难。产业发展普遍存在缺经营主体带动、缺土地、缺劳动力、缺技

① 参见龚文颖、王春楠：《攻坚榜样力量无穷尽》，《广西日报》2018年5月26日第4版。

术等问题，产业散而小，产业链条短，规模化水平低，贫困人口参与度不高。

4. 贫困村村级集体经济薄弱。广西有相当数量的贫困村为“空壳村”，原始积累很少，部分贫困村无集体企业、无集体收入，加上自然条件差，产业配套设施落后，缺乏发展产业的基本条件。大多数贫困村仅通过出租、发包集体土地、资产和村委办公场所等来收取少量租金，部分贫困村通过入股平台公司分红来增加集体经济收入，稳定性、持续性难以保障。

5. 深度贫困地区和特困人群脱贫难度大。广西共有 20 个深度贫困县、30 个深度贫困乡镇和 1490 个深度贫困村，石漠化地区与贫困地区高度重合，自然条件恶劣，生态环境脆弱。此外，还有低保贫困户 36.83 万户，享受低保人数 116.26 万人；因病致贫贫困户 10.81 万户，占建档立卡贫困户的 15.58%；60 岁以上老年贫困人口 44.99 万人，占 16.9%；残疾贫困人口 19.68 万人。这些贫困人口基本属于无力脱贫、无业可扶的“两无”人口，脱贫难度大。

（二）对策与展望

党的十九大把脱贫攻坚作为决胜全面建成小康社会必须打赢的三大攻坚战之一，作出全面部署。习近平总书记在党的十九大报告中强调：“坚决打赢脱贫攻坚战。让贫困人口和贫困地区同全国一道进入全面小康社会是我们党的庄严承诺。要动员全党全国全社会力量，坚持精准扶贫、精准脱贫，坚持中央统筹省负总责市县抓落实的工作机制，强化党政一把手负总责的责任制，坚持大扶贫格局，注重扶贫同扶志、扶智相结合，深入实施东西部扶贫协作，重点攻克深度贫困地区人口脱贫任务，确保到 2020 年我国现行标准下农村贫困人口实现脱贫，贫困县全部摘帽，解决区域性整体脱贫，做到脱真贫、真脱贫。”①

迈进新时代，要有新气象和新作为。广西将继续深入贯彻落实习近平总书记扶贫开发战略思想和视察广西重要讲话精神，增强责任感和紧迫感，再接再厉，精准施策，以非常政策、非常举措、非常力度，举全自治区之力把脱贫攻坚抓紧抓准抓到位，以深度贫困地区为重点，以脱贫攻坚作风建设年

① 习近平：《决胜全面建成小康社会 夺取新时代中国特色社会主义伟大胜利——在中国共产党第十九次全国代表大会上的报告》，《人民日报》2017 年 10 月 28 日第 1 版。

和扶贫干部培训年活动为抓手，打好“五场硬仗”，重点抓好以下几方面工作：

1. 扎实开展“两个年”活动。一是脱贫攻坚作风建设年。把2018年作为全自治区脱贫攻坚作风建设年，按照中央要求，扎实做好扶贫领域腐败和作风问题专项治理工作，一抓三年，重点治理“四个意识”不强、责任落实不到位、工作措施不精准、资金使用管理不规范、作风不扎实、考核监督要求不严等方面的问题。认真落实广西脱贫攻坚作风建设“十坚持十不准”。加强督查暗访、问题通报，对形式主义、官僚主义、弄虚作假、消极厌战等问题严肃查处，对相关单位及人员严肃问责。改进和完善扶贫考核评估机制，严禁层层检查、重复考核、“搭便车”考核，切实减轻基层负担。二是扶贫干部培训年。自治区党委组织部会同自治区扶贫办制定专门培训方案，对各级党政领导干部、部门行业干部、驻村干部等进行全覆盖培训。自治区扶贫办对市县扶贫办干部、乡镇扶贫专干、市县乡村四级扶贫信息员进行轮训。

2. 强化脱贫攻坚资金保障。广西将进一步增加自治区本级财政专项扶贫资金，加大财政涉农资金整合力度，加大金融对脱贫攻坚支持力度，发动和引导社会资金参与脱贫攻坚。完善扶贫资金使用管理，严格落实财政专项扶贫资金管理办法，自治区、市、县公开资金分配结果，乡镇、村公告公示扶贫项目安排、资金使用情况，接受社会和群众监督。加强扶贫资金分配使用全程监管，严查贪污、挪用、截留、冒领等违法违规行为，严查项目违规招投标等问题，提高扶贫资金使用效率和效益，做到阳光扶贫、廉洁扶贫。

3. 全力打好脱贫攻坚五场硬仗。一是产业扶贫硬仗。加大产业扶贫投入，集中资金、项目、技术等资源，重点扶持县级“5+2”、贫困村“3+1”特色产业发展，发挥龙头企业、农民专业合作社、致富带头人等主体带动作用，创新和完善利益联结机制，提高贫困户参与度，逐步实现全覆盖。加大电商扶贫力度，继续推进“党旗领航·电商扶贫”行动。加大资产收益扶贫、光伏扶贫、边贸扶贫、构树扶贫、生态扶贫等产业扶贫新业态，解决无劳动能力贫困人口参与产业、稳定增收问题。二是基础设施建设硬仗。计划脱贫摘帽村20户以上自然村（屯）全部通砂石以上道路。推进“四好农村路”、农村饮水安全巩固提升工程、电网升级改造、宽带网络、村级公共服务中心等项目建设。三是易地扶贫搬迁硬仗。按照应搬尽搬要求，对深度贫困村进行再次摸底核实。督促落实“八包”责任制，加快安置点建设进度。四是村集体经济发展硬仗。自治区将出台支持发展壮大村级集体经济的若干政策措施，支持各地创新村集体经济发展模式。规范村民合作社运行，对村民合作社负责人进行培训，提高经营管理能力，加强村集体经济收入管理。五是粤桂扶贫协作硬仗。全面抓好粤桂扶贫协作框架协议10个方面内容的落实，选择好、实施好一批帮扶项目，提高项目对贫困人口的覆盖率。继续完善粤桂扶贫协作机制，认真谋划扶贫协作工作三年行动计划，深化“携手奔小康”行动。

4. 聚焦深度贫困地区和特殊贫困人口。一是加大深度贫困地区脱贫攻坚力度。落实中央关于支持深度贫困地区脱贫攻坚的实施意见，自治区财政增加深度贫困县一般性转移支付规模和比例，增加安排一般债券额度，每年安排5亿元以上本级财政专项扶贫资金支持深度贫困地区脱贫攻坚。发动更多民营企业结对帮扶深度贫困村，推动“微助八桂”、“希望工程”、扶贫志愿者行动计划等扶贫公益品牌重点向深度贫困地区倾斜。加快实施贫困村提升工程，加大基础设施建设、易地扶贫搬迁、产业扶贫等方面工作力度。二是加大特殊贫困人口帮扶力度。加强对贫困重病患者、老人、残疾人等特殊贫困人口精准帮扶，全面落实教育、健康、住房、低保等方面帮扶措施。进一步扩大贫困人口生态护林员选聘规模，解决弱劳动能力贫困人口就业问题。探索互助养老、设立公益岗位、提供公租房、购买商业保险等保障性扶贫方式，解决特殊贫困人口脱贫问题。

5. 狠抓稳定脱贫机制建设和保障性扶贫。坚持减贫和防止返贫两手抓，加快建立稳定脱贫长效机制，切实提高脱贫质量。大力发展贫困人口普遍受益的特色产业，提高贫困群众参与度。配合抓好就业扶贫，加强扶贫车间建设，确保扶贫车间吸纳贫困劳动力就业人数占比达30%。加大保障性扶贫力度，以提高义务教育、基本医疗、住房安全、低保等方面保障水平为重点，全面落实教育扶贫、健康扶贫、易地扶贫搬迁、危房改造、农村低保等方面的政策。

6. 深入推进社会扶贫。改进单位定点扶贫工作，帮扶项目和资金要进一步瞄准贫困村、贫困户。继续加强定点扶贫工作考核和年度绩效考评。配合做好中央单位定点帮扶广西28个国家扶贫开发重点县工作及年度考核工作。抓好自治区内对口帮扶。继续开展“扶贫日”系列特色活动，重点办好面向广东省企业的大型募捐活动。配合推进“千企扶千村”工作，扩大结对帮扶范围，力争实现对5000个贫困村结对帮扶全覆盖。积极动员社会组织、公民个人通过捐资助学等方式参与脱贫攻坚。继续推进广西“微助八桂”公益平台二期项目建设，提升平台知名度和影响力，并与中国社会扶贫网实现无缝衔接。

7. 完善脱贫攻坚监督考核机制。一是加强督察暗访。把暗访作为脱贫攻坚督查的主要方式，重点对54个贫困县进行暗访，实现对105个有扶贫开发任务的县（市、区）暗访全覆盖。完善督察暗访台账，强化“红黑榜”通报，暗访及通报情况纳入年底市县扶贫开发成效考核平时成绩。明确要求各市县减少层层督察、多头检查。二是改进考核工作。简化考核程序、精简内容。自治区、市两级对县及县以下扶贫工作考核，原则上每年不超过2次，市级及以下未经自治区批准不得开展第三方评估。根据中央改进考核监督的新精神，进一步完善设区市、贫困县和非贫困县考核办法，取消与扶贫成效考核无关的搭车任务和验收指标，减少填表报数。三是严把贫困退出关。坚持现行脱贫标准，严格落实贫困户脱贫“双认定”和贫困村、贫困县摘帽认定程序，扎实做好贫困户脱贫“双认定”和贫困村脱贫摘帽认定工作，从2018年开始，自治区负责对当年申请脱贫摘帽的县进行退出专项评估检查。

8. 注重激发贫困群众内生动力。自治区出台关于激发贫困群众内生动力的指导性文件。谋划开展脱贫户、贫困户、帮扶联系人三方见面活动。制定贫困户享受政策的正、负面清单，加强政策引导，改进帮扶方式，除低保金外，其他扶贫政策及措施与贫困群众参与挂钩，原则上不再直接发钱发物。加强思想动员、技能培训，持续开展感恩教育，帮助贫困户建立信心，摆脱对扶贫政策的过度依赖。坚持“造血式”扶贫，把扶贫同扶志、扶智结合起来，努力提高贫困人口的素质和发展能力。加快贫困地区移风易俗，完善村规民约，加强村民自治，纠正陈规陋习，培育健康生活方式和文明乡风民风。选准选好贫困村创业致富带头人，加强专业培训，提高带领贫困群众脱贫的能力。

贵州"大数据 + 大扶贫"工作实践

车秀琴[①]

提　要：2015年，贵州省委、省政府创造性地提出大数据、大扶贫战略行动，2016年在《贵州省大数据发展应用促进条例》中明确提出"推进大数据精准扶贫，建设涉农数据交换与共享平台，实现涉农基本数据动态化、数字化、常态化精准管理"。贵州在大数据扶贫实践中依托大数据精准扶贫系统平台，积极助推电商扶贫、精准教育扶贫、助力异地搬迁扶贫，走出了一条"大数据＋大扶贫"的融合发展道路。党的十八大以来，贵州省农村贫困人口从923万人减少到280万人，累计减贫670.8万人；贫困发生率从26.8%下降到8%以下，下降18.8个百分点。减贫数量位居全国前列，创造了全国脱贫攻坚"省级样板"。

关键词：贵州省　大数据　大扶贫　共享平台　精准扶贫

一、贵州"大数据 + 大扶贫"工作实践的实施背景

（一）贵州贫困状况

贵州省简称"黔"或"贵"，位于中国西南的东南部，介于北纬24°37′—

① 车秀琴，贵州省地方志办公室业务四处主任科员。

29°13′、东经103°36′—109°35′之间，全省总面积为176167平方千米，占全国国土面积的1.8%。[①] 2017年，全省辖6个地级市、3个自治州；7个县级市、55个县、11个自治县、14个市辖区、1个特区。[②] 1978年，全省农业人口2380.52万人，人均纯收入在150元以下的贫困人口为1840.14万人；1985年为1500万人。[③] 1986年3月，国务院扶贫领导小组确定31个贵州省贫困县，其中国家级贫困县19个、省级贫困县12个。[④] 1994年，贵州有48个县列入国家“八七”扶贫攻坚计划。[⑤] 2002年贵州有50个县被划为国家扶贫开发工作重点县，占全国592个贫困县的8.45%，有33个县被划为省级贫困县，共有国家级、省级贫困县83个，占全省88个县（市、区、特区）的94.32%。[⑥] 2011年，中央扶贫开发工作会议将扶贫标准提高到2300元（2010年不变价），贵州省农村贫困人口1149万人，是全国贫困人口最多的省份；2015年末，按照人均年收入2300元（2010年不变价）的扶贫标准计算，贵州全省共有农村贫困人口493万人。[⑦] 贵州是全国贫困人口最多、贫困程度最深、贫困面积最广的地区，是脱贫攻坚任务最重的省份，是全国脱贫攻坚的主战场和决战区。

1. 贵州贫困成因。贵州是一个多山的省份，北有大娄山脉，中有苗岭群山，东有武陵山区，西有磅礴乌蒙，地貌可概括分为高原山地、丘陵和盆地三种基本类型，其中92.5%的面积为山地和丘陵；[⑧] 同时，贵州还处于滇黔桂片区重度石漠化山区的核心地带，脆弱的生态环境使贵州大部分地区不适宜居住和农业生产。由于特殊的地理环境，贵州也是一个自然灾害频发的地区，干旱、洪涝、冰雹、虫灾、山体滑坡和泥石流等自然灾害严重制约当地农业和农村经济的发展。以1991年为例，贵州先后发生水、旱、冰雹、滑

① 参见贵州省档案局（贵州省地方志编纂委员会办公室 贵州省档案馆）主管主办：《贵州年鉴（2017）》，《贵州年鉴》编辑部，2017年，第51页。

② 参见《贵州概览2017》，贵州人民出版社2017年版，第5页。

③ 参见贵州地方志编纂委员会编：《贵州省减贫志》，方志出版社2016年版，第26页。

④ 参见贵州地方志编纂委员会编：《贵州省减贫志》，方志出版社2016年版，第12页。

⑤ 参见贵州地方志编纂委员会编：《贵州省减贫志》，方志出版社2016年版，第14页。

⑥ 参见贵州地方志编纂委员会编：《贵州省减贫志》，方志出版社2016年版，第1页。

⑦ 参见贵州地方志编纂委员会编：《贵州省减贫志》，方志出版社2016年版，第28页。

⑧ 参见贵州省档案局（贵州省地方志编纂委员会办公室 贵州省档案馆）主管主办：《贵州年鉴（2017）》，《贵州年鉴》编辑部，2017年，第51页。

坡、病虫和梅雨等自然灾害；全省农作物受灾面积2813.31万亩，成灾面积1780.25万亩，八成减产至绝收319.06万亩，成灾人口1277.53万人；损失粮食96.68万吨，棉花52吨，油料5.25万吨，烤烟5.17万吨；经济损失折款27.47亿元。[①] 由于贵州历史上欠开发，经济发展总体落后、经济总量偏小，基础设施薄弱、教育、科技、医疗水平落后；并且贵州集中连片的贫困乡多属边远偏僻山区，使贵州的贫困问题一直比较严重。

2. 贵州贫困特点。2011年，《中国农村扶贫开发纲要（2011—2020）》划分出连片特困区，贵州省贫困区域主要分布在武陵山片区、乌蒙山片区和滇黔桂石漠化片区三大片区。贵州境内武陵山片区主要位于东北部，总面积31430.61平方千米，占全省总面积的17.8%；[②] 贵州境内乌蒙山片区主要位于西北部，总面积32443.77平方千米，占全省总面积的18.4%；[③] 贵州境内滇黔桂石漠化片区主要位于南部、西南部和东南部，总面积8.67万平方千米，占全省总面积的49%；[④] 由此可见，贵州省贫困区域共计约150094.284平方千米，约占贵州省国土总面积的85.2%，共计70个县（市、区），呈现出贫困面广的特点。

1978年，中共中央工作会议期间，时任中共贵州省委第一书记马力介绍贵州农村情况：全省洪涝保收农田600多万亩，人均2分6厘。1977年人均粮食社会占有量不足250公斤，社员人均收入46元，全国最低。到1985年，农村贫困人口仍有1500万人，贫困发生率高达57.5%。[⑤] 除了贫困面广、贫困发生率高特点外，贵州还具有返贫率高的特点。由于贵州具有生态性贫困、经济性贫困、知识性贫困、制度性贫困共存的多维度贫困状态，使得贵州农村大多处于单一生产结构、广种薄收的粗放型经济模式，经济水平低下使得农村地区的文化水平低、思想观念落后、劳动技能缺乏、市场意识淡漠，如果遇到较大的自然灾害会加剧贫困发生率和返贫率。据统计，贵州正常年景

---

① 贵州省地方志编纂委员会贵州年鉴编辑部编：《贵州年鉴（1992）》，贵州人民出版社1992年版，第143页。

② 贵州地方志编纂委员会编：《贵州省减贫志》，方志出版社2016年版，第24页。

③ 贵州地方志编纂委员会编：《贵州省减贫志》，方志出版社2016年版，第25页。

④ 贵州地方志编纂委员会编：《贵州省减贫志》，方志出版社2016年版，第1页。

⑤ 贵州地方志编纂委员会编：《贵州省减贫志》，方志出版社2016年版，第24页。

返贫率在15%左右，遇到较大的自然灾害，返贫率在20%以上。[①] 因此，贵州贫困总的来说具有贫困面广、贫困发生率高、返贫率高的特点。

（二）贵州减贫历程与思路

自1978年中国率先在农村开启经济体制改革至2017年习近平总书记提出2020年农村贫困人口全部脱贫，贵州在中共中央、国务院的领导下，历届贵州省委、省政府带领广大贵州干部群众经过39年的治穷减贫，农村贫困人口由1978年的1840.14万人[②] 减少为2017年的249.2万人，[③] 贫困发生率由1978年的77.3%降低到2017年的7.75%。[④]

1. 体制性扶贫开发。中共十一届三中全会召开以后，家庭联产承包责任制逐步取代了人民公社制度，解放了农村生产力，使农民有了生产和分配的自主权，极大地调动了农民的生产积极性，使贵州农村贫困问题得到大幅度缓解。自1978年至1985年间，贵州省委、省政府以解放思想束缚、解决“吃饭”这个贵州农村的主要问题为减贫思路；1980年，贵州省委第一书记池必卿签发《中共贵州省委关于放宽农业政策的指示》，明确在坚持生产资料公有制和按劳分配原则下，可根据当地实际情况选择“包产到组或包干到户”，到1981年底，贵州有98.2%的生产队实行“包干到户”生产责任制。[⑤] 按1986年人均纯收入206元的绝对贫困标准，贵州农村贫困人口从1978年占总人口的2/3下降到1985年1/2，贫困人口为1500万人，占全省农村总人口的57.5%。[⑥]

2. 大规模开发式扶贫攻坚。自1986年至1993年间，贵州省委、省政府以改革传统的救济式扶贫，进行开发式扶贫为减贫思路；对政策性扶贫进行完善，开展有组织、有计划的大规模的开发式扶贫。1988年，国务院原则同意贵州省建立毕节开发扶贫、生态建设试验区。1989年，贵州省在31

---

① 参见王延中、龙玉其等：《民族地区社会保障反贫困研究》，经济管理出版社2017年版，第7页。

② 参见贵州地方志编纂委员会编：《贵州省减贫志》，方志出版社2016年版，第1页。

③ 参见《贵州年鉴（2018）》稿。

④ 参见《贵州年鉴（2018）》稿。

⑤ 参见贵州地方志编纂委员会编：《贵州省减贫志》，方志出版社2016年版，第11页。

⑥ 参见贵州地方志编纂委员会编：《贵州省减贫志》，方志出版社2016年版，第33页。

个贫困县实施以杂交良种为龙头加先进适用技术组装配套的“扶贫温饱工程”400万亩。1991年，贵州省委、省政府印发《关于在我省贫困地区实行以工代赈建设基本农田的决定》。①1993年底，贵州农村贫困人口从1986年的1500万人下降到1000万人，占全省农村总人口的比重从57.5%下降到34.4%。②

3.“八七”扶贫攻坚。自1994年至2000年间，贵州省委、省政府以加强农村基础设施建设、积极探索符合贵州省情的开发扶贫路子为减贫思路，以实施《国家八七扶贫攻坚计划》为契机，制定《贵州省扶贫攻坚计划》，首次对全省的扶贫工作作出全面规划和战略部署，通过相继部署和大规模实施扶贫“温饱工程”“粮食高产示范工程”、联合国人口基金/粮农组织项目、世界银行贷款支持项目、黔西南自治州“星火计划、科技扶贫试验区”、以工代赈基本农田建设等开发扶贫项目，到1998年实现全省粮食基本自给，基本解决农村贫困地区、贫困人口温饱问题；至2000年“八七”扶贫攻坚计划结束时，贵州贫困人口按当时贫困标准统计，由1994年的1000万人减少到313.46万人，48个贫困县整体越过“温饱线”，基本完成农村从普遍绝对贫困向巩固扶贫成果与全面消除贫困的历史性转变。③

4.片区扶贫攻坚。自2001年至2010年，贵州省委、省政府围绕解决改善基本生产生活条件、拓宽基本增收门路、提高基本素质，采取开放式扶贫、搬迁式扶贫、救助式扶贫，抓好整村推进、劳动力转移和产业化扶贫的减贫思路；2001年，国家发展和改革委员会把贵州省列入西部4个异地移民搬迁扶贫试点省之一；2002年，贵州省有50个县被列入国家新阶段扶贫开发工作重点县；2009年，贵州省全面开展农村危房改造工程；至2010年，按照1274元的扶贫标准，贵州全省农村贫困人口2010年减少到418万人。④

5.精准扶贫。自2011年至今，贵州省委、省政府以深入实施工业强省战略和城镇化带动战略，在工业化、城镇化深入发展中同步推进农业现代化，实现工业化致富农民、城镇化带动农村、产业化提升农业。2011年，中共中

① 参见贵州地方志编纂委员会编：《贵州省减贫志》，方志出版社2016年版，第13页。
② 参见贵州地方志编纂委员会编：《贵州省减贫志》，方志出版社2016年版，第33页。
③ 参见贵州地方志编纂委员会编：《贵州省减贫志》，方志出版社2016年版，第34页。
④ 参见贵州地方志编纂委员会编：《贵州省减贫志》，方志出版社2016年版，第35页。

央、国务院印发《中国农村扶贫开发纲要（2011—2020）》，明确将3个武陵山区、乌蒙山区、滇桂黔石漠化区中贵州省的连片特困地区作为此后10年扶贫攻坚的主战场；2012年，国务院出台《国务院关于进一步促进贵州经济社会又好又快发展的若干意见》，明确贵州省作为“扶贫开发攻坚示范区”的战略定位；根据上述文件精神，贵州省相继出台《中共贵州省委贵州省人民政府关于贯彻落实〈中国农村扶贫开发纲要（2011—2020）〉的实施意见》《贵州省扶贫开发条例（草案）》《关于加快创建全国扶贫开发攻坚示范区的实施意见》，贵州扶贫开发已经从以解决温饱为主要任务的阶段转入巩固温饱成果、加快脱贫致富、改善生态环境、提高发展能力、缩小发展差距的阶段；2015年，贵州省制定“33668”扶贫攻坚计划，[①] 在全国首创“减贫摘帽”激励机制；2014年，贵州省贫困人口减少到623万人；2016年，贵州省贫困人口372.2万人；2017年，贵州省贫困人口249.2万人。

（三）贵州大数据扶贫实践的提出与内容

1. 贵州大数据扶贫实践的提出。2015年11月13日，中国共产党贵州省第十一届委员会第六次全体会议通过了《中共贵州省委关于制定贵州省国家经济和社会发展第十三个五年规划的建议》（以下简称《建议》），《建议》创造性地提出了要实施大数据、大扶贫两大战略行动；2016年1月15日，贵州省第十二届人民代表大会常务委员会第二十次会议通过《贵州省大数据发展应用促进条例》（以下简称《条例》），《条例》第二十二条明确提出“推进大数据精准扶贫，建设涉农数据交换与共享平台，实现涉农基本数据动态化、数字化、常态化精准管理”。

2. 贵州大数据扶贫实践的内容。2016年8月18日，贵州省发展和改革委员会发布《贵州省大数据产业发展引导目录（试行）》，明确提出大数据创新应用于精准扶贫，明确提出“通过搭建精准扶贫大数据应用平台，整合扶贫资源信息，实现扶贫的精准识别、精准帮扶和精准管理，形成具有贵州特色扶贫开发新模式；重点支持：扶贫综合监管应用系统研发及应用示范，社

① “33668”扶贫攻坚计划：“33”是“从2015年到2017年，用3年时间减少300万贫困人口”；“66”是“深入实施精准扶贫‘六个到村到户’，完成‘六个小康建设’任务”；“8”是实现贫困县农村居民人均可支配收入8000元以上。

会求助系统平台研发及应用示范，贫困统计监测指标研究，电商扶贫、金融扶贫、众筹扶贫模式创新，精准扶贫云建设，精准扶贫成效考核管理应用示范”。为进一步落实脱贫攻坚计划，推动大扶贫战略行动，贵州省人大常委会2016年9月30日颁布了《贵州省大扶贫条例》（以下简称《条例》），《条例》第六十六条明确指出“省人民政府应当建立健全全省统一的精准扶贫大数据管理平台，为本省扶贫工作提供信息技术支撑，实现各级各部门数据交换、联通与共享，推动扶贫工作动态化、数字化、常态化精准管理。逐步通过大数据实现识别对象、帮扶措施、项目安排、资金管理、退出机制、监督管理、考核评价等精准化”。

二、举措与成效

贵州作为全国扶贫攻坚的主阵地和主战场，探索出了一条“大数据 + 大扶贫”的融合发展道路。党的十八大以来，贵州省农村贫困人口从923万人减少到280万人，累计减贫670.8万人；贫困发生率从26.8%下降到8%以下，下降18.8个百分点。减贫数量位居全国前列，创造了全国脱贫攻坚“省级样板”。[①]

（一）建设大数据精准扶贫系统平台

2015年，贵州以建档立卡的贫困人口数据为基础，依托大数据、云计算创建“扶贫云”平台，即时录入、更新，即时查阅、分析，有力推动扶贫工作数字化。2016年，“扶贫云”迁至云上贵州平台，衔接公安、教育、医疗等17个省级部门的实时动态数据，搭建部门间扶贫供需平台，建设大数据精准扶贫系统平台，平台通过对贫困户的精准识别及严格的扶贫成效评估，切实提高了精准扶贫效率。一方面，平台通过相关部门多维度数据比对分析，自动预警，实时推送异常信息，对贫困户进行精准识别，从而达到扶真贫。例如，贫困户一旦买房，或者是注册公司，根据住建部门和工商部门的数据，扶贫干部就能立刻收到预警信息，并在平台上进行处理。另一方面，平台实

① 《大数据助力精准扶贫 贵州打造扶贫攻坚样板间》，腾讯网，http://gongyi.qq.com/a/20180530/016062.htm。

施严格的扶贫成效评估。第一，平台实时掌握国家及省、市、县、乡、村各级帮扶干部情况及对应帮扶贫困户信息，从贫困户找到帮扶干部，从干部找到对应帮扶贫困户，对扶贫过程、扶贫结果、扶贫成效实现全过程监督，从而为评估扶贫干部工作成效提供依据；第二，通过实时统计各地区建档立卡数据采集和识别精准率情况，查看贫困人口人均收入状况和达标率，分析、评估扶贫产业的帮扶效益；第三，通过数据统计功能实时掌握管辖区内各类指标的统计情况，包括致贫原因、脱贫指标、男女比例、年龄分布等扶贫动态指标，对来自第三方部门相关重点、异常指标分析，从而对扶贫成效进行分析并且为相关部门工作成效评估提供决策支撑。同时，平台通过web端统计数据报表、数据清洗可视化报告，减轻人工统计工作量和时间人力成本。“扶贫云”投入使用以来，已累计对全省623万贫困人口、9000个贫困村、934个贫困乡镇、66个贫困县进行重点动态监测。

（二）大数据助推电商扶贫，引领黔货出山

电商扶贫作为精准扶贫、脱贫攻坚工作的重要工程之一。贵州在推进电商扶贫过程中，牢牢守住发展和生态两条底线，立足脱贫攻坚，抓住产业扶贫这个关键，以绿色优质农产品为核心，发挥农村电商农产品上行主渠道作用，通过内建载体、外引平台、社会资本引导等，聚集多方力量共促电子商务发展。2014年，贵州成立了以省商务厅为云长单位，多彩贵州网投资建设的全国首家区域性电商平台、贵州首家综合性电商服务平台——电子商务云。2015年，贵州省成立促进电子商务发展工作领导小组，省、市、区三级均成立由主要领导担任组长的电子商务发展领导小组，全力开展农村电商扶贫，建立了“基层党组织＋农村电商”“农村电商＋村级公共服务”的发展模式。贵州电子商务云围绕“大数据、大扶贫、大生态”，以“贵州绿色优质农产品泉涌工程”“电商精准扶贫”“电子商务进农村综合示范”等工作为方向，通过流通连接生产和市场，开展精准高效的产业扶贫。2016年启动了电子商务大数据服务平台建设工作，建设集数据填报、数据抓取、定点采集、统计监测于一体的大数据服务平台，先后与阿里、京东、苏宁、当当、一号店等国内主流电商平台建立了良好的合作关系，分别开设了天猫贵州原产地商品官方旗舰店、京东贵州扶贫馆、那家优选淘宝店铺、苏宁易购贵州馆、当当贵阳馆等。2016年，

全省建成农村电子商务服务站（点）6949个，电商交易额完成1436亿元，同比增长34.7%，增速位居全国前列，直接或间接带动近10万建档立卡贫困户脱贫。[①] 在贵州省培育的本土电商平台中，贵州省邮政分公司与省扶贫办联合开展的“贵州邮政电商精准脱贫工程”——“黔邮乡情”电商平台，以贵州省委、省政府提出的贵州“五张名片”（酒、茶、烟、药、食品）和具有地方特色的商品、农产品为主要内容，因地制宜开展邮政农村电商精准扶贫工作，推动农产品进城，实现黔货出山。以贵州省黔南布依族苗族自治州邮政分公司为例，截至2017年底，该公司以“黔邮乡情”为平台运作农产品进城项目66个，累计销售农特产品4.14万件，销售额达86.03万元，为贫困人口创收近44万元，并获评黔南州“全州脱贫攻坚先进集体”荣誉称号，真正实现了助农增收、助农脱贫。[②]

（三）大数据精准教育扶贫，助推职业教育脱贫富民

2016年2月，贵州省出台《贵州省教育精准脱贫规划方案（2016—2020年）》（以下简称《方案》），同时利用大数据技术建设教育精准扶贫系统，系统数据与公安、扶贫办、民政等部门数据共享互通，对扶贫对象进行精准识别，根据贫困学生实时录取信息，自动比对和身份识别，推送给教育、财政、扶贫等相关部门，实现“一站式”教育精准扶贫资金等自动减免，确保优惠政策落到每个需要资助的学生身上。

“授人以鱼不如授人以渔”，针对贵州贫困实际，《方案》明确提出以职业教育为突破，实施职业教育脱贫富民计划。自《方案》出台以来，贵州省压缩6%的行政经费，用于教育精准扶贫，实施“精准资助、应助尽助”。2017年全省累计资助农村建档立卡贫困家庭学生83万余人次，资助资金近17亿元，含职业院校建档立卡贫困生4.1万名。[③] 贵州职业教育在大数据扶贫中着眼于“职教一人　脱贫一家”，面向建档立卡家庭子女招收“精准脱贫班”“中

---

① 《电子商务铺就黔货出山路！2016年，贵州电商交易额1436亿元》，搜狐网，http://www.sohu.com/a/192167390_99993976。

② 参见何德佳：《黔邮乡情浓 助农脱贫忙——贵州黔南州分公司开展精准扶贫纪实》，《中国邮政报》第2805期。

③ 参见罗石香：《让阳光照亮寒门学子求学路——遵义、铜仁四县（市、区）教育扶贫见闻》，《贵州日报》2018年4月28日。

职扶贫班”，实行“精准招生、精准培养、精准就业”，以助推脱贫富民为目标。以贵州轻工职业学院（以下简称学院）为例，2017 年，学院教育精准扶贫建档立卡贫困生共计 2360 人(在校),精准扶贫资助金额合计 1044.58 万元，其中专项扶贫助学金 236 万元，免贫困生学费 808.58 万元。学院为进一步帮助贫困地区贫困学子摆脱贫困顺利完成学业，成立威宁、赫章、晴隆、望谟、册亨 5 个县的免费中职班;截至 2017 年底中职扶贫班在校生总人数达 205 人，共计减免学费 36.4 万元，院内减免住宿、教材、床上用品等费用 19.5 万元，发放中职国家助学金 36.4 万元。2017 年学院成立校农结合工作专班，与干塘畜牧养殖农民专业合作社、三宝彝族乡人民政府等就土鸡、土鸡蛋等农产品采购事宜达成共识，签订《校农合作农产品采购协议》；与在筑职业学院组建校农结合联盟，通过贵州省绿色农产品产销对接大数据平台，在网上公布学院农产品需求种类和数量，让更多贫困地区农业合作社明确看到市场需求，以此为依据调整当地的产业和销售方向。①

（四）大数据助力异地搬迁，贵州异地搬迁扶贫成效显著

“异地搬迁扶贫”是指对生产和发展环境恶劣地区的农村贫困人口实施异地搬迁安置，让他们搬离原址、在有良好发展条件的地方安家，从根本上改善其生活条件，实现脱贫致富。② 贵州由于山多地少，在人地矛盾突出的村寨很难实现“一方水土养一方人”，“十三五”时期贵州省规划搬迁 187 万人，其中建档立卡贫困人口 149.3 万人，约占全国搬迁规模的 1/7③，是全国搬迁规模最大、任务最重的省。为确保从根本上改变生产生活条件、确保稳定脱贫和长远发展，贵州自加压力，全部实行城镇化集中安置。贵州以“六个坚持”(坚持省级统筹统还、坚持以自然村寨整体搬迁为主、坚持城镇化集中安置、坚持以县为单位集中建设、坚持让贫困户不因搬迁而负债、坚持以产定搬,以岗定搬）稳妥推进异地搬迁扶贫,本着以“以人民为中心”的发展理念，统一设计了《贵州省异地扶贫搬迁安置房基本户型方案图集》，统一建设和装

① 参见杨春凌:《产品变产业 智力变能力——贵州轻工职业技术学院教育扶贫有实招》,《贵州日报》2018 年 4 月 25 日。

② 参见张洵:《异地搬迁扶贫要以“家”为本》,《贵州日报》2018 年 4 月 26 日。

③ 参见赵勇军:《贵州以“六个坚持”贯穿始终 走出异地搬迁扶贫新路》,http://www.myzaker.com/article/5ac7661177ac644a43626472。

修，使搬迁群众实现了拎包入住。2017 年为保证安置点工程建设进度、质量和政策精准落实，项目全部由县级政府集中建设，实现了管理体制由以乡镇为单位分散建设向以县为单位集中建设管理的转变；同时为了推进搬迁群众“转业、转型、转身、转心”，确保每户落实城镇就业 1 人以上，工作重心由搬迁向搬迁与就业并重转变，通过全覆盖审计和督查规范政策执行和项目管理；实现了工作导向由抢抓进度向进度与质量并重的转变，全年完成 76 万人的住房主体工程建设任务，其中 68.25 万人安置在县城，实现项目城镇化安置率 100%，实现了安置方式由城镇化安置为主、中心村安置为辅向全部实现城镇化集中安置的转变。在国家发改委、国务院扶贫办 2016 年全国异地搬迁扶贫考核评价中，贵州省综合评价考核名列第一。①

贵州在推进异地搬迁扶贫过程中，充分发挥大数据扶贫功效，对异地扶贫搬迁实行精准监测，一是通过生态移民局数据及时掌握各地区易地扶贫搬迁情况，包括安置点、安置户数、人数，通过用电用水、缴纳社保数据，精准分析研判搬迁贫困户的安置率、入住率、就业率和户均累计收入等指标；二是通过扶贫云对异地搬迁扶贫成效实行精准监督，创造性实现了“七个率先”，即在全国率先开展搬迁对象精准识别、率先规范住房建设政策标准、率先实施大数据动态管理、率先实行项目资金省级“统贷统还”体制、率先启动旧房拆除复垦土地增减挂钩政策、率先完善后期扶持“五个三”保障机制、率先建立健全政策体系。② 以贵州黔西南布依族苗族自治州为例，黔西南州利用“大数据”对党建扶贫“五人小组”人员“云上管”、业绩“云上晒”、工作“云上督”，对工作不真、不实的进行精准问责，为脱贫攻坚提供纪律保障。数据显示上半年，全州对因日志造假、工作不实，导致识别、出列、易地扶贫搬迁，以及资金项目落地不精准不到位的“五人小组”成员进行问责，共处分 23 人，约谈 51 人，诫勉谈话 2 人，通报批评 91 人，问责 2 人。通过大数据监督，“五人小组”台账编写率由最初的评价 60% 上升到当前的 90%

---

① 参见赵勇军：《贵州以“六个坚持”贯穿始终 走出异地搬迁扶贫新路》，http://www.myzaker.com/article/5ac7661177ac644a43626472。

② 参见马刚：《贵州省异地扶贫搬迁实现“七个率先”》，http://www.gov.cn/xinwen/2017-07/29/content_5214370.htm。

以上，确保了驻村人员真蹲实驻、真抓实干。[①]

三、对策与建议

（一）加强贵州省农村社会保障体系的转型升级

随着脱贫攻坚进程的不断推进，特别是在异地扶贫搬迁过程的不断深入，势必带来新型城镇化进程的不断加快，新型贫困及新的贫困脆弱性在脱贫攻坚工作中应引起注意，例如，新型城镇化进程中失地农民的生计风险。健全贵州省农村社会保障体系，促进现有贵州省农村社会保障体系的转型升级是解决问题的根本之计。贵州省经济水平长期落后，地方财政力量较薄弱，社会保障水平受到财政收入水平的制约。目前贵州省各地对于农户的基本和医疗支出风险建立起了“新农保 + 大病保险 + 医疗求助”的基本保障模式，但还存在保障水平偏低的问题。以大病保险为例，影响大病保险受助对象支付水平的一个要素是报销封顶线。但是各地的报销封顶线不同，黔西南州和六盘水市规定了最高支付限额可能出于减轻基金支付压力的考虑。因此，在制度设计之初，就应该从公平性出发取消大病保险支付封顶线。[②]

（二）加强作风建设，坚决遏制形式主义官僚主义

作为全国脱贫攻坚主战场，贵州决战脱贫攻坚实现大踏步前进，创造了全国脱贫攻坚“省级样板”，但贵州仍有百万农村贫困人口尚未摆脱贫困，贵州决战脱贫攻坚、决胜同步小康任务仍然繁重。这要求贵州各级干部必须加强作风建设，坚决遏制形式主义官僚主义，不能以通过国家评估验收为目的，要认清真脱贫、脱真贫，走向小康才是我们的目标。各级干部要继续坚持作风下沉，深入基层一线，摸清底数、掌握实情、精准决策、精准施策，把扶贫工作往深里做、往细里做、往实里做，减少名目繁多的报表和轮番式的检

① 参见孟海：《黔西南：大数据监督“五人小组”助力脱贫攻坚 23 人被处分》，http://news.cnr.cn/native/city/20170717/t20170717_523853133.shtml。

② 参见王延中、龙玉其：《民族地区社会保障反贫困研究》，经济管理出版社 2017 年版，第 170 页。

查评比，把更多的精力、人力、财力和物力用在脱贫攻坚上，杜绝数字脱贫、虚假摘帽。

（三）扶贫更要扶志，转变贫困群众思想观念持续激发脱贫致富内生动力

扶贫更要扶志，要从思想入手，帮助贫困群众转变思想观念，从“要我脱贫”转变为“我要脱贫”。如铜仁市石阡县国荣乡是典型的极贫乡，缺水、缺电、产业发展慢、基础设施薄弱，但最让乡党委班子头疼的是村民的“三盼”“三怕”：盼直接发钱、盼政府包办、盼干部包干，怕丢贫困帽、怕出钱出物、怕触及自身利益。[①] 精神贫困是贫困群众落入坐着等救济的思想陷阱。全省各级干部特别是扶贫干部，一要着力解决思想解放、观念转变，对贫困群众开展励志教育、弘扬自力更生、艰苦奋斗、勤劳致富的传统美德；二要开展形式多样的创建活动，设立“主动脱贫之星”“创业之星”等奖项，积极营造贫困地区自我脱贫正能量；三要健全脱贫机制，对瞒报收入、虚报债务、混迹于贫困群众队伍中的脱贫者严肃处理。让越来越多的贫困群众解放思想、转变思想观念，提升贫困群众自我脱贫的意识，主动申请创业、申请项目，持续激发脱贫致富的内生动力，推进脱贫攻坚工作，加快群众脱贫致富奔小康步伐。

---

① 参见吕跃：《增强“我要脱贫”的志气》，《当代贵州》2018 年第 18 期。

陕西扶贫攻坚的“3+N”模式

陕西地情报告课题组 ①

提　要：陕西作为国家扶贫开发的重点省份，其贫困面大、贫困人口多、贫苦程度深，脱贫攻坚任务尤为重大。为了消除贫困，陕西省委、省政府按照党中央、国务院的总体要求，结合本省实际，夯实工作机制，探索出以产业扶贫、易地扶贫、扶志扶智为主的“3+N”扶贫模式。通过扶持生产发展一批、易地搬迁安置一批、教育扶贫脱贫一批、转移就业脱贫一批、生态补偿脱贫一批、医疗救助和政策兜底保障脱贫一批的举措，加快贫困地区和贫困群众脱贫致富步伐，扶贫攻坚取得明显成效。

关键词：陕西省　扶贫攻坚　工作机制　脱贫致富　“3+N”模式

“3+N”扶贫模式是陕西立足省情开展扶贫攻坚的积极探索。它以产业扶贫、易地扶贫、扶志扶智为主，辅以产业扶贫、就业扶贫、健康扶贫、生态扶贫、民生兜底等，多措并举力推扶贫解困。

---

① 课题组组长：雷湛，陕西省地方志办公室党组书记、主任。副组长：史天社，陕西省地方志办公室党组成员、副主任。成员：王莹，陕西省地方志办公室省志处处长。执笔人：王莹。

一、背景和现状

陕西省地处中国内陆腹地，常住人口3835.44万人，土地面积20.56万平方千米。全省地域狭长，地形复杂多样。陕北黄土高原沟壑纵横，陕南秦巴山地山大沟深，两部分占全省面积81%，很多地方不适宜居住，贫苦人口近70%集聚在此。陕西省作为国家扶贫开发的重点省份，脱贫攻坚任务艰巨。截至2016年底，陕西国家扶贫开发工作重点县56个，与贵州并列排在全国第2位；贫困村约占全省行政村总数的三分之一。建档立卡贫困户总规模为78.34万户、228.72万人，贫困发生率9.45%。

陕西省委、省政府高度关注贫困人口，先后出台《陕西省农村扶贫开发条例》《关于创新机制扎实推进全省农村扶贫开发工作的实施意见》《关于学习贯彻习近平总书记重要讲话精神扎实做好扶贫开发工作的意见》《关于贯彻落实〈中共中央国务院关于打赢脱贫攻坚战的决定〉的实施意见》等，为建立起精准扶贫开发机制提供了政策保障、组织保障和制度支撑。2016年，陕西省制定清晰时间表，明确脱贫时间节点和具体任务，制定出台《陕西省"十三五"农村脱贫攻坚规划（2016—2020）》，确保到2020年，现行标准下全省建档立卡贫困人口全部实现脱贫。

2017年是陕西脱贫攻坚的整改提升年。全省实现40.4万人脱贫、1261个村退出、4个县摘帽。2017年，陕西贫困地区农村居民生活水平不断提高，消费结构开始升级。基础设施建设不断加强，公共服务极大改善。贫困地区农村居民人均可支配收入9297元，同比增长10.4%，实际增速快于全省农村平均水平1.1个百分点；全省3个集中连片特困地区农村居民人均可支配收入达9427元，增长11.6%；陕西贫困地区农村居民人均消费支出8201元，增长7.7%，八大类消费呈"六升两降"态势。

二、"3+N"扶贫攻坚的举措

2017年，陕西省委、省政府认真学习贯彻习近平总书记扶贫开发重要战略思想，坚持精准扶贫、精准脱贫方略，完善工作机制，系统推进“3+N”扶贫攻坚。

（一）着力改进机制，组建“一部八办两组”，构建各司其职、上下联动的运行模式

1. 设立脱贫攻坚指挥部，完善决策机制。省脱贫攻坚领导小组负责根据国家要求研究制定本省地方有关政策和规划，审定全省年度减贫计划和资金分配方案，协调解决工作中的重要问题。领导小组由省委书记任第一组长、省长作组长，副书记、分管副省长任副组长，成员由两办分管副秘书长和有关部门主要负责人 52 人担任。由于领导小组涉及领导和部门较多，随时召开会议难度较大，为提高决策效率，省委省政府在领导小组下又设立脱贫攻坚指挥部，由省委副书记任总指挥，常务副省长、主管副省长和省扶贫办主任任副总指挥，承担“几个一批”业务和资金、项目等工作任务较重的 18 个省级部门主要负责同志为成员。脱贫攻坚指挥部根据工作需要，2017 年召开各类会议 44 次，及时对工作推进中的难点重点问题进行研究，大大地提高决策效率。

2. 成立“八办两组”，合力推进攻坚。在省脱贫攻坚指挥部统一领导下，围绕“五个一批”重点任务，成立了产业扶贫、就业扶贫、生态扶贫、健康扶贫、教育扶贫、易地扶贫移民搬迁、危房改造、兜底扶贫等八个行业扶贫办公室和资金保障、基础设施建设两个协调组，形成“一部”下辖“八办两组”的工作体系。省级“八办两组”充分发挥牵头部门的作用，制定出台了行业扶贫规划、指导意见、实施方案等，并安排资金、政策等资源向贫困地区和贫困群体倾斜；建立了联系工作机制，召开联席座谈会，积极报送、沟通、对接脱贫攻坚行业扶贫情况；形成了本系统的考核、督察、调研及帮扶工作机制；按照全省脱贫攻坚的总体目标和时间进度要求，做好项目、资金及政策安排，取得了显著成效。

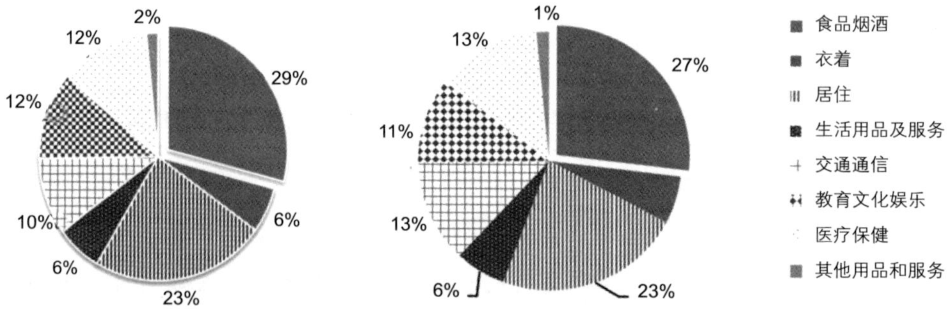

图 1　2016—2017 年陕西贫困地区农村居民各项消费支出占比图

数据来源：陕西省调查总队

陕西贫困地区收入与陕西农村及全国贫困地区的情况表

表 1

	人均可支配收入			收入构成			
	收入水平（元）	名义增速（%）	实际增速（%）	工资性收入（元）	经营净收入（元）	财产净收入（元）	转移净收入（元）
陕西贫困地区农村	9297	10.4	9.2	3872	3007	138	2280
陕西农村	10265	9.2	8.1	4272	3242	185	2566
全国贫困地区农村	9377	10.5	9.1	3210	3723	119	2325

数据来源：陕西省调查总队

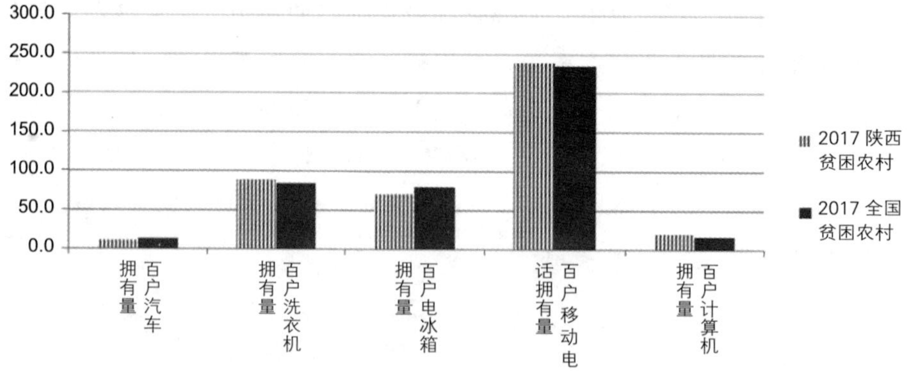

图 2　2017 陕西贫困地区农村住户拥有耐用消费品情况图

数据来源：陕西省调查总队

2016—2017 年陕西贫困地区农村基础设施状况

表 2

基础设施状况	2017 年	2016 年
通有线电视信号的自然村比重（%）	98.9	89.5
通宽带的自然村比重（%）	85.2	74.2
主干道路面经过硬化处理的自然村比重（%）	97.7	86.4
通客运班车的自然村比重（%）	73.3	70.3
饮用水经过集中净化处理的自然村比重（%）	65.7	62.9

数据来源：陕西省调查总队

3. 强化市级推进，做好上下衔接。强化市级党委政府对本市脱贫攻坚工作承担的责任，重点是做好上下衔接、统筹协调、督察考核工作。各市党委政府主要负责人与省委、省政府签署脱贫责任书，向省委省政府定期报告扶贫脱贫进展情况。省委省政府将季度工作点评作为推进脱贫攻坚的重要抓手，不断加强对市级党委政府的考核检查，充分发挥考核的导向作用。各市也按照省上做法，在脱贫攻坚领导小组下分别成立了类似省级“一部八办两组”的工作推进机构，形成了全省上下联动，合力攻坚的脱贫攻坚工作推进的体系。

4. 夯实主体责任，推动工作落实。县级党委和政府承担脱贫攻坚主体责任，坚持以脱贫攻坚总揽经济社会发展全局，全力做好本县脱贫攻坚实施规划和年度计划编制，优化配置各类资源要素，整合财政涉农资金，组织落实各项政策措施，加强到村“四支队伍”整合管理，公开扶贫资金项目信息，建立扶贫开发对象动态监测机制，制定精准扶贫、精准脱贫意见并监督实施，组织开展贫困村、贫困人口的精准识别和精准退出等工作。县级党委政府主要负责人作为脱贫攻坚第一责任人，与市级党委政府签署脱贫责任书，向市委市政府定期报告扶贫脱贫进展情况。

（二）着力产业扶贫、易地扶贫、扶志扶智，发挥“3”的主导作用

1. 改穷业，做好产业扶贫。产业扶贫是扶贫治本之策。2017 年，陕西加大扶贫和涉农资金整合力度，重点扶持农业龙头企业，为产业扶贫提供了有效的资金支持，发展了一批特色鲜明、市场广阔的适度规模优势产业。全年全省产业扶贫对象 39.6 万户、124.5 万人，分别占全省贫困户数和贫困人口

的51%以上。新建扶贫产业园1136个，新增农业产业化龙头企业271家、农民专业合作社6067家，落地实施产业扶贫项目2950个，建设贫困村电商服务站点2280个、光伏电站4102个、旅游扶贫重点村1178个，受益贫困人口74万人。

一是产业覆盖。首先是做大做强已有产业。按照供给侧结构性改革的要求，立足贫困地区已有产业，开展品质提升工程，实施“百库工程”“初加工惠民工程”等重大项目；以22个产业转型升级示范县建设为载体，推动生产、经营、产业3个体系转型升级；建立覆盖362个省级园区的农产品质量安全追溯体系及动态化信息管理系统，持续放大现代农业园区示范效应，带动产业发展和贫困户增收。其次是合理布局产业。立足资源禀赋，坚持市场导向，不断优化特色产业布局，在56个贫困县确定了两大类8种主导产业和五大类27种小众产业。2017年，在贫困县平均每县安排农业专项资金近1000万元，引导贫困县因地制宜、长短结合优化产业布局。此外，在优势资源开发、多层次产业发展上拓思路、做文章，大力发展乡村旅游、休闲农业、林下种养、光伏产业和电子商务等新型产业，拓宽群众脱贫增收路径。

二是主体带动。培育贫困地区新型经营主体，探索构建合理的产业发展和利益分配机制，将贫困户嵌入产业链，吸附到新型主体周围，建立稳定的脱贫增收联结关系。在贫困地区持续推进“十百千万”工程，加快形成集约化、专业化、组织化、社会化相结合的新型产业经营体系。将带动贫困户作为承担产业脱贫引导资金项目、申报认定明星企业、示范合作社的前置条件，构建新型主体带动贫困户的激励机制，安排专项引导资金1.38亿元，专门支持农业园区及新型经营主体带动贫困户发展。

三是改革创新。深入贯彻“三权分置”意见精神，推进农村土地确权颁证工作，以“三变”改革为抓手，推动农村集体产权制度改革，在19个县和357个村开展农村集体产权制度改革试点，推行“党支部＋集体经济＋三变＋贫困户”模式，建立产权清晰、股权明晰、管理规范的村集体经济组织，积极探索财政资金在扶持新型经营主体中折股量化给集体和贫困户的形式，激活贫困村资源要素，发展壮大村集体经济。

四是典型引领。总结推广一批产业扶贫典型模式。如，千阳县搭建项目库、贫困户自主选择的“项目超市”模式，使近4万贫困人口受益；商南县借鹿还茸、借鸡还蛋、借苗还果、借袋还菇的“先借后还”模式，使缺乏产业资金条件的贫困户实现脱贫等；白水县“企业托管果园，产量保底、增收分成、贫困户与企业利益共享”的“果园托管”模式，有效解决贫困户缺劳力、缺技术、缺资金问题；榆阳区赵家峁村盘活资产、人人持股、人人受益的“三变”模式，成为全省农村集体经济组织改革的范例。尤其是经过创造性实践，总结推广的资金变股金、折股量化、保底分红的“五位一体”供销模式，使6万多贫困人口享受分红。

五是资金统筹。坚持“资金整合、项目带动”，聚集资源、捆绑资金，集中投向产业扶贫。落实省政府扶贫资金切块要求，创新资金管理方式，设立了产业扶贫引导资金，每县500万元以上，切块下达到县，专项用于产业扶贫工作。把产业扶贫项目审批权和实施权下放到县，赋予县级更多的自主权，提高资金指向性和精准性。创新资金使用方式，借助现代融资手段，拓宽产业扶贫投资渠道，组建省扶贫产业投资基金，支持贫困县区发展扶贫产业、培育扶贫主体，建立了涉及农业、林业、乡村旅游等七大类180多个项目的基金项目库，按照“每10万元带动2—3户建档立卡贫困户”的标准，已确定立项总投资1.1亿元。另外，把政策性银行融资、中央小额信贷贴息、农业担保基金担保和农业保险补贴等支持政策，集中捆绑投向贫困地区，形成多元投入格局。

六是指导服务。加强顶层设计和政策引导，聚焦“产业覆盖、技术帮扶、主体带动”三大关键，组织完善省市县产业扶贫规划，形成了涵盖产业覆盖、主体带动、技术帮扶、三产融合等范围的产业脱贫政策指导体系。启动实施“包市联县驻村产业扶贫”行动和“产业扶贫大轮训”活动，解剖麻雀、分析问题、宣传政策、推动面上工作。建立农业科技帮扶“三支队伍”，组建技术服务“110”平台，确保技术帮扶实效。

七是协同攻坚。强化横向联动，发挥省产业脱贫办公室牵头抓总作用，聚集14个组成部门合力，建立定期协商议事制度，在资源统筹、项目设置、资金使用、信息共享、要素聚集等方面密切协作，优势互补，系统推进产业扶贫。强化纵向推动，将产业扶贫纳入对市县农业“追赶超越”考核，分季度制定任务指标，引导资源要素、人力物力向产业扶贫聚集，推动政策、规划、项目、任务落实。社会力量帮扶，加强与国企“合力团”、民企“千企帮千村”

的合作，形成省市县乡村五级纵向贯通，部门横向联动，企业合力攻坚，协同推动产业扶贫的强大力量。

2. 挪穷窝，做好易地扶贫。陕西的贫困县主要分布在国家连片特困地区秦巴山区、吕梁山区、六盘山区和省级白于山区、黄河沿岸土石山区。一方水土养不活一方人，是陕西的现实存在。陕西省易地扶贫搬迁总规模约为66万户235万人，其中建档立卡贫困人口35.5万户125万人，同步搬迁的其他农户30.5万户110万人。

陕西自2011年开始实施移民搬迁，探索的用搬迁来脱贫的模式，得到了中央的肯定，成为国家脱贫攻坚“五个一批”中“易地扶贫搬迁脱贫一批”决策的策源地。主要搬迁四类农村人口：一是扶贫类，主要指在扶贫建档立卡信息系统能够查到，而且是通过搬迁来脱贫的贫困户；二是避灾类，主要指居住在滑坡点、泥石流易发区等地质灾害隐患点，常发大水的河边、沟边等山洪灾害频发区以及采煤塌陷区的农村人口；三是生态类，主要指生活在省级以上自然保护区和生态环境脆弱区内，对生态环境影响较大的农村人口；四是其他类，主要指公路、铁路、水利等重点工程建设、城镇建设以及镇村综合改革等涉及的需搬迁的农村人口。陕西省将易地扶贫搬迁作为扶贫攻坚的重要抓手，遵循“三靠近”（靠近城镇、园区、中心村）原则确定安置点，按照群众自愿原则确定安置方式。坚持以集中安置为主，安置点原则上规模不小于30户。集中安置包括县城安置、产业园区安置、小城镇安置、乡村旅游区安置、新型农村社区安置、中心村安置等六种形式。坚持高点起步，坚持分类指导，扎实推进新一轮移民脱贫搬迁。2017年，易地扶贫搬迁投入123.52亿元，建设安置房9.95万套、竣工9.61万套、入住4.5万套。同时，大力实施农村危房改造。对搬迁意愿不强烈的危房户，实施危房改造7.6万套，已开工6.9万套，竣工5.2万套。建成社区工厂和扶贫车间260个，配套产业园区190个，实现了搬迁群众家门口就业，贫困群众住房条件实现根本改变。大荔低成本改造经验也在全省推广，保留传统风貌，提升院落环境，从根本上改变群众住房条件。

坚持把搬迁与脱贫系统性谋划、并联式推进、配套式建设。一是主动对接融入全省产业扶贫、就业扶贫总盘子，出台《统筹推进易地扶贫搬迁群众稳定脱贫实施意见》，促进脱贫产业就业项目、政策、措施对易地扶贫搬迁群众全覆盖。二是把产业就业作为搬迁群众稳定脱贫、逐步致富的根本性措施，按照安置社区向产业园区靠近、产业园区向安置社区布局的“双靠近”思路，把安置社区和产业平台充分融合，立足工业园区配置劳动密集型企业，立足农业园区培育主导产业，立足旅游景区发展配套服务业，立足转移就业开展技能培训，立足家庭创业搭建服务平台，向产业发展提供充足劳动力的同时，也为搬迁群众提供充足的就业岗位。三是围绕安置区安排就业扶贫政策。安排公益专岗，选聘贫困户担任生态护林员等，探索建立以“劳动力资源账单、就业岗位菜单、人岗精准对接清单，创建充分就业社区”为主要内容的“三单一创建”模式，因户因人抓就业，精准对接人与岗，确保一户至少有一名主要劳动力稳定就业。

坚持推行“三精”。以“精准搬迁、精确施策、精细管理”统揽易地扶贫搬迁工作全局，通过精准搬迁，实现人、地、房、业精准对接。通过精确施策，紧扣就业核心，推行先业后搬、以业促搬、以岗定搬，集成产业就业创业扶贫政策，集中发展特色农业、劳动密集型加工业和服务业，实现一人就业、全家脱贫。通过精细管理，按照“人、户、钱、房、业”信息精准的要求，以“一户一档”基础资料为主线，做到市、县、镇、点、户五级建档，实现“一户一档、一点一册、一镇一册、一县一册、一市一库”。搭建起覆盖易地扶贫搬迁工作全过程、各环节的政策体系、操作体系、语言体系，进一步将国家政策具体化、项目资金管理规范化、搬迁工作标准化、部门责任条理化。同时，本着“务实好用、内容全面”原则，研发了陕西移民（脱贫）搬迁工作信息平台，平台包括对象管理、计划管理、项目管理、资金管理、监督考评、信息公开、辅助决策等 9 大应用系统。在先期开展基层试点的基础上，“边建边用、急用先行”。截至 2017 年，5 个系统已上线投入使用，且已完成 32 万户 100 多万人和 2195 个安置点信息的录入工作，成为落实“三精”工作模式的有力抓手，为陕西易地扶贫搬迁大数据分析、辅助决策提供科学准确的现代化手段。

3. 转理念，做好扶志扶智。贫困人口致贫原因固然很多，但缺乏知识与技能、缺乏信心与斗志是重要原因之一。陕西创新思路，积极破解部分群众“习惯穷”“争当穷”等思想顽疾。针对未能升学的初高中毕业生、复转军人、贫困农民等重点群体，量身定做培训方案，开展职业技能培训，使其依靠一技之长脱贫致富。组织科技队伍对广大农民进行培训，每年平均培训农业农村干部、农业产业化带头人和新型职业农民1.3万余人次。对建档立卡家庭、低保家庭、残疾毕业生和享受国家助学贷款毕业生，发放一次性求职创业补贴。2017年，全省还开办道德讲堂3.3万场次，参与群众29.05万人。各地设立诚信奖励基金1904.3万元，评选诚信村民6.65万场次，创建文明家庭11.65万个。建立孝道基金761.15万元，救助6329人次。纠正恶意分户、把负担甩给政府等问题2770例，转变懒汉1967人。

一是夯实责任，保障"扶志扶智"。全省将精神脱贫列入脱贫攻坚行动之一，安排由宣传部门牵头，相关单位负责，全面实施精神文化脱贫行动。其中，商洛市、汉中市、延安市更是把精神脱贫行动纳入全市年度考核范围，逐级细化分解指标，落实工作任务，夯实工作责任。

二是创新模式，带动"扶志扶智"。坚持抓"四扶"（扶志、扶智、扶技、扶德）、树"五风"（学风普及、业风大兴、家风传承、民风重塑、村风弘扬）、促"六化"（教育感化、诚信点化、爱心融化、制度固化、环境美化、司法转化），内化于心，引导贫困群众从思想上产生摆脱贫困的愿望；外化于行，促进贫困群众付诸自我脱贫实际行动，实现勤劳致富。全省紧扣规范推进"扶智扶志"工作，在深入调研的基础上，制作村民公约、村民议事会制度、村级道德评议会制度、红白理事会章程、村民爱心互助倡议书、村级爱心超市运行等村级脱贫攻坚一线扶志扶智工作模板，引导县（区）参照模板，结合各自实际，开展扶志扶智工作，确保工作深入有效开展。

三是强化宣传，引导"扶志扶智"。陕西省高度重视舆论导向，发挥媒体优势，加强工作引导，凝聚社会力量，营造浓厚氛围。积极挖掘总结宣传在脱贫攻坚工作中涌现出的先进典型，利用电视、广播、网络等媒介广泛宣传扶志扶智工作中涌现的典型。充分展现贫困群众自力更生、艰苦奋斗的精神风貌，在全社会营造攻坚克难、凝心聚力、务实创新的浓厚氛围。各级帮扶部门也加大宣传教育力度，通过向贫困户深入细致地宣传党和国家脱贫政策，引导贫困户树立"勤劳光荣"的思想意识，激发贫困群众主动脱贫的意愿和对美好生活的向往，从思想上消除"等靠要"的消极思想，树立"宁愿苦干、不愿苦熬"的思想观念，变"要我脱贫"的被动意识为"我要脱贫"的主动自觉。

（三）着力多措并举，发挥“N”的辐射效应

1. 拔穷根，做好就业脱贫。稳定就业是扶贫治本之策。面对陕西确定的到2020年贫困家庭劳动力至少有1人稳定就业目标，省委、省政府强化扶持、拓宽渠道，推行实施就业扶贫工程。2017年出台三项政策帮助贫困劳动力就近就地实现就业。一是发展社区工厂扩大就业；二是拓展公益性岗位安置贫困劳动力就业；三是培育就业扶贫基地吸纳就业。2017年，全省贫困劳动力实现转移就业36.2万人，其中公益专岗就业5.18万人、各类企业吸纳6.3万人、就地转化为生态护林员2.45万人。同时，对转移就业的贫困劳动力，给予社保补贴，每年新增的配套就业专项资金，全部用于脱贫攻坚，全省初步形成了以公益性专岗安置为牵引，国企吸纳，社区工厂和产业园区就近就便务工、劳务输出等为支撑的多元就业扶贫格局。组织各级党政机关、事业单位将新增或补充的服务性、辅助性岗位优先安置贫困劳动力，并在每个贫困村开发2—3个特设岗位，扶持贫困劳动力就近就地就业，目前共安置5.18万人；综合运用国企聘用、民企吸纳、劳务输出等措施，建成就业扶贫基地191个，社区工厂和扶贫车间1167个，吸纳贫困劳动力7.9万人；2家省级单位联合开展七大类技能培训，推广“企业+免费培训+定向输出+就业安置”模式，实现就地培训即时上岗。落实国家“技能脱贫千校行动”，全省39所技工院校优先招收贫困家庭子女，2133名贫困学生免费入学；积极落实创业担保贷款政策，向贫困劳动力发放创业贷款1.2亿元。大力实施农村在外创业成功人士返乡行动。安康市成功探索出的“新社区+新工厂+贫困户”就业扶贫新模式，被国务院扶贫办和国家发改委列为经典扶贫案例。

2. 建设施，做好基础扶贫。基础设施和公共服务建设是扶贫的先决条件。陕西省启动村组通沥青（水泥）路、安全饮水巩固提升全覆盖、自然村通动力电“三提升”行动。2017年，全省建设通村公路6785千米，4个拟摘帽贫困县建制村通畅率均达到100%；农村饮水安全投资23.33亿元，建成人饮工程5193处，3489个贫困村、66.94万贫困人口直接受益，农村自来水普及率达86%；完成10288个电信普遍服务试点村建设，贫困县中小学校宽带网络接入率超过95%；农村电网改造升级完成，2629个贫困村通了动力电和机井用电；农村生活垃圾收集、转运和处理率达到90%，卫生厕所普及率达

到 57.64%；补助 2643 万元用于村卫生室建设，全省有标准化卫生室的行政村达到 80%。同时，通过大力发展休闲农业、电子商务和农产品加工产业，加快三产融合。全省创建全国休闲农业和乡村旅游示范县 10 个、示范点 18 个、中国美丽休闲乡村 15 个、中国美丽田园 11 处。休闲农业经营主体已达 1.31 万个，从业人数 17 万人，带动贫困地区 10 万户农民创业创收，拓展脱贫增收路径。全省建成运营县级电商服务中心 110 个、直营店 47 家、镇村服务站点 5000 个，共覆盖全省 80 个县（区）、1.3 万多个村，带动创业就业人数约 20 万人，其中武功县、礼泉县农产品电商进入全国 50 强县。

3. 依资源，做好生态扶贫。因地制宜发展绿色富民产业，为贫困地区探索出一条绿色发展之路。2016 年起，陕西省在全国率先启动选聘建档立卡贫困人口担任生态护林员工作，为贫困人口开启了“生态脱贫通道”。包括为贫困人口争取到国家生态护林员指标和天然林管护资金、确保每个护林员带动一个贫困家庭脱贫，并优先安排贫困户实施退耕还林等 6 项措施。2.66 万名贫困人口就地转化为护林员，退耕还林（草）政策受益贫困人口 33.54 万人，生态效益补偿政策惠及贫困人口 53.34 万人。安排建档立卡贫困人口退耕还林面积 140.25 万亩，涉及贫困户 22 万余户，70 多万人，直接补助资金达 4.7 亿元。通过生态效益补偿提高建档立卡贫困户收入。截至目前，生态效益补偿资金累计投入 2.19 亿元，涉及贫困人口近 33 万户，104.6 万人，年人均增收 209 元。

4. 保民生，做好兜底保障。以全省建档数据清洗核实结果为依据，综合考虑贫困发生率、贫困人口规模、农村居民人均可支配收入等因素，陕西确定了 11 个深度贫困县（区），共有贫困人口 66.28 万人，占全省贫困人口总规模的 29.07%，贫困发生率 25.5%。确定深度贫困村 482 个，贫困发生率均在 40% 以上，每村贫困人口规模 200 人以上。陕西省委、省政府先后出台支持深度贫困地区脱贫攻坚相关文件 26 个，对 11 个深度贫困县每县追加投入省级财政专项扶贫资金 1000 万元；向深度贫困地区倾斜下达林业投资 5.84 亿元，倾斜安排生态护林员经费 2281 万元、指标 2281 名；将深度贫困地区创业培训补贴标准从每人每期 1800 元提高至 2000 元，将深度贫困地区贫困劳动力创办的经济实体一次性创业补贴从每人 2000 元提高至 3000 元；向深度贫困地区安排以工代赈资金 1.53 亿元，投资占比从 36.2% 提高到 51%，进一步加大了对深度贫困地区的支持力度。攻坚深度贫困堡垒。编制了11个深度贫困县、482个深度贫困村脱贫规划；制定“六聚焦、五保障”倾斜支持政策，每年中省财政专项扶贫资金在正常增幅基础上，对深度贫困县再提高20%，切块下达的专项资金年度增幅不低于10%，攻坚期内每个深度贫困村投入不低于500万元；实行每个深度贫困县一名省委常委联系、一个省级部门包抓、一家中型以上国企帮扶、一家三级医院结对、一所高校扶智、一个平台融资。

三、问题与挑战

尽管陕西省农村扶贫开发工作成效明显，但制约贫困地区发展的深层次矛盾依然存在，贫困问题仍然是制约全省经济社会发展的瓶颈，是全面建成小康社会最大的“短板”。目前，陕西国定贫困县占全省县（市、区）总数一半以上，建档立卡贫困村占全省总数的三分之一以上。各贫困地区贫困人口普遍都面临着生产生活条件差、自然条件差、基本发展能力不足等突出问题，脱贫攻坚工作面临着不少新情况、新挑战。

（一）剩余贫困人口贫困程度深，脱贫进程滞缓

2017年陕西完成了40.4万贫困人口脱贫，但脱贫攻坚并不是在做等量减法。随着脱贫攻坚的深入开展，剩余贫困人口的扶持难度也相应提高，成了难啃的“硬骨头”，势必会减缓脱贫进程。一是有劳动能力、负担轻、参与扶贫项目的贫困户已陆续脱贫，剩下的贫困人口多是无劳动能力、需要长期照顾的病人或残疾人。全省因病致贫贫困户20万户，占全省贫困户总规模的25.78%；因残致贫贫困户13.7万户，占全省总规模的17.48%。就宝鸡市扶风县杏林镇东坡村为例，全村因残、因病和缺劳力致贫的贫困户占到贫困总户数的59.1%，说明一个家庭应对疾病冲击的脆弱性，以及因健康问题而产生的人力资本匮乏从而引发贫困的现象仍旧十分严峻。二是全省贫困人口集中的地区相对偏远，自然资源匮乏，基础设施和社会事业相对落后，道路交通、物流集散、文化建设等需要更大的投入，贫困深度大。

（二）产业扶贫“小、散、短”，帮扶体系有待完善

产业扶贫措施多以短期、零散的小规模种养殖业为主，具有带动性和稳定性的中长期产业扶持项目偏少，缺乏持续性强和规模适度的中长期区域主导产业。同时，“新型经营主体＋农户”的产业带动模式仍处于起步阶段，多数仍是劳务用工、参股分红，带动能力不强，与贫困户的利益连接纽带没有有效建立起来，没有明确的利益联结机制，贫困户的参与程度低，不利于贫困群众稳定增收，返贫风险较大。此外，产业扶贫中，国企、高校、医院三大帮扶体系仍有待完善。帮扶责任主体间合力不够，多是“各自为政”，统筹协调能力较弱。部分行业、部门和单位对扶贫开发的思想认识、重视程度和工作力度不同，实际效果差异性也较大，存在不平衡状况。部分帮扶单位帮扶方法单一，重治标、轻治本，导致脱贫村、户自我造血功能不强，返贫压力较大。

（三）“扶”与“被扶”缺乏有效呼应，部分贫困户信心不足

陕西各级党委、政府与各部门及社会各界已经将扶贫工作列入重中之重，采取各种措施大力推进，但部分贫困户并没有跟上脱贫攻坚的步伐，产生相应的脱贫动力，形成政府抓扶贫“一头热”，部分被帮扶对象没信心“一头凉”的局面。一是部分贫困户“等靠要”思想依然存在，主观上“不愿”脱贫。多数贫困人口文化素质不高、思想保守、思维观念停留在自给自足的自然经济时期，主观上没有发展动力，安于现状，再加上国家诸多扶贫政策的实施及社会各界捐款捐物，使部分贫困户产生了严重的依赖心理。二是部分贫困户缺乏稳定脱贫手段，心有余而力不足，“不会”脱贫。受自然条件限制和农畜产品市场价格波动大等因素影响，部分贫困户主动发展产业的积极性不高，只注重脱贫项目的短期效应，对不能当年见效的项目认为脱贫作用不大，进而脱贫信心不足。

（四）低收入人群依然存在，且收入日趋下降

受多重因素影响，近年陕西经济增长明显趋缓，贫困地区由于经济发展滞后，产业科技水平含量较低，竞争力持续下降，农村低收入户人均可支配

收入呈下降趋势。

根据住户调查五等份分组资料显示，高收入户与低收入户人均可支配收入比值由2013年的6.2倍扩大至2015年的6.5倍；2016年，高收入户与低收入户人均可支配收入比值达到9.9倍。经济增长步入新常态的情况下，贫困人口就业和增收难度增大，一些农民因丧失工作重新陷入贫困。低收入户人均可支配收入由2013年的2400.3元逐步提升到2015年的2903.3元，但2016年下降至2122.4元，年均下降4%，较全省农民人均可支配收入年均增速低13.8个百分点。低收入户的收入水平占全省平均水平的比重也由2013年的33.8%下降至2016年的22.6%，较全国平均占比低18.4个百分点。[①]农村低收入人群收入水平亟待提升。

四、策略与展望

攻克深度贫困堡垒，是打赢脱贫攻坚战必须完成的任务。扶贫攻坚就是陕西“十三五”期间的一项重大任务，找准方位才能把握航向，主动作为才能克难前行。

（一）立足当前、着眼长远，全力构建大扶贫格局

解决温饱，推动发展，走上共同富裕是扶贫的目标。精准扶贫符合当前对“高质量发展”要求，2018—2020年将是实现“全脱贫”关键攻坚期，较之传统扶贫模式，精准扶贫更加注重新型产业培育、体制机制改革和区域生态建设等，有利于产业转型升级，符合对“高质量发展”要求。

一要坚持以脱贫攻坚工作统揽经济社会发展全局，将贫困地区的经济开发纳入经济发展的长远规划，把解决温饱和区域经济的长远发展结合起来，把近期开发同增强农业后劲紧密联系起来，统筹谋划，注重长短结合抓规划，坚持以短养长、科学规划、合理布局、系统推进，全力构建大扶贫格局。二要精准施策。在顶层设计上，用高科技手段带动产业发展，着力打造有亮点、有特色的重点项目，培育困难村“造血”能力，持续促进农民增收致富。在

---

① 数据来源于陕西省统计局。

安排帮扶单位，选配帮扶干部上，坚持按需对接，坚持优势发挥，在优化帮扶体系上狠下功夫，形成“上下协调、多级联动、合力推动”的工作机制。

（二）加快农业供给侧结构性改革，助推脱贫攻坚

农业供给侧结构性改革就是要在调结构、提品质、促融合、补短板等方面，着力改进扶贫工作。要把增加绿色优质农产品供给放在突出位置，把提高农业供给体系质量和效率作为主攻方向，把促进农民增收作为核心目标，从生产端、供给侧入手，创新体制机制，调整优化农业的要素、产品、技术、产业、区域、主体等方面结构，优化农业产业体系、生产体系、经营体系，突出绿色发展，聚力质量兴农，使农业供需关系在更高水平上实现新的平衡。

一是改进农业扶贫项目生产结构，对需求高的产品增加产量，对需求低的产品逐步调减，进而提高扶贫项目的有效性和市场针对性。二是提高扶贫项目农产品的质量安全水平，适应城乡居民食品结构升级的需要，大力推进扶贫项目标准化生产、品牌化营销。三是延伸产业链条，提高附加价值。目前全省扶贫项目多为农产品初加工，是产业结构中的初级形态，后期应重在进行产业链的开发与建设，通过技术创新的思路促使其向产业的中高级形态递进，实现经济效益的提高。四是加大贫困地区农产品品牌建设和推广，构建“生产—加工—包装—运输—销售”的现代农业产业模式，延伸贫困山区农业产业链条。五是促进农村一、二、三产业融合发展，统筹考虑脱贫项目，把农业生产与农产品加工流通、农业休闲旅游扶贫、电商扶贫和光伏扶贫融合起来，培育壮大农村新产业、新业态和新模式，积极推进“农业生产 + 电商培训 + 现代物流 + 金融服务”农村经济网络建设。

（三）抓好产业扶贫，建立脱贫的长效机制

产业扶贫是“造血”工程，是可持续的脱贫路径。没有产业带动，难以有效脱贫；缺乏产业支撑，难以巩固脱贫。精准定位，因户施策，贫困人口受益，产业扶贫才能确保群众收入持续快速提高。

陕西的一些贫困地区拥有丰富的自然资源、历史文化资源，要因地制宜，发展产业。一是全省以特色种植业、设施农业、特色林业、加工业、传统手工业、休闲农业、乡村旅游等为主要内容，重点选择市场相对稳定、获益期相对稳

定的特色产业，大力推进“一县一业”“一村一品”产业发展，带动贫困人口增收致富。陕南地区可以以生态农业和绿色农业为重点，着力建成一批茶业、食用菌、中药材等山区特色产业优势产区、产业带；关中地区要充分发挥农业和农村基础设施较好的优势，引导贫困户因地制宜发展设施农业、特色种养业、特产加工业、休闲农业，提升农业附加值，加快脱贫致富步伐；陕北地区发展现代特色果业、林业、养殖业，大力发展旅游业、光伏产业等，着力提高贫困地区优势主导产业覆盖度。在发展支柱产业的过程中，纵向延伸支柱产业的产业链，并围绕该支柱产业链横向发展相关的二、三产业以形成强大的产业集群，夯实产业基础。二是以大力发展农村电子商务为抓手，借用“互联网+电子商务”模式，以互联网上需求为导向，通过三产融合倒逼农村发展、农民转型、农业增收。三是实施校地对接。利用高校科研、技术优势，为贫困户提供智力、人才、技术等支撑和服务。大力发展产学研示范基地或落地实体项目，既普及提高农业技术，又为增收致富提供保障。

（四）深化“志智双扶”，激发群众内生动力

扶贫先扶志，扶贫必扶智。精准扶贫不是强行脱贫，而是要拔除贫根。用科学的态度营造起扶贫扶志的制度环境，转变一些地区“等靠要”观念。

一要激励贫困群众立志气。贫困群众是脱贫攻坚的主体力量，只有帮助他们“扶”起脱贫的志气、挺起脱贫的腰板，才能真正激发出持久的脱贫致富动力。从改进宣传方式入手，大力塑造和宣传先进典型，营造学习标杆、看齐标杆的良好舆论氛围。从文化扶贫入手，潜移默化改变贫困群众一些不良习俗和落后观念。以喜闻乐见的形式，树立起“勤劳光荣、懒惰可耻”的思想观念，调动贫困群众人心思进、主动脱贫苦的积极性。同时，大力开展村志、村史编纂，发挥传承延续历史文化、促进乡风文明的作用，打造农村思想政治文化建设的新高地。

二要帮助贫困群众强底气。积极为困难群众搭台清障，提高贫困群众脱贫致富的能力，坚定贫困群众脱贫致富的信心，鼓舞斗志，增强“自我造血”功能。技能培训是帮助贫困群众脱贫最直接最有效的途径，通过技能培训提高贫困群众素质。培训不能大水漫灌、大而化之，一定要因人而异、按需配菜，在开展培训前首先要进行调研，充分了解贫困群众所思所盼、所需所求。要

本着“需要什么，培训什么；缺什么，补什么”的原则，根据贫苦群众的实际需求量身定制、量体裁衣，真正发挥培训立竿见影的功效。在培训过程中，既要注重“引进来”现身说法，也要组织贫困群众“走出去”开阔眼界；既要授人以鱼，有的放矢加强致富知识和技能的培训，也要授人以渔，让贫困群众在产业发展实践中长见识、长本领。“志智双扶”必须精准细致、久久为功。

（五）加大农村社会保障力度，缩小城乡社保差距

随着扶贫力度的加大，扶贫难度逐渐增强，剩余贫困人口多为深度贫困的老弱病残人员，今后几年，因病致贫、因残致贫的贫困人口比例还会逐渐增大。这类贫困人口多数丧失劳动能力，需要的是医疗救助、社会保障、教育扶持。因此，应当加大医疗扶贫、教育扶贫的力度，加强农村社会保障力度。农村社会保障体系是整个社会保障体系的重要组成部分。加快健全农村社会保障体系，不仅是破除城乡二元结构、缩小城乡差距的关键举措，也是适应农村经济社会发展、统筹城乡发展的现实需要。

一是建议进一步加大公共财政对农村社会保障的资金扶持力度，构建公平统一的社会保障体系，逐年减小农村群众在社会权利等各个方面和城镇居民的差异，让农村群众可以享受到和城市居民一样的优质资源和社会福利保障，让城乡居民在收益方面的差别逐年缩小。二是建议贫困地区公共服务更加均等化，让贫困人口医疗、教育、卫生等公共服务水平得到切实提高。针对农村因病致贫比例较大的情况，鼓励商业保险机构积极开展农村居民商业补充医疗保险业务，让商业健康保险与基本医保衔接互补，减轻群众医疗负担，提高医疗保障水平。

甘肃古浪县生态移民调研报告

杨　先[①]

提　要：在国家“两屏三带”为主体的生态安全战略格局中，古浪县破解高深山区生态“难民”脱贫致富的难题，修建黄花滩生态移民区，大力组织南部祁连山区的群众迁居，结合国家精准扶贫政策，扶持移民发展“戈壁农业”，从根本上帮助山区群众脱贫致富。但在具体实践过程中，在生态移民扶贫后续产业、水资源、土地开发、移民生产技术、山区住房拆迁、移民的主动性等方面仍存在一定问题。古浪县将进一步完善生态移民脱贫计划，认真评估前期所做的各项规划，采取生态立县战略，破解“结构性缺水”难题，发挥公司及龙头企业的带动作用，选择恰当的扶贫产业，激发生态移民的内在动力，积极探索一条生态移民易地致富和生态环境保护双赢的道路。

关键词：古浪县　生态移民　举措　生态保护　脱贫

黄花滩生态移民区是古浪县域北部荒漠地带新开发的一系列移民点。通过配套建设水、电、路等基础设施和学校、医院、文化广场等公共服务设施，发展经济林、设施农业、高效节水田等产业，让生态移民实现“搬得下、稳得住、能脱贫、再致富”的目标，从而解决了南部山区生态保护和居民脱贫致富之

① 杨先，甘肃省古浪县县志编纂办公室科员。

间的矛盾。古浪县以开创性的行动为民服务，履行了国家生态环境保护和精准扶贫的双重责任。

一、古浪县实施生态移民的背景

（一）国家构建生态安全战略的大背景

2010年底，国务院印发《全国主体功能区规划》，首次提出在全国范围内构建“两屏三带”为主体的生态安全战略格局。《规划》要求，在“十三五”时期，“两屏”之一的青藏高原生态屏障，重点要保护好多样独特的生态系统，发挥涵养大江大河水源和调节气候的作用；“三带”之一的北方防沙带，重点要加强防护林建设、草原保护和防风固沙，对暂不具备治理条件的沙化土地实行封禁保护，发挥三北地区生态安全屏障作用。《全国主体功能区规划》把国家生态安全作为国土空间开发的重要战略任务和发展内涵，体现了尊重自然、顺应自然的开发理念，对于在现代化建设中保持必要的“净土”，实现可持续发展具有十分重要的战略意义。

（二）古浪实施生态移民的实际需要

古浪是甘肃省23个深度贫困县之一，地跨祁连山区、河西走廊、腾格里沙漠三大地貌单元，地势南高北低，海拔在1550—3469米之间。南部为山地丘陵沟壑区，高寒亚干旱，属祁连山国家级自然保护区，是“青藏高原生态屏障”的一部分，分布有7个乡镇，居民坡地耕种，过度樵采，对土地、草场资源进行过度开发，使得山地植被裸露，涵养水源能力不足，水土流失加重，土壤肥力降低，生态环境持续恶劣，已不具备人类生存条件。2013年底，全县有建档立卡贫困村124个，建档立卡贫困人口3.42万户14.23万人，贫困发生率39.86%，比全省平均水平高13.4个百分点，这些人口大体集中分布在南部山区，群众行路难、就医难、上学难、饮水难、就业难、增收难的问题突出，生态保护与扶贫开发的矛盾突出。[①]

---

① 本文数据取自《古浪统计年鉴》《古浪县志》《古浪年鉴》《古浪灌区志》。

（三）古浪实施生态移民的优势

1. 区位优势。黄花滩生态移民区位于“两屏三带”中的北方防沙带，属荒滩荒漠区，含黄花滩、西靖、民权等乡镇的部分土地及部分国有公用地，诸多荒滩地势平坦，广袤数十万亩，均处古浪县境，开发利用土地资源时，不存在因与外县区、外省市因土地划界可能带来的不便和纠纷，还可降低生态移民的成本。且移民区东临景电二期灌区，调水方便，将南部山区失去基本生存条件的人们迁移到耕作条件更好的移民区，更容易改变他们自身贫困的生存状态。

2. 两次成功的移民先例。1975 年开始，古浪县进行了第一次生态移民。在政府的组织引导下，南部山区的一部分人口迁往北部耕作条件更好永丰滩等地，采取国家扶助、个人和集体集资等形式，实施打井拓荒，营造防护林工程，改变了自身生存困境。至 1990 年底，移民开发耕地面积 1160 公顷，森林面积 767 公顷，经济园林 280 公顷，人均收入 394 元，超过全县平均水平，在古浪县域内首次实现了由“沙进人退”到“人进沙退”的历史性转变。2005 年 9 月，永丰滩乡被国家文明委评为“全国文明村镇建设先进单位”。2016 年，该乡镇农民人均可支配收入 9294 元，位居全县第一。第二次为引黄灌区移民，得益于景电灌区二期工程的建设，南部山区 9 乡 3 片等其他贫困区的 7879 户 35950 人，搬迁到古浪县境东北部的荒滩。搬迁前，山区居民年人均有粮 100 千克左右、年人均收入 100 多元，到搬迁后的 1999 年，年人均有粮 800 千克左右、年人均纯收入 1100 元以上。永丰滩井灌区和引黄灌区生态移民的成功，为古浪县黄花滩生态移民坚定信念，也为依然生活在南部山区的群众做出表率。

二、古浪实施生态移民的主要举措与成效

古浪县按照武威市委、市政府实施南部祁连山高深山区贫困农牧民生态移民易地扶贫搬迁工程的要求，从 2011 年开始，建设黄花滩生态移民区，将生态移民、生态治理与移民开发同步推进，取得良好效果。

（一）主要举措

1. 积极谋划建设生态移民区。在深入调研和广泛论证的基础上，古浪县积极谋划生态移民暨扶贫开发黄花滩项目，利用景电二期古浪引黄灌区调整农业结构节约水量的 3000 万立方米，开发黄花滩闲置土地 8.62 万亩。移民项目概算总投资 17.87 亿元，计划利用 4 年时间，建设 10 个移民中心村，按照移民、居住、产业一体化安置和以水调结构、以水定规模、以水定产业的思路，突出"设施农牧业＋特色林果业"主体生产模式和户均"322"产业结构模式（户均发展 3 亩林、2 亩设施农业、2 亩高效节水田），在移民区发展经济林 3 万亩、设施农业 2 万亩、高效节水田 2 万亩、生态经济林 1.6 万亩，通过开发建设，把移民区建成生态移民扶贫开发样板区、设施农牧业和特色林果业主体生产模式样板区，实现让生态移民"搬得下、稳得住、能致富"的目标。

2. 配套各项移民政策。生态移民需要多方面的配套政策，在推进移民搬迁工程建设中，古浪县整合中央预算内资金、地方政府债券、专项建设基金和危房改造补助资金等，对建档立卡贫困户户均补助建房资金 4.5 万元以上，列入省级"十三五"易地扶贫搬迁规划的移民人均发放 3.5 万元的长期贴息贷款，建档立卡贫困户新建房屋户均筹资均控制在 1 万元以内；对无搬迁能力的低保户、特困人群实行政府兜底，免费提供小户型住房。在其他配套政策上，古浪县建立土地承包经营流转机制，鼓励移民区多种主体进行规模经营；建立移民户籍管理制度，实行属地管理和户籍随迁政策；将各项扶贫和涉农项目向移民区倾斜，移民在迁入地享有与迁出地同等的惠农补贴政策和社会保障性政策，享受到更优惠的特色产业扶持政策；移民整村搬迁后，迁出地的土地收为国有用于生态建设，将原农户住宅拆除，杜绝移民回迁和两头跑的现象，保证移民安置点社会稳定有序，群众安居乐业。这些配套政策的制定和实施，有力地保证了移民安置有序进行。

3. 夯实基础建设移民新村。集中财力办大事，累计向黄花滩移民区整合投入各类资金 13 亿元，积极破解迁入区住房、行路、就医、上学、饮水等瓶颈制约，将移民住宅与水、电、路、渠、林等基础设施，与教育、文化、卫生等公共服务设施同步配套，努力将移民点打造为市县乃至全省新农村建设的示范样板。

2011 年 11 月初开始，古浪按照“一个重点（水利骨干工程），二个配套（基础设施和公共服务设施），四个同步（水利骨干工程、土地平整、住宅建设、产业培育）”的原则，全面推进各项工程建设。水利骨干工程于 2013 年 5 月达到通水条件，新改建渠道 78 千米，提水泵站 3 座，随渠道路 61.7 千米，年供水量 3000 万立方米，可灌溉农田 8.6 万亩；配套支渠 8 千米，供水工程管道 34 千米，建成蓄水池 2 座，埋设 PVC 管道 12.9 千米，铺设滴灌管 88.9 千米。建成初级中学 1 所、小学 3 所、幼儿园 2 所；在感恩新村社区、阳光新村社区建成村级综合服务中心和标准化卫生室各 1 所，新建卫生厕所 2000 所；建成乡村体育惠民工程及健身场地 5 处，农家书屋 10 个。配套主干道路 14.8 千米，硬化次干道及巷道 70 多千米；架设 10 千伏供电线路 55 千米，0.4 千伏供电线路 33 千米，变压器 50 台。投入资金 380 多万元，在移民区完成防风固沙林 3000 亩，治沙造林 3000 万亩，社区及周边绿化 648 亩，通道绿化 15 千米，栽植各类苗木 200 多万株，形成“田成方、林成网、渠相通、路相连”的格局，成为集新农村住宅建设、特色产业培育、生态建设保护、公共设施配套为一体的高标准移民搬迁综合示范点。

4. 居民去留因地制宜。根据南部山区不同地理条件，按照完全干旱山区整乡搬迁、水川河谷区就近收缩的思路，将生活在海拔 2500 米以上、无水浇地、缺乏基本生存条件的贫困群众搬迁到北部滩区，并依托绿洲生态移民产业基地，规划新建规模为 2 万人的绿洲生态移民小城镇，借助邻近的甘肃（武威）国际陆港和工业园区，将山区移民就地转化为产业工人，稳步实现易地脱贫。对适宜留居的群众，在山区水川河谷地区，统一规划，整合村庄，实行收缩居住，引导留居群众改变传统散养方式，发展设施农牧业，实现稳定增收致富。

5. 发展“戈壁农业”支撑生态移民。按照以水定规划、以水定产业、以水调结构的思路，将生态移民与精准扶贫相结合，在严格保护自然环境的前提下，按照“多采光、少用水、新技术、高效益”的理念，扶持搬迁群众发展“戈壁农业”。一是县财政筹措资金对移民区新建养殖暖棚实行差异化奖补，每亩补助 0.6 万—0.8 万元，日光温室每亩补助 3 万—4.4 万元，特色林果亩均给予 650 元的种苗补助，并发放“双业”等财政贴息贷款。二是累计投入 2.3 亿元，在移民区建成设施农牧业 0.152 万公顷，栽植特色林果 0.09 万公顷，设施农牧业户均达到2.5亩，让群众在沙产业中脱贫致富。三是规划新建日光温室3000座，动员搬迁贫困户全部加入农民专业合作社，探索采取“资源变资产、资金变股金、农民变股民”的发展模式，带动贫困群众发展富民产业。培育农业龙头企业和农民专业合作组织，成立国有农业产业发展公司，推行“公司+合作社+农户”产业扶贫模式，建设移民区万只母羊繁育基地，引进中天羊业等龙头企业，对贫困户应纳尽纳，通过企业统养、劳动务工、养殖及分红带动等多种增收途径，带动移民区群众发展肉羊、肉牛养殖。四是利用沙漠光热资源，探索推进光伏扶贫，重点扶持无劳动能力、无增收能力的建档立卡贫困户脱贫致富。2015—2017年，投资1.83亿元，在黄花滩移民区建设装机容量22.4兆瓦光伏扶贫发电项目，带动1600户建档立卡贫困户脱贫，每户每年受益3000元，持续获益20年，其中集中式光伏电站1座，装机容量20兆瓦，带动800户；村级光伏电站一座，装机容量1.8兆瓦，带动600户；屋顶分布式光伏扶贫200户，每户装机3千瓦。

6. 提升生态移民自身素质。高深山区农民群众文化素质相对较低，自我发展能力较弱，由传统农民转为现代农民，一时难以适应新的生产生活方式。为有效提高其素质和技能，古浪县依托雨露计划、阳光工程，启动实施“千人万亩、千人万棚”农业技术培训工程，以农村实用技术和现代设施农业技术为培训重点，采取“送出去学、请进来教、招回来训”的方式，集中对移民区群众和农业技术人员进行獭兔养殖、皇冠梨栽培、舍饲养羊等技术培训，使移民群众尽快掌握种植、养殖方面的关键性技术。贯彻落实武威市委、市政府“万名科技人员进万棚”活动精神，将农业系统技术人员、乡镇农业技术人员、村科技助理员、农民技术员“四支队伍”向移民区和重点产业发展区倾斜，选派科技人员驻村入户，实行包棚责任制，建立科技指导直接到户、良种良法直接到田、技术要领直接到人的技术服务网络，为群众发展特色产业进行跟踪服务。全县累计培训生态移民近3.5万人次，使每户移民都掌握了一至两项实用技术，掌握了一项以上致富技能，提高其自我发展的能力。

7. 修复荒山与沙漠的生态系统。“山水林田湖是一个生命共同体”，古浪县借助祁连山生态修复与保护、生态功能区转移支付、“三北五期”、天然林保护工程、退耕还林等重大生态项目支持，系统性开展生态保护修复，将移民搬迁后的闲置耕地、宅基地、山头等列为生态建设的重点区域，大力实施封山育林、退耕还林、退牧还草工程，通过宅基地整治复绿、人工促进、天然更新等措施，建设新堡乡至定宁镇山区长50千米以上、宽20千米以上的生态恢复区，全面恢复迁出区林草植被，提升水源涵养功能，促进生态良性循环，构建绿色屏障。在甘肃内蒙古省界的沙漠腹地，坚持机关干部义务压沙制度，累计埋压草方格沙障0.43万公顷，完成造林0.35万公顷，建成县域内长60千米、宽100米的生态大林带；在移民区外围建设防风固沙林带，在产业区建设农田林网，在住宅区进行通道和街头巷尾绿化，完成防风固沙林0.21万公顷，栽植景观树4.1万株，梭梭、花棒等沙生植物1000多万株。

8. 建立各级组织领导体系。为加强对黄花滩生态移民项目的领导，古浪县成立由县委书记任组长，县长为第一副组长，县委、县政府分管领导为副组长，景电古浪指挥部、发改局、水务局、建设局、国土局、交通局、县委农办等相关部门为成员单位的黄花滩项目工作领导小组，具体负责制定生态移民的重大方针、政策，审定规划实施方案，协调整合建设资金，研究解决重大事宜。同时成立由县委书记任总指挥，县委副书记、常务副县长、景电古浪指挥部及相关部门负责人为副指挥的项目指挥部，并从各部门抽调30多名工作人员，成立7个科室，具体负责制定规划、编制实施方案、下达计划、协调落实相关政策和建设资金，以及指导检查、组织建设和验收有关工程。古浪相关部门和乡镇也成立了相应的领导机构，确保生态移民“下山入川”由规划变为现实。

为形成相关部门齐抓共管局面和强有力的工作合力，领导小组和指挥部一方面要求相关部门加强协作，分工负责，齐抓共建，分别做好示范点建设各项具体工作，另一方面建立工作责任考核评价体系，将示范点建设纳入相关部门和乡镇绩效考核指标，进行动态考核，对工作突出的部门、乡镇和个人予以表彰奖励，对措施不力、服务滞后、行动缓慢而影响工作进度和质量的，追究相关责任。

9. 创新移民新村社会管理和服务。加强对移民群众的服务管理，对于移民群众尽快脱贫致富至关重要。古浪县以感恩新村社区为试点，积极创新移民村社会管理和服务模式，建立了符合移民点实际的社会服务管理体系。筹资建成集农民培训、文体活动、卫生室、村两委办公于一体的村级综合服务中心，将惠民政策、农民培训、矛盾调解、法律服务等涉及民生的服务集中办理，发挥组织群众、教育培训、传播文化、便民利民功能；成立移民村社区社会服务管理中心和社区总支部委员会，由社区居民直接选举产生居民委员会，通过“两推一选”方式产生党总支书记；探索推进网格化管理试点，将住宅小区划分为若干个网格，配备网格管理员、信息员、矛盾调解员和政策宣传员，将人、房、事、物、组织全部纳入网格进行管理，构建了人—户—网格—社区上下贯通的服务管理渠道。实施气象灾害预警暨广播电视“村村响”工程，设立乡村广播室，及时向移民群众宣传党的方针政策、农业技术、法律法规，积极引导移民群众，提高移民群众的综合能力。

（二）取得的成效

1. 实施了一批生态移民工程。古浪县下山入川生态移民工程实施以来，黄花滩移民区开工建设移民点 13 个，已建成 9 个，累计搬迁南部山区移民 1.2 万户 5.3 万人；在黄羊川镇的河谷平整地带建成 4 个收缩安置点，安置移民 0.27 万人。2012 年实施的第一个移民村——感恩新村社区，整合资金 1.3 亿元，群众自筹 0.9 亿元，新建住宅 918 套，搬迁移民 918 户 0.44 万人；2013 年实施的第二个移民村——阳光新村社区，整合资金 1.44 亿元，群众自筹 1 亿元，沿金色大道南北两侧建设 A、B、C 3 个小区，新建住宅 1035 套，搬迁贫困群众 1035 户 0.5 万人；2014 年实施的圆梦新村社区，总投资 2.85 亿元，新建移民住宅 1000 套，搬迁新堡、干城、横梁等 10 个乡镇的 1000 户山区移民 0.5 万人；2015 年至 2016 年，继续开工建设移民点，两年安置生态移民 1.1 万人；2017 年，通过新建和续建绿洲生态移民小城镇、10 号移民点、11 号移民点、兴民新村、立民新村 B 区和黄羊川、十八里堡、黑松驿、古丰等南部山区 4 个乡镇 8 个集中安置点，新建移民住宅 8873 套，完成主体 8759 套，搬迁入住 6276 户、2.5 万人。

2. 改变了移民的生产生活方式。实施生态移民易地扶贫搬迁工程，使祖祖辈辈生活在大山深处的群众，告别了恶劣的生存环境，迁居到基础设施配套齐全、综合服务功能完善、人居环境优美、规模适度的生态移民新村，生产生活条件明显改善，行路难、上学难、就医难、饮水难等难题迎刃而解，综合发展能力显著提高，实现了农业生产方式和农民生活方式的根本性变革，阻断贫困的代际传递。

3. 加快了贫困户的脱贫步伐。生态移民易地扶贫搬迁工程实施过程中，通过扶持搬迁群众发展特色林果，日光温室种植，肉羊、肉羊育肥等富民产业，群众告别了靠天吃饭的历史，发展现代高效节水农业，实现了由传统农民向现代农民的转变，由粗放传统农业向精细现代农业的转变，搬迁群众人均可支配收入得以提高。以种植日光温室的搬迁群众为例，在山区户均种植约20亩山旱地（主要种植小麦和蚕豆），亩均收入200—300元，年收入约6000元；在移民区种植一座60米长的全钢架日光温室，年均收入在2万元以上。在生态移民易地扶贫搬迁工程的推动下，2014—2017年，古浪县累计减贫11.08万人，贫困人口下降到3.66万人，贫困面由2011年的55.19%下降到2017年的10.47%。

4. 改善了区域生态环境。生态移民极大减轻了南部山区自然环境的承载压力，初步实现"让百姓脱贫、让山川长青"的目标。一方面，在移民迁出区实施退耕还林还草，让生态自然修复，促进生态环境逐步好转；对留居山区的农户进行统一规划，收缩居住，缩小了人类活动范围，解决了人与自然的矛盾。2017年年底前已完成封山育林草0.83万公顷，采取植苗造林、雨季撒播草种等方式营造水源涵养林0.18万公顷。落实"五禁"措施，安排专职管护人员巡回检查，防止移民上山复耕，通过综合施策，做到了"人退林进"，促进了区域生态持续好转。以祁连山乌鞘岭下的铁柜山为例，2011年实施生态移民搬迁后，经过近几年生态治理，区域生态环境持续好转，林区植被覆盖率由搬迁治理前的不足10%提高到目前的80%以上。另一方面，建设甘肃内蒙古省界防沙治沙大林带，在移民区治沙造林、埋压沙障、绿化村镇，发展兼具生态和经济效益的特色林果业，改变沙区"沙上墙、羊上房"的局面，移民区实现"荒漠变绿洲"的蜕变，生态移民易地扶贫搬迁取得了显著的生态、经济和社会效益。

三、问题与对策

古浪县生态移民尽管建立在深入调研和广泛论证的基础上，但在具体的实施过程中，一些不可预测的问题彰显出来，并在一定范围内影响到移民群众的生产热情，制约着当地农业发展、农民增收脱贫。

（一）问题

1.生态移民扶贫后续产业方面。黄花滩生态移民区按照移民、居住、产业一体化安置，采用“公司 + 合作社 + 农户”产业扶贫模式和户均“322”产业结构模式，但有些模式操作性不强，因公司停摆而无法运作，加之附近的甘肃（武威）国际陆港、土门工业园区和绿洲产业基地迟迟不能建起甚至工期停顿，生态移民中的富余劳动力不能就地及时转化为产业工人，部分群众搬迁下去后却未能尽快致富，贫困程度深的状况尚未完全改变。

2.水资源方面。按以水调结构、以水定规模、以水定产业的思路，原计划利用黄灌区调整农业结构节约水量 3000 万立方米，开发黄花滩区域闲置土地 8.62 万亩，搬迁移民 4 万多人。后增建和续建绿洲生态移民小城镇、10 号移民点、11 号移民点、兴民新村、立民新村 B 区等，扩大生态移民规模，使得移民区的生产生活用水缺口较大，不得不挤占老灌区乡镇的配水额度，造成老灌区乡镇的部分田地因缺水灌溉被弃耕。

3.开发土地方面。为安置更多的移民，古浪县不得不超规划开发土地 1.16 万亩，将一些土质较差的土地纳入项目中，部分移民点的生产用地沙漠化较为严重，有些甚至是就地推平荒漠中沙丘之后的沙地，土壤结构差，漏水漏肥严重，难以耕作，还易遭受风沙侵蚀，土地生产力低下。

4.移民耕作技术方面。移民在山区进行粗犷性耕作，在移民区面对设施农业等技术含量高的生产方式时，原有的耕作技术已无大用处。由于山区群众未能尽快掌握相应的生产技术，许多人甚至不会种植水浇地，更无法防治种植大棚、养殖暖棚里突如其来的疫情和病虫害。

5.山区新建住房拆迁方面。移民前部分居民进行危旧房改造，倾其所有新修了砖混结构住房，有的甚至举债。没住几年，现整村整乡搬迁，造成严重的资源浪费。拆迁补偿方面，被拆迁住户根据是否在移民区拥有住房的标准补偿 3000 元或 8000 元，这与建房时耗费的巨额投资相距甚远，出现移民资金储备及移民心理储备不足的情况，部分移民难以接受这种过山车式的转变。

6.移民的主动性方面。与前两次的生态移民不同的是，这次生态移民由政府主导实施，为了尽快让他们搬迁，政府部门往往过多“代劳”。群众因为并非自发搬迁，参与的积极性不高，许多人依赖思想严重，认为搬迁是政府的事，与自己关系不大，存在“蹲着墙根晒太阳，等着政府送瓦房”的想法，在一定程度上阻碍了移民搬迁的进程。

（二）对策

1. 完善生态移民脱贫计划。在充分了解国家政策基础上，结合县内资源、地缘条件、地方特色、产业特点、民俗文化等，完善生态移民脱贫计划，生态移民乡镇、移民村、帮扶单位以及驻村工作队，根据各户户情，制定移民户各自脱贫计划，并结合国家“精准扶贫、精准脱贫”政策，帮助各移民户制定“一户一策”，将劳务输出，县域牛、羊、菜、薯四大特色产业与“一户一策”精准对接，帮助生态移民户确定帮扶增收项目。各户的脱贫计划总体不变，可适时调整，督促群众逐年逐项抓落实，夯实移民的基础发展条件，防止其脱贫后再返贫。

2. 评估前期所做的各项规划。委托具备资质的勘测设计单位，对《生态移民暨扶贫开发黄花滩项目规划》和《绿洲小城镇中央移民财力补助生态移民项目建设规划》进行中期评估，出台国有建设用地使用权实施办法。评估后，依照建设状况对规划进行合并修订，将超规划开发的土地和超概算的投资纳入规划中。

3. 生态立县战略。借助国家生态安全屏障综合实验区的机遇，遵循“南护水源、中调结构、北治风沙”的方针，开展封山沙育林草、退耕还林补植、农田林网建设、通道绿化和生态经济林建设，保护改造农田，改变移民区生态小气候向好转变，建设美丽乡村。探索防沙治沙与沙产业开发相结合的沙漠综合治理模式，持续推进生态治沙和工业治沙，解决沙地土壤结构较差的问题，优先发展生态环保产业，建立复合经营、生态经济林、移民安置相结合的现代沙产业发展模式，让移民点成为生态型、科技型、商品型、节水型的综合经济区域，让移民增收提升生活质量，实现“搬得下、稳得住、能脱贫、再致富”的目标。

4. 破解“结构性缺水”难题。古浪水资源匮乏，打井抽取地下水又不利用石羊河流域综合治理，2000 万立方米的缺口，自身已无潜力可挖，急需在黄花滩移民区修建调蓄水池，努力向上级有关部门汇报，以争取在黄河丰水期时，加大引黄流量注入各个调蓄水池，以备灌溉之用。其次，为破解“结构性缺水”难题，走资源节约型社会的路子，倡导节水工程，全面推行小畦灌溉、垄作沟灌、膜上灌溉等常规措施，发展高效节水田；发展日光温室产业，积极推广管灌、喷灌、滴灌、渗灌等高效节水技术，提高现有水资源的利用率；抓好综合高效节水示范点建设，引导群众主动转变发展方式，走特色农业、高效精品农业、节水农业的路子。最后，压缩高耗水农作物的种植比例，种植耐旱且收益较好的枸杞、黑枸杞、红枣等经济作物，发展“互联网 +”和特色经济林，作为移民区农牧业转型发展的支撑，创建“设施农牧业 + 枸杞 + 饲草”和“专业合作社 + 基地 + 农户 + 电商”运行模式。

5. 发挥公司及龙头企业的带动作用。实行土地资源资本化，建立健全土地使用流转机制，允许农户承包的土地转让，租赁使用权，在提高集约化程度和群众自愿的基础上，发展多种形式的土地规模经营，组建成立县扶贫产业开发有限公司，下设农业、林业、新兴产业等子公司，以“国有公司 + 合作社 + 农户”模式，积极引导移民利用精准扶贫专项贷款加大生产力度，大力培育牛、羊、菜、果、薯、药等农业特色产业。引进并支持龙头企业、养殖大户、专业合作社，通过承包、土地流转、托管代养、折资入股方式，吸纳部分生态移民户暂无能力经营的养殖暖棚和种植大棚，对闲置棚全部定植投畜，防止资源浪费，帮助移民增加收入，使其看到致富增收的希望，提高获得感和幸福感。

6. 选择恰当的扶贫产业。编制《古浪县产业扶贫发展规划》，推动后续产业发展，打造沙区精品示范工程，大幅提高移民点农业科技水平。为避免移民“知难而退”或“站在一边看”，在引导其选择扶贫产业时，尽量避免“高精尖”及多数群众经过培训都很难掌握的项目，选择本地有一定基础和优势的特色产业。政府部门通过提供扶贫贷款、技术指导，推行农业保险等政策措施，降低产业门槛，增强抵御风险能力，提高他们的参与度和成功率。

7. 激发生态移民的内在动力。古浪县的生态移民搬迁工作已接近尾声，剩余移民的搬迁难度越大，但大多数移民还是愿意借助搬迁，到移民村借助帮扶产业勤劳致富，要充分发挥乡镇政府、帮扶单位、驻村工作队和村两委班子的作用，进行“党委政府是主导，移民群众是主体”的共建思路宣传引导，打消他们世代固守一地，抱着“穷家难舍”思想，让他们意识到移民搬迁是脱贫致富真正的出路，帮助他们驱除心中的“拦路虎”，需要激发其内在动力，变“要我搬迁”为“我要搬迁”。在实际工作中，组织贫困群众到现场参观易地搬迁成功脱贫的典型，通过眼见为实的参观学习，增强生态移民搬迁的信心，调动激发其“下山入川”的积极性与主动性。

Ⅵ

生态文明篇

雄安新区生态系统服务价值研究

河北省地方志办公室地情报告课题组 ①

提　要：京津冀地区生态环境基础较差，且经济发展又给生态环境造成了巨大的压力，对于新设立的雄安新区来说，要建立绿色生态新区，必须进行科学可持续的发展。要对雄安新区的生态系统进行全面了解，就需从生态系统服务价值入手，对雄安新区及其周边地区生态系统供给服务价值、调节服务价值、文化服务价值以及支持服务价值四种价值进行分解及核算，为雄安新区生态系统资产化管理、生态补偿、生态服务有偿使用等提供理论参考与实践依据。同时，根据结果进行分析，指出雄安新区绿色可持续发展的路径，为雄安新区未来可持续发展提出具体对策建议。

关键词：雄安新区　生态系统　服务价值　可持续发展　生态文明

生态系统服务（Ecosystem Services）是指生态系统与生态过程所形成及所维持的人类赖以生存的自然环境条件与效用。它不仅包括生态系统为人类生存所提供的食物、淡水和其他生产所需的原材料，更重要的是对地球生命支撑系统的支撑与维持、对全球生物地球化学系统平衡与稳定的维护以及

① 课题组负责人：杨洪进，河北省地方志办公室主任。课题组成员：王蕾，河北省地方志办公室副主任；冯金生，河北年鉴编辑部主任；李翠艳，河北省社会科学院历史所副研究员；许凯凯，河北省社会科学院经济研究所实习研究员。执笔人：许凯凯、王蕾、冯金生。

对生物多样性的维护。人类和生态系统的关系从适应到利用再到现在的改造，人类利用和改造生态系统范围越来越大，程度越来越重。但是在利用生态系统和改造生态系统过程中，人类更倾向于将生态系统所提供的服务和产品直接转化为经济效益，快速收回利用和改造成本，过于注重眼前收益，忽略了生态系统本身的健康及其对于人类生存更重要的生态价值。

雄安新区作为千年大计，《雄安新区规划纲要》要求新区着力建设绿色智慧新城、打造优美生态环境，建设绿色生态宜居新城区。因此，对雄安新区生态系统服务价值进行估算研究，能够更充分地认识新区生态系统及其现状，利于政府确切地了解生态系统为人类提供的服务价值量，利于新区形成生态环保理念及生产建设绿色优先的实施，利于新区生态环境的可持续发展。

一、雄安新区及其周边生态环境现状及其评价

雄安新区核心区即是规划中所涉及的范围。为了研究方便我们选取雄县、安新县以及容城县作为雄安新区的核心区；[①] 保定其他地区为雄安新区周边区域，主要承担雄安新区疏解和支持功能。

（一）自然地理环境现状

雄安新区（核心区）位于太行山东麓、冀中平原中部、南拒马河下游南岸，在大清河水系冲积扇上，属太行山麓平原向冲积平原的过渡带。全境西北较高，东南略低，海拔标高7—19米，自然纵坡千分之一左右，为缓倾平原，土层深厚，地形开阔，植被覆盖率很低，境内有多处古河道，华北平原最大的淡水湿地白洋淀大部分位于其中。属暖温带季风型大陆性气候，四季分明。[②]

周边地区（保定市除去新区的其他区域）位于河北省中部，太行山东麓，冀中平原西部，介于北纬38°10′—40°00′、东经113°40′—116°20′之间；地势由西北向东南倾斜，西北多为山区和东南部为平原。属暖温带季风型大陆性气候，四季分明。

---

① 沧州市的任丘市虽然毗邻雄安新区，但是为了研究方便，这里不做考虑。

② 雄安地理环境和气候特征，雄安新区管网，http://xiongan.gov.cn/2017-12/18/c_129769113.htm。

（二）雄安新区核心区生态服务系统现状

雄县、安新县以及容城县作为雄安新区核心区，通过2007年、2012年和2017年三期landsat遥感影像及资源卫星影像，按照中科院地理所LUCC分类体系用监督分类的方法对雄安新区进行土地利用类型分类，结合土地利用数据和统计数据进行修正，得到分辨率为30米的雄安新区土地利用类型图，经统计分析得到各土地利用类型面积，如表1所示。

2005—2017年雄安新区核心区各土地利用类型表

表1 单位：公顷

年份	耕地	林地	水域	湿地	建设用地
2007	114700.26	1256.99	5237.45	16026.61	16655.11
2012	115878.37	1151.46	4291.79	15701.68	16853.13
2017	107041.86	907.92	4862.79	14583.24	26480.61

通过不同类土地利用类型的价值系数及其在生态系统中不同服务功能中对应的价值当量，对雄安新区进行生态系统服务价值进行计算。

2007年雄安新区核心区生态系统服务价值一览表

表2 单位：万元

一级服务功能	二级服务功能	耕地	林地	河流湖泊	湿地	建设用地	合计
供给服务	食物生产	18078.37	18.63	124.66	259.12	—	20925.61
	原材料生产	2008.98	180.80	82.33	172.73	—	
调节服务	气体调节	6461.64	294.15	119.96	1734.61	—	68762.70
	气候调节	9007.98	267.47	536.92	10393.75	—	
	水文调节	3966.45	243.46	4414.97	10154.30	—	
	废物处理	7160.16	97.10	3545.31	10364.47	—	
文化服务	娱乐文化	875.74	117.42	1044.35	3375.65	441.69	5854.85
支持服务	土壤保持	15555.76	252.07	96.44	1432.31	—	26370.90
	生物多样性	5254.19	317.45	806.78	2655.90	—	
	合计	68369.27	1788.53	10771.71	40542.86	441.69	121914.06

2012 年雄安新区核心区生态系统服务价值一览表

表 3 单位：万元

一级服务功能	二级服务功能	耕地	林地	河流湖泊	湿地	建设用地	合计
供给服务	食物生产	18264.05	17.06	102.15	253.86	—	21069.06
	原材料生产	2029.61	165.62	67.46	169.23	—	
调节服务	气体调节	6528.01	269.45	98.30	1699.44	—	66742.32
	气候调节	9100.51	245.01	439.97	10183.02	—	
	水文调节	4007.19	223.02	3617.81	9948.42	—	
	废物处理	7233.71	88.94	2905.17	10154.34	—	
文化服务	娱乐文化	884.73	107.56	855.78	3307.21	446.95	5602.23
支持服务	土壤保持	15715.54	230.91	79.02	1403.27	—	26290.86
	生物多样性	5308.16	290.79	661.11	2602.05	—	
	合计	69071.50	1638.37	8826.79	39720.86	446.95	119704.47

2017 年雄安新区核心区生态系统服务价值一览表

表 4 单位：万元

一级服务功能	二级服务功能	耕地	林地	河流湖泊	湿地	建设用地	合计
供给服务	食物生产	16871.30	13.46	115.74	235.78	—	19475.32
	原材料生产	1874.84	130.59	76.44	157.18	—	
调节服务	气体调节	6030.20	212.46	111.38	1578.39	—	63179.70
	气候调节	8406.53	193.19	498.51	9457.68	—	
	水文调节	3701.61	175.85	4099.14	9239.80	—	
	废物处理	6682.09	70.13	3291.69	9431.04	—	
文化服务	娱乐文化	817.26	84.81	969.64	3071.64	702.27	5645.62
支持服务	土壤保持	14517.12	182.07	89.54	1303.32	—	24390.49
	生物多样性	4903.37	229.29	749.07	2416.71	—	
	合计	63804.33	1291.85	10001.15	36891.53	702.27	112691.13

根据表 1、表 4 可以看出，2017 年雄安新区核心区土地利用类型中耕地面积是最多的，为 107041.90 公顷，生态系统服务价值为 63804.33 万元，其中粮食生产的价值最大为 16871.30 万元，其次为土壤保持 14517.12；土地利用类型中林地面积最少为 907.92 公顷，生态系统服务价值为 1291.85 万元；建设用地的生态系统服务价值最少，仅为 702.27 万元，全部为文化娱乐功能

所体现的价值。

通过表1可以看出雄安新区耕地面积2012年比2007年有所增加，林地、水域、湿地面积都在减少，建设用地增多，生态系统服务价值总和减少；2017年与2012年相比，耕地、林地、湿地面积都在减少，水域及建设用地增加，生态系统服务价值总和减少。从雄安新区三期土地利用变化及生态系统服务价值的变化来看，其总价值在不断减少。其中，供给服务价值由于耕地面积的大幅度变化而变化，耕地的供给服务功能的单位面积价值当量最大，其面积变化也是最大的。在2007年到2017年间，由于统计口径的改变使得耕地面积有所变化，但是大规模的开发建设，大量耕地被占，导致耕地面积不断减少，雄安新区生态系统的供给服务价值下降。森林、湿地面积不断减少，导致雄安新区生态调节功能有所下降，其功能价值随之降低，虽然水域面积在2012年以后有所增加，但是也不能弥补其他两个类型面积减少所带来的生态调节服务价值的降低。对于文化服务价值来说，其价值是唯一一直增长的一个服务价值，其一是单位土地类型价值当量最高的湿地生态系统面积减少相对较小，其他土地利用类型单位面积对应的文化服务功能价值较小，其二是只有文化服务功能的建设用地面积大量增加。支持服务功能价值一直降低，其最主要的原因是建设用地的不断增加。

（三）雄安新区周边地区生态服务系统现状

以保定市其他地区为雄安新区周边地区，选取该地区2017年landsat8影像及资源卫星影像，作为该地区土地类型分类的基础影像，按照中科院地理所LUCC分类体系进行监督分类，经过人工校正，得到该地区2017年土地利用类型图，经过统计分析，得到雄安新区周边地区土地利用类型数据。根据价值当量表和2017年雄安新区周边地区各类型土地面积进行计算，得到2017年雄安新区周边地区生态系统服务价值（表6）。

2017年雄安新区周边地区各土地利用类型一览表

表5　　单位：公顷

土地类型	耕地	林地	草地	水域	湿地	建设用地	未利用地
面积	956228.97	376713.48	504127.56	13009.83	21062.14	191784.96	2196.63

2017年雄安新区周边地区生态系统服务价值一览表

表6

单位：万元

一级服务	二级服务	耕地	林地	草地	水域	湿地	建设用地	未利用地	合计
供给服务	食物生产	150715.07	5582.89	13384.59	309.66	340.53	—	1.97	243930.22
	原料生产	16748.35	54183.45	2228.24	204.50	227.01	—	3.95	
调节服务	气体调节	53869.16	88155.10	35687.19	297.98	2279.62	—	5.92	726425.14
	气候调节	75097.44	80158.60	40148.72	1333.70	13659.45	—	12.82	
	水文调节	33067.35	72963.00	35687.19	10966.78	13344.76	—	6.91	
	废物处理	59692.59	29099.23	58438.47	8806.53	13620.97	—	25.65	
文化服务	娱乐文化	7300.81	35189.94	1784.61	2594.16	4436.28	5086.14	23.68	56415.60
支持服务	土壤保持	129684.73	75545.37	86987.21	239.55	1882.34	—	16.77	487452.63
	生物多样性	43802.94	95136.73	48623.10	2004.05	3490.38	—	39.46	
合计		569978.45	536014.31	322969.32	26756.90	53281.35	5086.14	137.12	1514223.59

从表6中可以得到，2017年雄安新区周边地区生态系统服务价值为1 514 223.59万元。其中，供给服务价值为243930.22万元，调节服务价值为726425.14万元，文化服务价值为56415.60万元，支持服务价值为487452.63万元。由此可以看到，雄安新区周边地区生态系统服务价值巨大，在雄安新区建设的过程中，要对其核心区及周边地区的生态系统进行友好可持续开发，如果开发过程中造成不可逆的损害，会造成不可估量的生态损失。

（四）发展政策环境基础

随着京津冀协同发展战略的提出及雄安新区的设立，各种利好政策不断提出。京津冀协同发展，核心是京津冀三地作为一个整体协同发展，以疏解非首都核心功能、解决北京“大城市病”为基本出发点，调整优化城市布局和空间结构，构建现代化交通网络系统，扩大环境容量生态空间。

二、雄安新区生态可持续发展的实现路径

（一）严格控制新区建设规模，确保新区的向心力和离心力

雄安新区作为新设立的一个国家级新区，其设立的一个主要目的就是为

了疏解北京非首都功能，为此需要制定大量促进新城市建设发展的政策，其内容包括城市建设、相关产业引进和聚集、经济社会发展、环境保护和城市管理等。新城市的吸引力必须足够大，才能将在大城市生活工作习惯的人吸引过来，才能缓解大城市的人口压力。

新区虽然要缓解北京人口压力，但不能将自己建成传统的超大城市，这就需要新区从自身建设条件和区位出发，明确自身职能和性质，明确新区各部分分工和发展方向，合理布局，同时加强环境保护，克服传统大城市的人口向心力。既要吸引人才，又要避免人口向心力，这就给了雄安新区一个非常艰巨但又必须完成的任务，那就是创立一个具有自身特色而又能向全国推广的反磁力中心城市体系。反磁力中心城市体系，是指为克服因现代大城市物质文化条件优越对产生人口向心力所采取的一系列措施。在反磁力中心城市体系中，现代化大城市同时存在向心力和离心力。雄安新区在城市规划过程中，必须充分利用京津两地的离心力，并从自身优势出发，将该点设计为自身的向心力，同时将自身向心力与离心力相平衡。要坚定这种理念，合理安排各个区域的发展，合理布局卫星城区及特色小镇，将雄安新区建成一个设施完善，又具有自然风光的美丽新城，在增加文化服务价值的同时，尽量不减少供给服务价值和调节服务价值。

（二）实施规划优先、规划引领的发展理念，推动雄安新区经济社会与生态环境科学统一的可持续发展

雄安新区必须坚持多规合一，将城市规划、土地利用总体规划与生态环境规划和水环境规划等专项规划相统一。做好雄安新区资源环境承载力评估，对雄安新区生态系统服务价值进行评估，了解开发建设过程中破坏生态环境和生态系统可能带来的损失。了解生态环境能够承受的最大损害，划定生态红线，确保任何开发建设都不能突破这一红线。以水定城，确保新区建设过程中居民生活用水、生产用水，确保生态用水，避免超标污水排放，防止水体污染，做好污水处理工作。

坚持先规划再建设，以规划作为引领，整体布局、逐步打造，一步一个脚印，将一个区域打造成熟以后，再去建设另外一个区域，不应贪图面积大，而把新区建成一个极不成熟的“大面积”城市。从生态系统服务价值来看，

建设用地所具有的生态系统服务功能包含的价值最低，大规模不合理建设会使得雄安新区生态系统服务价值大幅度下降，所造成的损失不是经济增长所能弥补的，合理进行土地规划，在规划的基础上进行建设，多规划一些卫星城的综合体，结合当地实际打造一批特色小镇，建设绿色智慧新城，建成在国际上领先的绿色智慧新城，同时保持良好的生态环境，构建植被大面积覆盖，水系穿行其中，空气质量优良的生态城市。减少建设用地使用，保证雄安新区社会经济与生态环境科学可持续发展。雄安新区应严格控制用地，尽量在增加文化服务价值的同时，不减少供给服务价值、调节服务价值和支持服务价值。

（三）努力打造区域经济“新高地”，加速雄安新区“绿色”产业迅速崛起

在设立雄安新区之前，雄县、容城、安新都有着自己的支柱产业，但是发展水平都不高，科技含量较低，尤其对于环保要求也不高，对环境破坏严重，不符合雄安新区绿色发展的定位。

国家高新技术产业中心和未来高等教育基地的定位，并从规划设立的开始就将国家开发区最大限度的优惠政策提供给雄安新区，就是为了在京津冀腹地建立一个重要城市，使之在京津冀协同发展过程中起到联通润滑的作用，使之成为京津冀协同发展过程中重要的一极。这个定位就明确了雄安新区未来支柱产业为高新技术产业及高等教育等技术密集型产业。从雄安新区的定位可以看出，其要承担一些非首都职能，首都部分非职能单位不可避免迁入新区，但是这些单位要能够增强新区的自主创新能力，提高新区产业的可持续发展能力。新区要提高定位，增强吸引高端产业进入的能力。对于具有自主产权的高新技术研发企业，可以鼓励迁入，政府给予适当政策优惠。此外，新区还要从自身出发，培育一些自身的企业，提高新区企业孵化功能，加大对创新和创业的扶持和激励，增强新区创新驱动力。发展高端高新产业，吸纳和引进创新人才和学习新知识，把握创新资源，新建一个国家级别的创新驱动发展新引擎。

（四）遵循生态优先发展理念，激发新区环保意识

雄安新区发展要更加注重生态资源，发展绿色环保的高新产业，提倡低

碳生活，大力倡导循环利用新技术应用，鼓励环保创新技术和理念提出。对于雄安新区来说，坚持生态优先是更加必要的。加大植树造林力度，增加森林覆盖率，加强水资源保护，防止农作物污染。

此外，还有一个非常重要的问题需要关注，那就是华北之肾——白洋淀必须重点保护，不容许一点破坏。白洋淀对整个新区生态系统起着支撑作用，尤其是调节服务价值和支持服务价值巨大，保持白洋淀生态系统稳定，是重中之重。南水北调工程引来的水，对于白洋淀所需的生态用水可以足量补充，可以弥补靠保定四大水库补水的隐患。

但是随着新区的发展，新区对全国各地的人才的引力会增加，新区总人口会呈现爆炸式增长，新区的用水压力会不断增加，这样会给白洋淀等水域的水环境带来非常大的压力，需要提前考虑，并实施防治措施。已有研究表明，现有条件下白洋淀的水质已经有所恶化，整体生态系统不容乐观。在未来快速发展的背景下，如果不加以合理的保护和治理，白洋淀整个生态系统就可能因污染而瘫痪，华北之肾会丧失其透析功能，整个华北会出现水环境破坏，整个华北的环境将急剧恶化。而且在生态系统服务中水域和湿地这两种土地利用类型的价值当量是非常大的，白洋淀生态系统的破坏，会带来无法估量的生态损失，基于此，雄安新区的发展必须坚持生态优先。鉴于近年来河北省的生态环境污染较重，雄安新区必须重新认识当地政府对生态环境保护的能力，吸取生态环境污染的教训，提出生态环境保护的新对策，定期召开雄安新区环保评审会议，防止新区建设走调、走偏。

三、雄安新区可持续发展过程中存在的问题及对策建议

（一）存在的问题

对于河北省及保定市来说，虽然近些年发展较为迅速，但是其发展过程中存在着许多问题，具体包括：一、城市呈摊大饼式的传统模式发展；二、城市污染较重，尤其是空气污染严重，冬天出现连续长时间的雾霾天气，虽然加大了治理力度，污染得到一定控制，但是环保部公布 2017 全年空气质量

排名，保定仍然列倒数第四；三、产能落后，每万元GDP能耗高，且污染严重；四、生态环境较为脆弱，森林覆盖率低、水资源匮乏，地下水开采过量导致水位下降，形成地下水漏斗，白洋淀由于河水断流，目前只能依靠保定市的四大水库补给；五、由于经济落后，基础设施建设较为落后，尤其道路，与相邻的北京、天津相比路况较差且修复周期长；六、由于紧邻京津，且缺乏高端产业，造成人才吸引力小，无法吸引高端人才，且内部高端人才，为谋求更好发展选择离开，人才严重流失。

（二）对策建议

1. 严格控制建设用地审批，控制城市规模。从以上对雄安新区及其周边地区生态系统服务价值的研究可以看出，雄安新区生态系统服务价值正在不断下降，其中耕地面积的不断减少是一个非常主要的原因，这减少了大量的供给服务价值；建设用地面积不断增加，全面减少了生态系统服务的四项价值。耕地的生态系统服务价值经济指数比建设用地要高很多，而且在各种服务功能中都占有一定比例，建设用地仅有文化功能的价值，且价值量相对较低。从2007年到2017年雄安新区建设用地面积增加了将近60%，建设速度较快。在设立新区之后，会有大量的企业迁入，大批人才流入，其经济发展也会有质的飞跃。但是雄安新区一定要控制建设用地用量，做好用地审批，明确生态保护红线、永久基本农田和城镇开发边界，坚决做到不越界。对于耕地资源，一定要用多少补多少，保证耕地单位产出和产出质量，杜绝土地资源浪费。在增加文化服务价值的同时，保证供给、支撑和调节服务价值不减少。

同时新区应做好城市向心力的反措施，保证一定的城市离心力，确保新区规模稳定健康，开创新型城市典范。

2. 坚持生态优先、绿色发展，打造绿色生态宜居新城区。雄安新区规划纲要已经发布，新区建设应严格按照规划要求，按计划逐步建设。坚持把绿色作为高质量发展的普遍形态，充分体现生态文明建设要求，坚持生态优先、绿色发展，贯彻绿水青山就是金山银山的理念，完善生态功能，统筹绿色廊道和景观建设。推广绿色低碳的生产生活方式和城市建设运营模式，严格控制碳排放；推广绿色建筑，使用绿色建材，积极稳妥推广装配式、可循环利用的建筑方式。打造雨污分流系统，建立污水处理可持续循环模式；尊重自然本底，构建河湖水系生态缓冲带，提升城市生态空间在雨洪调蓄、雨水径流净化、生物多样性等方面的功能，增强海绵城市能力，促进生态良性循环。加强新区生态系统调节服务价值。加大美丽乡村和特色小镇建设，打造绿色宜居新城典范。

3. 发展高端绿色产业。瞄准世界科技前沿，面向国家重大战略需求，积极吸纳和集聚创新要素资源，高起点布局高端高新产业。在发展高端的信息技术、生物技术、高端制造的同时，大力发展高端绿色农业，发展以生物育种为主体的现代生物科技农业，推动苗木、花卉的育种和栽培研发，建设现代农业产业园区。借助乡村振兴战略，将科技和人文要素融入乡村农业，培育创意农业、认养农业、观光农业、都市农业等新业态，建设一二三产业融合发展绿色产业示范区。形成一个高端绿色的产业链，促进新区生态可持续发展。同时结合特色小镇建设，将高端特色产业和小镇融合，形成新的绿色发展模式。

4. 坚持生态文明理念，打造优美自然生态环境。对于雄安新区的建设，绿色发展是第一要务。所有建设必须坚持绿色环保，规划建设中的每一个环节，都必须过环保关，建设过程要有新型环保理念，绝不允许存在“先污染后治理”的老旧发展思想，保证新区绿色可持续发展。其次，雄安新区建设不仅仅是一个地区的建设，其生态环境保护要着眼于整个华北平原。做好白洋淀生态环境保护，恢复“华北之肾”功能，保持整个生态系统的调节和支持服务价值，仅靠雄安新区是不够的，要推动区域流域协同治理，全面提升生态环境质量，联合北京、天津及河北其他地区，共同研究，找出合理方法，共同出力，这是作为京津冀协同发展过程中，一个重要合作项目。加强京津冀水资源管理工作，糅合京津冀人力、物力和财力，共同提高水环境治理标准。再次，在新区贯彻落实煤改气、煤改电等环保措施，从居民生活入手，尽量减少和预防大气污染。构建过程全覆盖、管理全方位、责任全链条的建筑施工扬尘治理体系，制定并实行国内最严格的机动车排放标准，严格监管非道路移动源。做好大气污染的联防联控，作为京津冀枢纽，联合好京津冀各地的防治，促进大气环境治理。严守土壤环境安全底线。落实土壤污染防治行动计划，推进固体废物堆存场所排查整治，加强污染源防控、检测、治理，确保土壤环境安全。保证新区生态系统的供给和支持服务价值。

5. 做好基础设施和公共服务。雄安新区应该在未来城市公共基础设施及公共服务建设上加大力度，提升新区形象及居民体验，将城市交通布局与新区发展高度融合，提升新区出行便利程度，真正体现新区新面貌，将新区建设成新型城镇的示范区。在地下水网建设过程中，要坚持雨污分流，减少污水处理成本，减少资源消耗，并保障市内排水通畅，防止城市内涝。市内交通等方面，保证道路规划合理，建设合格，避免城市交通拥堵。提倡低碳出行，加大市内公共交通和出租车投入，加大新能源汽车推广。建立多所高水平中小学校，提升当地教育水平；改善当地医疗条件，积极与北京等高水平医院合作，逐步建提升公共医疗服务水平。在相同建设面积下，提升文化服务价值本身价值。

对外方面，发展区域型交通枢纽功能，加强对外交通网建设，尤其是高速铁路和高速公路的建设。合理利用首都南苑机场区位优势。

6. 重视人才，鼓励创新。新区的发展离不开人才，只有引入全国各地甚至全世界各地的优秀人才，才能更快更好可持续地发展雄安新区。户口问题是关系到人才去留的一个关键，雄安新区可以采取双户口待遇制，或者实施居住证制度。对于外来人口，可以不限制户口所在地，凭借当地有效工作证件或单位证明，可以安排其子女就近入学，按照当地户口对待。等到其退休后可以选择继续留在工作地，享受当地养老及医疗服务，或者返回原籍，政府需保证各类保险的顺利转接。其次，住房问题也是一个必须关注的问题。雄安新区不准许建立商品住宅，可以实行租房制，或实行公租房制度。对于建房开发商，政府应该给予适当税收补贴，对于租房者，政府应给予适当财政补贴，对于办公写字楼，可以允许建设，尤其对于央企来说，鼓励其自行建设办公用房。再就是人才的福利待遇问题，对于新区建设引进的特殊人才，政府应给予一定的补贴或适当提高待遇级别。

河北塞罕坝生态文明建设实践

承德市地方志办公室课题组 ①

提　要：河北塞罕坝机械林场成立55年，在几近人类生存禁区的荒原上，克服重重困难，攻克道道难关，依靠科技创新造林育林，建成了百万余亩林海，为京津冀地区乃至全国改善生态环境做出了突出贡献。他们锲而不舍、无私奉献，铸就了塞罕坝精神，成为全国生态文明建设的生动范例，荣获“地球卫士”称号。进入新时代，塞罕坝承担着新的历史重任，同时也面临周边环境的潜在压力、公共设施体系尚需建设等新的挑战。各级政府及塞罕坝自身应加大力度，构建发达、完备的塞罕坝现代国有林场森林生态、林业产业、生态文化和基础设施体系。

关键词：河北塞罕坝　生态文明　建设实践

“森林是陆地生态系统的主体和重要资源，是人类生存发展的重要生态保障。不可想象，没有森林，地球和人类会是什么样子”[②]。20世纪60年代至今，河北塞罕坝机械林场的干部职工，肩负着为北京阻沙源、为京津冀涵水源的神圣使命，在茫茫塞北荒原上顽强拼搏、科学造林营林，历尽千辛万苦，

① 课题组负责人：奚晓红，承德市地方志办公室主任。课题组成员：马铁松，承德市地方志办公室聘用人员；迟卫国，承德市政府办公室副调研员。执笔人：奚晓红、马铁松、迟卫国。

② 习近平：《习近平谈治国理政》，外文出版社2014年版，第207页。

排除千难万险，使一片“不毛之地”变成了碧波万顷的浩瀚林海，受到党和国家领导的高度评价，获得国际组织的高度认可。2017年8月14日，习近平总书记作出重要指示：“55年来，河北塞罕坝林场的建设者们听从党的召唤，在‘黄沙遮天日，飞鸟无栖树’的荒漠沙地上艰苦奋斗、甘于奉献，创造了荒原变林海的人间奇迹，用实际行动诠释了绿水青山就是金山银山的理念，铸就了牢记使命、艰苦创业、绿色发展的塞罕坝精神。他们的事迹感人至深，是推进生态文明建设的一个生动范例。”[①] 12月5日，在肯尼亚内罗毕举行的第三届联合国环境大会上，中国河北省塞罕坝机械林场被联合国环境规划署授予“地球卫士奖”[②]。面向新时代新征程，塞罕坝人进一步谱写可持续发展新的历史篇章，在弘扬塞罕坝精神的同时，为全国乃至世界更好地贡献塞罕坝方案、塞罕坝智慧。

一、塞罕坝生态文明建设的历史背景

塞罕坝位于内蒙古高原与大兴安岭南麓的接壤地带，在河北承德市围场境内，与内蒙古自治区锡林郭勒和赤峰接壤。它紧临京津，地近辽蒙。属寒温性大陆季风气候，冬季漫长，低温寒冷，极端最低气温 -43.3℃，年平均气温 -1.3℃。无霜期年均64天，年均积雪达7个月，大风、沙暴、干旱、霜冻等灾害性天气较多。历史上几经“风云多变”而成荒漠之地，严重威胁北方生态安全。危急时刻，党和国家高瞻远瞩，建立了塞罕坝国有林场，赋予林场历史重任。

（一）生态环境历史变化

塞罕坝意为美丽的高岭，历史上森林茂密、水草丰美、鸟兽繁多，辽、金时期被称作“千里松林”，曾作为皇帝狩猎之所。清康熙皇帝曾在此“南拱京师，北控漠北，山川险峻，里程适中”的漠南蒙古游牧地设置了“木兰围场”，划定了72围。今塞罕坝林场境域相当于当年72围中的沙勒当围、鄂勒哲依

---

① 《习近平对河北塞罕坝林场建设者感人事迹作出重要指示》，新华网，http://www.xinhuanet.com/politics/2017-08/28/c_1121557749.htm。

② 刘毅、李志伟：《种下绿色就能收获美丽》，《人民日报》2017年12月7日第3版。

图察罕围、图尔根伊扎尔围3个围。自康熙、乾隆到嘉庆的139年间，清朝皇帝及王公大臣、八旗士兵到此“木兰秋狝”105次，留下了大批历史遗迹。

清朝末期，国势衰微，清政府于1863年放开了对木兰围场的禁令，树木被大肆砍伐。进入20世纪，国家战乱频仍，加之日本侵略者掠夺滥伐和山火肆虐，生态环境日益恶化。至新中国成立时，这里的原始森林已荡然无存，成为林木凋零、黄沙漫漫的荒漠。

（二）生态安全受到挑战

20世纪50年代，沙尘暴频袭北京。缘由内蒙古大漠横亘、沙海相连，著名的巴丹吉林、腾格里、乌兰布和、库布齐、毛乌素沙漠和浑善达克、科尔沁沙地，呈扇形占据了大半个内蒙古，构成近3000千米的风沙线。荒漠化土地占60%以上的内蒙古，成为我国北方最大的风沙源区。

紧邻京津的浑善达克沙地长期持续南侵，加上西伯利亚寒风长驱直入的推动作用，致使京津冀地区风沙肆虐。浑善达克沙地位于内蒙古中部锡林郭勒草原南端，海拔1500米、距北京直线距离180千米，是离北京最近的沙源，为困扰北京的沙尘主要源头之一。如果这个最近的沙源锁不住，相对海拔只有43米的北京城来说，就好比站在屋顶向院子里扬沙。治沙止漠、扼住浑善达克风口刻不容缓。生态恶化，警钟骤响，造林绿化，势在必行。

（三）生态建设迫在眉睫

中华人民共和国成立后，党和国家十分重视国土绿化，一直以世界眼光和战略思维关注着森林问题。毛泽东同志指出：“林业将变成根本问题之一”，提出了“绿化祖国”“实行大地园林化”的号召；中央政府确定了“青山常在，永续利用”的林业建设方针。

为了改变风沙侵袭北京的严峻形势，原国家林业部着力探求、筹谋在河北北部建立大型林场。1961年10月，时任林业部国营林场管理总局副局长刘琨，带队到塞罕坝进行踏查，发现了顽强挺立在该地东北部荒原上的“一棵松”，以及残存的落叶松、云杉枯根，找到树木可以在这里成活的科学见证，为建设林场提供了依据和条件。

1962年2月，林业部根据实地调查结果，确定在河北省围场县（今围场满族蒙古族自治县）组建林业部直属的塞罕坝国营机械林场。从全国18个省（直辖市）调集精兵强将，与原有的3个林场200多名干部职工组成了369人的建设大军。这支队伍平均年龄不足24岁，其中大中专毕业生140多人。建场之初设3个分场，1963年增设3个共6个分场、30个营林区。1968年，林业部将塞罕坝林场下放河北省管理。

按照国家计划委员会批复的规划设计方案，塞罕坝林场承担四项重任：改变当地自然面貌，保持水土，为改变京津地带风沙危害创造条件；建成大片用材林基地，生产中、小径级用材；研究积累高寒地区造林和育林经验；研究积累大型国营机械化林场经营管理经验。①

二、塞罕坝生态文明建设的具体举措

塞罕坝机械林场建立后，开始了艰苦卓绝的奋斗历程。他们以造林固本、以经营培元，不畏艰险、攻坚克难，创造了沙漠变绿洲、沧海变桑田的奇迹，成为世界人工治沙、植树造林、营林护林、改善生态环境的光辉典范。

（一）迎战恶劣环境，锤炼过硬队伍

极度艰苦的生活条件和极其恶劣的生存环境是对创业者的严峻考验。塞罕坝林场制定了“先治坡、后置窝，先生产、后生活”的原则，想方设法克服冬季严寒、偏远闭塞、物资匮乏等生活难关。作业区离场部路途遥远，林场组织职工就近搭牛棚，架窝棚，搭马架子，挖地窨子，盖“干打垒”。没有食堂，他们露天支锅做饭，和着风雪吃饭。粮食不够吃，就吃全麸黑莜面加野菜，啃咸菜；缺菜严重时，就吃盐水煮莜面粒，盐水泡黄豆；坝上能够生长的农作物很少，只能种植一些适应高寒地区生长的白菜、土豆和莜麦等，他们就变换吃法让大家开怀；当时国家正处于三年困难时期，他们一边造林，一边开荒种地自给自足。没有水时就喝雪水、雨水和沟塘子水，没有住处就搭简易棚。为了解决职工孩子的入学困难，把库房腾出来做教室，抽出职工任教师。看病就医没有医院，只有一些常用药，职工患病，轻者忍着，重者

① 武卫政、刘毅、史自强：《塞罕坝：生态文明建设范例》，《人民日报》2017年8月4日头版头条。

送走。当时，塞罕坝交通极为闭塞、道路状况极差，100千米的土路要走一整天，冬季大雪封山以后，职工就被困在林场。

建场初期，由于生活艰苦、加上造林成活率低，林场曾人心浮动，甚至刮起“下马风”，场党委书记王尚海以“林场还未建成，我就是死，也要死在塞罕坝”的坚定意志，以身作则、率先垂范，领导班子成员纷纷把家从北京、承德、围场县城搬上塞罕坝，以示决心、以安军心，他们吃苦在前享受在后，造林在第一线，吃住让职工优先，发挥了“定海神针”的作用。同时，林场抓先进、树标兵、开展劳动竞赛，涌现出大批先进单位和模范个人，职工们你追我赶、互不相让，比工作进度、比生产质量。林场实行“统一领导、三级管理、两级核算、统负盈亏”的管理体制，树立“以林为业，以场为家”精神，狠抓职工思想教育，不断提高职工思想觉悟和生产积极性。他们边建场边生产边探索建立计划管理、劳动管理、工资管理等等各项规章制度，规范职工行为、保障职工权益、激发职工干劲。全场上下秉持“艰苦奋斗、坚韧不拔、使命至上、甘于奉献”的价值追求，顽强拼搏、无私奉献。他们顶风冒雪植树造林、采伐残木，在雪深没腰、没有道路的冰天雪地里护林、拖木。他们爬冰卧雪战胜自然灾害，1977年10月，林场遭受罕见的“雨淞”灾害，一棵3米高的落叶松挂冰量达250公斤，受灾面积57万亩，场领导班子带领全场职工开展大规模的生产自救，对受灾重、折干比重大、无保留价值的林分采取皆伐，对有保留价值的林分进行抚育，伐掉折干、折冠、掘根的林木，共清理受灾林分6万余亩，抚育11.3万余亩。1980年，林场又遭遇特大旱灾，他们总结经验，引进树种，研究推广抗旱造林整地技术，重整旗鼓，从头做起。

（二）锐意攻坚克难，奋力造林育林

塞罕坝林场贯彻“以林为主”的经营方针，面对恶劣环境，坚持把造林育林作为首要任务，在组织上、思想上、人力物力上优先保证造林育苗需要，集中一切优势力量植树造林、引进树种、育苗整地，强化科技创新，加强成林抚育、次生林改造，克服难以想象的困难，攻克了一道道难关。

攻克育苗关。建场之初，林场没有苗圃，所用苗木均从外地调运，加上缺乏高寒地区造林经验，林场连续两年造林成活率极低，他们组织进行技术分析，发现由于路途遥远，中间环节较多，外地苗木在调运途中容易失水、

伤热捂苗，无法适应塞罕坝风大天干、异常寒冷的气候。找出问题所在，将攻克成活率作为突破口，因地制宜，培植苗木，他们改进传统的遮阴育苗法，在试验过程中，将种子催芽方式由播前催芽改为雪藏层积催芽后再播前升温催芽，播种时严格控制覆土厚度，及时调节温度，防止高温伤苗和低温霜冻，以及立枯病、地下虫害等危害，解决了种子处理关、出苗关和幼苗培育关三大难题。1964 年，在林场四十号苗圃进行的落叶松全光育苗试验获得成功，满足了塞罕坝大面积造林的需要，彻底结束了苗木外调的历史，成功实现了苗木自给。1962—1975 年，林场先后建立了大唤起分场四十号、阴河分场三道沟、千层板分场、大唤起大梨树沟 4 个苗圃和山间临时育苗苗圃 8 个，苗木亩产量由 1962 年的 1.2 万株增加到 1964 年的 26 万株以上，[①] 并探索出培育“大胡子，矮胖子”优质壮苗技术方法，大大提高了育苗数量和质量。到 1976 年，育苗面积达到 43.80 公顷（657 亩）、累计造林 68.9 万亩。

会战马蹄坑。塞罕坝林场全光育苗的成功，解决了大规模造林的苗木供应技术难题，为提高造林成活率创造了条件、奠定了基础，1964 年春季，林场选择了位于总场东北部 10 余千米处、三面环山、地势平缓、适宜机械作业的马蹄坑作为首战场，精选了技术骨干，调集了全场当时最精良的装备，分成 4 个机组，进行了马蹄坑营林区机械造林大会战，场领导每人带着一个机组作业，跟在植苗机后面一棵一棵地察看树苗，经过 30 多个昼夜奋战，获得巨大成功，造林 688 亩，当年放叶率高达 96.6% 以上；秋季在邻地机械造林 178 亩，翌春放叶率 95% 以上。马蹄坑大会战的胜利，开启了塞罕坝春秋两季大面积造林的时代，也开创了中国高寒地区机械栽植落叶松的先河。

引进樟子松。建场初期，经过三年的反复试验，林场成功引入大兴安岭耐寒、耐旱、耐瘠薄的樟子松树种，亩产成苗 5 万株以上，解决了干旱沙地造林的一大难题，紧接着成功造林 133.33 公顷（2000 亩）。在林场遭遇百年不遇的特大旱灾、正处在生长期的树木遭遇连续 3 个多月的干旱、导致 12.6 万亩落叶松旱死的情况下，他们在坝上沙地以营造樟子松为主，造林成活率持续回升。在此基础上，实施造林当年冬季埋土防寒实验，保存率提高 6%

① 参见王金生主编:《围场满族蒙古族自治县志（1991—2005）》，河北人民出版社 2009 年版，第 773 页。

以上。1989 年夏季，国际干旱半干旱地区防护林（会议）考察团前往考察，对于塞罕坝机械林场引种樟子松成功、大面积成林，特别是造林技术给予高度评价。[①] 自此，樟子松成为塞罕坝第二大树种。

营造工程林。为从根本上改变西北、华北、东北地区的风沙危害和水土流失，从 1978 年 11 月开始，国家相继启动实施了首都周围绿化工程（“三北”防护林工程）、利用世界银行贷款营造速生丰产林项目、再造 3 个塞罕坝林场工程、京津风沙源治理等重大工程、项目，塞罕坝均被列其中。通过国家这些重大工程、项目投资建设，进一步促进了塞罕坝的建设和发展。在京津风沙源治理工程中，塞罕坝林场完成了三道沟、大梨树沟、千层板苗圃改造、启动实施封山育林、樟子松和落叶松采种基地建设等，共完成封山育林面积 20 万亩、苗圃改造 222 亩，完成采种基地建设 75613 亩。在京津周围防护林国家重点工程建设中，塞罕坝林场于 2001 年 4 月，在三道河口分场召开创建 3 万亩精品示范工程现场会，当年造林 1823.90 公顷（27358.50 亩），合格率达到 95% 以上。2000—2001 年，遇严重干旱，平均成活率仍然保持在 75% 以上。

研发新技术。塞罕坝机械林场的发展史，也是一部中国高寒沙地造林的科技进步史。他们坚持科技引导、大胆创新，攻克了一系列技术难关，创造出一个个技术新突破和新奇迹，多项科研成果获国家级奖励，5 项成果达到国际先进水平。[②] 技术员为了引进樟子松树种，在路上捡马粪拾驴粪、去公厕掏大粪，松芽出土时最怕鸟啄苗，就拿着铜锣，在苗圃周围使劲地敲，一试三年，引种成功。由于塞罕坝绝大部分为山地或丘陵，他们开展大规模的人工植苗造林，改进传统造林工具，创造了“三锹半”缝隙植苗法，功效高出一倍，成本节省四成，成为最适合坝上地区的造林方法。他们总结出了樟子松、云杉越冬造林苗覆土防寒防风技术措施，大大提高了造林成活率。他们研发改进了迹地机犁沟整地、容器苗挖穴机等造林机具，提高工作效率 3—6 倍。改革推广了机犁沟、水平沟和小反坡等整地技术，使蓄水保墒能力提

① 参见王金生主编：《围场满族蒙古族自治县志（1991—2005）》，河北人民出版社 2009 年版，第 774 页。

② 史自强：《汲取精神力量 践行绿色理念——塞罕坝系列报道引发强烈反响（下）》，《人民日报》2017 年 8 月 26 日第 6 版。

高了 20% 以上，创造了石质山区造林绿化新模式。2011 年，林场在贫瘠山地、岩石裸露的“硬骨头”地块，采取高标准大穴鱼鳞坑整地、大规格容器苗造林，和客土、浇水、覆土防风、覆膜保水等举措，使成活率达到 98% 以上 。

（三）增添发展后劲，拓展多种经营

1983 年以后，林场由以造林为主转入以营林为主兼顾开发林下经济的新阶段，制定了“以育为主、育护造改相结合、多种经营、永续利用”的方针，坚持经营和保护并重，利用和培育并举，依托国有林场的优质资源开发绿化苗木、旅游等产业，增加林场的发展后劲。

经营抚育。林场确定了以修枝、抚育间伐、低产林改造为主的森林经营生产体系；总结出了大密度初植、多次中间抚育利用和主伐利用相结合的人工林可持续经营思路；创造了造林、幼抚、定株、修枝、疏伐、更新造林等循环有序的森林培育作业流程，自建场以来，累计抚育森林 210 余万亩次。他们把二代林培育作为林场持续发展的根本保障，全面推行了“灭裸造林”、营造珍贵树种和混交林等森林资源培育与经营战略，先后实施了良种壮苗培育、容器苗造林、幼林施肥工程。全场更新造林 8.96 万亩，做到了采一片、更新一片、成林一片。2012 年，林场将当年造林时每亩 300 多棵的高密度栽植落叶松，通过抚育间伐办法，不断地去掉次树，选留好树，每亩只保留十几棵树，然后再利用树下空间栽上新树，实现了森林数量和质量的双提高。

发展旅游。1993 年，塞罕坝林场开始发展旅游业，先后建成了七星湖湿地公园、木兰秋狝文化园、塞罕塔、赛罕城游客文化中心广场、核心区旅游环路、塞罕坝展览馆等高品位生态旅游文化景区及基础工程。加之特有的冷凉资源、冰雪资源、湿地资源，形成了“河的源头、云的故乡、花的世界、林的海洋、珍禽异兽的天堂”，成为闻名全国的特色旅游休闲胜地。因深厚的历史文化底蕴、浓郁的满蒙民族风情，具有融合性、综合性很强的文化旅游资源。塞罕坝林场地处游牧文明与农耕文明交界处，区内蒙古元文化、满族蒙古族民俗、边塞文化和军事文化在此交融和传承。清代皇帝木兰秋狝，使塞罕坝及其周边留有点将台、塞北佛石庙、十二座联营等大量军事活动和文化古迹。2006 年以后，通过多方融资打造精品旅游景区和举办旅游文化节、召开大型旅游推介会等多形式的旅游宣传促销方式，使旅游入园人数以 25%

以上的幅度递增，到塞罕坝旅游的中外游客年均达到50万人次。

做强产业。经济收益既是林场生存的基本保障，也是林场发展的强力支撑。他们立足实际、谋求长远，积极探索主副并重，多业并举的发展道路，做强林业、做大产业，以林促产、以产养林。利用塞罕坝的气候、环境、资源优势，培育绿化苗木、承揽绿化工程，开发出一套适合塞罕坝地区特点的森林经营模式，为全国森林经营起到了示范带动作用。发展木材产业，自20世纪80年代始，林场大部分人工林逐步成为中熟林、近熟林或成熟林，他们以丰富的林木资源为依托，以营林为基础，大力发展木材产业，通过完善销售机制、优化销售环境、创新销售方式等举措，使木材产业规模不断发展壮大，成为林场的主导产业，产品以中小径材落叶松人工林原木为主，主要用于民用建材和煤矿坑木用材，已逐步成为华北地区中、小级径材产材基地。发展绿化苗木产业，随着市场的需求量不断攀升，尤其是近年来绿色、生态理念在全社会得到空前重视，生态环境建设力度加大，促进了林场绿化苗木产业的快速发展，年销售收入超过1000万元。发展培育花卉产业，他们加强科研研发，成功地将玉竹、百里香等20多种坝上花卉，引到低海拔地区，为城市绿化美化增添了新的美丽。

优化环境。进入21世纪，林场以“建设和谐、富裕、文明的现代林场”为奋斗目标，按照“山上治坡、山下治窝，山上生产、山下生活”的发展思路，夯实基础、增林扩绿、惠泽民生。启动了塞罕城建设工程、危旧房改造工程、森林生态旅游景区建设工程、绿化苗木基地建设工程。加大防扑火体系建设，新开防火隔离带120余千米，建立防火物资储备库7个，购置防火运兵车10台，在全国率先建成雷击火监测系统、红外探火雷达预警系统、更新视频监测系统并全部投入使用。加强林区道路建设，修建或改造林区道路403千米。建望火楼、检查站16座。新建和改建营林区房舍24个、对1437户危旧房进行了改造，完成了全场通信网络光纤“三网融一”改造工程，全场最偏僻的营林区也能够通过网络了解外面的世界。

三、塞罕坝生态文明建设的主要成效

塞罕坝林场经过3代12任55年坚持不懈的造林营林护林，建造了世界面积最大的人工森林，为首都和华北地区竖起了一道涵水源、阻沙源的绿色生态屏障，创造了不可替代的绿色财富。塞罕坝林场的干部职工“生命不息，奋斗不止”，用理想和信念、青春和热血创造了中国高寒沙地生态建设的奇迹，创造了无愧于党和人民的非凡业绩，书写了生态传奇、铸就了绿色丰碑。

（一）巨大的生态效益

2017 年，林场有林地面积 117 万亩，森林覆盖率 80%，林木总蓄积量 1012 万立方米，总计栽植苗木 5 亿株，按株距 1 米计算，可绕赤道 12.5 圈。据中国林科院评估，塞罕坝的生态系统每年提供着超过 120 亿元的生态服务价值，泽被京津，造福地方，人们称其为华北地区的“绿宝石”。塞罕坝阻击了“沙魔”，涵养了水源。塞罕坝百万亩林海，在首都北部构筑起一道牢固的绿色屏障，有效地将浑善达克沙地南下的黄沙阻挡在河北最北端；每年为滦河、辽河下游地区涵养水源、净化水质 1.37 亿立方米。它较好地净化了空气，每年释放氧气 54.5 万吨、释放萜烯类物质约 10.5 万吨。塞罕坝调节了气候、庇佑了生物。与建场初期相比，塞罕坝及周边区域小气候得到一定改善，无霜期由 52 天增加到 64 天，年均大风日由 83 天减少到 53 天，年降水量由不足 410 毫米增加到 460 毫米，林区的空气湿度平均比林区外无林地高出约 50%。这片森林每年可吸收温室气体二氧化碳 75 万吨以上，对于气候变暖日益严重、高温热浪频繁袭来的世界，这座由中国人的双手长期艰苦营造的绿色长城，弥足珍贵，为减缓全球气候变暖做出了重要贡献。[①] 经过多年的建设发展，塞罕坝高原山地兼备，森林草原并存，水系沼泽相连。林区内有重要经济、科研价值的野生动物 178 种，有国家重点保护动物 47 种、重点保护植物 9 种；有野生花卉 100 多种，山野菜、野生药材种类繁多。塞罕坝国家森林公园是森林生态旅游胜地。浩瀚林海，蔚为壮观；连绵草原，色彩斑斓；无数溪流，曲折蜿蜒；众多湖泊，镶嵌林间，构成一幅美丽的图画。

（二）突出的社会效益

塞罕坝林场的建设促进了全国国营林场的发展，也推动了周边地区的发

---

① 《时事报告·专题汇编》:《时事报告》2017 年第 10 期，第 48 页 。

展，创造了大量就业岗位，带动了周边地区乡村脱贫致富。1998年全国人大常委会原副委员长邹家华视察塞罕坝，作出“再造三个塞罕坝”的指示。此后，在张家口、承德两地，先后建成塞北林场、千松坝林场、御道口林场3个工程，构筑了京津冀防护林体系，为保护首都生态环境发挥了重要作用。塞罕坝林场成为科学研究的基地、友好合作的基地，为国家大面积用材林基地建设做出了重要贡献，为国有林场的改革和发展提供了实践和经验。

（三）显著的经济效益

塞罕坝机械林场森林资产总价值达到202亿元，累计为国家提供中小径木材192万立方米，上缴利税近亿元。建设了8万亩绿化苗木基地，培育了云杉、樟子松、油松、落叶松等优质绿化苗木，1800余万株多品种、多规格的苗木销往京津冀及内蒙古、甘肃、辽宁等十几个省（自治区、直辖市），年收入近2000万元，成为绿色聚宝盆；[①] 加强林业生产经营，每年木材收入近亿元。大力搞好旅游产业发展，2017年旅游门票收入近4600万元。绿水青山变成了“金山银山”，绿水青山引来了“金山银山”，真正印证了“绿水青山就是金山银山”。

（四）宝贵的精神财富

塞罕坝林场建设实践是习近平总书记关于加强生态文明建设的重要战略思想的生动体现，充分体现了“绿水青山就是金山银山”的生态文明理念，充分体现了“像对待生命一样对待生态环境”的生态优先战略，充分体现了“改善生态环境就是发展生产力”的绿色发展方式，充分体现了“撸起袖子加油干，一代接着一代干”的接续奋斗精神。[②] 塞罕坝艰苦创业、无私奉献的精神是以爱国主义为核心的民族精神的有力体现，是培育和践行社会主义核心价值观的必然要求，凝聚了中华民族内在理想信念和外在精神风貌，是最宝贵的精神财富。[③]

---

① 参见武卫政、刘毅、史自强：《塞罕坝：生态文明建设范例》，《人民日报》2017年8月4日01版。

② 参见刘奇葆：《时事报告·专题汇编》，《时事报告》2017年第10期，第16—17页。

③ 李鉴修：《河北蓝皮书·经济社会》，社会科学文献出版社2017年版，第278页。

习近平总书记在对塞罕坝精神作出重要指示时强调指出："全党全社会要坚持可持续发展理念，弘扬塞罕坝精神，持之以恒推进生态文明建设，一代接着一代干，驰而不息，久久为功，努力形成人与自然和谐发展新格局，把我们伟大的祖国建设得更加美丽，为子孙后代留下天更蓝、山更绿、水更清的优美环境。"总书记的指示在全国产生巨大影响，全国人民学习塞罕坝，为塞罕坝林场建设注入了巨大的能量和动力，为塞罕坝的迅速发展创造了空前的历史机遇。

（五）强烈的社会影响

2017年，大力弘扬塞罕坝精神、学习塞罕坝先进事迹活动在全国展开。新闻媒体进行了高规格、大规模采访和系列宣传报道，塞罕坝先进事迹报告会相继举行，座谈学习交流活动广泛开展，塞罕坝精神超越了地域和行业界限，成为激励人们奋发努力、实现中华民族伟大复兴中国梦的榜样力量。塞罕坝造林经验在国际上引起了广泛关注，为世界荒漠化造林、为人类应对大气污染、气候变暖，提供了良好范例和中国智慧。

2010年9月，被国家林业局授予"国有林场建设标兵"荣誉称号。2014年4月28日，被中宣部授予"时代楷模"荣誉称号，被中华全国总工会授予"全国五一劳动奖状"。2017年11月17日，获中央精神文明建设委员会"全国文明单位"荣誉称号；12月5日，塞罕坝机械林场荣获联合国环境规划署"地球卫士奖"。同时，还荣获"全国科技兴林示范林场""再造秀美山川示范教育基地""中央国家机关思想教育基地"等称号。

四、塞罕坝生态文明建设的问题对策

生态环境问题在国际政治、经济活动中的地位越来越重要，往往成为世界可持续发展首脑会议、联合国气候变化峰会、亚太经合组织峰会等国际会议的重要议题。我国是《联合国气候变化框架公约》《联合国防治荒漠化公约》等一系列国际公约的重要履约国。生态保护与建设肩负着我国实现绿色发展、履行国际义务、维护国家形象的重任。多年来，国家从全局高度在北部实施风沙源治理等一系列重大工程项目，北方荒漠生态系统生态整体恶化趋势初步遏制，塞罕坝承担着守牢京津冀涵水源阻沙源的重任，也肩负着可持续发展的责任。中共中央政治局2015年4月30日审议通过《京津冀协同发展规划纲要》，京津冀协同发展成为一个重大国家战略，承德是习近平总书记亲自定位的“京津冀水源涵养功能区”“京津冀西北部生态涵养功能区”，使命光荣，任务艰巨。以习近平新时代中国特色社会主义思想为指导推进塞罕坝机械林场生态文明建设是十分重要和紧迫的课题。

（一）面临挑战

面向新时代新征程，各级政府及塞罕坝必须以全球视野、站在可持续发展的高度，深刻、清醒地认识到塞罕坝所在的“坝上高原防风固沙生态修复功能区”仍然存在新情况、新问题、新挑战。

1. 周边环境质量堪忧。内蒙古高原土地沙化是区域较为严重的生态问题之一，对塞罕坝生态形成潜在影响。塞罕坝林场西部多为半固定沙丘，水源比较缺乏，沙化严重，植被盖度偏小，水土流失相对较重。塞罕坝周边还缺林少绿，以塞罕坝机械林场为核心，包括御道口牧场管理区、红松洼自然保护区和御道口镇，以及接坝地区的姜家店、宝元栈、哈里哈、大唤起、燕格柏5个乡的19个行政村范围内，现有退化草地面积12120公顷，沙化土地面积68079公顷。

2. 自身生态相对脆弱。塞罕坝是在高原沙地上建成的人工林生态系统，自然生态环境相对敏感脆弱。林场树种结构比较单一，中幼林存在林分过密或过疏，质量、生长量不高问题。林场北部区域有较多沙地、沙荒地及裸露沙地，沙源、潜在沙源与季风形成的春季干旱大风相耦合，生态安全任务依然较重。

3. 公共设施尚需加强。林场地处高寒坝上，交通还不发达。交通、市政配套工程、医疗卫生、科技教育等资金投入明显不足，基础设施及公共服务配套体系整体状况普遍不佳。高等级路网和全方位立体快速综合交通运输体系尚未形成。污水排放与治理设施还比较欠缺，垃圾无害化处理与资源化利用能力不足，与生态旅游开发建设的步伐还不相适应。信息化和网络化建设水平较低。

4. 防灾减灾任重道远。由于林场地处高原地区，气候变化莫测，每年均有旱灾、风灾、虫灾、冻灾等自然灾害发生。尤其是天干物燥、引发森林火灾的危险随时有可能发生。持续干旱、大风天气，致使火险等级不断提高，火灾发生概率增加。同时，易燃、易受火灾危害的中幼林大量增加，致使森林防火任务日益繁重。

（二）发展对策

新时代对生态文明建设提出了更高要求，赋予了前所未有的历史使命，促进可持续发展和绿色增长成为全世界关注的焦点，必须深谋远虑，励精图治，传承塞罕坝精神，建设更加宽广宏伟、更加高端完备的美丽塞罕坝，建设更加稳固的防风固沙区。

1. 制定规划，绘制蓝图。“要立足于全面、协调、可持续发展的宽广视野和远景规划，致力于全面系统的改革和创新，形成总体效应，取得总体效果”[①]，要打破行政区划制约，推动更加广阔地发展。一是在国家层面，《全国生态保护与建设规划（2013—2020年）》提出要统筹规划，着力改善脆弱地区生态状况。加强三北风沙综合防治区综合治理，提升森林、湿地、荒漠等自然生态系统质量和稳定性，促进生态系统良性循环，从源头上扭转生态环境恶化趋势，防范生态风险，增强生态承载力。加快实施一批生态保护和修复重大工程，构建生态廊道和生物多样性保护网络；支持塞罕坝林场扩围发展，协调推进跨省区生态保护与修复合作；用塞罕坝精神引领林业改革发展，在“三北”等生态脆弱地区和大江大河源头等重要生态功能区，新建一批经营面积百万亩以上的规模化林场，集中改善区域生态状况。[②]二是在省级层面，《河北省林业发展“十三五”规划》提出要加强对坝上高原防风固沙生态修复功能区治理力度，以防风固沙、保育土壤为核心，调整林牧、林农结构，严重沙化耕地实施退耕还林。西部以恢复和建设疏林灌草为主，围栏封育，加强林草资源保护。东部以营造林为主，营造多树种、多层次的防风固沙林，不断提升森林质量。突出抓好沿边、沿坝防护林带和农牧防护林网建设，加快坝上退化林分更新改造，加强重要湿地保护与恢复，积极发

① 李鉴修：《河北蓝皮书·经济社会》，社会科学文献出版社2017年版，第279页。

②《让天更蓝山更绿水更清——学习宣传河北塞罕坝林场生态文明建设范例座谈会发言摘编》，《人民日报》2017年8月29日第7版。

展森林草原生态旅游，构建乔灌草相结合，结构稳定、布局合理的防风固沙生态屏障。三是在市级层面，按照《塞罕坝机械林场及周边地区可持续发展规划（初稿）》，承德市将以筑牢京津和华北地区生态安全屏障，大幅提升塞罕坝机械林场及周边地区可持续发展能力，促进区域协调发展为目标，加强生态保护与建设，加快发展绿色产业，切实改善民生福祉，打造现代化绿色发展空间、生态文化休闲空间、和谐宜居生活空间，建设引领京津冀、辐射全国的生态文明和绿色发展示范区，为全国生态文明建设和经济社会可持续发展树立典范，为全球生态治理和可持续发展提供中国智慧和中国方案。四是从塞罕坝自身实际出发，按照建设现代国有林场的总体要求，构建完备的森林生态体系、发达的林业产业体系、繁荣的森林生态文化体系、强有力的林业支撑体系和完善的基础设施，基本形成京津的生态屏障、华北的避暑胜地和河北的资源宝库，努力实现生态功能显著提升，生活条件明显改善，管理体制全面创新，绿色产业健康发展，把塞罕坝林场建设成为人与自然和谐相处、经济社会与生态协调发展的全国先进的现代林场和智慧林场，建设成为全国生态文明建设的样板和范例。

2. 对接国家公园战略。要以保护具有代表性的大面积自然生态系统为主要目的，以整合塞罕坝周边地区的自然资源为契机，建立以国家公园为主体的自然保护地体系，筑牢京津冀生态屏障，保护好滦河、西辽河上游水源涵养区。将区域内现有的自然保护区、森林公园、湿地公园等，对接国家公园，构成“大公园”体系，对生态进行系统保护，规划构建生态廊道，野生动物栖息地与迁徙通道，形成森林生态系统、草地生态系统、湿地生态系统互利的生物多样性保护网络，建成大面积自然保护地。建设近自然多功能森林，营造生态景观林。加强对草地生态系统保护与沙化土地管理，进行草地生物量、草地载畜压力、草地退化与土地沙化程度科学评价，实施退牧还草、退耕还草、草地改良、季节性休牧、沙地禁牧等措施，切实保护草地。加强区域内湿地与重要水源地小流域以及山、水、林、田、湖、草综合治理，建立有害生物防控体系，有效防治森林、草地病虫害。

3. 建设国际旅游景区。充分发挥区位优势，以延续历史文脉为主线，以道路、水系为主轴，以森林、草原、湿地为景观带，构建层次丰富、四季皆宜的景观空间序列。科学设置黄金旅游线路，深度开发观光、休闲度假、生态旅游、文化旅游等产品，培育与打造世界级的“人类生态文明体验地”。做优做强塞罕坝生态旅游产业，构建自然生态、民族文化、草原文化和时尚文化四大生态旅游系统，打造塞罕坝生态文化品牌。利用塞罕坝的知名度，依托自然风光与民俗风情等生态旅游资源，建设兼具坝上高原观光、山地运动度假、森林康养体验、草原文化风情、湿地休闲等功能的国际生态旅游目的地，坝上森林草原国家旅游度假区和全域旅游示范区。对旅游景区功能科学定位，优化精品旅游路线，建设京承皇家御道旅游带、环京津国际休闲旅游带、皇家文化和草原风情旅游带、坝上草原自然风光休闲旅游带。加大对塞罕坝地区生态文化旅游资源保护与挖掘力度，赋予其时代精神与文化内涵，发展壮大具有塞罕坝地域特色的全域旅游，培育现代旅游新业态、新模式。

4. 发展高效绿色产业。坚持走“生态产业化、产业生态化”的发展之路，按照生态优先、体现特色、突出重点、因地制宜的要求，加快产业结构转型升级，构建绿色低碳循环现代产业体系。结合塞罕坝林场及周边地区实际，抓好森林建设、实施绿色发展，做优绿色生态循环农业，减轻超载对环境的压力。大力发展休闲农业，实现农业与旅游融合发展。加速发展智慧农业，推广智能检测等一系列科学技术，建设数字化管理系统，提高生产环节的信息化程度和自动化水平，夯实产业发展基础，建设一批绿色生态循环农业工程项目；加强加工流通服务产业，提升产业融合带动能力。培育林业产业新的增长点，着力推进绿色发展、循环发展、低碳发展。合理发展风电产业，适度发展风电项目，促进经济发展转型。

5. 推进基础设施建设。要把塞罕坝林场融入京津冀一体化乃至华北地区绿色交通发展体系，依托国家和省市综合运输发展规划布局，通过交通发展加强区域对外联系，有效提高塞罕坝至承德、克什克腾、多伦、赤峰的通达性、快捷性和舒适性。以围场县城为支撑，构建“一轴两线”对外公路主干线系统，提高现有公路等级，强化内外交通快速衔接。创造条件建设通用机场，打通林场的空中航线。研究建设对外旅游铁路，与京沈高铁客运专线相连通。借助北京崇礼冬奥契机，依托冬季冰雪优势，联通承张高速，形成冬季冰雪旅游大环线。加强绿色出行的服务设施建设，优先发展旅游公交线路，在林场内部建设配套完整的交通体系。搞好水资源综合利用，重点保护好水源，实施节水工程，治理水环境，严防水源污染。加快配电线路改造和分支线路电网建设，实施电缆入地工程，有效利用电能。提高防火信息化建设，增强防灾减灾能力。建立应急通信和指挥调试系统，提升救灾物资及装备统筹保障能力，实施防火基础设施建设工程。建设集卫星遥感，瞭望塔（台），视频监测、飞机巡航和地面的立体林火预警监测系统。加强消防专业队营房及野外实训基础建设，物资储备库建设，增加以水灭火设施设备和大型装备建设林火阻防系统及应急路网，创造条件建立小型通航机场，用于林场区内防火巡逻、灾害救援、应急处突。

6. 打造智慧生态体系。要以信息化培育新动能，用新动能推动新发展，以新发展创造新辉煌。利用智能技术，织就塞罕坝生态建设网络，基于“云服务”“智慧化”“大数据”“移动服务”技术，秉承“多业务融合”“共享协同”理念，建设智慧林业总体框架。加快林场无线宽带多媒体网络建设、林业监测物联网建设、智慧林业支撑平台建设。通过“互联网 +”智慧林业服务系统建设，建立林业政务服务系统、林业资源监管系统、生态监测信息系统、灾害监测与应急管理系统、林业产业服务系统、生态旅游服务系统、大数据分析决策系统。实施移动通信重点工程建设，加快移动站点和移动外网建设，实现电子商务、信息服务、远程联网、远程自动控制、远程办公、远程教学等系列业务全覆盖。

党的十九大开启了“夺取新时代中国特色社会主义伟大胜利，为实现中华民族伟大复兴的中国梦不懈努力”新的历史征程，生态文明建设被提升到前所未有的战略高度，塞罕坝林场要在“京津冀生态环境支撑区”建设中，扛起捍卫京津冀生态安全的历史重任，与塞北、千松坝、御道口等周边地区形成稳固的绿色生态屏障，构筑起更为牢固的京津冀生态防护林体系。同时，为全国乃至世界更好地提供塞罕坝精神、塞罕坝方案、塞罕坝智慧。要把塞罕坝精神转化为动力，牢固树立新发展理念，树立“绿水青山就是金山银山”的意识，发扬“前人栽树、后人乘凉”的宝贵精神，加强生态环境保护建设、提倡绿色低碳生活方式，让广大人民群众享有更多的绿色福利、生态福祉。[①] 要在塞罕坝精神鼓舞下，以绿色发展理念培育生态文化，涵养生态道德。

---

① 参见刘奇葆：《时事报告·专题汇编》,《时事报告》2017 年第 10 期，第 10 页。

吉林虎豹国家公园保护建设实践

吉林省地方志编纂委员会地情报告课题组 ①

提　要：自20世纪90年代后期开始，吉林省全面加强长白山地区生态保护力度，为生活在远东地区的东北虎、东北豹向内陆迁徙、扩散，构筑了一条天然的生态廊道。2016年12月5日，《东北虎豹国家公园体制试点方案》在中央深化改革领导小组第30次会议审议通过。以此为契机，吉林省在将东北虎、豹保护纳入省“十三五”规划的同时，研究制定为期10年的《吉林省野生东北虎和东北豹重大生态保护工程规划》，包括自然保护区建设、栖息地生态修复等多项措施，不遗余力地为虎豹营造生态家园。

关键词：吉林省　虎豹国家公园　生态文明　自然保护区建设　栖息地生态修复

东北虎，现存世界上最大的猫科动物之一，有300万年的进化史，处于生物链的最顶端，独一无二的“山大王”，其生存状况直接反映出一个地区的生态状况。公开资料显示，目前现存的野生东北虎总数不足500只。东北豹，又称远东豹，是全球极度濒危的大型猫科动物，主要分布在俄罗斯远东、中

① 课题组负责人：孟亚男，吉林省地方志编纂委员会党组成员、副主任。课题组成员：常京锁，吉林省地方志编纂委员会研究室主任；李雯，吉林省地方志编纂委员会研究室副主任；鲍盛华，长影集团有限责任公司副总经理；颜之丰，吉林省地方志编纂委员会研究室工作人员。执笔人：鲍盛华、常京锁、颜之丰。

国东北和朝鲜北部地区，处在比野生东北虎更濒危的“极危”境地。

令人兴奋的是，东北虎和东北豹在吉林省东部山区频频“亮相”，上演“王者归来”的大戏。监测数据表明，至少有27只东北虎、42只东北豹在吉林省境内活动，其中东北豹的数量已超过了俄罗斯境内残存东北豹的总数。而在1998年，这里只有东北虎4—6只，东北豹3—5只。不仅如此，东北虎正在从中俄边境地区向中国内地扩散。早在2016年12月，在东北虎足迹附近架设的远红外相机，就拍摄到了3张野生东北虎在汪清县天桥岭林业局区域内的照片。而在与黄泥河国家级保护区毗邻的白石山林业局，也发现了东北虎的足迹。这些迹象表明，东北虎、东北豹正在长白山林区繁衍生息，且种群不断扩大。①

正是在取得了生态保护巨大成就的基础上，2016年12月5日，《东北虎豹国家公园体制试点方案》在中央深化改革领导小组第30次会议审议通过。2017年8月19日，东北虎豹国家公园国有自然资源资产管理局、东北虎豹国家公园管理局在吉林省长春市正式挂牌成立，这是我国第一个由中央直接管理的国家自然资源资产和国家公园管理机构。东北虎豹国家公园位于吉林、黑龙江两省交界的老爷岭南部区域，东起吉林省珲春林业局青龙台林场，与俄罗斯滨海边疆区接壤，西至吉林省汪清县林业局南沟林场，南自吉林省珲春林业局敬信林场，北到黑龙江省东京城林业局奋斗林场，总面积14612平方千米，其中吉林省片区面积10380平方千米，占总面积的71%。

以东北虎豹国家公园体制试点及东北虎豹国家公园国有自然资源资产管理局、东北虎豹国家公园管理局的成立为契机，吉林省不断深化已有举措，全面深入支持和推动国家公园的设立，积极强化生态文明建设，做了大量卓有成效的工作，其做法具有高度的实践价值。

① 王胜男、孙燕勤：《点亮东北虎回家之路——延边林管局 长白山森工集团生态保护工作纪实》，《中国绿色时报》2015年7月23日。

一、东北虎豹国家公园体制的建设背景

（一）东北虎豹国家公园的形成过程

2015年1月，由民盟十一届中央副主席、北京市第十二届政协副主席、北京师范大学副校长葛剑平教授带领的生物多样性国家级创新团队，系统总结了在长白山林海进行的长达11年的调查和监测成果，形成了保护东北虎、东北豹的专题报告。同月，葛剑平教授专程赴长春向吉林省委主要领导专题汇报，双方就保护东北虎、东北豹的有关问题达成高度一致。2015年3月，习近平总书记参加全国“两会”吉林代表团审议，吉林省主要领导向总书记汇报了野生东北虎、东北豹保护成果，总书记现场指出，这是好现象，关键要遵循自然规律，把工作做扎实。为落实习近平总书记的指示精神，2015年5月，全国政协副主席、民盟中央常务副主席陈晓光带领相关部门及葛剑平教授等学者专程赴吉林省延边朝鲜族自治州调研。随后，民盟中央以党派建言直通车形式，向中共中央专报《关于实施中国野生东北虎和东北豹恢复与保护重大工程的建议》。

2015年5月，国家发改委等13个部委联合出台了《建立国家公园体制试点方案》，将北京、黑龙江、吉林、浙江、福建、湖北、湖南、青海、云南9省（直辖市）作为试点省地区，迈出了落实国家公园体制的第一步。藏羚羊、大熊猫、亚洲象和东北虎4种野生动物是首批建立国家公园体制的重点，首先建立的是青海三江源国家公园，第二个就是东北虎豹国家公园。2015年6月15日，习近平总书记在民盟专报上做出重要批示：“野生东北虎、东北豹重返东北境内，反映近年来在野生动植物保护方面取得积极成效，要抓住当前有利条件，遵循规律，完善思路，创新举措，把野生动植物保护工作做得更好，有关要求要体现在十三五规划建议中。”《中共中央关于制定国民经济和社会发展第十三个五年规划的建议》明确，“维护生物多样性，实施濒危野生动植物抢救性保护工程”。2016年1月26日，习近平总书记主持召开中央财经领导小组第十二次会议，在听取国家林业局关于森林生态安全工作的汇报后，提出了“四个着力”的要求，其中第四项强调指出：“着力建设国家公园，保护自然生态系统的原真性和完整性。整合设立国家公园，保护珍稀濒危野生动植物。”

2016年1月27日，由民盟中央、吉林省人民政府联合举办，民盟北京市委、北京师范大学、吉林省林业厅承办的“东北虎和东北豹保护战略研讨会”在京召开。国家发改委、环保部、科技部、国家林业局等部门，清华大学、中科院、世界自然保护联盟的专家出席。2016年2月23—24日，为进一步落实总书记的指示精神，中央财经办协同中央改革办、国家发改委、国家林业局的专家专程到吉林省延边朝鲜族自治州珲春东北虎国家自然保护区调研。2016年4月8日，中央财经领导小组办公室在京组织召开国家虎豹公园启动专题会议，明确要求以吉林省为主、黑龙江省配合开展东北虎豹国家公园体制试点工作。这次会议的召开，标志着国家虎豹公园建设在国家层面正式启动。

2016年4月19日，吉林省政府分管副省长委托省政府相关副秘书长召集省林业、发改、编办、财政、环保等10个部门和延边朝鲜族自治州、珲春市、汪清县政府负责同志，研究部署吉林省东北虎豹国家公园体制试点工作，会议要求省林业厅、发改委制定《东北虎豹国家公园体制试点方案》，延边朝鲜族自治州配合。自此，国家虎豹公园建设在吉林省政府层面正式启动。2016年5月18日，吉林省分管副省长带队到珲春调研，听取省林业厅、延边朝鲜族自治州政府和珲春市政府、汪清县政府关于东北虎国家公园体制试点工作情况汇报。这次调研最后明确，试点区域要集中连片，杜绝碎片化，实施重点核心区域完整性保护。2016年6月13日，国家相关部门组成的调研组到延吉、珲春、汪清等地就虎豹公园试点区域内现有各类自然资源管理情况实施调研。2016年8月10—11日，吉林省林业厅、国际野生生物保护学会及延边林管局共同组织了《2016中国珲春虎豹保护国际论坛》，就国家虎豹公园建设，跨国虎豹生态廊道建设及保护合作机制建设进行广泛交流研讨。①

2016年12月5日，《东北虎豹国家公园体制试点方案》在中央深化改革领导小组第30次会议审议通过。2017年8月19日，东北虎豹国家公园国有自然资源资产管理局、东北虎豹国家公园管理局在吉林省长春市正式挂牌成立，这是我国第一个由中央直接管理的国家自然资源资产和国家公园管理机构。在挂牌仪式上明确，东北虎豹国家公园将在2020年正式建成。

---

① 参见延边林管局：《吉林省延边林管局关于东北虎豹国家公园体制试点工作情况的报告》，2017年4月。

（二）原有管理体制面临的困境

1. 保护区面积狭小、分散，虎豹活动空间不足。从现有的吉林省珲春、汪清、黄泥河3个国家级虎、豹保护区来看，面积不仅呈狭长状，而且是条块分割，保护区之间尚未构成野生东北虎、东北豹生态廊道，野生东北虎、东北豹种群向长白山内陆扩展受到制约。以珲春东北虎保护区为例，保护区内的东北虎豹被挤压在珲春和与之接壤的俄罗斯狭长地域内，虎豹数量已超出资源承载力的3倍。经长期监测，近几年来，野生东北虎、东北豹在保护区外围活动日益频繁。虎豹种群目前已经进入繁殖高峰期和种群快速增长期，如果不能迅速、有效地扩大其生存空间，激烈的食物和领地竞争甚至可能导致种群的崩溃。目前，天桥岭林业局、大兴沟林业局、大石头林业局、安图森林经营局、汪清县、延吉市等林区经常有野生东北虎、东北豹出现。但是，由于野生东北虎、东北豹游离保护区外，给野生动物保护，特别是虎、豹保护带来更大难度，潜在更多隐患。

2. 保护区内人员活动频繁。据初步统计，试点区域内包括53个林业场站（其中国有林业局所属林业场站45个，市县林业局所属林业场站8个）、13个乡镇、131个自然村屯、28户工矿企业（正在生产的企业为9户），同时还包括2730公顷参地、16042公顷牧场、515390公顷承包沟系以及1167公顷林下经济用地，区域总人口数量为96577人（其中林业职工15281人）。由于生产生活的需要，保护区内种地、放牧、种参及林区多种资源开发等人为活动频繁，对保护区管理及野生东北虎、东北豹的生存及繁衍影响较大。加之，个别人受利益驱动，不顾国家保护法规约束，猎捕猎杀野生动物行为在局部地区依然存在，对野生东北虎、豹也造成直接威胁。

3. 保护区管理体制不顺。长白山区涉及虎豹保护的各保护区基本位于吉林省延边朝鲜族自治州。而延边朝鲜族自治州所辖各自然保护区是经国务院、省政府批复设立的，具有鲜明的公共事业性质。但一段时间以来，各保护区都是依存于延边朝鲜族自治州国有森工企业，存在着企事不分的现实，保护区人员及经费由林业企业负担，一直未列入事业编制和财政支出。随着天保工程的全面实施，特别是2015年4月1日起，延边重点国有林区全面停止天然林商业性采伐后，延边州所属林业企业已由生产经营单位变为报账制费用单位，没有继续承担各自然保护区管理经费的资金来源和渠道，保护区管理费用支出已成无源之水。

4. 保护区能力建设不足。在自然保护区的建设工作中，国家、地方投入资金不足，管护人员也不充裕，无法满足保护区基本工作的需要，导致保护区基础建设滞后，监控能力、管护能力无法达到预期目标，宣传教育和科研交流很难正常开展。同时，随着天保工程 15 年的持续推进，林区的资源管理及动植物保护水平不断提高，林区资源质量和数量明显提升，野生种群数量不断增加，保护区面临着保护能力落后和管护任务繁重的双重压力。

（三）设立国家虎豹公园的必要性

东北虎豹保护本身并不是国家公园建设的终极目标。一个东北虎豹种群要实现稳定繁衍，首先必须具备需要连通的栖息地和完整的森林景观。其次，还需要健康的植被结构、丰富的生物多样性和完整的食物链，以及不受干扰的繁衍环境。这意味着在虎豹保护过程中，必须以生态系统整体保护的视野展开保护工作，使得生态系统和生物多样性得到整体性修复，才能满足东北虎豹种群稳定繁衍的需求。因此，国家公园保护的并非是几个物种，而是整个生物多样性的完整性。

温带针阔混交林是中国东北地区经过长期演化形成的稳定生态系统，同时也是整个北半球同纬度地区生物多样性最丰富的地区，它是目前地球生物多样保护最热点的区域之一。一个健康的生态系统，应该呈现完美的金字塔型，其骨干由绿色植物、食草动物、食肉动物构成。并且，它们之间需要遵循生态学基本规律。

东北虎和东北豹曾广泛分布于我国东北、俄罗斯远东地区和朝鲜半岛的原始森林。但目前，“森林之王”野生东北虎仅有 500 只左右，主要残存于俄罗斯锡霍特山脉，濒临灭绝。东北森林另一顶级物种——野生东北豹则更加濒危，它远不如野生东北虎那么为人关注，长期被忽视甚至被遗忘。21 世纪初调查只发现 25—35 只左右的野生东北豹，残存于俄罗斯滨海边疆区西南部不足 0.25 万平方千米的区域，随时可能有灭绝之灾。而且，这些残存的野生虎豹，由于种群缩小、近交衰退，生存质量仍在持续下降。

我国东北广袤的原始森林曾是东北虎、东北豹的故乡，是其最主要的历史分布区，分布面积曾达约30万平方千米，占野生虎豹全部分布区总面积的60%。20世纪90年代末期，野生虎豹在我国东北基本销声匿迹。21世纪初，我国东北中俄边境开始出现野生虎豹活动的相关报道。然而，由于这些报道只是基于零星的观测和短期的调查，对于我国东北境内是否还有野生虎豹长期活动、野生虎豹还有无可能在故土重新安家，没有人能够给出准确回答。

在这样的背景下，北京师范大学生物多样性国家级创新团队在科技部、国家自然科学基金委的资助下，与吉林省林业厅等相关单位组成了联合队伍，从2006年开始，逐步建立了一个全覆盖、全要素、全方位的生物多样性长期定位监测平台，经系统调查和研究发现，在2012—2014年期间，至少有27只东北虎和42只东北豹长期活动于中俄边界的吉林省区域，首次科学证实中国境内还残存野生虎豹种群，并已基本掌握其活动规律。

然而，2015年，北京师范大学生物多样性国家级创新团队和俄罗斯科研团队的监测数据首次实现联合分析的最新结果表明，这一中俄边境区域内，两国虎豹生境（生物生活空间和其中全部生态因子的总和）加起来不足0.4万平方千米，但生存着至少38只野生东北虎和91只野生东北豹，已超出资源承载力的3倍；而且，该虎豹种群目前已进入繁殖高峰期和种群快速增长期，如没有足够的扩散空间，资源耗尽和种群崩溃的严重危机将为期不远。

监测研究中还发现，这些虎豹在俄罗斯境内并无他路可去，向我国内陆扩散是唯一出路，并已呈现出强烈地向我国内陆迁移趋势。东北林区实施近17年的天然林保护工程，国有林区的全面停止商业性采伐，提供了巨大的潜在生境，野生虎豹的扩散、栖息、繁衍已有良好基础。

长达10年的系统观测发现，在整个东北林区，野生虎豹长期活动的，仅为吉林省珲春、汪清国家级自然保护区及其周边区域，绝大多数个体活动被严重挤压在珲春和与之接壤的俄罗斯滨海边疆区西南部的一条边境狭窄区域内。该虎豹种群“密集拥挤”，却不能进一步走入东北腹地的广阔林区，阻碍在于，在东北腹地林区与该虎豹种群现活动区域之间，横亘着大面积高强度、密集的牛群放养、人参种植等活动，截断了虎豹前进之路。密集的牛群放养严重挤占虎豹猎物的食料资源和生存空间，高强度的人参种植破坏了森林植被。同时，野生虎豹种群的迁移、扩散，是以雌性虎豹定居和繁殖为基础和主线，而雌性虎豹在繁殖过程中，对生境质量相当“挑剔”。比如，要有足够的猎物，繁殖、育养后代时的环境要安全和宁静。现在，密集的牛群放养、林下种植等活动，既阻碍了虎豹前行，又严重挤占了虎豹猎物的食物资源和生存空间，同时，对雌性虎豹繁殖、育养后代形成严重干扰。此外，中俄边境区域存在着长距离的铁丝网，也严重地限制了虎、豹等野生动物的正常活动。

吉林省东部中俄边境出现的虎豹种群，承载着虎豹回归中国的唯一希望。但恢复机遇仅如“点点星火”。当前关键是尽最大可能减少放牧、种养活动，为野生虎豹尽快腾出生存空间，进而引导和促进种群走向我国东北广袤的长白山和小兴安岭林区，使这两个濒危物种重获巨大的栖息和繁衍生境。这既是拯救这两个物种命运的关键和根本，也是当前我国需肩负起的历史使命。[①]

一只成年虎，每年需要捕食大约50只大中型食草动物，而只有大中型食草动物种群达到500只左右，才能够每年产生50只的增长量，供一只虎捕食而不导致整个食草动物种群逐渐衰退。500只大中型食草动物种群每年需要消耗大量的植物食物资源，这需要一个健康的生态系统才能支撑。所以，只有处于生态金字塔顶端的物种能够回归故乡，东北地区的广茂森林能够长期生存下去，才意味着生态系统得到真正恢复，生态建设才可能真正成功。

吉林省延边朝鲜族自治州地处长白山林区核心区域，被喻为“天然博物馆”和“物种基因库”。延边长白山林区野生东北虎、豹正处于高速增长、小区域集聚，急需向内陆扩散的特殊时期，机遇难得、稍纵即逝。因此，将现有各级各类保护区，由条块分割、分散碎片式保护，向集中统一、连片大区域保护推进，按照东北虎豹栖息、繁衍、自然习性、生存需求等，科学规划，合理布局，全力打造延边长白山林区多物种、多种群、多功能、全生态链、综合性大区域森林生态系统及虎豹重点保护栖息繁育基地，加快推进延边长白山林区野生东北虎、豹国家公园的设立，是有效解决野生东北虎、豹面临诸多问题的最佳选择，不仅有利于促进国家重大生态布局，还利于保护濒危珍稀野生物种种群、提升区域内生态价值和功能，意义十分深远。

---

① 参见陈耀辉：《“森林之王”的还乡之路——对话东北虎豹国家公园建设提议者、北京师范大学生物多样性国家级创新团队带头人、民盟中央副主席葛剑平》，《吉林日报》2017年2月6日。

（四）在吉林省建立国家虎豹公园的优势分析及重大意义

按照习近平总书记“在野生东北虎栖息地，建立国家公园”的重要指示精神及国家十三五规划纲要提出的“建立国家公园体制，整合设立一批国家公园，加大典型生态系统、物种保护力度”总体要求，在吉林省延边朝鲜族自治州野生东北虎、豹聚集区，建立国家虎豹公园，得到国家及省、州的高度重视及社会的普遍关注。东北虎效应已成为长白山林区一种独特的文化元素和地域标志，长白山林区已成为我国野生东北虎、东北豹生存、繁衍、栖息的“唯一核心区域”，在全国具有唯一性和不可替代性，“虎、豹之乡”享誉世界。

长白山林区辖14个各级各类自然保护区，总面积65.7万公顷，占吉林省自然保护区面积的25.1%。其中，国家级自然保护区5处、省级8处、县级1处。保护区的保护对象基本涵盖了长白山林区所有重点保护物种，形成了布局合理、重点突出、类型齐全的自然保护区框架。长白山林区东北虎、豹栖息地主要分布在珲春、汪清、黄泥河林区。①

吉林珲春东北虎国家级自然保护区是中国第一个以国际濒危物种、国家Ⅰ级重点保护动物东北虎、豹及栖息地为主要保护对象的自然保护区，总面积10.9万公顷，是我国东北虎、豹分布密度与数量最高的区域，是联系中、俄、朝虎豹自由迁移、维持种群繁衍的生态廊道，在中国乃至世界虎豹保护战略中具有不可替代的重要地位。

吉林汪清国家级自然保护区总面积6.7万公顷，属“大型野生生物类别”自然保护区，主要保护对象是东北虎、东北豹和东北红豆杉，被中国人与生物圈国家委员会列为“中国生物圈保护区网络成员”。

吉林黄泥河国家级自然保护区总面积4.2万公顷。地处东北虎历史分布区的中心地带，是目前我国现存的东北虎分布区之一，是东北虎向内陆迁徙的必经之路。

建设东北虎豹国家公园的意义重大，主要体现在以下几个方面：

---

① 参见王连弟：《打好绿色牌 念好山水经 为决胜全面小康 共创美好延边林区做出新贡献——在延边林管局、长白山森工集团2017年工作会议上的讲话》，2016年12月30日。

一是有效保护和恢复东北虎豹野生种群，以及生态系统和生物多样性。虎豹是美丽森林之魂，空旷、单调的森林，谈不上美丽。美丽森林必须以完美的生态金字塔作为支撑，而野生虎豹就是生态金字塔顶端的旗舰物种，位于森林生态系统食物链顶端，在其栖息的自然生态系统中起着不可或缺的作用，是健康生态系统的标志。虎豹生存的森林，一定是生物多样性丰富、生态系统健康的美丽森林，是可以留给子孙后代的珍贵自然遗产。保护东北虎豹及其赖以生存的大面积的森林、草地以及沼泽地等生态环境，不仅能够有效调节有蹄类动物的种群结构，而且对于控制水土流失、涵养水源和固碳，发挥生态服务功能有着重要作用，对于保护生物多样性、维护生态平衡具有重要意义。在吉林和黑龙江两省东北虎豹主要栖息地开展国家公园体制试点，可以整合相关区域和各类保护地，加强对温带针阔混交林生态系统原真性和完整性的保护与恢复，增强栖息地的完整性和连通性，实现东北虎豹种群在中国境内安全定居和稳定繁衍。东北虎豹国家公园将成为美丽中国的新地标。

在过去 100 多年内，全球野生虎豹种群的数量和栖息地急剧减少。由于栖息地破碎化和强烈的人为干扰，像虎、豹这类的生态系统顶端物种保护和恢复，在世界范围内也是一个巨大的挑战。中国政府建立如此规模的东北虎豹国家公园，不仅仅是我国履行国际义务、树立负责任大国形象的实际行动，同时，东北虎豹在国家公园区域内实现种群稳定繁衍，将成为世界上最重要的野生虎豹种群避难所，对中国乃至世界上的野生虎豹保护和生态系统恢复具有重大示范和引领作用。

二是促进东北虎豹保护与经济社会发展之间矛盾有效解决。东北虎豹的生存繁衍主要依赖森林生态系统，而当地居民也要依靠森林动植物资源维持生计，东北虎豹保护与人的生存发展在资源要素争夺方面矛盾突出。过度放牧和发展林下经济影响有蹄类野生动物的生存，导致东北虎豹的天然猎物不断减少，同时造成人虎冲突。通过开展国家公园体制试点，科学实施分区分级保护，有利于恢复改善东北虎豹栖息地环境，推动有限度、可持续的森林经营，探索发展替代生计，有效缓解当地居民生产生活与东北虎豹生存之间的矛盾，实现生态保护与经济社会协调发展，人与自然和谐共生。

三是推动生态保护和自然资源资产管理体制创新。试点区域内存在自然资源资产多部门、多行政区管辖，保护和管理条块分割，体制机制不顺、管理不到位等问题。此外，区域内存在的耕地、参地、牧场、水库、工矿企业、公路铁路导致虎豹栖息地碎片化问题突出，压缩和分割了东北虎豹生存空间。开展国家公园体制试点，进一步理顺管理体制，对区域内自然资源资产实施统一规范有效管理，有利于提高自然生态系统保护和管理效能，为国家公园管理体制创新提供可借鉴、可推广、可复制的经验。

二、东北虎豹国家公园体制建设的措施

（一）吉林省建设东北虎豹国家公园的目标

目前，东北虎豹国家公园的任务是加快组建体制完整、归属清晰、权责明确、管理高效的管理局机构，在摸清自然资源底数、厘清自然资源资产边界范围和所有权边界的基础上完善总体规划，加强试点区域自然资源和生态状况监测与监管，以及研究制定东北虎豹国家公园国有自然资源资产管理办法、东北虎豹国家公园管理办法。通过这些举措，确保尽快基本建立统一的管理体制，完成试点范围内国有自然资源资产所有者职能整合、各类自然保护地职能整合；确保到2018年中完成试点区80%以上国有自然资源确权登记，由国家林业局统一代行所有权；确保2020年完成国家公园的建设，完善运行机制，正式设立东北虎豹国家公园。

党的十八大以来，习近平总书记围绕生态文明建设和生态环境保护提出了一系列新思想新要求，开启了建设美丽中国、走向社会主义生态文明的新时代。吉林省有金色的粮仓、黑色的沃土、蓝色的天空、绿色的森林，如何发挥好生态资源优势，切实把生态资源优势转化为竞争和发展优势，是目前面临的一个重要挑战，也是吉林省必须回答好的一项重要课题。为此，吉林省确定，把生态文明建设纳入全省实现高质量发展的总体目标，充分发挥生态资源优势，自觉推动绿色发展、循环发展、低碳发展，真正把绿色发展有效融入经济社会发展的各个领域，决不以牺牲环境、浪费资源为代价换取一时的经济增长。

为了更好维系“豹跃山林虎啸川”的可喜局面，吉林省全省行动起来，以虎豹国家公园建设为契机，强力推动生态家园建设。目前吉林省已经将东

北虎及东北豹的保护纳入了吉林省的“十三五”规划，并研究制定为期十年的《吉林省野生东北虎和东北豹重大生态保护工程规划》，内容包括自然保护区建设、虎豹扩散廊道建设、栖息地生态修复等。为拓展虎、豹栖息空间，吉林省还计划在已建的6个保护区基础上，新建9个保护区。同时，通过退耕还林、栖息地生态修复等措施，优化虎、豹生存环境。

（二）设立国家虎豹公园的基本架构

东北虎豹国家公园试点区域主要包括吉林省延边朝鲜族自治州的珲春市、汪清县和黑龙江省的宁安市、穆棱市、东宁市部分区域。其中，吉林省行政区划内的东北虎豹国家公园试点区域主要涵盖延边州的珲春、汪清、天桥岭、大兴沟4个国有林业局，内含珲春东北虎国家级自然保护区、汪清国家级自然保护区、天桥岭东北虎省级自然保护区、珲春松茸省级自然保护区、吉林图们江国家级森林公园、吉林兰家大峡谷国家级森林公园、天桥岭嘎呀河国家级湿地公园和珲春、汪清2个县市林业局，内含汪清上屯湿地省级自然保护区的部分重要生态区域。

依据长白山林区的森林资源禀赋和已监测到的虎豹栖息、迁移的区域和路径，国家虎豹公园的总体规划区域，打破区域格局，全面整合、统一布局，按照国家虎豹公园多物种、多种群、多功能的实际需要，对延边长白山林区野生东北虎、豹经常活动廊道及重点栖息地，实施大区域高标准保护，将各自独立、碎片化、孤岛式的保护格局进行统一规划、科学整合，实行延边长白山林区大区域、全生态链、全覆盖保护。

（三）吉林省的主要做法和成效

在东北虎豹国家公园试点推进过程中，吉林省着重推进“六大生态工程”：

一是重点区域环境整治工程。对国家公园规划的重点保护区域内的现有开矿、种地、牧场、参场及林区多种资源开发等人为活动进行综合整治，突出重点、先易后难、分步实施，依据虎豹生存、繁衍、栖息的自然需要，宜停则停、宜退则退、宜迁则迁，全面净化虎豹生存环境。

二是廊道畅通工程。目前我国现有野生东北虎、豹几乎全部集中分布在延边长白山林区的珲春、汪清两地，区域面积窄小，虎豹高度集聚，急需向内陆扩散，打通生态廊道，实现虎豹自由流动，扩大虎豹栖息空间。

三是保护区能力提升工程。一方面，完善保护体系建设，在实现“三级管理体制”的基础上，设立科技研发中心、疫情疫病防治中心、宣传教育中心、对外交流合作中心及公安保护指挥中心等；另一方面，加大虎豹保护区监测、监控及卫星定位遥感等系统建设，使国家公园的管理达到国际先进水平，并在全球生物多样性保护中产生重要影响力和知名度。

四是森林资源生态修复工程。对划入野生东北虎、豹国家公园保护区域的林业企业全面实行产业生态转型，加大生态林改造培育力度，对生态环境脆弱、林分质量低下及不利于野生动植物生存栖息的单树种人工林，进行定向改造培育及修复，强化森林生态功能，为野生东北虎、豹创建良好的生态家园。

五是重点区域移民工程。依据国家政策及投资支持，对处于重要生态保护核心区域的村屯、人员、产业，人居活动频繁、人虎矛盾突出，对虎豹生存栖息构成直接威胁的保护区域，逐渐分批次、有步骤实施生态移民和产业迁移调整，人口逐步向重点城镇、中心村屯、中心林场集中，生产经营活动可异地安置或有偿退出。

六是基础设施改造工程。实现国家公园建设总体目标，对现有保护区域进行统一布局规划，重点对林区道路、森林防火、病虫害防治、景观景点、宣传教育、警示标牌等进行全面改造提升。

在此过程中，吉林省以长白山林区生态系统修复工程为重点，全力推动生态移民与林区棚户区改造、生态保护和产业转型等重点工作，让白山松水真正成为“绿色的宝库”“动物的王国”。

早在2015年4月1日，吉林省重点国有林区即全面停止了商业性采伐，多年来向森林过度索取的历史正式结束。也正因如此，横亘在吉林省东部的长白山，绵延千里，又有了今天“豹跃山林虎啸川”的局面。[①] 2018年年初，一批影响生态环境建设的案例被公开，相关责任人分别受到开除党籍、开除公职、警告、免职等处分。吉林省用事实告诉人们，生态保护的红线不能触碰。为此，在深化机制体制改革基础上，吉林省于2016年6月制定出台了《关于

---

① 参见鲍盛华、魏静：《吉林：豹跃山林虎啸川》，《光明日报》2016年9月25日。

开展生态保护红线划定工作的意见》，同时，完成《吉林省生态保护红线划定方案》。与此同时，将11项生态环境保护改革任务列入全面深化改革重大事项，陆续出台了《吉林省党政领导干部生态环境损害责任追究实施细则》《深入推动生态环境保护行动工作方案》等重要文件。

党的十八届三中全会以来，吉林省把生态文明体制改革纳入全面深化改革总体布局，在国土空间开发保护、自然资源资产产权和用途管制、生态资源资产化和生态产权交易化、生态文明建设的投融资、生态补偿、经济社会考核评价体系等体制机制建设上积极探索实践、大胆改革创新，生态文明建设的制度体系不断健全和完善，生态文明建设正在加快进入制度化、法治化轨道。①

在东北虎豹国家公园试点区域，吉林省进一步完善了野生动物运输、濒危野生动物及其产品进出口报批等多项制度，定期组织林业、工商、公安等行政执法部门对辖区内的野生动物经营场所进行严格检查，从严查处滥捕滥猎野生动物等违法活动。长期研究表明，人为干扰和食物链的缺失是东北虎、豹野外生存最主要威胁因素之一。为此，吉林省政府实施全省范围内全面禁止猎捕野生动物的决定，这在全国还是首例。全省各级政府都把保护野生动物资源纳入了重要工作日程，吉林省每年都拿出专项资金，开展清山巡护专项行动，落实责任，实行网格化清理。这项工作目前已形成常态化，有力打击和震慑了违法犯罪行为，为野生动物栖息、生存和繁衍创造了安全环境，收到了明显的成效。野生动物种群数量呈现恢复和增长趋势，特别是有蹄类动物种群的增加，为东北虎、豹种群恢复与发展打下坚实的物质基础。吉林省还实施损害补偿制度，从根本上缓解人与野生动物的矛盾冲突。同时，吉林省积极加强国际合作与交流，同俄罗斯滨海边疆区就信息交流与技术合作等签署了协议，提升虎、豹监测科研水平。这些都是值得充分肯定的，吉林省将在这方面继续努力工作，创造出更好的生态环境，为整个人类做出更大的贡献。

经长期监测，近几年来，野生东北虎、东北豹在保护区外围活动日益频繁。目前，天桥岭林业局、大兴沟林业局、黄泥河林业局、汪清县和珲春市

① 参见张伟国、代黎黎、张敬源：《生态家园吸引“王者归来”》，《吉林日报》2017年3月23日。

等林区经常有野生东北虎、东北豹出现。吸引虎豹安家，不仅要有地方，还得有足够的猎捕食物来源。随着生态环境的恢复，汪清林区里马鹿、梅花鹿、狍子等动物种群也多了起来。为了把这些动物留下来，保证虎豹有充足的食物，汪清保护区便采取“补饲”的办法，即在林子里固定食槽，里面撒上苞米粒、豆皮、秸秆等，还会放上鹿、狍子等喜欢舔食的盐砖。据调查，汪清保护区设置了固定补饲点20个，夏季一周来补一次食，冬季两三天就要补一次。汪清保护区还结合当地森林资源状况，与国家林业局猫科动物研究中心、东北林业大学共同开展了“虎友好型森林抚育工作”，在进行森林抚育时，保留野猪、马鹿、狍和梅花鹿等有蹄类动物可食植物的枝条，确保东北虎、东北豹猎物的食物充足。

三、问题与对策

（一）问题

“龙从云，虎从风”。现在，长白山林区生态保护的“风口”打开了，久违的虎豹果然“随风而至”。但是，新的问题也随之而来。

首先，在向虎豹国家公园管理体制过渡期间，企业负担过重，执法力度不够。目前，众多自然保护区还属于长白山森工集团，均是经由国务院或吉林省政府批复设立的，具有鲜明的公共事业性质，然而在目前的过渡期内，自然保护区管理工作仍未从森工企业剥离出去，保护区工作经费、人员编制仍由企业负担，特别是管护人员不具备行政执法权，势必不利于保护工作的有效开展。

其次，自然保护区的长远规划有待调整。目前各自然保护区比较分散，面小点多、条块分割，管理难度大。随着野生动植物种群数量的不断增加，保护区面积明显不足。据专家介绍，雌性东北虎的活动范围为300—500平方千米，雄性东北虎需要800—1500平方千米，目前的保护区面积远远不足，很难满足东北虎种群进一步繁衍生息的需要。此外，由于各保护区大多属于深山区，群众收入渠道单一，生态保护与群众生产生活也存在突出矛盾。对此，有业内人士认为，政府部门应该把东北虎、东北豹恢复与保护列为重大生态工程，组织专家对现有保护区调查论证，进一步完善保护区规划，集中整合资源，调整保护区域面积，并对现有保护区内的村屯有计划的实施搬迁，将各自然保护区由过去的多点多区多次管护，变成集中、统一、大区域保护管理，为东北虎、东北豹繁衍生息创造更加优良的生态环境。

第三，资金投入不足也是自然保护区发展的一大制约因素。近年来，保护区的基础设施有了很大改善，国家及省、州均给予了一定的资金支持，森工企业也注入了大量资金，但由于历史欠账较多，保护区基础设施建设仍然严重滞后，远远无法满足实际工作的需要。特别是随着东北虎、东北豹种群数量的不断增加，野生动物活动区域不断扩大与保护区建设投入严重不足的冲突正日益凸显。

（二）对策

相关专家建议，东北虎豹国家公园要按生态系统和生物多样性整体性保护来建设。作为生态系统食物链最顶端物种，虎豹种群要实现稳定繁衍，对栖息地质量要求非常高。首先，必须具备可以连通的栖息地和完整的森林景观。其次，还需要健康的植被结构、丰富的生物多样性和完整的食物链，以及不受干扰的繁衍环境，才能确保东北虎豹种群的长期生存和繁衍。这意味着我们必须以生态系统整体保护的视野展开保护工作，使得生态系统和生物多样性得到整体性修复，才能满足虎豹种群稳定繁衍的需求。

所以，在接下来的试点建设中，需要尊重自然规律，遵循虎豹种群繁衍和扩散的自然规律，以及生态系统恢复和生物多样性保护的自然规律，做好科学规划和实施，确保栖息地和生物多样性得到完整性恢复。这个过程特别要发挥政府的主体作用和科技的支撑作用。同时，还需要高新技术，解决好人兽冲突问题，保护群众的生命财产安全。

生态移民问题也是一个重大问题，事关民生，必须做好。建设东北虎豹国家公园需要转移安置吉、黑两省建设区域内几万名林业和地方人员，他们需要全部转移安置到林业局局址和乡、镇。基础设施、公共服务、接续产业建设、就业服务等方面的任务十分艰巨。当前，务必做好先期准备工作。

另外，从全省推动生态家园建设看，吉林省目前需要做的是，着力推进实现人与自然和谐共生协调发展。绿色发展要算大账、算长远账、算整体账、算综合账，不能因小失大、顾此失彼、寅吃卯粮、急功近利。

此外，吉林省还应该不断深化绿色发展的理念。把单一的东北虎豹的保护变成全域范围内的生态保护，逐渐形成尊重自然、顺应自然、保护自然的理念，发展和保护相统一的理念，空间均衡的理念，山水林田湖是一个生命共同体的理念，同时，注重把生态文明的理念、原则、目标融入经济社会发展各方面，有效贯彻落实到各级各类规划和各项工作中。做到了这些，才是推动东北虎豹国家公园体制试点的题中应有之意。

福建省绿道网建设研究报告

李 莉 孙众超[①]

提 要：福建省绿道网建设坚持以人为本，以改善生态环境、提高居民生活品质、促进经济发展方式转变为主线，不断推进城市与城市、城市与市郊、市郊与农村，以及山林、滨水等生态资源与历史文化资源的连接，不仅改造着城市的自然生态系统，还增强了人与环境的互动，不断创造着理想的人居环境。但是，从总体看，绿道网建设还处于探索阶段，亟须加强顶层设计，坚持规划先行，加强制度建设，进一步提升综合功能的开发利用，统筹好“绿”与“网”，突出特色优势，提升服务水平，满足人民群众多样化的生活需求，打造幸福福建、宜居福建、美丽福建新的增长点和靓丽名片。

关键词：福建省 绿道网建设 自然生态系统 人居环境 多样化需求

绿道是指以绿化为特征，沿着河滨、海岸、溪谷、山脊、风景道路等自然和人工廊道建立的线形绿色开敞空间。由绿道构成的网络状绿色开敞空间系统称为绿道网。[②] 2012年，福建省人民政府批准实施的《福建省绿道网总体规划纲要（2012—2020）》提出，通过绿道网建设，将福建省具有较高自

---

① 李莉，福建省地方志编纂委员会秘书处副处长，编辑；孙众超，福建省地方志编纂委员会省志辅导处主任科员。

② 福建省住房和城乡建设厅：《福建省绿道网总体规划纲要（2012—2020）》，2012年11月。

然和历史文化价值的各类风景名胜区、自然保护区、郊野公园、湿地公园、历史古迹等重要节点串联起来，实现城市与城市、城市与市郊、市郊与农村，以及山林、滨水等生态资源与历史文化资源的连接，同时建设完善的配套设施，并结合串联的各种自然和人文景（区）点，设置一定宽度的绿化缓冲区，融合环保、运动、休闲和旅游等多种功能，形成集生态保护与生活休闲于一体的绿色开敞空间网络。建设绿道网是福建省贯彻落实习近平新时代中国特色社会主义思想的重要举措，是实施全省生态战略的具体行动，对于推动全省生态环境保护、维护区域生态安全、满足人民群众精神文化需求、保护自然和历史文化资源、促进宜居城乡和美丽福建建设、增强可持续发展能力等，均具有十分重要而深远的意义。[①]

一、福建绿道网建设的提出

（一）政策背景

党的十八大把生态文明建设纳入中国特色社会主义事业“五位一体”总体布局中，首次把“美丽中国”作为生态文明建设的宏伟目标；将“中国共产党领导人民建设社会主义生态文明”写入党章，作为行动纲领。党的十八大以来，以习近平同志为核心的党中央深刻回答了为什么建设生态文明、建设什么样的生态文明、怎样建设生态文明的重大理论和实践问题，提出一系列新理念新思想新战略。

福建生态文明建设起步早、力度大。2001 年，时任福建省省长的习近平亲自担任福建省生态建设领导小组组长，开始了福建有史以来最大规模的生态保护工程，前瞻性地提出了建设“生态省”的战略构想，亲自指导编制《福建生态省建设总体规划纲要》，着力构建协调发展的生态效益型经济体系、永续利用的资源保障体系、自然和谐的城镇人居环境体系、良性循环的农村生态环境体系、稳定可靠的生态安全保障体系、先进高效的科教支持与管理决策体系，从组织领导、科学规划、实践推动、法治保障等全面开启了福建生

① 参见福建省住房和城乡建设厅：《福建绿道》（内部资料），2015 年 7 月。

态省建设新征程。

福建省委、省政府始终把建设生态省作为生态文明建设的重要载体，将目标任务贯彻到经济社会发展的各个方面，扎实推进生态省建设。2010 年 1 月，《福建生态功能区划》正式实施；6 月，福建省人大常委会颁布《关于促进生态文明建设的决定》，建设生态省成为全省人民的共同意志。2011 年 7 月，福建省政府下发《福建省生态省建设“十二五”规划》，明确到 2015 年，经济发展方式转变取得重大进展，生态省建设主要目标基本实现，率先建成资源节约型、环境友好型社会。2012 年 3 月，福建省政府下发《关于开展城乡环境综合整治“点线面”攻坚计划的指导意见》，提出要按照“建设更加优美更加和谐更加幸福的福建”和“尽快改变城乡环境和面貌”要求，结合城乡绿道建设、农村环境连片整治、新农村建设和水利工程建设等重点工作，抓好点、线、面 3 个层次的攻坚突破。[①] 在此背景下，《福建省绿道网总体规划纲要（2012—2020）》应运而生，省域绿道网建设成为福建省委、省政府推进生态省建设、践行“绿水青山就是金山银山”科学论断的有力举措。

（二）资源优势

国内外绿道建设的理论和经验显示，影响绿道选线的资源要素主要包括自然生态要素、人文要素、现状道路和城镇布局等。2012 年 3 月全国“两会”期间，习近平在看望福建代表团时说，生态资源是福建最宝贵的资源，生态优势是福建最具竞争力的优势。福建地处东南，海域辽阔，良港罗列，气候温和，背山面海，素有“八山一水一分田”之称，水、大气和生态环境质量均为优良，森林资源十分丰富，森林覆盖率多年位居全国首位；晋唐以来南渐的中原文化和闽越文化相融衍生，不同区域丰富的自然和人文资源滋养出朱子文化、闽南文化、客家文化、妈祖文化、闽都文化、红色文化等丰富多彩的人文资源。同时，经过多年的建设和发展，福建省的交通网络已形成以高速公路、国道等为主骨架的现代化公路网，绿道选线可以充分依托这些国道、县道、乡镇以及乡村道路。

---

① 福建省人民政府：《关于开展城乡环境综合整治“点线面”攻坚计划的指导意见》，2012 年 3 月。

福建省主要生态资源点和人文资源点数量统计表

表 1

单位：个

城市	主要生态资源点数量	主要人文资源点数量
福州	29	51
厦门	23	38
漳州	41	53
泉州	57	85
三明	63	19
莆田	33	45
南平	27	24
龙岩	38	68
宁德	35	14
平潭综合实验区	9	8

说明：生态资源点包括风景名胜区、自然保护区、森林公园、湿地公园、大型水库等；人文资源点包括文化遗迹、历史村镇、传统街区等

（三）总体布局

遵循绿道网规划原则，综合考虑自然生态、人文、交通和城镇布局等资源要素以及上层次规划、相关规划等政策要素，结合各设区市的实际情况，2012—2020 年，全省共规划建设 8530 千米绿道，其中省级绿道 3127 千米，包括 6 条省级绿道主线（2727 千米）、2 条绿道支线（187 千米）、2 条绿道连接线（213 千米）和 20 处交界面组成的绿道网总体布局。同时，各市县根据总体布局，结合自身自然人文环境，规划了市域和县域境内的绿道网，与省级绿道网有机结合。

二、福建绿道网建设的工作与成就

2012 年以来，福建省绿道网建设持续推进。福建省住房和城乡建设厅负责统筹指导、督促检查和考核各地的绿道建设工作，通过定期对各市县绿道建设工作进行督促检查，总结推广各市县好的经验和做法，通报各市县绿道建设进度等工作，推动福建省绿道网的建设。各市县相应确定本地区绿道建

设的统筹协调机构，加强督促指导。

（一）规划目标

1. 总体目标。坚持以人为本，以改善生态环境、提高居民生活品质、促进经济发展方式转变为主线，通过高标准规划、省市互动、高效联动，积极稳妥地推进福建省绿道网建设工作。在福建省建成总长约 3127 千米的省级绿道，构成福建省绿道网的主体框架，将其打造成为福建省的一项标志性工程，形成新的经济增长点，带动休闲度假、餐饮娱乐、康体健身、文化创意等相关产业的发展。

2. 阶段目标。至 2012 年年底，各市县按照《福建省人民政府关于开展城乡环境综合整治“点线面”攻坚计划的指导意见》《福建省绿道网总体规划纲要（2012—2020 年）》《福建省绿道规划建设导则（试行）》等的要求，以省级绿道网为基本骨架，编制完成本市县的绿道网规划，划定绿道控制区，并实施空间管制。同时福州、厦门、泉州完成 15 千米以上的绿道建设；其余设区市完成 6 千米以上的绿道建设；其他市县完成 3 千米以上的绿道建设。

至 2015 年年底，完成福州大都市区和厦漳泉大都市区内的全部省级绿道及其串联工作，1 号绿道（滨海绿道）基本建成并投入使用。其他省级绿道建成 60% 以上，基本形成福建省绿道网主体框架。

至 2020 年年底，基本建成省级绿道网，确保省级绿道的互联互通，同时积极推进福建与江西、浙江和广东绿道的对接。各市在省级绿道网的基础上，规划建设市（县）级绿道与社区级绿道，并与 6 条省级绿道相连通。省级绿道和市（县）级绿道共同形成覆盖全省的绿道网络系统。

（二）建设模式与分类

为建立合理利用模式，根据不同土地利用类型，福建省绿道网建设主要有居住区周边绿道建设模式、滨水地区周边绿道建设模式、乡村地区周边绿道建设模式、历史文化区周边绿道建设模式和自然保护区周边绿道建设模式，引导绿道建设与土地利用协调发展。现将各类型建设模式用图表形式说明如下。[①]

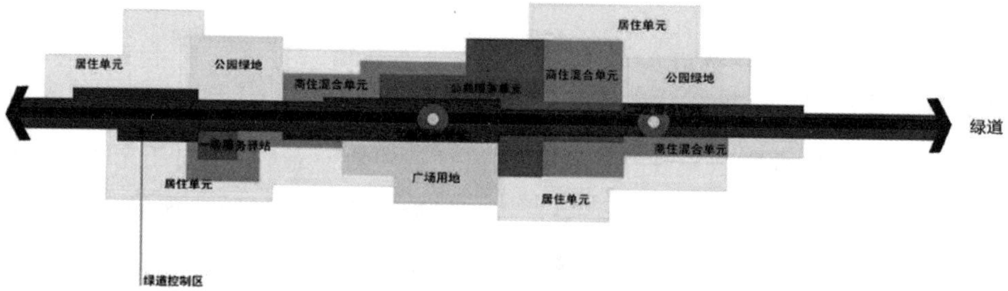

图 1　居住区周边绿道建设与土地利用功能引导图

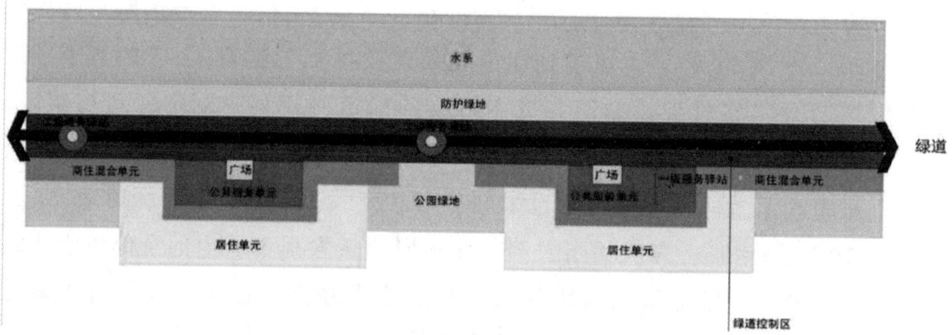

图 2　滨水地区周边绿道建设与土地利用功能引导图

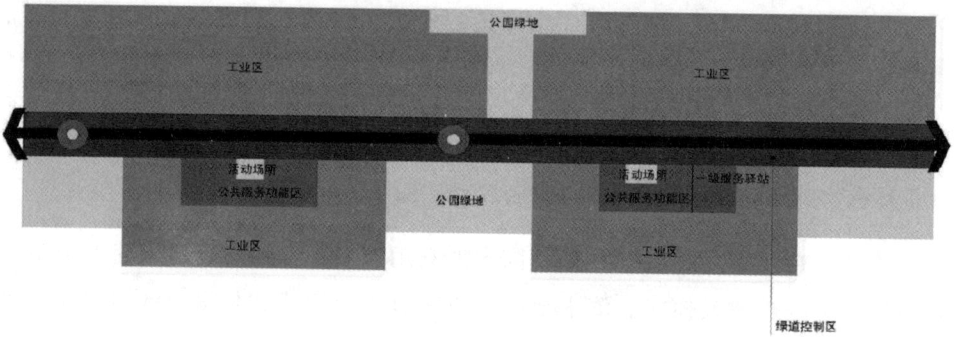

图 3　工业区周边绿道建设与土地利用功能引导图

① 福建省住房和城乡建设厅:《福建省绿道网总体规划纲要(2012—2020 年)》,2012 年 11 月,第 18—23 页。

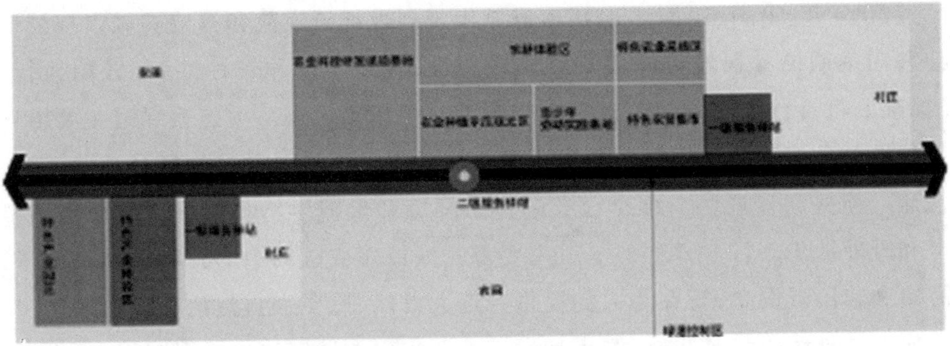

图 4　乡村地区周边绿道建设与土地利用功能引导图

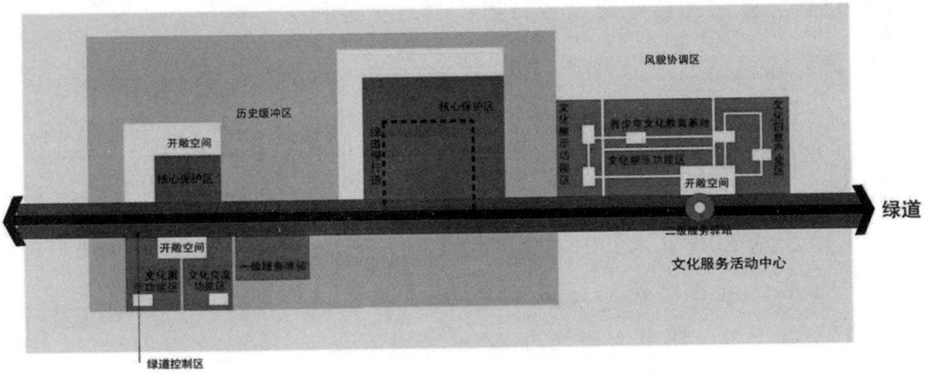

图 5　历史文化区周边绿道建设与土地利用功能引导图

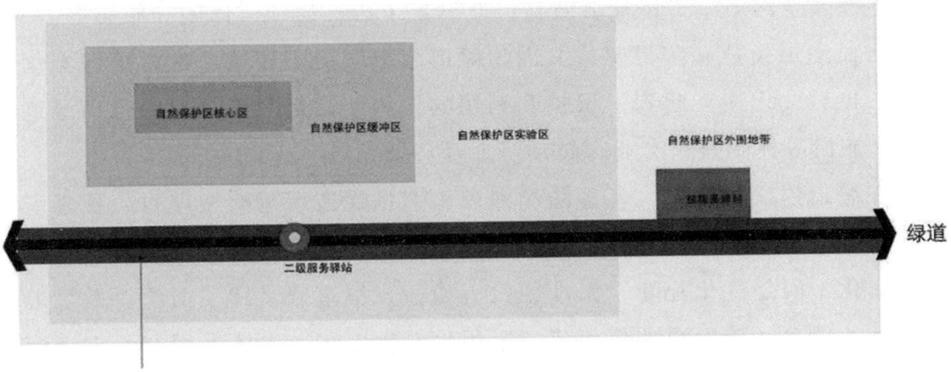

图 6　自然保护区周边绿道建设与土地利用功能引导图

2014年10月30日，由福建省城乡规划设计研究院和福建省城市规划学会共同编制的《福建省绿道规划建设标准》（以下简称《标准》）开始执行。《标准》将慢行系统分为都市型、郊野型、生态型三类。生态型绿道主要沿城镇外围的自然河流、小溪、海岸及山脊线设立，通过对动植物栖息地的保护、营建、连接和管理，来维育全省的生态环境和保障生物多样性，方便自然科考和野外徒步旅行。郊野型绿道主要依托城镇建成区周边的开敞绿地、水体、海岸和和田野设立，旨在为人们提供亲近大自然、感受大自然的绿色休闲空间，方便人与自然的和谐共处。都市型绿道主要集中在城镇建成区，依托文物古迹、公园、广场、城镇道路和带状滨水两侧的绿地设立，为人们休闲健身提供场所。各地可根据实际情况选择建设步行道、自行车道和综合慢行道。[①]

（三）建设成就

5年间，全省各级干部群众积极推进绿道网建设，在基本建成省级绿道网的基础上，陆续建设市（县）级绿道与社区级绿道，并与省级绿道相连。2012年建成约500千米，2013年建成582千米，2014年建成1002千米。至2017年底，全省已建成绿道4600多千米，绿道网覆盖全省市、县、区12.37万平方千米，服务人口超过3800多万人。

绿道网建设主要带来了三个方面的效益：一是生态效益，绿道网以构筑多类绿色空间为基础，串联起重要的生态斑块和生态廊道，有效保护和改善全省生态安全网络；二是社会效益，既满足了居民运动、休闲和旅游等需求，提高居民幸福指数和获得感，又因为绿道多串联历史建筑、古村落和文化遗迹等，也对文化遗产起到了保护和利用的作用；三是经济效益，带动绿道沿线地区旅游等休闲娱乐产业，拉动当地经济增长。

在绿道建设过程中，各地陆续涌现出一批绿道示范典型项目，积累了宝贵经验：一是生态优先，因地选线；二是改建结合，挖掘特色；三是保护历史，弘扬文化；四是优化配套，人性便民。如福州福道，坚持“福荫百姓，道法自然”的理念，依山脊顺势而建，运用生态化工艺，主体采用空心钢管桁架

---

① 福建省城乡规划设计研究院、福建省城市规划学会：《福建省绿道规划建设标准》，2014年10月。

组成，桥面采用格栅板，缝隙控制在15厘米以内，既可以满足轮椅通行，也可以保证步道下方植物的生长，最大限度保护生态。厦门老铁路文化公园绿道，保留并适当改造遗留的道路系统，注重老铁路线与已存公园的对接，注重空间的连续性，并充分挖掘和利用铁路文化，通过场地历史场景的实景再现和文化元素景观化表达，使市民重拾记忆、引发共鸣。漳州西溪亲水公园绿道利用场地洼地水系、果园林地等原有自然条件，通过对洼地水系、果园、林地进行简单处理，增加游径、标识系统、驿站、停车换乘场地等，展现生态自然风貌特色。长汀南坑生态绿道，在建设中与水土流失综合治理、美丽乡村、生态家园建设相结合，将绿道与南坑生态人文景观巧妙结合在一起，历史与现代并存，人文与自然合一。

三、存在的困难与挑战

绿道作为近年来蓬勃兴起的生态产品和深受赞誉的惠民工程，不仅改造着城市的自然生态系统，还增强了人与环境的互动，不断创造着理想的人居环境，提升了居民的生活质量，增强了人的获得感和幸福感，具有广阔的发展前景。但从全国层面来看，绿道网建设还处于探索阶段，存在一些困难和挑战，主要体现在：一是亟须加强绿道网建设的顶层设计，建立和完善集绿道网建设、管理、养护于一体的综合制度体系和长效机制，不仅应当包括绿道网建设的前期规划和建设方面的相关制度，更应当包括绿道网建好后的维护管理、便民服务、功能利用、生态保护等方面的配套保障制度，使绿道网建设从重“建”向“建”“管”“养”并重发展。二是绿道的综合功能开发利用有待提升。理想型的绿道应当兼具生态、社会、经济、文化等多种功能于一体，但由于种种原因，目前有不少绿道的功能较为单一，未形成较为完整连接的绿道网，主题性、特色性设计和相关活动较少；有些绿道仅作为观光及运动之用，沿途缺乏配套设施，绿道标识系统亟待完善；有些绿道由于选址等原因，人流量较少甚至稀少，参与度和使用率不够高；有些绿道对生态功能考虑不够到位，绿道过度硬化处理；有些绿道未充分考虑周边生物多样性、环境协调性；有些绿道和城市道路的衔接还不够顺畅等。

从福建省层面来看，也存在一些全国绿道网建设中的共性困难与挑战。

比如，以福州为例，经过积极探索和实践，逐步形成了彰显福州山水城市特色和深受市民认可的绿道形式，在全市28个主要公园中，经由绿道贯通串联的西湖公园、温泉公园、金鸡山公园、白马河公园、晋安河公园等游客如织、人满为患，而绿道网贯通尚不完整的光明港公园、琴亭湖等，则游客量显著偏少。[①] 再如，乌龙江畔的滨江混合绿道中，由于服务设施配套尚不完善，虽有自行车骑行道，但使用者寥寥无几。[②] 一些县（市、区）对于绿道网建设的内涵存在认识误区或认识不够到位，未能在建设规划中很好地统筹“绿”与“网”，绿道网建设还有提升的空间。

四、几点建议

党的十九大报告指出，要“形成绿色发展方式和生活方式，坚定走生产发展、生活富裕、生态良好的文明发展道路，建设美丽中国，为人民创造良好生产生活环境”。当前，福建正在全力推进国家生态文明试验区建设，加强绿道网建设应是题中应有之义。福建省绿道网建设要全面贯彻党的十九大精神，以习近平新时代中国特色社会主义思想特别是生态文明建设思想为指导，以《福建省绿道网总体规划纲要（2012—2020）》为总纲，坚持规划先行，加强制度建设，突出特色优势，提升服务水平，满足人民群众多样化的生活需求，将绿道打造成为幸福福建、宜居福建、美丽福建新的增长点和靓丽名片。

（一）以规划为引领，注重绿道的连通性

绿道及其网络的连通性是绿道规划建设的最基本前提。福建省绿道网建设要与福建省经济社会发展实际相结合，在总体布局时充分考虑生态、资源、交通、文化、地方意愿等诸多因素，突出生态化、本地化、多样化、人性化、便利性、可行性，从沿海到山区、从城市到乡村逐步展开，构筑覆盖全省的绿道网络。尤其要注意以绿色廊道为纽带，将分散、零碎的自然资源、生态

① 参见王文奎：《山水城市绿道网建设的探索——福州市城市绿道建设的实践和思考》，《福建建设科技》2017年第2期。

② 参见王文奎：《山水城市绿道网建设的探索——福州市城市绿道建设的实践和思考》，《福建建设科技》2017年第2期。

资源、文化资源、历史资源、旅游资源等整合起来，促进绿道网形成完整连贯的绿色空间系统。根据《福建省绿道网总体规划纲要（2012—2020）》，福建绿道网总体布局由6条绿道主线、2条绿道支线、2条绿道连接线以及20处交界面组成。[①] 从规划的6条主线看，全省绿道网连接起全省9个设区市，并将沿途的公园绿地、自然保护区、风景旅游名胜区、历史文化古迹等重要节点串联起，基本构成了全省绿道网的大骨架。为加强主线与重要发展节点的联系，规划了2条支线，即1号绿道滨海绿道的平潭岛支线和厦门岛支线；为促进省级绿道主线的有效衔接，规划了2条连接线，即西溪连接线和世遗连接线；为将各设区市孤立的省级绿道有机贯通，规划了20处交界面，通过灵活的接驳方式，形成一体化的绿道网络。通过“6+2+2+20”的绿道网络体系的规划建设，推动福建省城市与城市、城市与市郊、市郊与农村，以及山林、滨水等生态资源与历史文化资源的有机连接，使绿道网建设呈现整体性、连续性的特点，也为充分挖掘、利用绿道资源提供顶层设计保障。

（二）以特色为重点，满足多样化的需求

绿道发展要提升品质，不同类型的绿道要因势因地制宜，朝着差异化、特色化、多样化方向发展，满足人民群众不同的需要。可以结合绿道沿线的自然、生态、文化等资源特色，打造不同主题的绿道或开展不同主题的活动，提升绿道的使用率，吸引更多的人流。一是可以规划登山跑步、踏青慢行等的健身绿道，结合全民健身活动，开展健步走、跑步、攀岩、自行车骑行等体育竞赛活动和野外生存体验、越野探险等，如永安葛里绿道充分利用山地、临水等自然条件，结合自行车等户外活动建设绿道。二是可以规划举办重大民俗节庆活动、户外展览或者当地名人名物名产展示等的文化绿道，开展摄影采风展览、民俗展示、文创产品展示、小吃节、美食节等活动。如尤溪十里朱子文化长廊绿道以弘扬朱子文化精髓为理念，将文化内涵和景观内涵相结合，使文化长廊成为连通特色山水、融汇古今朱子理学的展示空间；莆田荔枝林带结合莆田悠久的荔枝文化，将荔枝林带划分为11个路段，每个路段

① 福建省住房和城乡建设厅编制：《福建省绿道网总体规划纲要（2012—2020）》，2012年11月。

均有一个主题，分别是荔园诗韵、荔波叠翠、荔海融春、荔波飞舞、荔水溢香、荔水长流、荔蕴水乡、荔境悟禅、荔林听风、荔境仙踪、荔境如画，重点彰显“荔林水乡”文化元素；龙岩莲花山栈道建设林中小舞池、弈棋笙歌等休憩平台，成为市民交流民间艺术、文化的舞台。三是可以规划观赏名胜游览、古迹探寻等的观光绿道。如福州福道连接5个公园节点，分别是左海公园、梅峰公园、金牛山体育公园、国光公园及金牛山公园，沿线还有杜鹃谷、樱花园、兰花溪、摩崖壁等十余处人文景观；福州环南台岛绿道设有淮安古渡、洪塘堤外公园、十里花廊、芦花飞渡、田园古镇、螺洲古镇、清凉寻幽花山品城、三江新城时尚客厅、湿地花海、仓前烟台梅林烟树和南江滨生态雕塑公园10个主要景观节点。四是可以规划泡温泉、享氧吧等的养生绿道。如福州市金鸡山绿道保留原有的自然山体和植被，重点打造成片的梅花、樱花、桃花、紫薇花四大花坡景观，“远可观城，近处赏花”，市民可以在此呼吸清新空气。五是可以规划生态生物考察教育等的科普绿道，结合学生课外活动，设置科普长廊生物观察点、科普实践基地、野外写生成果展示等。如漳浦郊野公园保护公园生物多样性，增设知识实践体验功能，开设“四季田园”“农庄耕读”等体验项目，使之成为学生亲近自然，进行户外知识性、实践体验性教育的科普大课堂。六是可以规划与水土流失治理、美丽乡村、生态家园建设相结合的生态绿道。如长汀南坑生态绿道以“银杏水乡、生态南坑”为发展思路，以绿道为主线，把南坑主要景点串联起来，展现长汀严重水土流失区“荒山—绿洲—生态家园”的巨变。七是可以规划户外烧烤垂钓、林果采摘等的休闲绿道，适应现代人崇尚自然、返璞归真的心态，在绿道沿线发展农家乐、开心农场等。如顺昌来布绿道以观光农业、休闲农业为主体，突出“竹子之乡”风土人情，推广休闲旅游产业发展。通过对绿道功能的挖掘，可以增加绿道的魅力指数，吸引更多的人走进绿道、了解绿道、关注绿道、喜爱绿道，从而为绿道的可持续发展夯实基础。

（三）以制度为基础，保障绿道的“建”“管”“养”

绿道建设是一项系统工程，牵涉到规划、建设、林业、农业、文化、旅游、体育、交通、教育、信息等诸多部门，既有建，也有管，还有养，需要建立系统综合的制度体系和长效机制予以全面保障。在绿道建设方面，可以考虑加强顶层设计，建立包括总体规划、分项规划和绿道建设过程中环境保护等配套制度，内容可以涵盖绿道的选址、规划目标、建设原则、指导思想、总体布局、具体设施系统、组织保障等。值得注意的是，在绿道规划建设时，要突出它的非机动化慢行系统的特点，因地制宜，就地取材，因势设道，简繁结合，重视保护自然资源和生态资源，注重节水、节地、节能，少大拆大建深挖，多选用易维护的环保材料，防止对生态水土的破坏。在绿道管理方面，可以考虑多管齐下，充分发挥各部门作用，并将其中有益做法制度化、规范化。比如，文化、旅游、体育、教育等部门可以策划组织绿道沿线民俗活动、历史文化展示、科普教育、体育健身、旅游观光等特色项目，推动民俗节庆、比赛竞技、户外展览等各种制度化的绿道主题活动广泛开展，提高绿道使用率。在绿道养护方面，可以考虑制订绿道养护管理的内容及规范标准，明确绿道管理主体、运营方式、职责分工及经费管理使用等；还可以考虑制订绿道管理监督考核细则，包括绿道的修缮维护、标识系统设置、服务系统完善、绿化保洁等具体操作规定，以及公众参与的监督建言渠道和反馈机制等。

（四）以服务为核心，提升绿道的舒适实用性

建设绿道的主要目的是要实现人与自然的良性互动，改善人居环境，提升生活品质，满足人民群众对美好生活的需求。因此，要通过绿道路径的科学设计、景观环境的不断提升和服务配套设施的健全完善，以及与公共交通网的无缝衔接，为人民群众提供一个安全、便捷、舒适、优美、生态的休闲、娱乐、健身、旅游的好去处，使人们体验、品味慢生活、绿色交通等低碳、环保、健康的生活理念和休闲方式，在绿树成荫、富有情趣的高品质慢行环境中流连忘返。要加强绿道网的智能化建设和管理，可以考虑在绿道出入口和主要节点设置触摸屏和LED显示屏，提供景区介绍、便民服务查询、环境监测数据等信息，还可以安装视频监控，并融合一键求助、应急广播、森林火灾监控等系统，进行日常安全、防火等的实时监控，并对人流量进行智能分析统计和有效控制；在休憩平台、游客服务中心等节点提供无线网络，游客可以通过绿道公众号、APP等途径了解绿道并对绿道服务管理方面提出建议意见等。要加强对已建绿道使用情况的分析，尤其要注意在绿道沿线的城市公园、历史街区、自然景区等重要节点配套完善指示标识、信息查询、单车租赁、

文化娱乐、运动健身、休憩逗留等设施和平台，不断丰富重要节点的服务功能。要提升现有绿道网的可达性和连续性，规划建设非机动化的慢行交通体系，实现绿道网与公共交通体系的无缝衔接，着力改变绿道建好后由于交通不便而导致的人流稀少问题。要建立专兼职相结合的绿道志愿服务者队伍，包括户外展览讲解员、环境卫生保洁员、户外运动指导员、流动图书馆管理员等，为人们科学、有序、便利、充分地使用绿道提供指引。

宁夏生态立区路径探索

王晓华[①]

提　要：针对宁夏干旱少雨、水资源短缺、生态脆弱、历史上水土流失、土地沙漠化等生态破坏严重的区情，宁夏回族自治区第十二次党代会提出大力实施生态立区战略，打造西部地区生态文明建设先行区。为落实自治区生态立区战略部署，自治区党委、政府颁布《关于推进生态立区战略的实施意见》，提出了一系列具体措施。面对2017年宁夏生态环境现状，宁夏各级政府积极构建国土空间开发利用等"六大体系"、建设西北生态安全屏障建设等"六大工程"，探索宁夏实现生态立区战略的路径。

关键词：宁夏　生态文明　生态立区　绿色发展　实现路径

生态文明是人类为保护和建设美好生态环境而取得的物质成果、精神成果和制度成果的总和，是人与自然、环境与经济、人与社会和谐共生的社会形态。2005年时任浙江省委书记的习近平同志提出了著名的"绿水青山就是金山银山"的"两山"理论，2007年党的十七大正式提出生态文明的理念，2012年党的十八大报告将生态文明建设与经济、政治、文化、社会建设一起列入"五位一体"总体布局，并提出建设"美丽中国"的发展战略。2017年，

① 王晓华，宁夏社会科学院地方志办公室业务科长、副编审。

习近平总书记在党的十九大报告中提出要坚持人与自然和谐共生，加快生态文明体制改革，建设美丽中国。党的十九大报告中贯穿了社会主义生态文明观，有关生态文明建设的内容高屋建瓴、内涵丰富，为中国特色社会主义新时代树立起了生态文明建设的里程碑。

宁夏回族自治区党委、政府积极贯彻党的十九大重要精神，高度重视生态文明建设。自治区第十二次党代会提出大力实施创新驱动、脱贫富民、生态立区三大战略，打造西部地区生态文明建设先行区，持续推动宁夏经济社会与生态环境的和谐发展。为全面贯彻党的十九大精神，以习近平新时代中国特色社会主义思想为指导，落实自治区第十二次党代会生态立区战略部署，自治区党委、政府《关于推进生态立区战略的实施意见》提出了五大部分28条具体措施，在打造沿黄生态经济带中要求推动形成绿色生产方式、倡导推行绿色生活方式、加快建设绿色城乡，实施山水林田湖草一体化生态保护和修复工程中提出开展母亲河保护行动、开展贺兰山六盘山罗山重点保护行动、新一轮国土绿化行动、自然保护区整治绿盾行动、农田保护和荒漠化治理行动等措施，对打好环境污染防治攻坚战中的实施蓝天、碧水、净土行动进行了部署，在推进生态文明体制机制改革中提出改革生态环境保护体制、健全生态环境保护决策机制、健全政绩考核和责任追究机制、健全绿色投入和激励机制、健全生态建设和环境治理市场体系、健全生态保护补偿制度、健全生态环境损害赔偿制度等安排，对加强生态环境保护管控和督察进行了具体部署。宁夏坚持绿色发展，坚持生态立区战略，就是要建设以资源环境承载力为基础，以自然规律为准则，以可持续发展为目标的资源节约型、环境友好型社会，实现人与自然和谐相处、协调发展。

一、宁夏实施生态立区战略的内涵和现状分析

（一）宁夏实施生态立区战略的内涵

宁夏实施的生态立区战略，就是要树立尊重自然、顺应自然、保护自然的生态文明理念，把生态文明建设放在突出地位，融入经济建设、政治建设、文化建设、社会建设各方面和全过程，坚持“五位一体”的社会主义建设总

体布局，走向社会主义生态文明新时代。在这一点上，这个战略适用于全国各省（自治区、直辖市）和各市县层级，具有普遍意义。但对于宁夏来说，还具有特别重要的意义：针对宁夏干旱少雨、水资源短缺、生态脆弱、历史上水土流失、土地沙漠化等生态破坏严重的区情，以及建设祖国西部重要生态安全屏障的艰巨任务，加强生态文明建设，既是国家赋予宁夏的光荣使命，也是宁夏实现经济繁荣、民族团结、环境优美、人民富裕的先决条件和根基所在，生态立区战略可以说是宁夏实现可持续发展的必然选择。

（二）2017年宁夏生态环境现状

2017年1—11月，空气质量评价为改善。全区空气质量恶化情况虽然呈减缓态势，但与考核目标差距依然很大。截至2017年11月，全区5个地级市平均优良天数为259天，同比平均减少1天，优良天数比例为76.9%；5个地级市6项空气污染物浓度同比为4升2降，其中PM_{10}平均浓度为105微克/立方米，同比上升5.0%。

在水环境方面，黄河干流宁夏段监测的6个国控断面均为良好以上水质。其中，3个断面为Ⅱ类优水质（金沙湾、叶盛公路桥、银古公路桥），3个断面为Ⅲ类良好水质（中卫下河沿、平罗黄河大桥、麻黄沟）。2个断面水质同比有所好转：叶盛公路桥、银古公路桥断面水质类别均由Ⅲ类提高为Ⅱ类。1个断面水质同比有所下降：中卫下河沿（甘—宁省界）断面水质类别由Ⅱ类降为Ⅲ类，其余断面水质类别均无明显变化。宁夏境内9条黄河支流水质和全区监测的8个沿黄重要湖泊水库水质总体为轻度污染。全区13条主要入黄排水沟水质总体为重度污染。①

（三）2017年宁夏生态立区战略实施情况

2017年6月召开的自治区第十二次党代会明确提出，通过大力实施生态立区战略，深入推进绿色发展，打造西部地区生态文明建设先行区，筑牢西北地区重要生态安全屏障，生态环境保护和治理取得重大成效。2017年11月，

---

① 李文庆、李晓胡、师东晖、宋春玲：《宁夏实施生态立区战略研究——2017年宁夏生态文明建设研究总报告》，宁夏社会科学院编：《宁夏蓝皮书——宁夏生态文明建设报告（2018）》，黄河出版传媒集团、宁夏人民出版社2018年版，第3页。

宁夏回族自治区党委、政府召开实施生态立区战略推进会，出台了《自治区党委人民政府关于推进生态立区战略的实施意见》，对生态立区战略提出了具体要求。

1. 划定生态红线。2016 年 4 月 18 日，中央全面深化改革领导小组第 23 次会议批准宁夏开展空间规划（多规合一）试点，宁夏成为中央确定的第二个省级空间规划试点省区，划定生态红线是空间规划的重要内容，是保障和维护生态安全的底线。宁夏成为试点省区后，把空间规划（多规合一）作为全区“头号改革”全力推动，为全国提供了可复制可推广的“宁夏经验”。宁夏以主体功能区规划为基础，整合经济社会发展、城乡、国土、环保、林业、交通、农牧、水利 8 类规划，编制完成了自治区、5 个地级市和平罗、泾源、中宁 3 个试点县空间规划，初步形成了自治区、市县两级空间规划体系。空间规划将宁夏全域划定为生态、农业、城镇三类空间，明确了生态保护红线、永久基本农田保护红线、城镇开发边界，并以“三区三线”统筹国土空间布局，管控开发建设行为。具有重要水源涵养、生物多样性维护、水土保持、防风固沙等生态功能的重要区域，以及水土流失、土地沙化、盐渍化等生态环境敏感脆弱区域均被划入生态保护红线。2017 年宁夏生态红线划定工作已走在全国前列。

2. 环境保护与污染防治。2017 年 9 月 28 日，宁夏回族自治区第十一届人民代表大会常务委员会第三十三次会议通过《宁夏回族自治区大气污染防治条例》。自治区人大常委会“2017 年中华环保世纪行——宁夏行动”督察组对各地贯彻落实环保系列法律法规、中央环境督察组反馈意见整改情况及大气、水、土壤治理情况进行全面调研督查，受全国人大常委会委托，督察组对各地贯彻执行《固体废物污染环境防治法》情况进行了检查。10 月 24 日，自治区政府办公厅印发《大气污染排查整治专项行动方案》，同步启动涉及“小散乱污”企业排查、燃煤锅炉污染排查、高污染燃料销售使用排查、散煤使用销售排查、工地道路及工业企业扬尘污染等 11 项专项整治行动，旨在切实扭转全区大气质量不降反升的严峻形势，确保完成国家和自治区年度环境空气质量改善目标。自治区党委、政府多次召开环保专题会议，推进环境治理。全区各级环保部门积极打好大气、水和土壤污染防治三大战役，并通过加强环保执法、督察来守护我们的蓝天碧水绿地，对一些污染严重的制药及生物发酵企业停产整改，对在“蓝天保卫战”工作中行动慢、不到位、不彻底、不精准的相关责任人进行追责，采取多部门组成联合督察组全力推进燃煤锅炉整治、对银川市黑臭水体综合治理工作开展专项督察。通过多方努力，“蓝天保卫战”初见成效。

3. 水环境治理。多年来，宁夏不断扩大绿色空间、实施节水优先，成为全国首个实行全省域禁牧封育的省区、全国首个实现沙漠化逆转的省区，也是全国唯一的省级节水型社会示范区，不仅为我国生态建设做出了宁夏贡献，也为全球治理体系提供了中国经验。2017 年 10 月，宁夏引黄古灌区正式列入世界灌溉工程遗产名录，这是中国黄河流域主干道上产生的第一处世界灌溉工程遗产。2017 年 7 月 4 日，宁夏总河长第一次会议召开，宁夏全面推行河长制，由自治区党委书记担任总河长，自治区主席担任副总河长，区市县乡四级河长负责治水的“首长责任链”开始形成，建立水利、国土、农业、环保、发改、财税等部门协同治水的维护黄河宁夏段的安澜。

4. 自然生态建设。2017 年，自治区林业厅依托三北防护林、天然林保护、退耕还林等国家重点林业工程，大力实施精准造林，相继实施了引黄灌区平原绿洲生态区绿网提升工程、生态移民迁出区生态修复等绿化工程，全力推进市民体闲森林公园建设。宁夏构筑包括贺兰山、六盘山、罗山在内的“三山”生态安全屏障，提升生态环境承载能力，形成体系完整、功能完善的绿色生态廊道。自 2017 年 6 月 20 日起，宁夏贺兰山国家级自然保护区范围内所有煤炭、砂石等工矿企业关停退出，并进行环境整治和生态修复；保护区内矿产资源开采和建设项目审批停止，贺兰山自然保护区内今后不允许再新批准任何资源开发项目。自治区农牧部门以化肥农药面源污染控制、畜禽养殖污染防治、农业节水等为主要任务，加强河湖农业面源污染防控力度、促进河湖功能永续利用。

二、宁夏实施生态立区战略的路径

积极贯彻落实党的十九大精神，落实好自治区第十二次党代会战略部署，构建“六大体系”、建设“六大工程”，打造西部地区生态文明建设先行区，构筑西北地区重要生态屏障，完善生态文明制度体系，将实施生态立区战略落到实处。

（一）实施生态立区战略重点任务

1. 构建国土空间开发利用体系。健全国土空间开发保护制度，完善基于主体功能定位的国土开发利用差别化准入制度。在重点生态功能区贺兰山、六盘山、罗山等实行产业准入负面清单。建立红线管控制度，强化对重点生态功能区、生态环境敏感区和脆弱区等区域的有效保护。

2. 构建生态保护市场体系。培育环境治理和生态保护市场主体，探索利用市场化机制推进生态环境保护，探索建立限期第三方治理机制。建立碳排放权交易市场体系，设立碳排放权交易平台，开展碳排放权交易，探索林业碳汇交易模式。构建绿色金融体系，鼓励金融机构加大绿色信贷发放力度，完善对节能低碳、生态环保项目的各类担保机制。

3. 构建绿色产业发展体系。大力发展绿色农业，以脱贫富民为目标，推进全区农业布局特色化、发展生态化、方式标准化、设施现代化，促进第一产业与第三产业的融合发展。大力发展低碳循环工业，优化工业布局，引导关联度紧密的产业向工业园区集聚，提高产品科技含量和附加值，促进企业转型升级。大力发展绿色服务业，加快发展生产性服务业，改造提升生活性服务业，全面提高服务业整体素质和水平。

4. 构建资源能源高效利用体系。推进节能降耗，加强能源消费总量和能耗强度双控制，严格节能标准和节能监管，大力推广应用可再生、绿色建筑材料，大力倡导和推行公共交通出行。加强水资源节约，全面推进节水型社会建设。节约集约利用土地，实行最严格的耕地、林地保护制度，切实提高土地利用率。

5. 构建生态文化体系。倡导生态文明行为，深入开展保护生态、爱护环境、节约资源的宣传教育和知识普及活动，增强全社会践行生态文明的凝聚力。开展各类生态文化创建行动，实施生态家园创建工程，创建一批国家级生态市、生态县和生态乡镇。加快推进生态文明村、美丽乡村创建示范工程，建成一批宜居宜业宜游的生态文明示范村和秀美示范乡村。

6. 构建生态文明制度体系。构建归属清晰、权责明确、监管有效的自然资源资产产权制度，着力解决自然资源所有者不到位、所有权边界模糊等问题。构建以空间规划为基础、以用途管制为主要手段的国土空间开发保护制度，着力解决因无序开发、过度开发、分散开发导致的优质耕地和生态空间占用过多、生态破坏、环境污染等问题。构建以空间治理和空间结构优化为主要内容，相互衔接、分级管理的空间规划体系。

（二）实施生态立区战略重点工程

1. 西北生态安全屏障建设工程。把山水田林湖作为一个生命共同体，统筹实施一体化生态保护和修复，全面提升自然生态系统稳定性和生态服务功能。构筑以贺兰山、六盘山、罗山自然保护区为重点的“三山”生态安全屏障，持续推进天然林保护、三北防护林、封山禁牧、退耕还林还草、防沙治沙等生态建设工程。重点加强贺兰山自然保护区生态环境整治力度，加强生态保护与修复，带动北部平原绿洲生态系统建设，营造多区域贯通的生态廊道。六盘山自然保护区突出构建水源涵养和水土保持生态屏障，带动南部山区绿岛生态建设，形成山清水秀、环境优美的生态廊道。罗山自然保护区突出构建防风防沙生态屏障，带动中部干旱带荒漠生态系统建设，确保人口和产业不突破环境承载能力。

2. 沿黄生态经济带示范工程。全力打造生态优先、绿色发展、产城融合、人水和谐的沿黄生态经济带。严格落实空间规划，科学布局沿黄地区生产、生活、生态空间。严格控制开发强度、提高开发水平，实行最严格的水生态保护和水污染防治制度。按照绿色循环低碳的要求，推动沿黄地区产能改造提升、园区整合发展、产业有序转移，发展节能环保的高端产业和循环经济，建设一批生态产业园区，构建科技含量高、资源消耗低、环境污染少的生态经济体系。推广绿色生活，普及绿色消费，推动生活方式向绿色低碳转变。

3. 退耕还林还草提档升级工程。将中南部贫困地区退耕还林还草与小流域综合治理、生态林业、农田基本建设、扶贫开发等工程有机结合，实施退耕还林还草提档升级工程，充分利用新一轮退耕还林还草政策的机遇，坚持生态产业化，产业生态化，进一步改善全区中南部地区生态环境。

4. 防沙治沙示范工程。实施西部大开发战略以来，宁夏全面实施退耕还林、三北防护林工程、天保工程等重点工程，成功探索出“五位一体”的综合治沙模式，在全国率先实现了“人进沙退”的历史性转变，要积极总结全区防沙治沙经验和模式，建设防沙治沙示范工程。

5. 生态林业修复工程。多年来，宁夏重点建设了以六盘山、贺兰山、中部防沙治沙和宁夏平原为骨架的“两屏两带”生态安全屏障。要大力实施生态林业修复工程，进一步提高全区森林覆盖率，建设国家森林公园，对各类湿地进行修复，实现林业经济和生态改善的双赢。

6. 环境保护综合整治工程。宁夏产业结构以煤炭工业为基础，重化工业为特征，改善空气环境压力较大。需要加快解决大气、水、土壤污染等突出问题，实行最严格的生态环境保护制度，深入实施蓝天、碧水、净土“三大行动”，以社会关切、群众关心的大气污染防治为重点，以 $PM_{2.5}$、PM_{10} 污染防治为突破口，大力实施大气污染防治行动，强化大气污染协同控制，实施环境综合整治工程，改善全区生态环境质量。

三、问题与对策

（一）问题

在取得成绩的同时，我们必须清醒地看到当前宁夏在实施生态立区战略中，还存在诸多的薄弱环节，这些问题和困难不及时解决，将会长期制约宁夏社会经济持续健康有序发展。

1. 资源产出效率低，节能减排任务艰巨。宁夏人均水资源占有量仅为黄河流域的 1/3，全国的 1/12。人均水资源可利用量仅有 670 立方米，为全国平均值的 1/3，人均水量或耕地亩均水量仍为全国最少的省区之一，呈现资源型、工程型、水质型缺水并存的局面。劳动力、环境容量、资金、土地等瓶颈制约问题日益严峻。以往靠廉价劳动力、大量物质消耗、土地粗放投入污染、破坏生态环境等办法来带动经济增长方式难以为继。[①]

保持工业平稳健康发展和完成“十三五”节能降耗目标任务使宁夏传统发展模式面临更大压力。2016 年，全区万元 GDP 能耗是全国平均水平的 2

---

① 王红艳:《生态文明建设与宁夏发展模式转型研究》，载宁夏社会科学院编:《宁夏蓝皮书——宁夏生态文明建设报告（2018）》，黄河出版传媒集团、宁夏人民出版社 2018 年版，第 42 页。

倍以上，化学需氧量、二氧化硫、氨氮和氮氧化物排放强度远远超过全国平均水平，单位资源的产出效率低，能源消费弹性系数、电力消费弹性系数、人均发电量、人均用电量、人均能源消费量分别是全国的 2.02、1.02、2.90、2.89、2.69 倍。

宁夏主要能耗指标与全国对比表 ①

表 1

指标	全国	宁夏
能源消费弹性系数	0.48	0.97
电力消费弹性系数	0.97	0.99
人均发电量（千瓦时）	3970	11540
人均用电量（千瓦时）	3920	11340
人均能源消费量（千克标准煤）	2770	7460

2. 原有的不合理生产和生活方式亟待转变。数十年来，由于人口增长过快和沿用历史上掠夺式的土地利用方式，宁夏中部干旱风沙区和南部黄土丘陵区土地利用结构不合理，生产方式粗放，广种薄收，靠天养畜，导致继续滥垦、过放、乱采，引起植被退缩、土地沙化、水土流失等问题无法控制，原已脆弱的生态系统进一步恶化。受地处西北干旱地区的地理区位、工业烟（粉）尘排放、汽车大量增加等因素影响，宁夏大气环境质量逐年下降；随着城镇化的加速推进，城市周边湿地逐步被蚕食和破碎化，遍布黄河周边的湿地生态系统完整性和稳定性遭到破坏，湿地淤积、地下水补充等问题导致湿地的生态功能下降较快，而且由于渔业养殖、农药化肥过量产生的农业面源污染、固体废弃物污染、工业园区污水等，严重影响了湿地水体和地下水水质。

3. 生态文明制度建设还需进一步完善。从生态环境决策机制、评价机制、管理机制、考核机制四个方面考量，宁夏当前生态文明体制机制并不能有效遏制破坏生态环境的行为。管理机制和考核机制主要问题在于体系不健全，

① 数据来源：《2016 年宁夏科技统计年鉴》。转引自宁夏社会科学院编：《宁夏蓝皮书——宁夏生态文明建设报告（2018）》，黄河出版传媒集团、宁夏人民出版社 2018 年版，第 46 页。

制度约束力、执法独立性缺失，体制机制全局性和区域特殊性政策没有很好地统筹兼顾，容易出现有法不依、执法不严的现象。[①]

（二）对策

鉴于以上问题，宁夏实施生态立区战略还需要多方考量，积极应对，以实际行动打赢生态环境保卫战，为美丽中国建设贡献宁夏力量。具体对策如下：

1.完善生态文明建设评价考核制度。完善《自治区党政机关、地级市领导班子和领导干部年度考核实施办法》，进一步加大资源消耗、环境保护、消化产能过剩等指标的权重；探索编制自然资源资产负债表，对领导干部实行自然资源资产和资源环境离任审计；实施严格的水、大气环境质量监测和领导干部约谈制度，对水、大气环境质量不达标和严重下滑、生态环境造成破坏的地方党政主要领导进行约谈或诫勉谈话。

2.完善环境治理和生态保护体系。落实中办、国办《生态环境损害赔偿制度改革方案》精神，破解“企业损害、群众受害、政府买单”困局。积极培育环境治理和生态保护市场体系，探索建立市场化机制推进生态环境保护，培育一批环保产业龙头企业。实施黄河宁夏段及支流、湖泊湿地管养制度，培育一批专业化、社会化的河湖湿地养护队伍。建立用能权交易制度，推进火电、化工、建材等行业节能量交易试点，推动开展跨区域用能权交易。建立碳排放权交易体系，探索林业碳汇交易试点。构建绿色金融体系，鼓励各类金融机构绿色信贷发放力度，探索建立财政贴息、助保金等绿色信贷扶持机制，积极推动绿色金融创新。

3.完善生态文明建设体制机制。建立多元化的生态保护补偿体制，完善稳定生态文明建设投入机制，加大对中部干旱带、南部山区以及矿山生态修复支持力度。建立自然资源产权管理体制，实行权力清单管理，明确各类自然资源产权主体权利，规划建立自然资源交易制度。完善水资源保护体制，全面落实“河长制”，落实河湖湿地管护主体，强化水污染防治、水环境治理等工作属地责任。完善农村环境治理体制，坚持城乡环境治理并重，推进农

---

① 李建军：《宁夏生态环境可持续发展研究》，载宁夏社会科学院编《宁夏蓝皮书——宁夏生态文明建设报告（2018）》，黄河出版传媒集团、宁夏人民出版社 2018 年版，第 35 页。

村污水治理，完善城乡一体化垃圾处理模式，构建县乡财政补贴、社会资本参与、村民定标付费的多元化农村环境治理运营机制。

（四）进一步完善相关法规制度体系

落实《宁夏空间发展战略规划》划定的生态、耕地、水资源三条红线，落实自治区党委、政府《关于推进生态立区战略的实施意见》，完善生态立区战略制度体系；探索建立资源环境价值评价体系、生态环境价值的量化评价方法；利用现有的公共资源交易系统建立生态保护交易中心，制定推行用能权、碳排放权、排污权、水权交易制度，政府制定规则、提供交易平台，推动市场的形成与公平竞争；完善环境保护管理制度，健全各类污染应急预案，强化环境保护部门的执法权，赋予环境执法强制执行的必要条件和手段；坚持铁腕治污，实施环境保护“蓝天、绿水、净土”三项行动。

（五）加大产业结构调整力度，构建绿色发展体系

大力发展可持续农业、生态农业和循环农业，坚守基本农田耕地红线，开展高标准农田建设，实施藏粮于地、藏粮于技战略。推进新型工业化，以循环经济和清洁生产技术推动能源化工产业向精细化工方向发展，实施《中国制造2025宁夏行动纲要》，促进工业化和信息化深度融合，对污染高、耗能高的落后产能进行兼并、重组、关停并转，完善退出机制。推动发展环保产业，进一步完善鼓励废物资源利用和可再生能源企业、环保技术开发、环保技术服务和商业服务企业发展的政策，鼓励企业提高废物的再利用、再制造和再循环，支持循环经济产业园和生态工业园发展。

（六）实施一批生态建设与污染防治重点工程

依托三北防护林、退耕还林、天然林保护等国家重点生态工程，实施天然林保护、水生态文明示范和主干道路、沿山沿河整治绿化工程，构建沿贺兰山东麓和黄河金岸生态景观工程；实施污染防治重点工程，实施排污企业在线监测，严惩偷排超排行为；实施大气污染防治工程，对燃煤电厂进行环保改造，加快淘汰老旧机动车，大力发展城市公交快轨，强化施工扬尘、矿山扬尘的监管；实施农业面源污染防治工程，实施土壤有机质提升、测土配

方施肥、绿色病虫害防控等项目；实施生态保护扶贫工程，将生态环保与精准扶贫相结合，推动绿色生态为重点的产业开发。

（七）打造富有宁夏特色的生态文化

弘扬生态文化，是建设生态文明的重要切入点，重点以湿地保护文化、野生动物保护文化、森林旅游文化、古村落保护文化为切入点，宣传倡导树立生态文明价值观，倡导先进的生态价值观和生态审美观；通过世界水日、植树节、地球日、节能宣传周、低碳日、环境日、文化遗产日等活动，开展群众喜闻乐见的宣传教育；实现党政干部生态文明培训的全覆盖，不断壮大环保志愿者队伍，建立一批青少年生态文明教育社会实践基地，全面推进大中小学生生态文明教育，开展形式多样的生态文明知识教育活动；积极开展生态文明社区、机关、学校、军营、厂区等创建活动；推广闲置衣物再利用，狠抓餐饮环节浪费问题，大力推广文明餐饮消费习惯；积极引导城乡居民广泛使用节能型电器、节水型设备，选择公共交通、非机动交通工具出行；以广覆盖、慢渗透的方式逐步提高公众生态道德素养，使珍惜资源、保护生态、绿色发展成为全区人民的主流价值观。

党的十九大报告将建设生态文明上升到关系中华民族永续发展的千年大计的高度，把美丽中国建设作为新时代中国特色社会主义强国建设的重要目标，描绘了美丽中国建设的宏伟蓝图，为全国人民建设美丽中国吹响了号角。深入贯彻落实党的十九大提出的建设美丽中国的总体要求，深入贯彻落实习近平总书记视察宁夏时的讲话精神，坚持绿水青山就是金山银山，坚定不移推进绿色发展，持续推进宁夏生态立区战略，打造西部地区生态文明建设先行区，把天蓝、地绿、水净、空气清新、宜居宜业这张名片打造得更加亮丽，加快美丽宁夏建设。

Ⅶ

社会治理篇

江西萍乡海绵城市示范建设实践

李昌清　彭白云 [①]

提　要：涉水“城市病”问题的日益突出使得“海绵城市”建设日趋紧迫。萍乡的自然环境和传统发展模式造成城市缺水又留不住水。作为全国首批海绵城市试点建设城市，萍乡市通过“六全”举措、“五水共治”“四轮驱动”“三路并进”，在住建部、财政部、水利部组织的海绵城市建设年度绩效考评中，连续两年获全国第一。这份答卷标志着萍乡市的海绵城市建设正在从“试点”走向“示范”。但是，在此过程中，认识、技术、资金及后续管理等方面的问题难以避免，海绵城市建设的探路之旅任重道远。

关键词：江西萍乡市　城市规划建设　海绵城市　试点创新　示范效应　窗体顶端

2013 年大雨过后，成都的停车场成了小池塘，武汉大水漫城，广州多条道路变成了小河，耗资巨大的北川地震遗址亦被暴雨淹没。[②] 2018 年 6 月 8 日，广州遭受连续数十小时的大暴雨，造成多地出现积水、内涝。一名学生

---

① 李昌清，江西省萍乡市史志工作办公室主任；彭白云，江西省萍乡市史志工作办公室方志科科员。

② 李绍飞：《中国城市内涝问题凸显 排涝标准明显偏低成主因》,《瞭望》2013 年 07 月 20 日。

疑似“触电”后昏倒在水中，抢救无效死亡。[①] 不少城市的“暴雨之痛”无数次地拷问着城市管理者。内涝问题依旧是城市建设管理的老大难。随着城市化进程加快，水质污染、水资源短缺、内涝频发等涉水“城市病”问题日益突出。作为现代城市建设的新理念，海绵城市备受关注。“海绵城市”顾名思义即城市像海绵一样，在适应环境变化和应对自然灾害等方面，具有良好的弹性。通过加强城市规划建设管理，充分发挥建筑、道路和绿地、水系等生态系统对雨水的吸纳、蓄渗和缓释作用，最大限度地实现雨水在城市区域的积存、渗透和净化。

2013 年 12 月，中央城镇化工作会议结束后，全国大力推进建设自然积存、自然渗透、自然净化的海绵城市。2014 年 12 月，住建部、财政部、水利部三部联合启动全国首批海绵城市建设试点城市申报工作。2015 年 4 月，萍乡市被确立为全国首批海绵城市建设 16 个试点城市之一。成功获批国家海绵城市建设试点城市，为萍乡城市建设带来历史性的机遇。萍乡市交出了一份可复制、可借鉴、可推广的“萍乡答卷”。[②] 党的十九大报告提出“我们要建设的现代化是人与自然和谐共生的现代化”。“海绵城市”是对城市发展方式的一种转变。通过三年试点创新，萍乡市既为海绵城市建设提供了独特的样板，又为全国城市转型提供了创新典型。

一、背景与缘起

（一）市情市貌

萍乡市位于江西省西部，地处湘江与赣江分水岭，是典型的江南山地丘陵城市，河谷平原区仅占 11.5%。湘赣分水岭的地理区位对萍乡水文特征影响非常大，萍乡整体地势比较高，位于河流上游，缺乏客水资源，境内河流基本上由本地降雨汇流产生。全年平均降雨量为 1600 毫米，且降雨集中于 4—

① 参见《广州暴雨学生罹祸：死亡证明称电击伤，官方称无触电痕迹 》，观察者网，http://news.sohu.com/a/234906623_11547。

② 叶华林：《海绵城市建设的“萍乡答卷”——萍乡市海绵城市试点建设的做法和成效》，《老区建设》2018 年第 1 期。

6 月，多为大雨到暴雨，三个月雨量占到全年平均降雨量的 44%。在萍乡城区，表层土壤主要为红壤，土层厚度一般在 1 米以上，土壤渗透性差。根据土工试验结果，渗透系数介于 10^{-6}—10^{-7} 之间，雨水下渗非常缓慢。这些水文、气候、土壤特征，让萍乡时常“晴时旱、雨时涝”，城市缺水又留不住水。作为全国 110 个严重缺水城市之一，萍乡市资源性缺水、工程性缺水、水质性缺水相互交织，海绵城市的申报显得十分有必要。

萍乡是一座资源枯竭的老工矿城市，存在基础设施薄弱、发展方式粗放、建设理念落后、发展质量不高等城市转型难题。海绵城市的申报及建设工作可为提升城市功能品质、转变城市发展方式、提升城市发展质量、转变城市建设理念等创造契机。根据财政部、住房城乡建设部、水利部联合下发的《关于开展中央财政支持海绵城市建设试点工作的通知》（财建〔2014〕838 号），中央财政对海绵城市建设试点给予专项资金补助，一定三年，具体补助数额按城市规模分档确定，直辖市每年 6 亿元，省会城市每年 5 亿元，其他城市每年 4 亿元。评价结果好的，还可按中央财政补助资金基数 10% 给予奖励。按此标准，成功申报海绵城市可为萍乡争取 12 亿元的国家专项补贴资金，这是萍乡市获得国家城市建设单项补贴最高的一次，对于城市转型难题的化解有着不言而喻的重要性。

（二）准备到位

根据财政部、住房城乡建设部、水利部联合下发的《关于组织申报 2015 年海绵城市建设试点城市的通知》（财办建〔2015〕4 号）文件规定，首批申报试点工作每个省份仅推荐 1 个城市。沟通汇报到位和材料准备到位，是能争取到省直部门支持的两大关键因素。萍乡市成为江西省最佳推荐。经过初审、现场答辩等环节，萍乡申报海绵城市试点的必要性、建设海绵城市的可行性以及海绵城市建设试点的保障措施一一呈现出来，同时又不回避问题和困难，使专家组对萍乡市的市情以及申报试点工作有较深的认识，也展示出 200 万萍乡人民对海绵城市试点建设工作的拥护支持以及市委、市政府的信心与决心。最终，萍乡市以总分第 11 名的成绩从参与答辩的全国 22 个城市中脱颖而出，成功入围 16 个“全国首批海绵城市建设试点城市”。

（三）地方特色

作为首批海绵城市建设试点城市，面对海绵城市这一全新课题，萍乡市并无现成经验可寻。2015年10月16日，国务院办公厅印发了《关于推进海绵城市建设的指导意见》（国办发〔2015〕75号）。文件指明了海绵城市的工作目标为通过海绵城市建设，综合采取“渗、滞、蓄、净、用、排”等措施，最大限度地减少城市开发建设对生态环境的影响，将70%的降雨就地消纳和利用。到2020年，城市建成区20%以上的面积达到目标要求；到2030年，城市建成区80%以上的面积达到目标要求。在此基础上，萍乡市提出以海绵城市建设理念引领城市发展，促进生态保护、经济社会发展和文化传承，以生态、安全、活力的海绵建设塑造萍乡城市新形象，实现“保障水安全、涵养水资源、恢复水生态、改善水环境、复兴水文化”的战略目标，建设河畅岸绿、人水和谐、独具江南特色的海绵萍乡。

在试点建设之初，萍乡市按照住建部的具体部署，做了一系列探索和创新，进行了一系列的补充与丰富，在全国率先提出一套务实可行的建设思路。设立了中心城区年径流总量控制率要求达到75%，对应设计降雨量22.8毫米；中心城区排水防涝标准为30年一遇，暴雨不成灾；萍水河主河道达到50年一遇防洪标准，其他支流达到20年一遇防洪标准的指标。通过三年试点创新，不仅较好完成试点任务，还实现“小雨不积水、大雨不内涝、水体不黑臭、热岛有缓解”目标，且引发一系列“裂变效应”。促使城市环境面貌得到改善，城市发展方式得到转变，城市发展质量得到提高，城市实现了转型升级。在2016年、2017年住建部、财政部、水利部组织的海绵城市建设年度绩效考评中，萍乡连续两年获全国第一。

二、举措与成效

作为典型的南方山地丘陵城市，萍乡市的试点建设极具代表性。萍乡市成立市委书记任组长、市长任第一副组长的领导小组，组建专门机构“海绵办”，由分管副市长任主任。从建设、财政、规划、水务4个部门各抽调一名副局长担任办公室专职副主任，抽调18名业务骨干集中办公，做到统一领导、集中办公、定期调度，为海绵城市建设提供组织保障。萍乡市把为全国提供可参考、可借鉴的样板当成己任。海绵城市成为萍乡市的新名片。

（一）“六箭齐发”形成示范效应

海绵城市建设是项复杂、庞大的系统工程，萍乡提出“六全”举措。

一是全流域管控。萍乡市创新提出“全域管控、系统构建、分区治理”建设思路。在全市域层面，所有的开发建设项目，都要通过规划管控等制度予以落实，逐步建立起山、水、林、田、湖、城六维度空间管理格局，充分发挥自然肌理，保护河流、湖泊、塘堰、滩涂、山体等自然蓄滞空间作用，构建“全域海绵体”。在中心城区层面，运用系统思维，构建“上截、中蓄、下排”的大城市排水系统。在示范区层面，老城区坚持以问题为导向，以点带面；新城区坚持以目标为导向，以面带片。将新老城区的159个海绵项目整合成为7个项目片区，以PPP（政府和社会资本合作）模式进行整体推进，避免系统项目散、小、乱给施工建设带来的碎片化问题，及审批、预算、招投标等环节带来的复杂化问题。

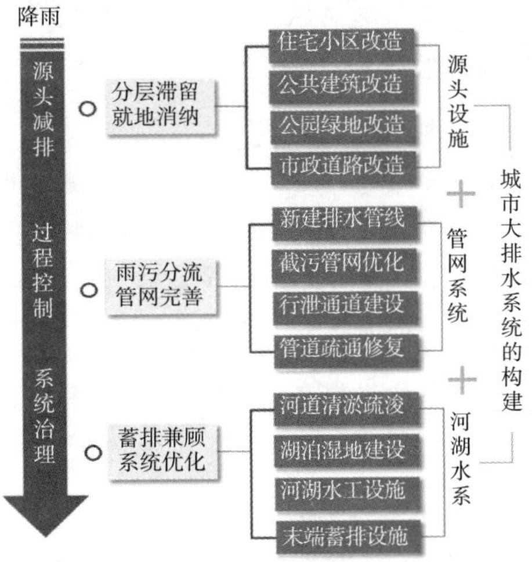

图1　万龙湾片区（传统内涝区）大排水系统构建思路图

二是全方位定标。萍乡市对规划、设计、施工、验收整个过程进行全方位标准制定，出台《萍乡市中心城区管线综合工程规划》《萍乡市海绵城市专项规划》《萍乡市海绵城市试点建设示范区建设专项规划（2015—2020年）》

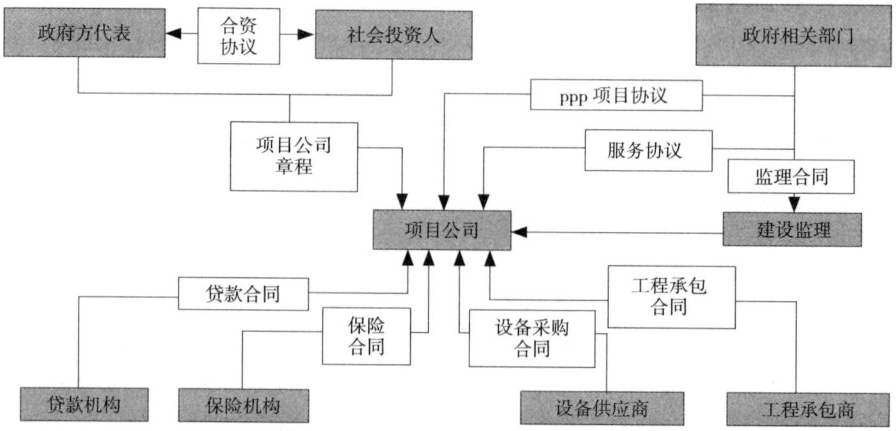

图 2　PPP（Public Private Partnership）项目合同体系构架图

《萍乡市中心城区排水（雨水）防涝综合规划（修编）》《萍乡市中心城区污水收集处理与再生水利用专项规划》《萍乡市中心城区竖向专项规划（2015—2020）》《萍乡市中心城区水系规划》7 项规划，并纳入全市城乡总体规划和城市总体规划；制定《萍乡市海绵城市建设规划设计导则》《萍乡市海绵城市建设——低影响开发雨水工程图示（试行）》《萍乡市海绵城市建设——低影响开发雨水工程工程施工与验收导则（试行）》等 3 个标准，并纳入全市控制性详细规划。

三是全过程植入。为提高项目管理质量和效率，降低建设成本，克服重建设、轻管理现象，萍乡市制订《萍乡市海绵城市试点建设三年行动计划》，对海绵城市项目审批、建设、运营等过程植入科学化、严密化、规范化的管理，出台《海绵城市管理暂行规程》《海绵项目管理暂行办法》《PPP 项目包资金监督管理制度》等行政管理、技术管理、资金管理制度，从规划、立项、土地、建设等整个过程实施监管。设立副处级机构海绵设施管理处，制订一系列工作规划、制度、流程，安排专业人员、专项经费，对海绵城市进行长效管理。

四是全域性铺开。仅在试点区域内开展海绵城市建设，易造成标准不统一、步调不一致等情况。萍乡变“区域试点”为“全域试点”，把建设范围从 32.98 平方千米的试点区域，扩大到全市域 3802 平方千米，将海绵城市建设要求纳入建设工程“两证一书”等行政审批之中，非试点区域所有新建、改建、扩建工程项目都必须按照试点区域的建设标准和技术规范开展建设。海绵产业链条从透水砖、透水混凝土等海绵产品生产，向人才培训、规划与设计、雨水生态收集利用系统构件制造、新技术新材料研发制造及运营管理维护等全产业链延伸。

五是全社会参与。海绵城市建设项目多、资金需求大，仅靠政府的财政投入难以为继。萍乡通过“三种渠道”筹措资金：对上，积极争取资金；对内，统筹整合资金；对外，采取 PPP 模式。变“政府主体”为“社会主体”，发动全社会广泛参与，有效解决资金问题。一方面与中国水电八局、中铁建大桥局、山东路桥集团等社会资本合作，以 PPP 模式推进项目包建设。另一方面通过设立奖补资金，政府主要负责道路、广场、湿地等大型项目建设，把小区项目下放给社区和单位，引导房地产企业和社区居民自发对老旧小区开展海绵化改造，激发社区和单位的建设热情，变“要我改”为“我要改”。

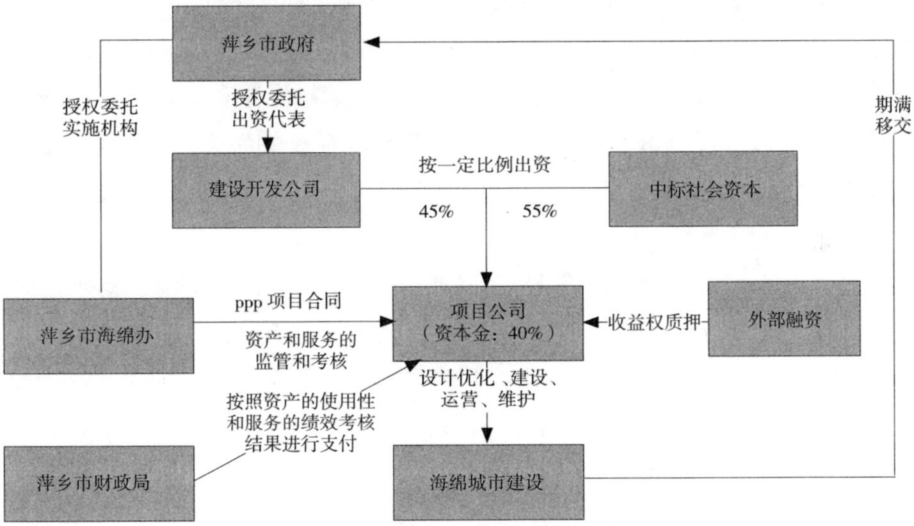

图 3　萍乡市海绵城市 PPP 项目运作模式图

六是全时空运维。海绵设施要发挥出最大功效，必须要进行科学化、专业化的运营维护。萍乡市把专业事情交给专业的人做，聘请北京清控集团等技术服务单位提供社会化专业服务，通过建设统一的项目指标体系和一体化管理模型平台，对全市已建和在建的排水防涝和海绵工程项目进行实时技术监控、实时指挥调度、实时维护维修。社会化服务提供的全时空技术服务、监测评估、运营维护，为海绵城市纵深发展、健康发展提供保障。

（二）“五水共治”实现“双修”效应

建设海绵城市核心是解决“水安全”的问题，在建设过程中，萍乡市未孤立看待解决“水安全”问题，而是推动水安全、水资源、水生态、水环境、水文化“五水共治”。“五水共治”涵盖了海绵城市水系统建设的方方面面，任何解决方案都必须要围绕这“五个水”做文章。“五水共治”不仅修补了城市排水防涝等基础设施，使老城区溢流污染得到控制，新城区逐步实现雨污分流。而且修复了城市中被破坏的生态环境、地形地貌、文化景观，产生双修效应，提升城市特色和活力。

一是强化水安全。通过构建大城市排水系统，“逢雨必涝、内陆看海”顽疾得到改善。2017 年 6 月，萍乡城区遭遇了历史罕见的持续强降雨，主城区累计降雨量 540.8 毫米，为常年来 6 月降雨量均值的 2.3 倍，主城区最高单日降雨量达 94.2 毫米。往年传统内涝区最大积水深度经常超过 1 米，2017 年却未发生一次内涝，43 个小区的 1.2 万户、超过 4 万名居民免受内涝之苦。① 城市是否发生内涝，是群众对海绵城市建设有没有成效的最直观感受。2016 年 9 月以来，试点区内 84 个积水点未出现内涝预警，“城市病”治理取得初步成效。

二是涵养水资源。通过新建屋顶花园、下沉式绿地、植草沟、蓄水池等，将雨水收集利用率从不足 1% 提高到 12%，雨水广泛用于市政清洁用水、园林浇灌用水、景观水体补充。如秋收起义广场调蓄设施，包含一座径流控制调蓄池（总建筑面积 1032 平方米，池体长 60 米、宽 20 米、深 3.8 米），一座合流溢流调蓄池（总建筑面积 614 平方米，池体长 30 米、宽 20 米、深 3.8 米）。项目建成后，其调蓄雨量的作用显而易见。

三是改善水环境。通过污水干管等海绵改造后，径流悬浮物明显减少，改造后的地块排口监测数据显示，悬浮物去除率达到 50% 以上。水质监测结果显示，劣Ⅴ类水体已全面消除，主要河湖水质达到或接近Ⅳ类水标准。全市水质采样检测的 10 个河流断面显示水质提升明显。

四是恢复水生态。山水林田湖草是生命共同体。通过对萍水河、玉湖、

---

① 参见李兴文、赖星：《江西萍乡：海绵城市建设引发“裂变效应”》，《瞭望》2018 年 5 月 5 日。

萍水湖等保护性整治，水生态系统逐步恢复，水体水生植被数量与多样性显著增多。示范区年径流总量控制率从改造前的30%提高到75%以上。

五是复兴水文化。“白云絮絮，萍水潇潇。”一首《萍水赋》道不尽萍乡情。萍乡市以萍水河为轴心，推进南正古街、鳌洲书院等临水文化建筑的改造建设，促使“萍水乡愁”回归，水清岸绿的生态景观正在重现，依水而筑的传统城市形态正在延续。

萍乡市海绵城市建设目标核心指标表

表1

类别	指标	现状	建设目标
水安全	防涝标准	1年一遇	30年一遇设计暴雨不成灾
	防洪标准	5年一遇	萍水河达到50年一遇防洪标准；五丰河、白源河达到20年一遇标准
水环境	水环境质量	五丰河劣Ⅴ类 萍水河、白源河Ⅴ类	全面消除劣Ⅴ类水体； Ⅳ类水标准达标率90%以上
	合流制截污干管截流倍数	小于等于1	截流倍数提高至2
	溢流频次	平水年主要排口年溢流50次以上	平水年主要排口年溢流次数控制在10次以内
	面源污染控制	无削减	SS削减率达到50%
水生态	年径流总量控制率	48%	75%
	生态岸线比例	城区河道生态岸线比例不足10%	新城区河道生态岸线比例大于90% 老城区河道生态岸线比例大于20%
水资源	雨水利用率	0	12%

指标说明：1. 防涝标准，确定萍乡市主城区排水防涝标准为30年一遇设计暴雨不成灾，即日降雨量不超过187毫米时，积水深度超过15厘米的时间不超过30分钟；2. 水环境质量，考虑合流制系统溢流污染问题不能完全消除，因此在设定Ⅳ类水标准目标要求的同时，客观提出达标率目标为90%，上述达标率为萍水河城区段出境断面及支流末端目标要求；3. 按照《室外排水设计规范》（GB 50014—2006），为有效控制初期雨水污染，应将截流倍数提高为2—5；4. 溢流频次，为确保Ⅳ类水达标率达到90%以上，提出平水年主要排口年溢流次数控制在10次以内的目标要求；5. 面源污染控制，按照《海绵城市建设技术指南——低影响开发雨水系统构建》参考值，各类海绵设施SS去除率介于35%—90%；6. 年径流总量控制率，按照《海绵城市建设技术指南》，萍乡市年径流总量控制率 α 取值范围为 $75\% \leqslant \alpha \leqslant 85\%$，为维持开发前的自然水文特征，从可操作性角度考虑，年径流总量控制率的目标不宜大于75%；7. 生态岸线比例，据现场可改造与难以改造河段长度统计得出；8. 雨水资源化利用率，按道路浇洒与园林绿地灌溉雨水利用计算得出。

（三）“四轮驱动”引发转型效应

萍乡市以理念变革为引领、机制创新为重点、项目建设为抓手、产业发展为支撑，以推动城市高品质建设和城市高质量发展为着力点，全力推进海绵城市试点建设。在四轮驱动下，萍乡的城市转型难题逐一得到化解，产生了积极的转型效应，城市转型正大步迈进。

一是借势提升城市功能品质。围绕“以人民为中心，城市让生活更美好”这个核心，抓重点、补短板、强弱项。一方面把海绵城市建设与城镇棚户区和城乡危房改造、老旧小区更新相结合，与城市绿地、公园等公共基础设施建设相结合，改善人居环境。另一方面用海绵城市建设标准推进中心城区背街小巷改造，畅通百姓出行“最后一百米”。目前，累计改造房屋面积200万平方米、小街小巷面积128.8万平方米、绿地公园面积19.36平方千米，全市人民对美好城市生活的需要得到有效满足，群众更具获得感和幸福感。

二是借势转变城市发展方式。一直以来萍乡城市发展过度依赖煤炭、水泥等资源，产业集聚能力弱，产品输出价值低，发展方式粗放。依托海绵城市建设，萍乡市坚持“创新、协调、绿色、开放、共享”新发展理念，找准海绵城市建设绿色发展和产业转型的契合点。一方面推动传统的陶瓷、商混、管道产业向海绵产业转型，有效推动城市发展方式从“资源依赖型”向“创新高效型”转变。另一方面推动传统企业创新发展，由中低端制造，向人才培训、规划与设计、雨水生态收集利用系统构件制造、新技术新材料研发制造及运营管理维护等全产业链延伸，形成新的产业集群。

三是借势提升城市发展质量。推动城市高质量发展是解决新矛盾的必然要求。城市作为经济发展和人民生活的空间载体，其发展定位需准确。以往更多关注的是“速度”，如今则更强调“质量”。通过海绵城市建设，全市房地产市场变得更加健康有序、繁荣活跃，房地产库存得到有效化解。随着试点的不断推进，恒大、绿地、中梁、碧桂园、红星美凯龙等世界500强企业纷纷进驻萍乡，进一步拉动城市固定资产投资、促进农民工就业、推动城市供给侧结构性改革，城市向更高质量发展。在这过程中，人民日益增长的美好生活需要得到更好满足。

四是借势转变城市建设理念。“人与自然是生命共同体，人类必须尊重自然、顺应自然、保护自然。”党的十九大关于生态文明建设的重要论述已牢牢镌刻在200万萍乡人民心中。海绵城市试点之初，萍乡便将绿色发展理念全面融入规划设计、建设施工之中，切实改变以往城市建设过分挤压生态环境的状况，让城市回归自然，顺应自然，变“自然适应人”为“人适应自然”。一方面更加注重对山体、园林、绿地、湿地等自然生态的保护利用，通过低影响开发进行“微创”改造，城市建设不改变原有自然生态本底和水文特征。另一方面更加注重节约资源，不盲目扩大城市建设范围，不随意改变城市空间格局，做到适度开发、布局合理、集约高效，还城市以舒适、和谐、美丽。

（四）“三路并进”凸显动能效应

国务院办公厅印发的《关于创新管理优化服务培育壮大经济发展新动能加快新旧动能接续转换的意见》（国办发〔2017〕4号）强调，培育壮大经济发展新动能，加快新旧动能接续转换是促进经济结构转型和实体经济升级的重要途径，是推进供给侧结构性改革的重要着力点。萍乡主动对焦国家政策，“三路并进”培育新动能，实现工业创新发展和提质增效，构建起以产业生态化和生态产业化为主体的生态经济体系。

一是培育海绵产业。率先印发《海绵产业发展规划》《鼓励发展海绵经济的实施意见》等文件，率先出台16条税收优惠政策，在规划设计、先进装备制造、新型材料、项目施工运营、投融资管理等海绵城市领域培育新增长点、新动能和新产业集群，为老工矿城市转型发展提供路径借鉴。在强力政策扶持下，40多家相关企业发展壮大，透水砖、透水混凝土、渗排管等海绵材料不仅能满足本土市场需求，而且远销省内外，产值超20亿元。

二是打造海绵特色小镇。“特色”不是小镇的形容词，而是小镇的关键词，是小镇的核心元素。[①] 海绵小镇作为海绵城市建设的展示窗口，不是建几栋房子、打造几处海绵建设示范点就算大功告成。萍乡在安源区五陂镇率先启动全国首个海绵特色小镇建设，使“海绵城市”与“特色小镇”相融合，依托“山水林田城”生态资源，构建一个“产城人文”与美景旅游的复合载体，为海绵城市创新发展、特色发展、持续发展提供不竭动力。海绵小镇已建立

① 参见黄万林：《特色小镇建设重在科学规划系统安排》，《经济日报》2017年6月23日。

海绵产业孵化园，有桑德环境、科莱达等大型企业落户，产品、技术、人才、理念已可为全国提供海绵城市建设的全套方案。

三是组建海绵基金、海绵集团。海绵城市意味着需要大量海绵材料、海绵人才、海绵资金。萍乡市通过设立海绵产业发展基金，发挥现有融资平台，多渠道融资助力海绵经济发展。一方面设立10亿元海绵智慧城市建设引导基金，用于相关企业提升海绵城市设计、咨询水平，支持规划、设计、咨询机构引进人才、积累经验、充实力量，为全国海绵城市建设提供智力支持。另一方面整合试点过程中的科研设计单位、施工企业、制造企业、金融资本，并组建海绵产业集团，为全国海绵城市建设提供施工支持。

与水为友，必有所获。经过三年的试点实践，萍乡市更好地回应了社会期待和社会关切。萍乡市高度重视海绵城市试点建设合作交流。通过开展招商推介、举办学术会议、学习考察交流等，充分交流海绵城市建设实践中的有关做法和经验。三年中累计接待考察学习团200余批、5000余人次。2018年，随着首批国家海绵城市建设试点终期考核验收在即，萍乡将迎来国家海绵城市建设第三年“大考”。萍乡市169个试点建设项目基本建成，五陂海绵城市创新基地即将竣工开放。这些成绩，都将为国家海绵城市建设写好“萍乡答卷”添光增彩。

三、问题与对策

萍乡市海绵城市建设的成绩有目共睹。但也要清醒地认识到，即使是被列为首批试点城市，萍乡市开展海绵城市建设也不过3年时间。在“摸着石头过河”的探索发展过程中，萍乡总结出4个应避免的问题。一是认识问题。以为铺渗透地砖和管道及蓄水罐就可以代表海绵城市，海绵城市建设方案缺乏系统性与整体性，工程碎片化、条块化问题较突出；群众对海绵城市的知晓度、支持度不高，难以形成海绵城市建设的社会合力。二是技术问题。海绵城市建设综合性强、创新性强，单一的设计院所还未跟上新的理念要求，准备不足；海绵城市相关技术标准与规范体系尚未形成，各专业之间缺乏必要的融合；海绵城市相关领域成熟的应用产品相对较少，产品大多未经长期实践检验。三是资金问题。投资渠道不畅，热衷于争取国家补助，没意识到这是每个城市的义务；PPP模式不健全。四是后续管理问题。海绵城市建设不会立竿见影、一蹴而就，需要长时间的系统建设和管理。过程中存在重建设、轻管理的现象。项目建好后，有的地方存在后继无人管理等问题。

海绵城市建设的探路之旅任重道远，做到三个兼顾，可少走一些弯路。

一是做到时间与空间兼顾。一方面，眼前与未来并重。建设海绵城市不是简单的推倒重来，而应该在原有基础上做好加减法，这不仅需要长期规划明确未来愿景和转型方向，也需要短期战略逐步削减转型中的历史障碍。另一方面，"海绵城市"的建设也就是"海绵国土"的建设。① 解决水问题的出路不仅在于河道与水体本身，还在于水体之外的环境。习近平总书记在全国生态环境保护大会上强调，要通过加快构建生态文明体系，确保到2035年，生态环境质量实现根本好转，美丽中国目标基本实现。② 所以，海绵城市的理念须放在综合解决中国面临的水资源、水环境和水生态等问题，从区域到局地尺度上探索适应全球气候变化的解决方案，以及美丽中国建设的大背景下来理解。

二是做到传承与借鉴兼顾。虽然"海绵城市"理论本身具有鲜明中国性，但由于海绵城市的提出主要是为应对城市化过程中的问题，所以中国的海绵城市建设更偏重师从西方。例如，低影响开发（LID）、最佳管理措施（BMPs）、可持续排水系统（SUDS）、水敏感性城市设计（WSUD）等。然而国情、水情的差异，又使得全盘照搬任何一地的经验都是行不通的，因地制宜才是唯一选择。实际上，漫长的农业时代已为今人留下丰富的水文化、水文化景观和"海绵"遗产。各批试点城市需传承古代"道法自然""天人合一"的哲学思想、雨水"就地蓄留"利用智慧，借鉴国外雨洪管理先进经验，努力与低影响开发先进国家技术理念接轨，引进最新科研成果，创建出有中国特色的海绵城市，为其他城市提供模板与示范。在这过程中，城市地域特色不容忽视。

三是做到"面子"与"里子"兼顾。2014年5月，李克强总理内蒙古赤峰考察一家污水处理厂的在建项目工地时强调，"面子"是城市的风貌，而"里

---

① 参见俞孔坚：《论生态治水："海绵城市"与"海绵国土"》，《人民论坛·学术前沿》2016年第21期。

② 参见赵超、董峻：《习近平在全国生态环境保护大会上强调　坚决打好污染防治攻坚战　推动生态文明建设迈上新台阶》，光明网，http://difang.gmw.cn/cq/2018-05/20/content_28877891.htm。

子”则是城市的良心。只有筑牢“里子”，才能撑起“面子”，这是城市建设的百年大计。[①] 既是百年大计，自然应长期坚持。海绵城市建设也要既重“面子”，又重“里子”，统筹城市地上地下建设，不能只是表面的光鲜亮丽。良好的生态环境是最普惠的民生福祉。以人为本是城市建设的核心，城市重“里子”，群众才能涨“面子”，方能实现获得感和幸福感的双重提升。

① 参见翟磊：《李克强："面子"是城市的风貌，"里子"是城市的良心》，中国政府网，http://www.gov.cn/guowuyuan/2014-05/22/content_2685263.htm。

广东中山营造
全民参与社会治理新格局的实践探索

中山市地情报告课题组[①]

提　要：加强和创新社会治理是推进国家治理体系和治理能力现代化的重要内容。党的十九大提出要打造共建共治共享的社会治理新格局，提高社会治理社会化、法治化、智能化、专业化水平。中山市在近九年社会建设和社会治理创新方面提出全民参与社会治理，并作了大量的实践创新和理论探索，与十九大提出的“营造共建共治共享社会治理格局”高度契合，得到各级领导充分肯定。中山市全民参与社会治理“五字”模式、构建“1+5+N”全民参与社会治理工作体系等方面的探索，为营造全民参与社会治理共建共治共享社会治理新格局提供了有益参考。

关键词：广东中山　社会治理新格局　全民参与　包容增长　共建共治共享

中山市地处珠江三角洲腹地，2018 年常住人口约 326 万人。改革开放

① 课题组负责人：陈岚，中山市档案局局长、中山市人民政府地方志办公室主任。课题组成员：吴冉彬，中山市档案局副局长、中山市人民政府地方志办公室副主任；杨戈，中山市委政法委专职副书记；易剑，中山市委政法委科长；黄秀莹，中山市档案局地方志科《中山年鉴》统编。执笔人：易剑。

40年来，中山经济发展较快，外来人员众多，外来人口比例逐年上升，随之出现本地人与外地人人口“倒挂”的现象。社会治安问题、社会矛盾纠纷等社会管理难题挑战较大，一方面现有的社会管理体系难以有效覆盖传统“单位”体制外市民群众和流动人口，难以有效打通自上而下的社会管理和服务的“最后一千米”；另一方面，群众自组织化大量隐形存在，自下而上的参与意识和自我服务意识不断增强，社会自有活力需有效有序激发。为此，中山市委市政府一直坚持以人民为中心的发展思想，高度重视社会治理，以建设善治中山为目标，以提升老百姓的获得感、幸福感和安全感为核心，紧紧抓住全民参与社会治理这个关键，主打“全民牌”，开展全民治安、全民创文、全民公益等系列全民参与社会治理行动，实现社会管理从单向度到多维度、单一化到多元化的转变，既加强党政部门自上而下的社会治理方式创新，又激发社会组织、社会公众自下而上参与社会治理，不断推动社会善治，不断营造共建共治共享的社会治理新格局，推进社会治理体系和能力现代化。

一、营造全民参与社会治理的背景

党的十七大明确部署社会建设；党的十八届五中全会指出：“加强和创新社会治理，构建全民共建共享的社会治理格局”；党的十九大提出打造共建共治共享的社会治理格局。这是我们党在社会治理理念和实践路径认识上的新突破。全民共建共享的社会治理格局是指各主体充分参与、充分协商，并尽可能达成共识，形成良性互动的一种相对稳定的社会结构关系和治理模式。[①] 中山市从2011年起积极开展社会建设和社会治理创新实践和理论探索，逐步形成清晰思路。中山市委市政府从社会管理、社会自治和社会基础三个方面综合组织开展社会治理工作，并构成系统的社会治理。社会管理注重自上而下，以权力为主导，重在党政部门勇于担当“有为而治”，包括民生保障和问题治理，化解各类矛盾，维护稳定等；社会自治注重自下而上，以权利为主导，重在动员群众、基层组织“无为而治”，包括社区自治、社会组织自治等

① 参见曹秀伟：《协商民主视角下全民共建共享社会治理格局的构建思路》，《领导科学》2017年第5期。

协商治理等。两者需建立在共同的社会基础之上，这个基础包括与社会建设密切相关的经济、政治、文化、生态建设，以及德治与法治、社会建设规划等。概括来说是一个理念、二个突破、三个共享，即坚持以包容增长、共建共享的理念为引领，破解城市人与农村人、本地人与外地人两个二元结构矛盾，推进实现全民共享经济发展成果，全民共享基本公共服务，全民共享平等发展机遇的社会善治模式。这一理念与党的十九大提出的“营造共建共治共享社会治理格局”要求高度契合。各级领导充分肯定中山营造全民参与社会治理新格局的经验，并强调中山经验值得学习借鉴，要认真总结推广。中山市全民参与社会治理模式探索为中山社会治理走在全国前列奠定了坚实的基础。

二、营造全民参与社会治理的举措

中山市全民参与社会治理探索创新工作是理论与实践相结合的产物，历经由实践上升为理论，再用理论指导实践的过程。

（一）理论探索：全民参与社会治理创新行动到“全民参与社会治理‘五字’模式”

中山市全民参与社会治理是基于社会管理、社会自治、社会基础三个维度，以党政部门为主导，以群众需求和问题治理为导向，积极推动党政部门和企事业单位、社会组织、市民群众等各社会治理主体，主动担当，勇于创新，通过不断扩大组织化参与平台渠道，强化社会动员，推动全民“齐”参与、“愿”参与、“能”参与。同时，以“形成共同价值目标，共同解决社会治理难题”为导向，推动全民的“真”参与，“常”参与，构建全民共建共治共享幸福和美中山的新格局。

从问题入手，促全民“齐”参与。从现实入手，以问题为导向，针对不同群体的需求和动机，分类动员促政府各级部门、各事业单位、社会组织和市民群众等各社会主体齐心齐力共同参与。一是从群众关心的现实问题入手促全民“齐”参与。针对群众关心的“富了口袋后如何富脑袋”“破案也难补群众伤害”“毒品不绝，长期危害社会”“医闹事件多发，医生护士人人自危，医院不能正常运转”等重大社会现实问题，通过媒体网络讨论、设置“城市论坛”对话、上门解释交流等多种形式，充分宣传动员，激发群众“建设更加美丽中山”人人有责的主体意识，不断凝聚全民参与的正能量。二是针对不同群体以不同的方式促全民“齐”参与。对本地人与外地人、青年大学生与中老年人、事业单位人员与企业人员等不同群体和阶层，运用不同方式动员其参与。为促进新老中山人的融合，调动异地务工人员参与社区治理的积极性，推行村（居）社区建设协调委员会制度和村（居）委会特别委员制度。至2014年，全市277个村居均建有社区建设协调委员会，2014年1—10月召开协商会议达1396次，协商事项达1800宗，全市各社区建设协调委员会成为市民参与社区事务的有效平台。三是按不同的参与动机、以不同的办法促全民“齐”参与。针对参与群众的不同心理，全民参与系列行动从权利型、义务型、自觉型、兴趣型、实惠型等参与动机出发，因势利导，采用多种有效举措促全民“齐”参与。在全民治安行动和全民禁毒行动等行动中，民众的参与动机既有出于重奖等实惠型而参与，又有出于公民义务的自觉型而参与，还有出于兴趣爱好的兴趣型而参与。

激发活力，促全民“愿”参与。从群众的切身利益入手，打好“民生牌”和“民心牌”，以此推广共建共享的理念，提高公众参与的主动性和积极性。一是以“民生工程”激发全民参与的活力。坚持以人民为中心，将顺民意、解民忧、惠民生作为一切工作的出发点和落脚点。财政民生支出逐年增长，2017年平均占财政支出比重近70%，全年10件民生实事均顺利完成，优化交通管理、创建食品安全示范城市、加强打击和防范盗抢骗、提升公交服务等一批民生工程的实现和推进，都让群众真切感受到发展的实惠，激发了公众参与社会事务的热情。二是以多元化参与渠道激发活力。全民参与系列行动，件件围绕民生福祉，群众件件可以参与。全民创业行动中，由高校教师和企业家参与组成的培训导师团队，在全市12个创业孵化基地提供政策咨询、项目推介、创业培训、小额贷款等一条龙服务，建立创业孵化基地与创业园25个，累计孵化创业团队1131个，带动就业超4.5万人，全市实现平均每个劳动人口中就有1名创业者。三是以身边的典型激发参与活力。在全民修身、全民创文行动中，注意挖掘、推广身边的“好人”、身边的好典型，以典型激发公众的善心善念。开展博爱文化月、学雷锋志愿服务月、邻里文化节等“一月一主题”活动，涌现“中山好人”311名，其中28人荣登“广东好人榜”，39人荣登

"中国好人榜"。坚强母亲麦容欢、"过路哥"邓加天曾荣膺"广东十大最美街坊"称号。四是以重奖举报激发参与活力。在全民治火、全民禁毒、全民除"毒、赌、黄三害"、全民清"三非"（非法入境、非法居留、非法就业）等行动中，以重奖广泛发动群众举报，不仅使违法犯罪行为陷入人民战争的汪洋大海之中，而且极大提升了政府部门执法效率并降低执法成本。全民治火行动从 2009 年实施以来，累计受理举报 3200 宗，发放奖金 420 万元。全民禁毒行动 2013 年共收到举报 4000 个，根据线索抓获吸贩毒人员近 1300 人，发放奖励金 120 万元。

畅通渠道,促全民"能"参与。针对社会治理实践中公众参与渠道不够多、不畅通的现实，拓宽畅通全民参与渠道，让群众只要想参与，就有能参与的渠道。一是畅通全民通过社会组织参与的渠道。2013 年制定社会组织"1+9"政策体系,设立总额400万元的社会组织培育发展专项资金。至2018年2月底，全市有法人登记的社会组织 2259 家，其中社会团体 668 家，民办非企业单位 1588 家，非公募基金会 3 家。深化行政审批制度改革，在审批事项由原来的 1404 项减少到 2018 年 8 月的 285 项的同时，编制政府职能转移目录和具备资质条件承接政府职能转移的社会组织目录，加大政府委托授权或购买服务力度。充分发挥工青妇、工商联等人民团体对社会组织的引领作用，通过不断完善枢纽型组织的政策导向与认定评定体系，至 2016 年年底，先后开展 2 批枢纽型社会组织的评定，共认定枢纽型社会组织 13 家，纳入枢纽型社会组织培育计划 10 家，列为镇区试点 2 家。对认定的枢纽型社会组织，拨付专项资金扶持发展并以项目化形式引领其参与破解社会治理难题实践。二是畅通全民通过基层社区参与的渠道。推进全民参与的细胞工程建设，以社区建设"2+8+N"模式为龙头，将村居、厂企、学校、医院等社会基层"细胞"打造为组织群众、发动群众的重要载体。以全民治安、全民禁毒为例，全市 93% 的村居、90% 的厂企（含工业园）、91% 的小区、98% 的校园、97% 的医院达到平安创建标准。聘任优秀异地务工人员担任村（居）民委员会特别委员，全市共有 259 个村居聘有异地务工人员特别委员 672 人，2014 年前 10 个月参加村（居）委会会议 990 次，特别委员成为带领异地务工人员群体参与社会治理的重要力量。三是畅通全民通过具体项目参与的渠道。2013 年起举办"我为中山善治献一策"金点子大赛，每年收到点子数量超 800 条，50 个金点子转化为部门实际行动，18个金点子通过"博爱100"公益创投，委托社会组织实施，探索形成非基本公共服务的社会化供给模式。其中的读写障碍儿童关爱项目、孤寡老人关怀项目、小区邻里互助项目等"博爱100"公益创投活动市级优胜项目深受市民欢迎，吸纳众多热心人士参与和资助。四是畅通全民通过软硬件设施参与的渠道。全民公益行动以"博爱100·网络公益园"、网络文明行动网上网下不断传递温暖，传递正能量。在全民健身行动中，镇区和社会力量投入约3亿元，实现"100%镇区建有全民健身广场、100%行政村建有健身苑、100%社区建有健身点、100%的全民健身场地设施全天候免费向社会开放"的公益目标，推动中山全民健身行动蔚然成风。

强化保障，促全民"真"参与。全民参与的真与假，直接关系到参与的效果。中山市坚持实事求是原则，建立健全全民参与的保障措施，促进全民"真"参与。一是用行动实效促全民"真"参与。全民治安行动从2012年提出争创"全国治安最好城市"起，警情在2012年和2013年分别下降11.4%和26.4%，2014年第一季度再下降14.9%；全民治"医闹"行动实现两年零"医闹"，医德医风大有转变；全民禁毒行动实现吸毒人员收戒查处率居广东省首位；全民治火实现连续三年火灾零死亡；2013年中山市连续五届荣获"全国社会治安综合治理优秀地市"称号，成为广东省唯一三夺"长安杯"的地级市。二是用坦诚互动促全民"真"参与。在全民除"三害"行动中，公开网上征集热心网友群众参与执法，当面"抓阄"确定明察暗访的场所。对群众的举报线索必核、属实必查、异地查处、顶格处理，2014年1—8月检查场所5.4万间次，停业整顿场所15间，全市文化娱乐场所基本实现无"毒、赌、黄三害"。发动全民禁毒"大收戒"，涌现众多父亲举报儿子吸毒、妻子协助民警收戒丈夫等"大义帮亲"、"大义救友"的感人故事。三是用严格保护促全民"真"参与。全民治安、全民除"三害"、全民治火、全民禁毒行动均设专人接待举报人，严格保密举报人信息，没有发生一起打击报复事件。踊跃、准确的举报成为行动成功的有力武器，在全民治火行动中，形成一批监督举报群体，其中一位市民在3年中举报火灾隐患近100宗，获得奖金超30万元。

健全机制，促全民"常"参与。一是规划先行。在全国地级市中率先编制中长期社会建设规划纲要，其中围绕如何加强全民参与，明确指导思想、基本目标、基本原则和保障措施。全民修身、全民治安等行动均制定相应的三年、五年或十年规划，明确具体工作目标与进度。二是机制健全。全民参与行动均明确群众日常参与的办法和激励机制。其中，全民修身行动制定具体的测评体系，将修身行动指标化；全民创文行动制定推进文明城市创建常态化实施意见；全民防“医闹”行动制定预防和处置医闹工作指引，成立市镇两级第三方的医疗纠纷调解委员会，畅通医疗纠纷依法调解渠道；全民公益行动创新提出政府、社会组织、热心市民与企业三方联动的“公益1+1+1”模式，带动更多社会资源点对点地投向公益性的社会服务。三是机构和资金保障有力。2012年2月成立中山市社会工作委员会（简称“市社工委”），在各镇区成立基层社工委，各委员单位形成强大合力，协同推动全民参与社会治理工作。设立市级社会管理与创新专项资金，2014年资金总额增至7500万元，十大全民行动均相应配齐专项财政保障经费，确保各项行动顺利进行。

（二）实践探索：构建“‘1+5+N’全民参与社会治理工作体系”，开展项目化推进工作

中山市努力构建“1+5+N”全民参与社会治理工作体系，指抓住“1”这个龙头，建好与中央编译局共建中国社会创新（中山）基地；做好“5”个重点项目，即着重抓好全民治安、全民创食品安全、全民参与矫正社会工作、全民修身和全民公益5个基础较好的项目；挖掘“N”个新项目，即各单位、各镇区按照全民参与理念和方法策划、实施的社会治理项目。

创建中国社会治理创新（中山）基地。2015年3月，中山市社工委和中央编译局比较政治与经济研究中心签约，双方合作共建“中国社会创新（中山）基地”。该项目被列入广东省社会体制改革“省市共建”项目，并于12月2日在中山职业技术学院开园启用，是广东省首个中国社会创新基地。作为全民参与社会治理行动的总部基地，该基地以“党政主导＋社会运作＋多元共治＋跨界共赢”为模式，搭建社会治理创新研发、全民公益行动实施、枢纽型组织建设指导、粤港澳台社会发展交流、社会治理成果展示“五大平台”，构建全民参与社会治理项目的联动发展体系，促进社会治理多层次、多元化联动。2017年，随着合作团队负责人工作变更至北京大学城市治理研究院和政法机构改革，基地合作方变更为市委政法委与北京大学城市治理研究院合作共建，名称亦相应变更为“中国社会治理创新（中山）基地”。至2017年

年底，基地有专业运营团队及中山市法学会、广东省社会科学院中山分院、中山市社会创新咨询委员会、中山市社会服务联合会、中山市联和社会工作服务中心、中山市家里公益服务中心、中山市社工与志愿者联动发展中心、中山市社会工作者协会、中山市北达博雅社会工作服务中心等20个机构入驻。

基地立足建设善治中山，指导中山市社会治理从实践到理论再到实践的双向促进。一是搭建了社会治理创新的“五大平台”，包括社会治理创新研发平台、全民公益行动实施平台、枢纽型社会组织建设指导平台、粤港澳台发展交流平台和社会治理成果展示平台，从理论和实践，推动中山社会治理体系和能力现代化。二是联动北京大学城市治理研究院、国家行政学院、中央编译局、中山大学、中国社会工作联合会、广东外语外贸大学和广东省社会科学院等高端资源，搭建集国内社会治理专家库、名师库、社会治理创新项目库、案例库于一体的社会治理创新资源中心，为中山市各市直部门和镇区社会治理创新项目研发提供点对点的专家智库支持。至2018年8月，资源中心通过已经收集整理超100位专家的研究成果，全国各直辖市、省、自治区近400个中国政府创新奖和社会创新奖项目、社会治理创新项目，以及省内各地市和中山市各镇区数百个社会创新观察项目和“博爱100”公益创投优胜项目案例，为全市的党政部门、企事业单位、社会组织提供丰富的社会治理创新资源的数据库线上和线下服务。三是通过市镇共建全民公益园，带动镇区向下延伸建立社区公益服务中心，着力建设市镇社区三级社会治理创新工作体系。2018年8月，全市11个镇区建立各镇全民公益园，小榄镇率先建立15个社区公益服务中心，并使其成为镇区与社区社会服务的综合体、社会组织孵化器和基层社会治理创新引擎；基地入驻、扶持20家枢纽型和社会服务行业社会组织，通过大力推动“博爱100”全民公益行动，以项目为载体，联动全市数百家社会服务机构、公益社会组织，带动广大市民参与社会治理。

开展全民修身、全民创文、全民公益、全民创食安和全民创建平安系列行动。一是全民修身。从2011年起以“全民”为主体，以“修身”为根底，以“行动”为支点，实施干部尚德养廉、公民意识培育、城市精神光大、优良品德倡导、公共文明实践、传统文化弘扬、幸福能力提升、新老中山人融合、阳光少年自强、和美环境营造十项行动。设立“修身学堂”1100间，每年开展活动超1.5万场次，群众参与300万人次。每年依次推出“慈善文化月”“学雷锋活动月”“邻里文化节”“知书识礼读书月”“全民修身活动日”“孝老爱亲活动周”等主题活动，创新开展“微家书”活动，将修身寓于孝老爱亲和家庭美德之中。以“道德力量托举中国梦”为主题，每年开展巡讲巡演30场次。制定完善道德模范、身边好人、十杰市民、百佳外来工等评选表彰办法，募集社会资金170万元设立道德模范和身边好人帮扶基金。探索异地务工人员通过参与修身积分入学入户入住公租房，有效发挥激励示范作用。二是全民创文。制定出台《关于依托网格化管理促进文明城市创建工作常态化的实施方案》，以网格化管理为抓手，充分调配整合社会的人力、物力、信息资源，提高管理服务效率，促使文明城市创建工作区域网格化、问题精准化、处置及时化、工作规范化。加强城乡统筹、以城带乡，推动文明创建工作由主城区向镇村延伸，形成上下联动的城乡一体化文明格局。实施月度测评、季度点评、年度考评制度，通过委托第三方实地测评、市文明办实地督查、组织市民巡访团巡查、市城管办检查等方式，开展检查44次，每月将测评成绩进行排名和通报，倒逼落后镇区迎头赶上。落实市委“四看”（一看路、二看树、三看房顶、四看柱）的城市环境治理整体要求，围绕“四化”（净化、绿化、美化、亮化）目标，进一步营造整洁、畅顺、绿色、安全的城市环境。三是全民公益。作为弘扬孙中山先生“博爱”精神的社会治理品牌——中山市“博爱100”全民公益行动（简称“博爱100”），自2013年第一届“博爱100”开展以来，一直紧紧围绕满足人民群众日益增长的美好生活需要，强化“在中山就是中山人”理念，突出问题导向，聚焦社会热点难点问题，积极推动全民参与社会治理，以公益统筹社会力量，以公益化解社会矛盾，为打造共建共治共享的现代社会治理格局奠定坚实基础，有力促进社会治理社会化、法治化、智能化、专业化。2013年起连续5年举办五届“博爱100”，这已成为12个党政部门共同举办，横向设立8个主题版块、纵向设立14个镇区版块，支持自主开展公益创投的市镇社区三级联动的社会治理服务体系。同时，委托第三方机构开展专业的项目服务优化和财务审核，举办最强公益决赛、全民公益集市、公益之夜等系列活动。2014年3月，“博爱100·全民公益1+1+1”模式获评为广东“政府治理能力现代化”2013—2014年度优秀案例。2015—2017年，按照中山市《关于镇（区）全民公益园建设的指导意见（试行）》，镇区全民公益园建设连续3年创建3批试点镇区全民公益园

11 个。各公益园坚持寓管理于服务之中的理念，采取柔性手法解决社会问题，开展矛盾化解、社区矫正活动 110 批次、5589 人次参加；发挥源头治理、柔性治理的协同作用，举办法治宣讲、应急处置培训等活动 168 批次、65390 人次参与；帮扶弱势群体 165 批次 8538 人次；上述多项举措受到国家有关部门、兄弟省市和中山广大人民群众的一致好评。四是全民创食安。中山全市开展全民创食安行动，以“食安卫士在身边”和“全民参与创建无假药城市”为抓手，打造有队伍、有平台、有手段、有保障的“四有”共治体系。完善共治队伍，建立覆盖全市 277 个社区由 1500 人组成的食品药品安全进社区巡查员队伍，利用巡查 APP 上报违法线索，1 年来上报巡查信息 2 万条；建成由大学生和执业药师组成共 246 人的食安卫士志愿者队伍；新聘 21 名食品安全专家、20 名系统特邀监察员参与共治。构筑共治平台，建成首批 5 个中山市食品药品安全科普教育基地；联合电子科技大学中山学院共建食品安全研究中心，年内完成中心设计；市食品药品监督管理局联合市社工委、团市委、市药学会、市关心下一代工作委员会等单位开展“食安卫士在身边”之科普进社区系列宣传活动 70 场。扩展共治手段，优化官网，利用“中山食品药品监管”官方微信和微博，每日推送监管动态、食品药品法律法规和科学消费知识，增加完善笑脸餐厅、化妆品查查看、免费检测点等网络服务功能，增进与市民的互动。通过构建完善食品安全“四有”共治体系，激发全民参与食品安全共治的热情。五是全民治安。加快推进“平安细胞”建设，案件大幅下降，群众安全感满意率多年位居广东省前列。全民治安行动自 2012 年初实施以来，以争创“全国治安最好城市”为目标，整合部门资源，发动群众参与。通过创建“平安村居”“平安校园”“平安公交”“平安厂企”等“平安细胞”，实现由民意主导警务，从单靠公安抓治安向依靠全民参与促使治安转变，全市刑事发案量逐年大幅下降，并成功创建“无医闹”城市。经过整合收编，全市组建起一支有 5 万人参加的治安联防队伍。推进“平安出租屋”建设，全市出租屋的备案登记率达 100%，各类出租屋安装视频门禁系统 13408 套，其中规模以上出租屋安装 11272 套，覆盖规模以上出租屋 11228 户，完成率 74.7%。推进出租屋网格化管理，将全市划分为大、中、小网格共 1678 个，配备 4504 名网格管理人员实施管理，全市基本实现出租屋网格综合化、精细化管理，整体推进全市社会治安综合治理信息系统网格建设。市、镇（区）综治中心完成标准化建设，配备 2480 名网格员信息采集收集终端，安装二类社会监控 4.12 万路，实现所有业务向全市 277 个村居（社区）延伸。至 2017 年底，全市综治系统录入实有人口数据 232 万条，实有房屋数据 117 万条，刑满释放人员数据 3796 条，社区矫正人员数据 1342 条，严重精神障碍患者数据 8743 条，吸毒人员数据 9690 条，重点上访人员数据 244 条，网格事件数据 132832 条。其中古镇镇更是创新基层社会治理，将网格化平台定义为自治平台，至 2017 年 8 月，全镇各级网格员共处理各项事项 45265 宗，自报自理案件达 44670 宗，化解率占总数 98.68%，社区网格员在收集社情民意、开展便民服务、化解社会矛盾、推动平安建设、促进社会和谐稳定等方面发挥重要作用，有力激活社区的自我处置和自我调节功能。六是全民禁毒。2013 年以来，中山市将禁毒工作作为平安中山建设“一号工程”统筹推进，以创建“全国禁毒示范城市”为目标，创新开展“全民禁毒”工作，通过“六个全”（指吸毒人员全数查处、涉毒场所全部管控、制运贩毒全力打击、戒毒康复全程帮扶、无毒创建全民参与和禁毒责任全面落实）的禁毒工作新模式，破解禁毒工作难题，禁毒工作取得明显成效。在此基础上，2017 年，经国家和广东省禁毒委员会领导指导，由新的市禁毒委员会组织策划，中山市坚持高位求进、创新发展，紧紧围绕创建“全国禁毒示范城市”这条主线，以“智慧禁毒、精细治理”为主题，着力健全完善毒品问题社会治理模式，推动全民禁毒工作向纵深发展。2017 年，全市在册管控吸毒人员 29989 人，含市内户籍地管控吸毒人员 9858 人，外地户籍 20131 人，新发现吸毒人员 1525 人；收戒吸毒人员 1674 人，其中收治病残吸毒人员 194 人；全市侦破毒品案件 484 起，批准逮捕毒品案件 420 起，缴获各类毒品 103.83 公斤。七是全民参与矫正社会工作。2014 年，市司法局、市社工委、市禁毒委员会办公室、市社会治安综合治理委员会办公室联合印发《中山市矫正社会工作试点实施方案》（简称《方案》），全面启动中山矫正社会工作试点镇区建设。《方案》明确要求建立执法者、专职社会工作者、志愿者 3 支队伍；设立帮教中心，统筹社区矫正、安置帮教和社区戒毒康复人员的管理工作，探索适合不同类型的具有中山特色的矫正社会工作新模式。至 2016 年，全市建成社区矫正中心 1 个，镇区社区矫正分中心 24 个。至 2017 年年底在册社区矫正人员 1190 人（其中缓刑 1155 人、假释 22 人、暂予监外执行 13 人），累计接收 6897 人，解除矫正5707人。市司法局和24个镇区完成购买社会服务工作，有从事社区矫正工作的专业社会工作者83人，参与社区矫正服务的社会志愿者2096人，社会企业、团体330个。

以项目化推动“N”个社会治理项目落地。各单位、各镇区按照全民参与理念和方法策划、实施社会治理项目。2015年收到相关单位、镇区申报的30个项目，经评审确定10个共建项目和20个自行开展项目，并安排市社会创新咨询委员会分组对接10个共建项目，对其进行优化。基本完成“全民参与矫正社会工作”“全民创食安”和“‘全民交通、警民互动’微信公众平台”等6个项目。对具备创新性、可行性和可推广性的项目，由市社工委与项目申报单位共建，会同专家团队提供政策指引等支持。

三、问题与对策

（一）存在问题

统筹机制不健全，工作规划延续性有待加强。社会治理所涉及的领域点多面广，党政部门的高站位统筹推进尤为重要，既定的社会善治战略需要坚持“功成不在我期，一张蓝图绘到底”的精神，一件事接着一件事办，一茬接着一茬干，久久方为功。

组织化机制不健全。社区建设协调委员会和特别委员等全民基层治理渠道要进一步落到实处，常态化参与程度还不高。全市社会组织中能参与社会治理的组织数量不多、质量不高，全市注册社会组织总数2234家，能达到承接政府职能转移的3A标准的社会组织为181家，仅占8%。

多元驱动机制需进一步加强。不少党政部门动员方式简单，重宣教发动，轻内需驱动，全民的参与意愿和参与层次有很大提升空间。

项目化机制需进一步强化。市直部门和各镇区开展的全民行动需要进一步项目化，项目资金扶持和智力扶持需要进一步加强。

（二）对策与建议

党的十九大提出加强和创新社会治理，要提高社会治理社会化、法治化、智能化、专业化水平。习近平总书记希望广东省在营造共建共治共享社会格局上走在全国前列。如何进一步推动全民参与社会治理，把社会治理重心向基层下移，不断拓展全民参与社会治理的路径和方式，是下一步中山社会治理工作的重要任务。

进一步实施全民参与社会治理战略。坚持以人民为中心，进一步激发社会活力，坚持打好全民参与的“民生牌”“文明牌”“平安牌”，争创全省乃至全国创新社会治理排头兵。一是加强全民参与社会治理的项目化推进机制。继续打造包括全民修身、全民治安、全民公益等品牌项目在内的全民参与社会治理项目集群。依托中国社会治理创新（中山）基地，联动各镇区全民公益园，高质量打造一批社会创新观察项目。建立优秀项目推广常态化机制，加大政府委托授权或购买服务力度。二是健全全民参与社会治理的多元驱动机制。健全利益激励机制，采用精神鼓励、政策优惠、物质补偿、经济奖励等多种方式引导全民参与社会治理。建立严格的举报制度，培育一批监督举报群体。实施全民参与细胞工程，将村居、厂企、学校、医院等基层“细胞”打造为组织群众、发动群众的重要载体。用好听证会、城市论坛、网络问政、社区学院、修身学堂、慈善万人行、公益创投等参与平台，不断拓展和畅通全民参与的渠道。三是完善多元主体参与的社会化服务体系。加强基层党组织建设，组建党员服务工作室、特色服务队。大力发展本土化、专业化的社工队伍，推动“社工＋志愿者”联动体系建设。推进亲子义工队、企业义工队等特色志愿服务队伍建设，探索推进全民参与志愿服务的专业化、岗位化。

大力实施基层协商民主战略。以基层党建为统领，推进基层民主协商，完善基层社区治理体系。一是健全基层协商民主机制。坚持基层党组织在基层社会治理中的领导核心地位。健全与村（居）民及其他社区内主体的协商对话机制。健全基层党组织引领，村（居）民委员会、特别委员、社区服务中心、集体经济组织、基层群团组织、驻社区单位、社会组织及利益相关方等主体共同参与的协商民主机制。二是扩大基层协商民主主体。构建镇（区）、村（居）民委员会、村（居）民小组三级基层协商体系。扩大异地务工人员的协商参与，根据异地务工人员比例，增加和充实村（居）民委员会特别委员数量。鼓励符合条件的异地务工人员经过民主程序，担任居民委员会居民小组长、居民委员会下属委员会成员、楼栋长和居民代表。开展镇区协商试点，围绕各镇区城乡规划、工程项目、征地拆迁、环境治理以及群众反映强烈的民生问题，组织开展民主协商。三是创新基层协商民主形式。推动村（居）党代表工作室、特别委员和协调委员会委员工作室、人大代表政协委员社区联络站、群众联络站等平台的资源共享。继续在优秀特别委员中选任党代表、人大代表和政协委员。完善民主恳谈会、咨询会、网络论坛等实践工作制度。四是提升基层协商民主水平。围绕群众期盼解决的热点难点问题设置议题，强化协商共识意见的落实和结果反馈。有序引导小区成立业主委员会，鼓励探索居民委员会和业主委员会成员交叉任职，推进以业主委员会、物业服务企业等为主体的小区公共事务协商。五是增加异地基层代表比例。适当增加异地务工人员代表在党代表、人大代表、政协委员中的名额和比例，拓展异地务工人员参政议政渠道。

大力实施社会融合共进战略。推进新型城镇化进程，有序推动全民市民化，有效促进新老中山人融合，让全民在中山工作、生活更有归属感、安全感和幸福感。一是推动公共服务向异地务工人员延伸。严格落实中央和省的户籍制度改革要求，强化全民的属地化管理、市民化服务。健全积分入学、积分申请公租房等管理服务制度，提高覆盖全域实有人口的基本公共服务均等化水平。健全吸引技能人才常驻中山的体制机制，促进高技能全民融入就业地城镇。优化出租屋安居环境，鼓励探索出租屋公司化、物业式管理。二是构建流动儿童关爱服务体系。构建融信息登记、安全管理、义务教育、免疫健康、社会保障、社区融入等为一体的流动儿童关爱服务体系。创新家庭教育公共服务体系，加强包括流动儿童在内的儿童健康档案管理。引入公益创投理念，集聚社会力量，为流动儿童成长打造艺术发展、健康成长、感恩教育、激励发展、公益服务的五大工作平台，创建一批流动儿童关爱品牌公益项目。三是发展异地务工人员服务组织。支持各省（自治区、直辖市）驻粤（劳务）办事机构在中山设立务工人员服务组织，推进异地商会中的异地务工人员互助组织建设，强化群团组织对异地务工人员的关爱，引导异地务工人员参与各种社区活动和社会事务。四是坚持舆论引导培育全民向上向善。牢牢把握正确的舆论导向，强化舆论引导，依托全民公益、志愿服务、网络文明行动等平台，增进社会信任，增强社会包容度，引导全民快乐工作与健康生活。及时全面公开群众普遍关心的热点问题或重大公共突发事件。推进社会支持网络建设，支持社会组织关爱全民弱势群体，引导企业关爱外来员工。完善全民社会心理援助服务体系，建立社会心态监测、预警、疏导机制，及时发现、疏导社会不良心态。

参考文献

一、总报告

1. 习近平：《决胜全面建成小康社会 夺取新时代中国特色社会主义伟大胜利——在中国共产党第十九次全国代表大会上的报告（2017 年 10 月 18 日）》，《中国共产党第十九次全国代表大会文件汇编》，人民出版社 2017 年版。

2. 中华人民共和国生态环境部：《2017 中国生态环境状况公报》，中华人民共和国生态环境部官网，2018 年 5 月 31 日，http://www.mee.gov.cn/。

3. 国家统计局：《改革开放 40 年经济社会发展成就》，国家统计局官网，2018 年 8 月 27 日—9 月 18 日，http://www.stats.gov.cn/ztjc/ztfx/ggkf40n/。

4. 教育部：《2017 年全国教育事业发展统计公报》，教育部官网，2018 年 7 月 19 日，http://www.moe.edu.cn/jyb_sjzl/sjzl_fztjgb/201807/t20180719_343508.html 。

5. 各省（区、市）2018 年政府工作报告。

6. 各省（区、市）2017 年环境状况公报。

7. 山东省统计局 国家统计局山东调查总队：《2017 年山东省国民经济和社会发展统计公报》（2018 年 2 月 27 日），山东省统计局官网，2018 年 2 月 28 日，http://www.stats-sd.gov.cn/art/2018/2/28/art_6196_812195.html。

8. 陆军党的创新理论学习研究中心：《不断满足人民日益增长的美好生活需要》，《解放军报》2018 年 1 月 5 日。

9. 王一鸣：《40 年来我国宏观经济政策的演进与创新》,《管理世界》2018 年第 3 期。

10. 韩俊：《坚决打赢脱贫攻坚战》,《经济日报》2017 年 11 月 23 日。

11. 李佐军：《生态文明在十九大报告中被提升为千年大计》,《经济参考报》2017 年 10 月 23 日。

12. 刘琦岩：《以自主创新不断增显中国道路的内涵和特色》,《全球化》2017 年第 11 期。

13.《海关总署：坚决把“洋垃圾”拦截在国门之外》,《经济日报》2018 年 1 月 25 日。

14.《高建民：河北已基本完成环保机构监测监察执法垂直管理制度改革》，新华网，2017 年 10 月 23 日，http://www.xinhuanet.com/politics/19cpcnc/2017-10/23/c_136700418.htm。

15.《北京改善绿色出行环境：两年治理 468 千米步行自行车系统》，新华网，2017 年 12 月 19 日，http://www.xinhuanet.com/fortune/2017-12/19/c_1122135124.htm。

16.《北京：中心城区绿色出行占比 72%》，中华人民共和国中央人民政府官网，2018 年 1 月 3 日，http://www.gov.cn/xinwen/2018-01/03/content_5252698.htm。

17.《绿色金融为转型注入强劲动能》，中华人民共和国中央人民政府官网，2018 年 7 月 9 日，http://www.gov.cn/xinwen/2018-07/09/content_5304961.htm。

18. 张伟 汪杨姿：《陕西留坝：向绿水青山要金山银山》，人民网，2018 年 5 月 3 日，http://sn.people.com.cn/n2/2018/0503/c226647-31533212.html。

19.《江西生态保护红线划定面积占全省国土面积 28.06%》，新华网，2018 年 7 月 6 日，http://www.xinhuanet.com/politics/2018-07/06/c_1123087657.htm。

20. 国务院新闻办公室：《〈青藏高原生态文明建设状况〉白皮书》，国务院新闻办公室网站，2018 年 7 月 18 日，http://www.scio.gov.cn/zfbps/32832/Document/1633895/1633895.htm。

21.《甘肃整改祁连山保护区生态问题已完成上年度整改任务》，新华网，2018 年 1 月 13 日，http://www.xinhuanet.com/2018-01/13/c_1122254443.htm。

22.《青海：南京西宁 再谱深化扶贫协作“双宁记”》，国务院扶贫开发领导小组办公室官网，2018 年 10 月 11 日，http://www.cpad.gov.cn/art/2018/10/11/art_42_89710.html。

23. 蓝海涛、王为农、涂圣伟、张义博、周振：《新常态下突破农民收入中低增长困境的新路径》，《宏观经济研究》2017 年第 11 期。

24. 车延高：《武汉城市圈企业生态文明建设存在的问题及对策研究》，《中国市场》2017 年第 5 期。

25. 林远：《深入实施乡村振兴战略要突破三大难关》，《经济参考报》2018 年 6 月 12 日。

26. 王广飞、符琳蓉：《城乡教育一体化推进义务教育均衡发展的困境与对策》，《农村经济》2018 年第 3 期。

27. 洪秀敏、姜丽云：《新时代学前教育科学发展的瓶颈与对策》，《中国教育学刊》2018 年第 7 期。

28. 黄礼科、欧阳文君、秦子涵：《浅谈社会保障存在的问题与对策》，《农村经济与科技》2017 年第 10 期。

29. 钱晓春：《贫困山区脱贫攻坚的问题及对策》，《现代商贸工业》2018 年第 27 期。

30. 陈立鹏、马挺、羌洲：《我国民族地区教育扶贫的主要模式、存在问题与对策建议——以内蒙古、广西为例》，《民族教育研究》2017 年第 6 期。

31. 刘加吉：《湖北农村生态文明建设》，《经济研究导刊》2014 年第 33 期。

32. 陈金钊：《用法治方式满足公民对美好生活的向往——关于法治发展不平衡、不充分的断思》，《河北法学》2018 年第 4 期。

33. 吕东明：《生态文明视域下农村环境保护法律制度的构建》，《农业经济》2018 年第 2 期。

二、乡村振兴篇

1. 宿迁市政协办公室关于印发《宿迁市乡贤协会、乡贤参事会筹建工作方案》的通知，宿政协办发〔2017〕29 号。

2.《宿迁市乡村振兴论坛工作规则》（2017 年 12 月 10 日宿迁市乡贤协

会第一届理事会第一次会议通过)。

3.《宿迁市乡贤道德讲堂工作规则》(2017年12月10日宿迁市乡贤协会第一届理事会第一次会议通过)。

4.《宿迁市工匠乡贤讲习所工作规则》(2017年12月10日宿迁市乡贤协会第一届理事会第一次会议通过)。

5.《宿迁市“孝老敬贤”公益资金管理办法》(2017年12月10日宿迁市乡贤协会第一届理事会第一次会议通过)。

6. 宿迁市乡贤协会:《“弘扬乡贤精神 助力乡村振兴”倡议书》,宿迁网2017年12月13日。

三、区域发展战略篇

1.《京津冀协同发展领导小组办公室负责人答记者问》,《经济日报》2015年8月24日。

2.《打破“一亩三分地”习近平就京津冀协同发展提七点要求》,新华网,http://www.xinhuanet.com/politics/2014-02/27/c_119538131.htm,2014年2月27日。

3. 安洋、冀业:《山西获批全国最大综合配套改革试验区》,人民网,http://politics.people.com.cn/GB/14562/13470645.html,2010年12月13日。

4. 杨建慧:《关于山西资源型经济转型路径的思考》,《前进》2017年第2期。

5. 王宏杰、李彩霞:《资源诅咒下山西省的经济转型问题》,《品牌》2015年第11期。

6. 徐丽:《我省煤炭去产能今年新增525万吨》,《山西日报》2017年10月27日。

7. 山西省统计局:《2017年全省经济运行情况》,山西统计信息网,http://www.stats-sx.gov.cn/sjjd/sjxx/201801/t20180123_90742.shtml,2018年1月23日。

8. 乔栋:《2018年山西科技工作“十个聚焦”促创新》,人民网,http://

sx.people.com.cn/n2/2018/0417/c189132-31471821.html，2018 年 4 月 17 日。

9.《一批可复制可推广的经验已经形成》，《山西经济日报》2018 年 8 月 20 日。

10. 山西省统计局、国家统计局山西调查总队：《山西省 2017 年国民经济和社会发展统计公报》，山西统计信息网，http://www.stats-sx.gov.cn/tjsj/tjgb/201803/t20180312_91640.shtml。

四、改革开放篇

1. 四川省统计局：《2017 年四川省国民经济和社会发展统计公报》，2018 年。

2. 四川年鉴社：《四川年鉴 2018》，2018 年。

3. 四川省统计局：《2017 年四川经济形势新闻发布稿》，2018 年。

4. 凉山州人民政府：《2018 年凉山彝族自治州政府工作报告》，2018 年。

5. 四川省委宣传部：《中国改革开放全景录 · 四川卷》，2018 年。

6. 中共四川省委全面深化改革领导小组办公室：《大小凉山彝区脱贫攻坚情况》，2018 年。

7. 中共四川省委政策研究室:《四川省情概览》，四川人民出版社 2014 年版。

8. 龚荫：《中国民族政策史》，四川人民出版社，2006 年。

9. 王延中：《新时代中国民族地区发展调查研究》，社会科学文献出版社 2018 年版。

10. 新疆维吾尔自治区发展和改革委员会：《新疆国民经济和社会发展报告（2016）》，2016 年。

11. 新疆维吾尔自治区发展和改革委员会：《新疆国民经济和社会发展报告（2017）》，2017 年。

12. 新疆维吾尔自治区地方志编纂委员会：《新疆年鉴（2017）》，新疆人民出版社 2018 年版。

13. 王宏丽:《成果·挑战·突破:丝绸之路经济带核心区建设的新疆行动》，《实事求是》2017 年第 6 期。

14. 刘琳秀：《“一带一路”背景下新疆面临的机遇和挑战》，《经济论坛》

2015 年第 4 期。

15.《中共云南省委关于认真传达学习贯彻落实习近平总书记在云南考察工作时的重要讲话精神的通知》，人民网 2015 年 1 月 23 日，http://cpc.people.com.cn/n/2015/0124/c64387-26443482.html。

16.《中共云南省委关于深入贯彻落实习近平总书记考察云南重要讲话精神闯出跨越式发展路子的决定》，人民网，2015 年 3 月 31 日，http://yn.people.com.cn/news/politics/n/2015/0403/c228698-24374226.html。

17. 中共云南省委宣传部：《谱写中国梦云南篇章——砥砺奋进的五年》《面向南亚东南亚辐射中心建设》，云南人民出版社 2017 年版。

18.《云南省政府工作报告》，《云南日报》2018 年 2 月 2 日。

19.《云南大开放正当时》，云南省人民政府网，http://www.yn.gov.cn/yn_ynyw/201709/t20170906_30449.html。

20.《建设“面向南亚东南亚辐射中心”云南跑出加速度》，中国新闻网·云南，http://www.yn.chinanews.com/news/2018/0427/30120.html。

五、精准扶贫篇

1. 习近平：《习近平谈治国理政（第二卷）》，外文出版社 2017 年版。

2. 侯雪静：《“5＋”扶贫多方共赢“资产收益”走向全国——牧原集团产业扶贫模式在贫困地区快速推广》，新华网财经频道 2017 年 10 月 10 日。

3. 樊迪：《河南内乡：扶贫产业园成“脱贫幸福园”》，新华网，2017 年 8 月 9 日。

4. 南阳市纪委：《内乡县通报 5 起扶贫领域和脱贫攻坚中的典型问题》，新华网，2016 年 11 月 28 日。

5.《脱贫攻坚战 央企勇担当》，中国政府网，2018 年 6 月 11 日。

6.《央企扶贫基金在全国 39 个贫困县启动扶贫示范项目》，中国政府网，2018 年 7 月 13 日。

7.《南阳内乡开展“三带五联奔小康”活动》，河南省人民政府门户网站（www.henan.gov.cn），2018 年 1 月 3 日。

8.《南阳内乡统筹推进脱贫攻坚工作 精准扶贫拔穷根》，河南省人民政府门户网站（www.henan.gov.cn），2017 年 12 月 4 日。

9.《全国脱贫攻坚奖揭晓 河南省秦英林王凯获奖》，河南省人民政府门户网站（www.henan.gov.cn），2017 年 9 月 17 日。

10. 徐海林：《“3+N”模式整市推进战犹酣　南阳脱贫攻坚迈出新步伐》，内乡政府门户网站（www.neixiangxian.gov.cn），2018 年 5 月 3 日。

11. 习近平：《摆脱贫困》，福建人民出版社 2016 年版。

12. 陕西省政府：《陕西省“十三五”农村脱贫攻坚规划（2016—2020）》，2017 年。

13. 胡清升：《陕西精准扶贫脱贫的成效、挑战与建议》，《陕西精准脱贫研究报告（2018）》，社会科学文献出版社 2018 年版。

14. 陕西调查总队：《陕西贫困地区农村扶贫开发状况——基于陕西贫困监测调查》，2017 年。

15. 陕西省扶贫办：《陕西扶贫工作》，2017 年。

16. 牛唯懿：《中国农村贫困原因及对策分析》，《农技服务》2016 年第 3 期。

17. 吕恒宇、高布权：《延安农村精准扶贫面临的困境及应对》，《农村经济与科技》2017 年第 17 期。

18. 王雨林：《中国农村贫困与反贫困问题研究》，浙江大学出版社 2008 年版。

19. 共济：《全国连片特困地区区域发展与扶贫攻坚规划研究》，人民出版社 2013 年版。

20. 陕西省扶贫办：《陕西构建脱贫攻坚“3+X”帮扶体系》，2017 年。

21. 麻进仓、王蔚精：《准推进产业扶贫 全面决胜脱贫攻坚》，《西部大开发》2017 年第 7 期。

六、生态文明篇

1. 王胜男、孙燕勤：《点亮东北虎回家之路——延边林管局 长白山森工集团生态保护工作纪实》，《中国绿色时报》2015 年 7 月 23 日。

2. 巴音朝鲁：《在全省主要领导干部专题研讨班上的讲话》，2016 年 2 月

22 日。

3. 鲍盛华、魏静 :《吉林 : 豹跃山林虎啸川》,《光明日报》2016 年 9 月 25 日。

4. 王连弟 :《打好绿色牌 念好山水经 为决胜全面小康 共创美好延边林区做出新贡献——在延边林管局、长白山森工集团 2017 年工作会议上的讲话》, 2016 年 12 月 30 日。

5. 陈耀辉 :《"森林之王"的还乡之路——对话东北虎豹国家公园建设提议者、北京师范大学生物多样性国家级创新团队带头人、民盟中央副主席葛剑平》,《吉林日报》2017 年 2 月 6 日。

6. 张伟国、代黎黎、张敬源 :《生态家园吸引"王者归来"》,《吉林日报》2017 年 3 月 23 日。

7. 延边林管局 :《吉林省延边林管局关于东北虎豹国家公园体制试点工作情况的报告》, 2017 年 4 月。

8. 福建省住房和城乡建设厅 :《福建省绿道网总体规划纲要(2012—2020 年)》, 2012 年 11 月。

9. 福建省住房和城乡建设厅 :《福建绿道》,(内部出版资料), 2015 年 7 月。

10. 福建省城乡规划设计研究院、福建省城市规划学会 :《福建省绿道规划建设标准》, 2014 年 10 月。

11. 习近平 :《决胜全面建成小康社会 夺取新时代中国特色社会主义伟大胜利——在中国共产党第十九次全国代表大会上的报告(2017 年 10 月 18 日)》,《中国共产党第十九次全国代表大会文件汇编》, 人民出版社 2017 年版。

12. 徐振强 :《中国特色海绵城市的政策沿革与地方实践》,《上海城市管理》2015 年第 1 期。

13. 仇保兴 :《海绵城市(LID)的内涵、途径与展望》,《给水排水》2015 年第 3 期。

14. 杨阳、林广思 :《海绵城市概念与思想》,《南方建筑》2015 年第 3 期。

15. 俞孔坚 :《海绵城市的三大关键策略 : 消纳、减速与适应》,《南方建筑》2015 年第 3 期。

16. 魏泽崧、汪霞 :《古代雨水利用对我国海绵城市建设的借鉴与启示》,

《北京交通大学学报（社会科学版）》2016 年第 4 期。

17. 于开红：《中国古代城市建设中的“海绵”智慧考证》,《济宁学院学报》2018 年第 1 期。

18. 徐君、武英凯：《共享视角下海绵城市创新浓度的提升路径》,《青海社会科学》2018 年第 1 期。

七、社会治理篇

1. 李绍飞：《中国城市内涝问题凸显 排涝标准明显偏低成主因》,《瞭望》2013 年 07 月 20 日。

2.《广州暴雨学生罹祸：死亡证明称电击伤，官方称无触电痕迹 》，观察者网，http://news.sohu.com/a/234906623_11547。

3. 叶华林：《海绵城市建设的“萍乡答卷”——萍乡市海绵城市试点建设的做法和成效》,《老区建设》2018 年第 1 期。

4. 李兴文、赖星：《江西萍乡：海绵城市建设引发“裂变效应”》,《瞭望》2018 年 5 月 5 日。

5. 黄万林：《特色小镇建设重在科学规划系统安排》,《经济日报》2017 年 6 月 23 日。

6. 俞孔坚：《论生态治水：“海绵城市”与“海绵国土”》,《人民论坛 · 学术前沿》2016 年第 21 期。

7. 赵超、董峻：《习近平在全国生态环境保护大会上强调 坚决打好污染防治攻坚战 推动生态文明建设迈上新台阶》，光明网，http://difang.gmw.cn/cq/2018-05/20/content_28877891.htm。

8. 翟磊：《李克强：“面子”是城市的风貌，“里子”是城市的良心》，中国政府网，http://www.gov.cn/guowuyuan/2014-05/22/content_2685263.htm。

9. 曹秀伟：《协商民主视角下全民共建共享社会治理格局的构建思路》,《领导科学》2017 年第 5 期。